KB248076

사도행전 40일 묵상 ❶

하나님 나라의 증인

유요한 목사 성서강해 9

사도행전 40일 묵상 ❶
하나님 나라의 증인
The Witnesses for the Kingdom of God: The Church

2025년 5월 31일 처음 펴냄

지은이 | 유요한
펴낸이 | 김영호
펴낸곳 | 도서출판 동연
등   록 | 제1-1383호(1992년 6월 12일)
주   소 | 서울시 마포구 월드컵로 163-3
전   화 | 02-335-2630
팩   스 | 02-335-2640
이메일 | yh4321@gmail.com
인스타그램 | instagram.com/dongyeon_press

Copyright ⓒ 유요한, 2025

이 책은 저작권법에 따라 보호받는 저작물이므로, 무단 전재와 복제를 금합니다.
잘못된 책은 바꾸어 드립니다. 책값은 뒤표지에 있습니다.

ISBN 978-89-6447-229-3 04230
ISBN 978-89-6447-582-9 04230(유요한 목사 성서 강해 시리즈)

THE WITNESSES
for the Kingdom of God
THE CHURCH

하나님 나라의 증인

유요한 지음

용요한 목사 성서강해 9

동연

신약의 하나님 백성

우리 교회에서 사순절(四旬節)은 '영적인 밭갈이의 계절'입니다. 마치 농부가 봄철에 쟁기질함으로써 한 해의 농사를 시작하듯이, 매년 사순절 40일 특별 새벽기도회(이하 특새)를 통해서 하나님 말씀의 쟁기로 우리의 마음 밭을 갈아엎어 왔기 때문입니다. 멀리서 또는 가까이에서 새벽을 깨우며 달려 나온 성도님들과 함께 말씀을 묵상하며 뜨겁게 기도해 온 그 시간이 한 해 한 해 차곡차곡 쌓여서 우리 교회의 현재 모습이 되었습니다.

물론 40일은 절대로 짧은 시간이 아닙니다. 그 시간 동안 겟세마네 동산에서 우리 주님이 그러셨던 것처럼, 목회자는 땀방울이 핏방울이 되어 떨어지듯이 매일 새로운 말씀을 짜내야 합니다. 그러나 그 시간이 목회자 자신의 영적인 성장을 위해서 얼마나 유익한지 또한 성도님들에게 얼마나 많은 은혜의 간증 거리를 안겨 줄지, 그렇게 뿌려진 말씀의 씨앗이 장차 얼마나 풍성한 열매로 나타날지 잘 알기에 매년 이렇게 사순절을 기대하며 기다리는 것입니다.

성경의 주제들

지금까지의 사순절 특새를 통해서 우리가 얻은 가장 큰 수확은 신구약성경의 핵심적인 주제들을 발견할 수 있었다는 사실입니다. 그 첫 번째 주제는

'하나님의 일하심'(God's Working)이었습니다. 이는 '창세기'와 '로마서'와 '요한계시록' 묵상으로 이어졌습니다. 그 묵상을 통해 태초에 하나님께서 이 세상을 창조하실 때 품으셨던 인류 구원의 꿈이 지금 어떻게 진행되고 있는지 그리고 역사의 마지막 때 그 꿈을 어떻게 완성하실지 증언하는 성경의 큰 흐름을 짚어볼 수 있었습니다.

그런 후에 두 번째로 발견한 주제는 '하나님의 백성'(The People of God)이었습니다. 이는 '출애굽기'와 '여호수아'와 '사사기' 묵상으로 이어졌습니다. 하나님은 혼자서 일하지 않으시고 당신의 백성 이스라엘을 불러내어 함께 일하십니다. 그러나 모세가 이끄는 출애굽 세대는 결국 약속의 땅에 들어가지 못했지요. 여호수아가 이끄는 광야 세대가 믿음의 순종을 통해 들어가기는 했지만, 그다음에 이어지는 가나안 세대들은 불행하게도 약속의 땅에서 하나님 백성답게 살아가지 못합니다.

구약의 하나님 백성 '이스라엘'이 그렇게 실패하는 모습을 보며 크게 실망하던 즈음에, 세 번째로 '하나님의 나라'(The Kingdom of God)라는 새로운 주제를 발견하게 되었습니다. 이스라엘은 비록 실패했지만, 하나님은 실패하지 않으셨습니다. 이 세상을 구원하시려는 하나님의 계획은 중단없이 계속되어 마침내 하나님의 독생자 예수 그리스도가 이 세상에 태어나십니다. 갈릴리에서 선포된 하나님 나라의 복음은 신약의 하나님 백성 '교회'를 통해서 땅끝까지 전해지게 됩니다. 그 일은 주님이 재림하실 때까지 우리를 통해서 계속 이어질 것입니다.

이처럼 '하나님의 나라' 묵상은 창세기로부터 요한계시록까지 모든 성경 책을 통해 일관되게 흐르는 메시지의 맥(脈)을 통일하고 완성하는 마침표입니다. 우리가 만일 '하나님의 일하심'과 '하나님의 백성'을 묵상하지 않았다면 어떻게 되었을까요? '하나님의 나라'라는 주제를 발견하지 못했을 것입니다. 지금까지 사순절 특새 묵상의 길을 하나님께서 친히 간섭하시고 이끌어

주셨다고 고백할 수밖에 없는 이유입니다.

복음 전파의 동선

4복음서 저자 중에서 '하나님 나라'의 메시지와 복음이 전파되어 가는 동선을 가장 잘 정리해 놓은 사람은 바로 '누가'(Luke)입니다. 그는 누가문서(누가복음, 사도행전)를 통해서 예수님께서 갈릴리에서 선포한 하나님 나라의 복음이 어떻게 예루살렘과 온 유대와 사마리아를 거쳐서 땅끝으로 퍼져 가게 되었는지 그 과정을 차근차근 설명합니다.

저는 '누가복음'과 '사도행전'을 각각 '데오빌로전서'와 '데오빌로후서'라고 부릅니다. 그 이유는 두 책이 모두 데오빌로 각하에게 보낸 편지의 형식으로 되어 있기 때문입니다(눅 1:3; 행 1:1). 물론 누가복음이 다루는 내용이 '예수님의 생애와 가르침'에 관한 것이어서 현재 복음서로 분류되고 있지만, 우리가 적어도 누가의 저작 의도를 존중한다면 두 책을 앞뒤에 배치하여 차례대로 읽게 하는 것이 더 자연스러울 것입니다.

아무튼 누가는 대단한 혜안을 가진 역사가요 신학자였습니다. 그것은 누가 문서의 전편과 후편의 구조적인 통일성을 살펴보면 잘 알 수 있습니다. 데오빌로전서(누가복음)는 예수님의 탄생에서부터 그의 부활과 승천까지의 이야기를 다루고 있는 데 비해서 데오빌로후서(사도행전)는 예수님의 승천 이후부터 바울이 로마에 들어갈 때까지의 이야기를 다루고 있습니다. 결국 전편은 예수님의 활동을, 후편은 제자들의 활동을 종합적으로 정리한 기록입니다.

거기에다 누가는 하나님 나라의 복음이 전해지는 과정과 동선을 지리적인 관점에서 아주 탁월하게 풀어냅니다. 데오빌로전서는 갈릴리에서 선포되기 시작한 복음이 예루살렘까지 전해지는 과정을 기록하고, 데오빌로후서는 그 복음이 예루살렘에서부터 로마까지 전해지는 과정을 기록합니다. 따라서 누가복음을 '예루살렘으로 가는 길'(the road to Jerusalem)이라고 한다면, 사도행전은 '로마로 가는 길'(the road to Rome)이라고 말할 수 있습니다.

오늘날 사람들은 이와 같은 누가의 기록을 당연하게 생각하지만, 복음의 역사가 그저 '현재진행형'이었던 당시의 상황에서 이렇게 '근원'과 '핵심'을 정확하게 짚어서 시대적으로 구분하고 지리적으로 정리하여 풀어내는 것은 사실 아무나 할 수 있는 일이 아닙니다. 그런 점에서 누가의 업적은 높이 평가되어야 마땅합니다.

우리는 데오빌로전서(누가복음)를 두 번의 특새를 통해서 이미 자세히 살펴보았습니다. 메시아로 등장하신 예수님이 갈릴리에서 하나님 나라의 복음을 전하시는 전반부(눅 1:1-9:50)는 '하나님 나라의 복음'(The Gospel of the Kingdom of God)이라는 주제로, 예수님이 예루살렘으로 올라가셔서 십자가를 지시는 과정을 다루는 나머지 후반부(눅 9:51-24:53)는 '하나님 나라의 길'(The Way to the Kingdom of God)이라는 주제로 묵상했습니다.

이제부터 우리는 데오빌로후서(사도행전)의 내용을 역시 전반부와 후반부로 나누어 '하나님 나라의 증인'(The Witnesses for the Kingdom of God)과 '하나님 나라의 사명'(The Mission for the Kingdom of God)이라는 주제로 묵상해 보려고 합니다.

증인 공동체, 교회

사도행전의 전반부(행 1:1-12:25)는 증인 공동체인 '교회'가 탄생하고 성장해 가는 이야기입니다. 여기에서 우리는 누가가 한 가지 특징적인 용어를 거듭해서 사용하고 있다는 사실을 발견하게 됩니다. 그것은 바로 '증인'(witnesses)이라는 말입니다. 그러나 사실 그것은 누가의 창작이 아닙니다. '증인'이라는 용어를 가장 먼저 사용하신 분은 바로 예수님입니다. 누가복음 끝부분에 보면 예수님이 부활하신 후에 제자들에게 나타나셔서 이렇게 말씀하셨습니다.

> 46... 이같이 그리스도가 고난을 받고 제삼일에 죽은 자 가운데서 살아날 것과 47또 그의 이름으로 죄사함을 받게 하는 회개가 예루살렘에서 시작하여 모든 족속에게 전파될 것이 기록되었으니 48너희는 이 모든 일의 증인이라(눅 24:46-48).

"너희는 이 모든 일의 증인이라"(You are witnesses of these things. NIV). 주님은 당신의 제자들을 가리켜서 분명히 '증인'이라고 말씀하십니다. 증인이란 자신이 보고 들은 사실을 법정에서 있는 그대로 증언하는 사람들입니다. 그렇다면 제자들이 보고 들은 것이 무엇입니까? 그리스도가 십자가에서 고난을 받고 돌아가셨지만, 사흘 만에 다시 살아나셨다는 것입니다. 제자들은 그 사실을 증언하도록 부름을 받은 것입니다.

그런데 증인에 해당하는 헬라어 '마르투스'(martus)는 또한 '순교자'(martyr)를 의미하기도 합니다. 다시 말해서 증인은 순교자가 될 각오가 되어 있어야 한다는 뜻입니다. 순교할 각오가 되어 있어야 하나님 나라의 복음을 땅끝까지 전할 수 있습니다. 따라서 그들에게는 특별한 능력이 필요합니다. 예수님은 제자들에게 예루살렘을 떠나지 말라고 말씀하셨는데, 그 이유는 그들이 먼저 받아야 할 능력이 있기 때문입니다.

볼지어다 내가 내 아버지께서 약속하신 것을 너희에게 보내리니 너희는 위로부터 능

예수님은 제자들을 서둘러서 예루살렘 밖으로 내보내지 않습니다. 오히려 위로부터 오는 능력을 받을 때까지 '이 성'에 머물러 있으라고 하십니다. 그 능력은 아버지께서 약속하신 것, 즉 '성령'이 오실 때 덧입게 될 것이라 약속하십니다. 이 말씀은 주님이 승천하기 직전에 다시 한번 확인됩니다.

오직 성령이 너희에게 임하시면 너희가 권능을 받고 예루살렘과 온 유대와 사마리아와 땅끝까지 이르러 내 증인이 되리라(행 1:8).

성령이 임하실 때 그들에게 권능(power)이 주어집니다. 그 능력이 있어야 어떤 상황에서도 담대하게 하나님 나라의 복음을 증언하는 증인이 될 수 있습니다. 실제로 주님의 제자들은 오순절 성령강림 사건을 통해서 진정한 증인으로 변화되었습니다. 그들은 담대하게 나가서 복음을 전하기 시작했고, 그날 하루에만 3천 명이 구원받게 되었습니다. 그렇게 신약의 하나님 백성인 교회가 탄생하게 되었던 것입니다.

따라서 처음부터 교회는 운명적으로 '증인 공동체'로 출발했습니다. 사도행전에 '증인'이라는 말이 압도적으로 많이 나오는 이유입니다. 가령 유다를 대신할 사람을 세울 때도 그들은 예수의 부활하심을 '증언'할 사람을 찾습니다(행 1:22). 베드로가 오순절 설교를 할 때도 '우리가 다 이 일에 증인'이라고 선포합니다(행 2:32). 솔로몬 행각에서 설교할 때도(행 3:15), 공회의 법정에서 증언할 때도(행 5:32), 고넬료의 집에서 설교할 때도(행 10:39) '증인'이라는 말이 어김없이 등장합니다.

그렇게 증인 공동체인 교회를 통해서 예수 그리스도의 생애와 사역을 통해 선포된 하나님 나라의 복음이 땅끝까지 전해지는 이야기가 바로 데오빌로후서(사도행전)가 담고 있는 내용입니다. 이제 그 첫걸음으로 우리는 증인 공동체로서 교회가 어떻게 시작되었는지 또한 어떻게 확장되었는지 살펴보려고 합니다. 이와 같은 '하나님 나라의 증인' 묵상은 이 세상에 존재하는 주님의 몸으로서 우리 교회의 정체성과 현주소를 가늠하는 결정적인 말씀이 될 것입니다.

물론 40일 묵상의 길은 절대로 쉽지 않은 여정입니다. 그렇지만 함께 걸어가는 믿음의 동지가 있다면 우리는 즐거운 마음으로 완주할 수 있을 것입니다. 이번에도 우리 함께 손잡고 그 길을 걸어 봅시다.

2025년 3월 5일
'하나님 나라의 증인' 묵상을 시작하며 그리스도의 종
한강중앙교회 담임목사 유요한

저는 한 지역 교회(a local church)를 섬기는 목회자입니다. 교회 안에서 목회자가 감당해야 할 많은 사역이 있지만, 그중에서 가장 중요한 것은 뭐니 뭐니 해도 '말씀 사역'일 것입니다. 지금까지 그 수를 헤아릴 수 없을 만큼 많은 설교를 해오면서, 또한 얼마나 많은 시행착오를 겪어왔는지 모릅니다. 말씀을 묵상하고 설교를 준비하는 일은 언제나 힘에 부치는 압박이었습니다.

그러던 어느 날 설교에 대한 새로운 원칙을 발견하게 되었습니다. 이 원칙은 성경을 대하는 자세와 말씀을, 묵상하는 태도를 근본적으로 바꾸어 놓았습니다.

"성경이 말하게 하라!"(Let the Bible Speak!)

그동안 저는 성경을 하나님의 말씀이라 고백하면서도, 성경이 직접 말하게 하지는 않았습니다. 오히려 시대적인 상황 속에서 또는 성도들의 현실 속에서 직면하고 있는 여러 가지 문제들에 대한 답을 성경에서 찾으려고 해 왔습니다. 설교는 제가 찾은 근사한 답을 전하는 통로였습니다. 그러다 보니 새로운 설교를 만드는 일이 점점 더 힘들어질 수밖에요. 그렇게 성경을 열심히 두리번거린다고 해서 말씀 묵상의 깊이가 더해지는 것도 아니었습니다. 성경 본문은 단지 필요에 따라서 취사선택하는 대상이고, 많은 경우에 미리 정해 놓은 답을 증명하기 위한 수단으로 사용되었기 때문입니다.

그러던 저에게 "성경이 말하게 하라!"는 가르침이 아프게 부딪혀 왔습니다. 그리고 그 앞에 무릎 꿇었습니다. 그렇습니다. 성경의 주인공은 하나님이십니다. 하나님은 지금도 성경을 통해서 우리에게 말씀하고 싶어 하십니다. 하나님이 우리의 목적을 달성하기 위한 수단이 아니듯이, 성경 또한 우리의 필요를 채우는 수단으로 사용하면 안 됩니다. 겸손하게 하나님의 말씀 앞에 서야 합니다. 그리고 그 말씀에 귀를 기울여야 합니다.

따라서 저와 같은 설교자가 해야 할 일은 '성경을 잘 해석하여 전하는 것'이 아니라 '성경이 직접 말하게 하는 것'이어야 합니다. 성도들이 성경 본문에 대한 설교자의 해석을 듣게 할 것이 아니라 성경이 말하려고 하는 메시지를 들을 수 있도록 도와주어야 합니다. 그러기 위해서 우선 성도들이 성경을 충분히 읽게 해야 합니다. 성경 이야기가 어렵게 느껴지지 않도록 해야 합니다. 그러면 하나님이 말씀하십니다. 그 말씀이 삶을 변화시킵니다.

어떻게 성경이 말하게 할 것인가 씨름하던 중에 제 나름대로 한 가지 방법을 터득하게 되었습니다. 그것은 바로 **성경을 성경으로 풀이하는 것**입니다. 이는 흔히 알고 있는 것처럼 신약이나 구약의 다른 부분의 말씀을 가져다가 본문에 대한 이해를 높이는 그런 방식이 아닙니다. 오히려 한 본문에 대한 여러 가지 성경의 번역을 직접 읽으면서 비교해 보는 것입니다.

성경 번역 그 자체에 이미 뜻풀이가 담겨 있어서 그것을 자세히 들여다보는 것만으로도 본문의 메시지를 어느 정도 파악할 수 있습니다. 저는 '개역개정판 성경'을 주로 사용하지만, 그 외에도 한글로 번역된 다른 성경들을 반드시 참조합니다. 예전에는 '공동번역'과 '새번역'을 많이 읽었는데, 요즘에는 '메시지성경'을 더 많이 읽고 있습니다.

필요한 경우에는 히브리어나 헬라어 원어 성경을 찾아보기도 하지만, 대부분은 영어 성경을 활용합니다. 제가 주로 활용하는 번역은 NIV(New International Version), KJB(King James Bible), NASB(New American

Standard Bible), AMP(Amplified Bible), CEV(Contemporary English Version), ESV(English Standard Version) 그리고 MSG(The Message) 등입니다. 그 외에도 사용할 수 있는 여러 가지 번역을 참조합니다.

그러다 보니까 한 본문을 묵상할 때 저는 최소한 열 개 정도의 번역을 읽게 됩니다. 특히 영어 성경은 그 어순이 성경의 원어와 거의 일치하고 있어서 우리말 성경으로는 잘 드러나지 않는 메시지의 강조점을 발견하는 데 큰 도움이 됩니다. 물론 반드시 이렇게 해야 성경의 메시지를 발견할 수 있다고 주장하려는 것은 아닙니다.

저는 말씀을 묵상할 때마다 다음과 같은 원칙에 충실히 하려고 애써왔습니다.

1. 성경을 직접 충분히 읽게 하자

성경 본문을 가능한 한 많이 기록해 놓았습니다. 여러분이 따로 성경을 찾으실 필요가 없을 정도입니다. 다른 내용은 그냥 눈으로 읽어가더라도 성경 본문이 나오면 반드시 소리를 내어 읽어주십시오. 자신의 목소리가 귀에 들리도록 소리 내어 읽으면 그만큼 더 잘 이해가 되고 또한 은혜가 됩니다.

2. 본문을 잘 이해하게 하자

가능한 한 쉽게 본문의 내용을 이해할 수 있도록 애를 썼습니다. 필요한 부분에서는 영어 성경이나 다른 번역을 인용하기도 했습니다. 혹시라도 성경의 원어인 히브리어나 헬라어 또는 영어가 자주 인용되는 것에 거부감을 느끼는 분들이 있다면, 본문의 의미를 더욱 잘 설명하기 위한 저의 선한 의도를 생각하여 널리 이해해 주시기를 바랍니다.

3. 목회자의 묵상이 먼저다

목회자가 성도들을 가르치려고만 하면 그 설교는 딱딱한 강의가 되고 맙니다. 목회자는 말씀을 가르치는 교사이기 전에 먼저 말씀을 묵상하는 사람이어야 합니다. 본문에 담겨 있는 메시지의 영적인 의미들을 깨닫고 그것을 먼저 자신에게 적용하려고 해야 합니다. 제가 말씀을 묵상하면서 받은 은혜를 성도들과 함께 솔직하게 나누려고 애를 썼습니다.

이것이 말씀을 묵상하는 유일한 방법이라고 주장할 수는 없습니다. 단지 이 방법은 제게 주어진 목회의 자리에서 말씀을 붙들고 치열하게 살아온 삶을 통해 얻은 열매입니다. 이 묵상이 누군가에게 하나님의 메시지를 발견하는 통로로 사용되기를 소망합니다.

차 례

사도행전 · 성령행전

읽을 말씀: 사도행전 1:1-2, 8

새길 말씀: ¹데오빌로여 내가 먼저 쓴 글에는 무릇 예수께서 행하시며 가르치시기를 시작하심부터 ²그가 택하신 사도들에게 성령으로 명하시고 승천하신 날까지의 일을 기록하였노라(행 1:1-2).

우리는 성경의 핵심적인 주제인 '하나님의 일하심'과 '하나님의 백성'에 이어서 '하나님의 나라'를 묵상하는 중입니다. 예수님께서 갈릴리 지역에서 펼쳐 가셨던 하나님 나라 운동이 어떻게 예루살렘과 온 유대와 사마리아를 거쳐서 땅끝까지 확장되어 가는지를 살펴보려는 것입니다. 이와 같은 복음의 동선에 주목한 사람이 바로 '누가'(Luke)입니다. 그가 '누가문서', 즉 '누가복음'과 '사도행전'을 차례대로 기록한 이유입니다.

누가복음은 '예루살렘으로 가는 길'(the road to Jerusalem)을, 사도행전은 '로마로 가는 길'(the road to Rome)을 다루고 있습니다. 누가복음은 크게 두 부분으로 나누어지는데, 전반부(눅 1:1-9:50)는 예수님이 갈릴리에서 하나님 나라의 복음을 전하시는 이야기이고, 후반부(눅 9:51-24:53)는 예수님이 예루살렘으로 올라가셔서 십자가를 지시는 이야기입니다. 그 역시 복음의 동선을 염두에 두고 누가가 의도적으로 구분한 것입니다. 이에 따라서 '하나님 나라의 복음'과 '하나님 나라의 길'이라는 주제로 각각의 내용을 묵상했습니다.

오늘부터는 사도행전 묵상을 시작합니다. 누가복음과 마찬가지로 사도행전 역시 두 부분으로 나누어집니다. 전반부(행 1:1-12:25)는 오순절 성령강림 사건으로 탄생한 예루살렘교회가 어떻게 증인 공동체로 성장해 가는지를 기록한 내용이고, 후반부(행 13:1-28:31)는 안디옥교회가 중심이 되어 이방인을 향한 땅끝 선교가 어떻게 진행되는지를 기록한 내용입니다. 이 구분에 따라서 우리는 전반부와 후반부의 말씀을 각각 '하나님 나라의 증인'과 '하나님 나라의 사명'이라는 주제로 계속해서 살펴보려고 합니다.

사도행전 · 데오빌로후서

본격적으로 사도행전 말씀을 묵상하기에 앞서서, 우선 '사도행전'이라는 책에 대해 우리가 알고 있어야 할 기본적인 내용부터 짚어보아야 하겠습니다. 앞에서 언급한 대로 사도행전은 누가복음과 짝을 이루고 있습니다. 두 책은 누가가 기록한 연속된 2부작의 단행본입니다. 누가복음이 그 전편이고 사도행전이 그 후편입니다. 저는 누가복음을 '데오빌로전서'로, 사도행전을 '데오빌로후서'라고 부릅니다. 이는 두 권의 책이 동일한 인물 '데오빌로 각하'에게 차례대로 보내진 편지이기 때문입니다.

물론 두 책은 현재 신약성경 안에서 서로 떨어져 있습니다. 그러나 누가의 의도를 존중한다면 이 책들을 적어도 '이어서' 읽어야 한다고 봅니다. 누가복음과 사도행전을 따로 취급하지 말아야 할 분명한 이유가 오늘 본문에 기록되어 있습니다.

> ¹데오빌로여 내가 먼저 쓴 글에는 무릇 예수께서 행하시며 가르치시기를 시작하심부터 ²그가 택하신 사도들에게 성령으로 명하시고 승천하신 날까지의 일을 기록하였노라(행 1:1-2).

여기에서 일인칭 주어 '나'는 물론 '누가'를 가리킵니다. 그리고 '먼저 쓴 글'은 '누가복음'입니다. 이 글의 수신자는 '데오빌로'(Theophilus)라고 되어 있습니다. 어떤 학자는 데오빌로가 헬라어로 '데오스'(하나님)와 '필레오'(사랑하다)의 합성어라는 점을 근거하여, 이 글이 '하나님을 사랑하는 자들' 또는 '하나님이 사랑하는 자들'이라는 불특정 다수의 그리스도인을 염두에 두고 기록된 것이라 주장하기도 합니다.

그러나 누가는 데오빌로를 가리켜서 분명히 '각하'(most excellent)라고 부릅니다(눅 1:3). 아무에게나 이런 존칭을 사용하지는 않습니다. 따라서 데오빌로가 어느 특정한 지위에 있던 실존 인물이라는 사실에 굳이 의문을 품을 필요는 없다고 봅니다. 그런데 누가는 왜 두 통의 편지를 데오빌로 각하에게 보냈을까요?

그 속에 담은 내용이 워낙 방대하여 한 통의 편지로 다 기록할 수 없었기 때문입니다. 그래서 누가는 처음부터 누가복음과 사도행전으로 이어지는 이야기의 윤곽을 정해 놓고 차례대로 글을 썼던 것입니다. 따라서 누가문서는 마치 동전의 양면 같아서 서로 떼어놓을 수가 없습니다. 전편은 후편이 있어야 완성이 되고, 후편은 전편을 알아야 그 의미를 제대로 이해할 수 있습니다.

그렇다면 누가문서의 전편, 즉 누가복음이 다루고 있는 내용은 어떤 것이었습니까? 오늘 본문에서 누가는 이렇게 요약합니다. "이 책 첫 권에서

나는, 예수께서 성령으로 말미암아 친히 택하신 사도들에게 작별을 고하시고
하늘로 들려 올라가신 날까지, 그분이 행하시고 가르치신 모든 것을 기록했습
니다"(메시지). 그러니까 예수님의 탄생과 3년간의 공생애 기간에 행하신
일과 가르치신 말씀 그리고 십자가의 고난과 죽음과 부활과 승천으로 이어지
는 주님의 사역을 누가복음에 기록한 것입니다.

여기에 담긴 내용은 사실 기독교 신앙의 근원이요 기초입니다. 예수
그리스도에 관한 역사적인 사실을 알지 못하면서 예수님을 그리스도로 믿을
수는 없습니다. 누가는 자신과 특별한 친분을 유지하고 있던 데오빌로 각하가
예수 그리스도의 복음에 대해서 더욱 확실하게 알기를 원했습니다. 누가는
이와 같은 의도를 누가복음을 시작하는 첫 부분에 이미 밝혀두었습니다.

¹우리 중에 이루어진 사실에 대하여… ³그 모든 일을 근원부터 자세히 미루어 살핀
나도 데오빌로 각하에게 차례대로 써 보내는 것이 좋은 줄 알았노니 ⁴이는 각하가
알고 있는 바를 더 확실하게 하려 함이로라(눅 1:1-4).

누가복음과 사도행전을 차례대로 기록한 의도는 분명합니다. "이는 각하
가 알고 있는 바를 더 확실하게 하려 함이로라"(4절). 메시지성경은 다음과
같이 표현합니다. "의심의 그림자를 넘어서서 그동안 배운 것이 참으로
믿을 만하다는 사실을 알 수 있을 것입니다"(So you can know beyond the
shadow of a doubt the reliability of what you were taught). 여기에서 우리는
'의심의 그림자를 넘어서서'(beyond the shadow of a doubt)라는 표현에 주목
해야 합니다.

예수님을 그리스도로 믿게 되었다고 해서 마음속에 있는 '의심의 그림자'
가 완전히 걷히는 것은 아닙니다. 따라서 더 확실하게 배워서 알아야 합니다.
그래야 하나님께서 이루어 가시는 구원 역사의 흐름 속에서 우리의 정체성과

신앙생활의 목적이 분명하게 드러납니다. 그런 의미에서 지금부터 우리는 데오빌로 각하가 되어야 하겠습니다. 그래서 누가가 우리에게 친절하게 써서 보낸 누가복음과 사도행전을 곱씹어가며 잘 읽고 묵상해야 하겠습니다.

성령으로 명하심

아무튼 누가복음은 사도행전으로 나아가기 위해서 다져놓은 기초와 같습니다. 기초는 집을 세우는 데 필요한 것입니다. 그러니까 사도행전은 누가복음의 기초 위에 세워진 집인 셈입니다. 자, 그렇다면 사도행전에는 과연 어떤 내용이 담기게 될까요? 앞으로 우리가 자세하게 살펴보겠습니다만, 오늘 본문 속에 이미 그 씨앗이 심겨 있습니다.

그가 택하신 사도들에게 성령으로 명하시고 승천하신 날까지의 일을 기록하였노라

(행 1:2).

여기에서 '성령으로 명하시고⋯'라는 말씀을 주목할 필요가 있습니다. 앞뒤 문맥으로 생각해 보면, 우리 주님이 이미 택하여 세운 사도들에게 승천하기 직전에 '성령으로 명하셨다'라는 뜻이 됩니다. 그런데 이 표현이 조금 어색하게 느껴집니다. 그냥 예수님이 사도들에게 명령하셨다고 해도 충분한데, 왜 굳이 '성령으로' 명하셨다고 하는 것일까요? '성령의 능력을 힘입어서 가르치셨다'라는 뜻일까요?

사실 누가복음에는 이런 식의 표현이 거의 등장하지 않습니다. 딱 한 군데에 나오기는 합니다. 그것은 칠십 인의 제자가 선교 실습에 파송되었다가 돌아와서 주님께 보고하는 장면입니다. 제자들이 주님의 이름으로 귀신을 쫓아내었다는 보고를 다 듣고 나서 예수님은 ‘성령으로 기뻐하셨다’(눅 10:21)라고 합니다. 그것 역시 아주 어색한 표현입니다. 그냥 예수님의 마음이 참 기쁘셨다고 해도 충분할 텐데 왜 굳이 ‘성령으로’ 기뻐하셨다고 하는지 궁금합니다.

대부분의 영어 성경은 이를 ‘성령 안에서 기뻐하셨다’(He rejoiced in the Holy Spirit)라고 번역합니다. 또는 ‘성령으로부터 주어지는 기쁨을 느끼셨다’(Jesus felt the joy that comes from the Holy Spirit. CEV)라고 풀이하기도 합니다. 그러나 우리의 궁금증을 해소하기에는 충분하지 않습니다. 이런 식의 표현이 다른 곳에 전혀 등장하지 않는다는 점도 그렇고, 유독 제자들의 전도 실습 후에 ‘성령으로’라는 표현을 사용하고 있다는 점도 그렇고, 여기에는 무언가 누가의 특별한 의도가 숨어 있는 것이 분명합니다.

실제로 ‘성령으로’라는 표현을 사용하는 누가의 의도는 사도행전에서 본격적으로 드러납니다. 누가는 사도행전에 들어와서 갑작스럽게 ‘성령으로’라는 표현을 자주 사용하기 시작합니다. 바로 그 첫 번째 대목이 오늘 본문의 ‘성령으로 명하셨다’라는 말씀입니다. 게다가 사도행전은 누가복음과는 비교가 되지 않을 정도로 온통 ‘성령’이라는 단어로 도배되어 있습니다. 이게 무엇을 의미할까요?

누가복음의 주인공이 ‘예수 그리스도’였다면, 사도행전의 주인공은 ‘성령’이라는 의미입니다. 성자 예수님이 활동하던 시대가 지나가고 바야흐로 성령 하나님이 역사하시는 시대로 전환되고 있는 것이지요. 그리고 보면 사도행전은 예루살렘에서 일어난 오순절 성령강림 사건으로 인해 교회가 시작되고 복음이 땅끝까지 전해지는 역사를 기록하고 있습니다. 사도행전의 주인공은 분명히 성령이십니다.

따라서 ‘성령으로 명하셨다’라는 말씀은 단순히 성령의 감동으로 가르치셨다는 뜻이라기보다는, 성령에 대해서 가르치셨고 또한 성령이 앞으로 그들을 통해서 어떤 일들을 하실지를 가르치셨다고 이해하는 것이 맞습니다. 그 구체적인 내용이 누가복음 끝부분에 기록되어 있습니다.

> ⁴⁸너희는 이 모든 일의 증인이라 ⁴⁹볼지어다 내가 내 아버지께서 약속하신 것을 너희에게 보내리니 너희는 위로부터 능력으로 입혀질 때까지 이 성에 머물라 하시니라(눅 24:48-49).

'증인'(witnesses)이란 자신이 보고 들은 사실을 법정에서 있는 그대로 증언하는 사람들입니다. 그들이 보고 들은 것이 무엇입니까? 그것은 예수님의 고난과 죽음과 부활입니다. 그들이 목격한 그 사실을 보고 들은 그대로 순교할 각오로 증언하려면, 먼저 아버지께서 약속하신 능력을 입어야 합니다. 그것이 무엇입니까? 바로 '성령의 권능'입니다(행 1:8). 따라서 그들은 성령이 오실 때까지 예루살렘에 머물러 있어야 하는 것입니다.

그러고 보면 칠십 인의 제자가 보고하는 장면에서 '성령으로 기뻐하셨다'(눅 10:21)라고 기록하는 이유가 분명해집니다. 그들은 자신의 능력이 아니라 예수 이름의 권능으로, 아니 예수 이름 안에서 역사하시는 성령의 권능으로 귀신을 쫓아냈습니다. 복음의 증인으로서 앞으로 그들이 감당해야 할 사명을 미리 경험한 것입니다. 따라서 그들의 보고를 들으시면서 예수님 안에 거하시는 성령님이 그토록 기뻐하셨던 것입니다.

사도행전? 성령행전!

그렇다면 우리는 '사도행전'이라는 제목부터 다시 곱씹어 생각해 보아야 합니다. '사도행전'이란 말 그대로 '사도들의 행적을 기록한 책'이기 때문입니다. 일반적으로 예수님의 열두 제자를 가리켜서 '사도들'이라고 부릅니다. 따라서 엄밀하게 말해서 '사도행전'이란 예수님의 열두 제자의 행적을 기록한 책이어야 합니다. 그런데 실제 내용을 보면 그렇지 않습니다.

사도행전 1장에 가룟 유다를 제외한 열한 명의 사도의 이름이 등장하기는 하지만(행 1:13), 그 뒤에는 기껏해야 베드로와 요한의 이야기가 전부입니다. 다른 사도들의 활동은 거의 언급하지 않습니다. 그것도 사도행전 초반부에서 나 그렇지, 바울이 등장한 이후로는 그저 바울 이야기 일색입니다. 물론 넓은 의미에서 바울을 사도로 포함할 수도 있겠지만, 아무래도 '사도행전'이 라는 제목이 이 책에 그렇게 썩 잘 어울리는 것 같지 않습니다.

그렇다면 '사도행전'이라는 제목은 언제 어떻게 붙여진 것일까요? 본래 초대교회에서는 그냥 단순하게 '프락세이스'(Praxeis)라고 불렀다고 합니다. '행동'(action) 또는 '실행'(practice)이라는 뜻의 헬라어 '프락시스'(Praxis)의 복수형입니다. 여기에 '사도들'이라는 말이 덧붙여져서 '사도들의 행적'(The Acts of the Apostles)이라는 이름으로 불리기 시작한 것은 2세기 후반의 일입니다. 아마도 하나님 나라 복음을 전파하는 일에 헌신한 초창기 사도들의 공적을 강조하기 위해서 붙여진 이름으로 보입니다.

그러나 앞에서도 언급했듯이 사도행전의 주인공은 사도들이 아니라 성령 이십니다. 그것은 사도행전의 주제 성구에서도 분명히 드러납니다.

오직 성령이 너희에게 임하시면 너희가 권능을 받고 예루살렘과 온 유대와 사마리 아와 땅끝까지 이르러 내 증인이 되리라(행 1:8).

우리 주님이 승천하기 전에 제자들에게 남기신 마지막 말씀입니다. 이 말씀의 주제어는 '성령'입니다. '오직 성령이 너희에게 임하시면…', 성령강림 이 전제조건이요 필수조건입니다. 성령이 임하여야 너희가 땅끝까지 이르러 증인이 될 수 있다는 말씀입니다. 성령이 강림하지 않으면 제아무리 사도들이라고 하더라도 증인이 될 수 없습니다.

사도행전에는 신약의 하나님 백성인 교회가 탄생한 '오순절 성령강림 사건'이 기록되어 있습니다. 그 사건 이후에 사도들이 어떻게 달라졌는지를 증언합니다. 그들은 '성령의 충만함'을 받고 '성령'이 말하게 하심을 따라 다른 언어로 복음을 선포하기 시작했습니다(행 2:4). 오순절 설교에서 베드로는 처음부터 끝까지 '성령'을 강조합니다(행 2:14-39). 산헤드린 공회의 법정에 섰을 때도 그는 '성령이 충만하여' 증언합니다(행 4:8). 심지어 스데반은 '성령'으로 담대히 복음을 선포하다가 순교했습니다(행 6:10,7:55). 이런 예를 들자면 끝이 없습니다.

따라서 사도행전의 주제어는 '사도'가 아니라 '성령'입니다. 성령이 어떻게 사도들을 변화시키셨는지, 성령이 어떻게 교회를 탄생시켰는지 또한 성령이 어떻게 사도들을 통해서 하나님 나라의 복음을 땅끝까지 전하셨는지를 보여주는 기록입니다. 성령 없이는 감히 교회의 존재를 생각할 수 없습니다. 이와 같은 '성령의 이야기'를 '사도들의 행적을 기록한 책'이라고 부르는 것은 맞지 않습니다. 따라서 이제부터 우리는 '사도행전'이라고 쓰고 '성령행전'으로 읽어야 합니다. 사도행전은 사도의 행적이 아니라 성령의 행적을 기록한 책이기 때문입니다.

우리는 누가복음 묵상을 통해서 예수님이 선포하신 하나님 나라의 복음이 어떤 것인지, 하나님 나라 운동이 어디서 어떻게 시작되었는지를 알게 되었습니다. 예수 그리스도에 대한 지식과 믿음은 신앙생활에 든든한 기초입니다. 따라서 누가복음의 묵상이 우리에게 꼭 필요합니다. 그러나 그것이 전부는 아닙니다. 우리는 사도행전 묵상을 통해서 하나님 나라의 복음이 어떻게 땅끝을 향해 나아가게 되었는지 그 역사적인 과정을 배워야 합니다. 그리고 그것이 신약의 하나님 백성인 교회에 주어진 사명임을 깨달아야 합니다.

바로 그 때문에 데오빌로전서(누가복음)와 데오빌로후서(사도행전)를 계속 이어서 묵상하는 것입니다. 이 말씀 묵상을 통해서 우리 모두 더욱 성숙하고 능력 있는 믿음의 사람이요 하나님 나라의 증인으로 세워지기를 간절히 소망합니다.

묵상 질문: 나는 하나님 나라의 증인이 되었는가?
오늘의 기도: 하나님 아버지, 오늘부터 우리는 '하나님 나라의 증인' 묵상의 길을 출발합니다. 우리의 걸음걸음을 선한 길로 인도하셔서 하나님의 거룩한 계획과 뜻을 날마다 깨달아가게 하시고, 이 묵상이 마치는 날 우리의 삶이 온전히 변화되어 오로지 성령의 감동과 인도하심에 따라서 하나님 나라 복음을 담대히 전하는 증인으로 세워지게 하옵소서. 예수님의 이름으로 기도합니다. 아멘.

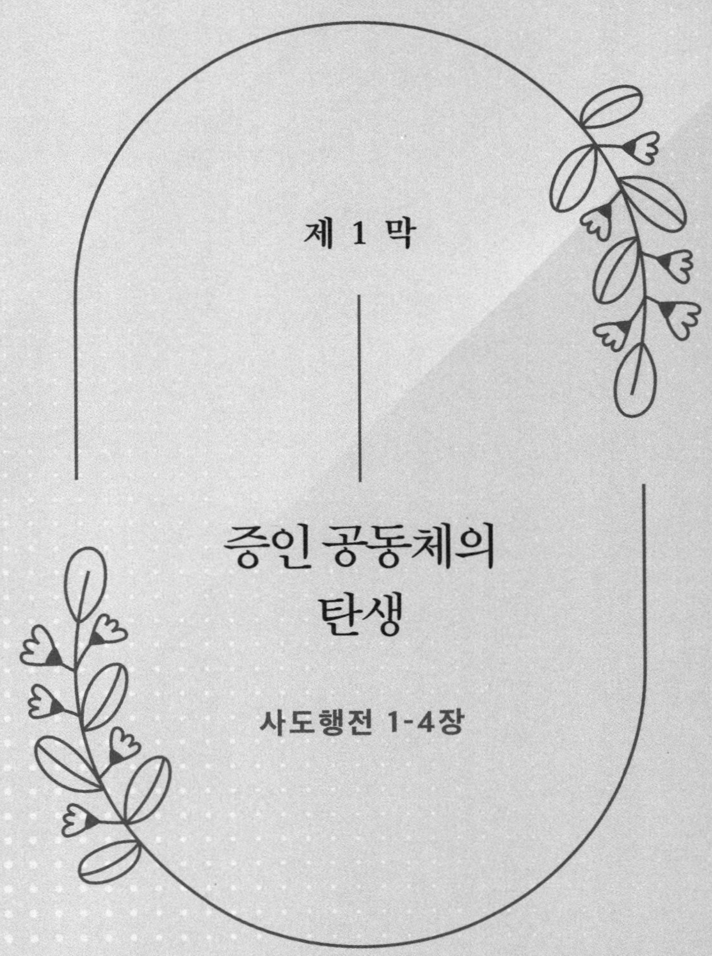

제 1 막

증인 공동체의 탄생

사도행전 1-4장

아버지께서 약속하신 것

읽을 말씀: 사도행전 1:3-5

새길 말씀: 사도와 함께 모이사 그들에게 분부하여 이르시되 예루살렘을 떠나지 말고 내게서 들은 바 아버지께서 약속하신 것을 기다리라(행 1:4).

지난 시간 묵상을 통해서 우리는 '사도행전'이 곧 '성령행전'이라는 사실을 확인했습니다. 만일 성령의 오심이 없었다면 사도들은 순교를 각오하는 증인이 될 수 없었을 것이고, 신약의 하나님 백성이요 증인 공동체인 교회가 탄생할 수도 없었을 것입니다.

승천과 강림

그런데 성령강림에 관해서 이야기하려면 그에 앞서서 주님의 승천에 관한 이야기부터 먼저 해야 합니다. 그러고 보면 예수 그리스도 지상 사역의 완성이 '부활'(Resurrection)이 아니라 '승천'(Ascension)이라는 사실을 분명하게 인식하고 있었던 복음서 기자는 '누가'가 유일한 사람이었습니다.

마태복음은 가룟 유다를 제외한 열한 제자가 갈릴리에 있는 어느 산에서 주님을 만나 '지상 명령'(The Great Commission)을 듣고 파송되는 것으로 끝납니다(마 28:16-20). 마가복음은 예수님의 승천에 대해서 간략하게 언급하기는 하지만, 그것은 마가복음의 원본이 아니라 나중에 첨가된 부분에 기록되어 있습니다(막 16:19-20). 요한복음 역시 승천을 전혀 언급하지 않습니다. 갈릴리로 낙향한 베드로를 찾아가셔서 목양의 사명을 맡겨 주시는 게 끝입니다. 그렇게 본다면 4복음서 중에 예수님의 승천을 언급하는 것은 누가복음밖에 없습니다.

> 50예수께서 그들을 데리고 베다니 앞까지 나가사 손을 들어 그들에게 축복하시더니 51축복하실 때에 그들을 떠나 (하늘로 올려지시니) 52그들이 (그에게 경배하고) 큰 기쁨으로 예루살렘에 돌아가 53늘 성전에서 하나님을 찬송하니라(눅 24:50-53).

여기에서 '하늘로 올려지시니'와 '그에게 경배하고'를 괄호로 처리한 것은 일부 사본에는 없기 때문입니다. 왜 그렇게 되었는지 우리로서는 알 길이 없지만, 누가가 처음부터 의도적으로 그 부분을 빠뜨리고 기록했거나 나중에 다른 사람에 의해서 첨부되었다고는 생각하지 않습니다. 왜냐하면 누가복음의 후편인 사도행전에서는 승천 이야기가 더욱 자세하게 나오기 때문입니다.

아마도 누가는 예수님의 승천을 후편에서 본격적으로 다루기 위해서 전편에서는 상대적으로 간단하게 줄여서 기록한 것으로 보입니다. 사실 주님의 승천은 예수 그리스도의 지상 사역의 완성이며 동시에 그 뒤를 잇는 성령 사역의 본격적인 시작을 의미합니다. 주님이 승천하지 않고서는 성령이 오시지 않습니다. 그 점에 대해서 예수님은 제자들에게 이미 여러 차례 분명하게 말씀하셨습니다.

> 그러나 내가 너희에게 실상을 말하노니 내가 떠나가는 것이 너희에게 유익이라 내가
> 떠나가지 아니하면 보혜사가 너희에게로 오시지 아니할 것이요 가면 내가 그를 너희
> 에게 보내리니(요 16:7).

여기에서 '보혜사'(保惠師)는 '성령'을 가리킵니다. '은혜를 보호하는 분' 이라는 뜻입니다. 이에 해당하는 헬라어 '파라클레토스'(Paraklētos)는 '곁에 서'(beside)라는 뜻의 '파라'(para)와 '부르다'(call)라는 뜻의 동사 '칼레 오'(kaleo)의 합성어입니다. 그러니까 부르기만 하면 언제든지 가까이에서 도움을 주는 분이라는 뜻입니다. 이것을 영어 성경은 '중보자'(Advocate), '도우시는 분'(Helper), '위로자'(Comforter), '상담자'(Counselor) 등으로 아 주 다양하게 번역합니다. 모두 성령이 오셔서 하실 일들입니다.

사도행전은 성령행전이라고 했습니다. 보혜사 성령이 오셔서 제자들과 함께하면서 교회를 이끌어 가신 기록입니다. 성령이 오시려면 먼저 주님이 승천하셔야 합니다. 그래서 주님은 "내가 떠나가는 것이 너희에게 유익하다" 라고 말씀하신 것입니다. 실제로 그 말씀대로 주님은 승천하셨고 그 대신 성령이 오신 것입니다.

승천의 준비

그런데 예수님이 부활하신 후에 곧바로 승천하지는 않으셨습니다. 그동안 어디서 무슨 일을 하셨을까 궁금합니다. 오늘 본문에 그 해답이 나옵니다. 누가의 기록이 아니었다면 아무도 알지 못했을 아주 중요한 내용입니다.

그가 고난받으신 후에 또한 그들에게 확실한 많은 증거로 친히 살아 계심을 나타내사 사십 일 동안 그들에게 보이시며 하나님 나라의 일을 말씀하시니라(행 1:3).

여기에서 '고난받으신 후'는 '죽었다가 다시 살아나신 후'를 의미합니다. 누가복음은 부활절 당일에 주님이 부활하신 모습을 직접 보여주신 몇 가지 사건을 다룬 후(눅 24:1-49)에 곧바로 승천 기사(눅 24:50-53)로 넘어갑니다. 그래서 마치 주님의 승천이 부활 이후에 즉시 일어난 것으로 생각하기 쉽습니다. 그러나 오늘 본문에서 우리는 그 기간이 40일이었다는 사실을 알게 됩니다. 이 또한 두 번째 책을 염두에 둔 누가의 선택적인 생략이었습니다.

부활 이후에 주어진 40일은 예수님에게 마치 보너스와 같은 시간이었습니다. 지금까지 주님은 쉬지 않고 달려왔습니다. 공생애를 시작하기 전에는 어머니와 동생들을 돌보기 위해서 수고해야 했습니다. 공생애를 시작하신 후에는 단 하루의 휴식도 없이 오로지 사역에만 매달려야 했습니다. 밤에는 기도하시고 낮에는 마을을 찾아다니며 하나님 나라를 선포하고 병을 고치셨습니다. 그러는 동안 틈틈이 제자를 훈련하셨고, 그를 대적하는 종교인들의 도전에 대응하셨고, 결국 십자가에 달려 죽으심으로 주어진 사명에 충성을 다하셨습니다. 그리고 부활하신 후에 40일 간의 보너스 시간이 주어진 것입니다.

그것은 마치 평생 열심히 일하고 현직에서 은퇴한 사람들과 비유할 수 있습니다. 가족의 생계를 책임지기 위해서 직장에서 청춘을 불사르며 일했고 자녀들을 다 키워냈습니다. 교회에서도 직분을 맡아 물심양면으로 헌신하며 봉사했습니다. 그러다가 은퇴하게 되었다면, 이제부터 과연 무엇을 하며 지내야 할까요? 모든 부담을 내려놓고 마음 편하게 지내고 싶을 겁니다. 가고 싶었던 곳도 가보고, 하고 싶었던 일도 해보고 말입니다. 그럴 만한 충분한 자격이 있습니다.

그러나 주님은 그 보너스 시간까지도 모두 하나님께 드렸습니다. 자신의 편안함이나 만족을 위해서가 아니라 하나님의 뜻을 이루기 위해서 마지막 시간까지 일하셨던 것입니다. 이 기간에 우리 주님이 집중하셨던 두 가지 일이 있습니다. 하나는 부활하신 몸을 제자들에게 보이시는 일이고, 다른 하나는 하나님 나라의 일을 말씀하신 것입니다.

'하나님 나라의 일'은 공생애 기간 내내 해오신 것입니다. 복음서의 내용을 한마디로 요약하면 '하나님 나라'가 됩니다. 십자가의 고난과 죽음과 부활을 통해서 주님은 인류를 구원하려는 하나님의 '복음', 즉 '기쁜 소식'이 되셨습니다. 그러나 아직도 하나님 나라는 완성되지 않았습니다. 이 세상에는 구원의 소식을 듣지 못한 사람들이 아직 많습니다. 주님이 40일 동안 그 일을 조금 더 하신다고 해서 완성될 것도 아닙니다. 어차피 그 일은 주님이 다시 오실 때까지 제자들이 계속 이어가야 할 것입니다.

그러나 주님이 하나님 나라를 위해서 하셔야 할 일이 있습니다. 그것은 부활하신 몸을 친히 나타내시는 것입니다. 그 일은 다른 사람이 대신 할 수 없습니다. 실제로 예수님의 제자 중에는 부활을 기대했던 사람이 하나도 없었습니다. 빈 무덤을 보고도 믿지 않았고, 주님의 부활에 대한 천사들의 증언을 듣고도 믿지 않았습니다. 부활하신 예수님을 직접 목격한 막달라 마리아의 증언도 믿지 않았습니다. 심지어 엠마오로 내려가던 글로바와 다른 제자는 부활하신 주님이 직접 나타나서 그들에게 말씀하셨는데도 알아차리지 못했지요.

나중에야 깨닫고 그 소식을 전하기 위하여 부리나케 예루살렘으로 돌아갔습니다. 그랬더니 제자들이 모여서 부활하신 주님께서 베드로에게도 보이셨다는 소식을 나누고 있었습니다. 글로바와 친구도 그들이 경험한 부활을 증언할 때 주님이 그들 가운데 나타나셨지요. 만일 그렇게 개인적으로나 단체적으로 주님이 직접 부활하신 몸을 보여주지 않았다면 어떻게 되었을까요? 그들은 모두 뿔뿔이 흩어지고 말았을 것입니다.

우리는 사도행전의 기록을 통해서 오순절 성령강림 사건 때, 예루살렘에 모여 있던 제자 공동체의 숫자가 120명이라는 사실을 알게 되었습니다(행 1:15). 그런데 그들은 왜 흩어지지 않고 예루살렘에 모여 있었을까요? 어떤 모양으로든 부활하신 예수님을 직접 만났기 때문입니다. 주님이 일일이 그들을 만나주시고 부활의 확신을 갖게 해 주셨기 때문입니다. 따라서 그때 120명이 한자리에 모여 있다가 성령을 받게 된 것은 부활하신 주님께서 40일 동안에 열심히 행하신 사역의 결과입니다.

따라서 예수님의 승천(昇天) 준비는 사역의 '중단'이 아니라 '계속'이었습니다. 우리의 신앙생활도 마찬가지여야 합니다. 언젠가 우리도 하나님의 부름을 받게 될 때가 있습니다. 승천(昇天)은 아니지만 소천(召天)을 받아야 합니다. 그렇다면 우리는 그 소천을 어떻게 준비해야 할까요? 그동안 하나님을 섬기느라 바쁘게 지내온 시간을 보상받기 위해서 이제부터는 신앙생활로부터 조금 자유로워져야 할까요? 아닙니다. '충성'이란 마지막 순간까지 있어야 할 곳에 있으며 해야 할 일을 하는 것이라 했습니다. 주님이 그러셨듯이 우리도 그렇게 마지막까지 충성하는 자들이 되어야 하는 것입니다.

성령의 선물

승천을 준비하면서 예수님이 제자들에게 특별히 강조하여 가르치신 말씀이 있습니다.

사도와 함께 모이사 그들에게 분부하여 이르시되 예루살렘을 떠나지 말고 내게서

들은 바 아버지께서 약속하신 것을 기다리라(행 1:4).

여기에서 '사도와 함께 모였다'라는 것은 단 한 번의 만남을 의미하지 않습니다. NIV성경은 '그들과 함께 식사하실 때'(while he was eating with them, NIV)로 번역합니다. 메시지성경 역시 '그들이 만나서 함께 식사하면서'(As they met and ate meals together, MSG)라고 풀이합니다. 40일 동안 예수님은 얼마나 자주 제자들을 만나 함께 식탁 교제를 나누셨겠습니까? 그때마다 "아버지께서 약속하신 것을 기다리라"라고 말씀하신 것입니다.

지난 시간에 이미 살펴보았듯이 누가복음 끝부분에도 같은 말씀이 기록되어 있습니다(눅 24:49). 그렇다면 누가는 그때의 일을 여기에 중복하여 기록한 것일까요? 아닙니다. 공생애 동안 주님의 말씀에 대한 제자들의 반응에 비추어보면 '단 한 번'의 말씀으로 그들의 순종을 기대할 수는 없습니다. 따라서 제자들을 만나실 때마다 이 말씀을 거듭 반복하셨다고 보는 게 더 자연스럽습니다. 중요한 일은 언제나 반복해서 강조하기 마련입니다.

빌립보교회에 보낸 편지에서 사도 바울은 이렇게 말합니다.

끝으로 나의 형제들아 주 안에서 기뻐하라 너희에게 같은 말을 쓰는 것이 내게는 수고로움이 없고 너희에게는 안전하니라(빌 3:1).

빌립보서는 '주 안에서 기쁨의 서신'입니다. 바울은 말끝마다 "주 안에서 기뻐하라" 말합니다. 그러면서 이렇게 "같은 말을 쓰는 것이 너희에게 안전하다"라고 합니다. 왜 같은 말을 반복해서 말하는 것일까요? 그만큼 중요하기 때문입니다. 중요하니까 자꾸 반복하는 것입니다. 승천을 준비하시던 주님이 제자들을 만날 때마다 말씀하셨다면, 그만큼 중요하다는 뜻입니다. 주님은 제자들에게 "아버지께서 약속하신 것을 기다리라" 말씀하셨습니다.

여기에서 '아버지께서 약속하신 것'이 무엇일까요? 사람들은 대뜸 '성령'이라고 대답할 것입니다. 물론 틀린 답은 아니지만, 정확한 답도 아닙니다. 만일 그렇다면 예수님이 그냥 단도직입적으로 '성령'을 기다리라고 하셨을 것입니다. 그러지 않고 '아버지의 약속하신 것'을 기다리라고 하신 이유가 무엇일까요?

NIV성경은 이 부분을 다음과 같이 표현합니다. "내 아버지께서 약속하신 선물을 기다리라"(... wait for the gift my Father promised. NIV). 제자들이 기다리고 받아야 하는 것은 조금은 추상적인 개념처럼 들리는 '성령'이 아니라 아주 구체적으로 '성령의 선물'을 의미하기 때문입니다. 누가복음의 마지막 부분에서도 이 점을 분명하게 말씀하셨습니다.

> 볼지어다 내가 내 아버지께서 약속하신 것을 너희에게 보내리니 너희는 위로부터 능력으로 입혀질 때까지 이 성에 머물라 하시니라(눅 24:49).

여기에서 '위로부터 오는 능력'(power from on high)이 바로 성령의 '선물'입니다. 성령이 오심으로 능력을 덧입게 될 때까지 섣불리 예루살렘을 떠나지 말고 기다리라는 것입니다. 이 말씀은 사도행전의 주제 성구에서 더욱 분명해집니다. "오직 성령이 너희에게 임하시면 너희가 권능(權能)을 받고…"(행 1:8a). 성령이 임하신다는 것은 그냥 단순하게 "가슴이 뜨거워지고 눈물이 났다"는 정도가 아닙니다. 영적인 권위와 능력이 생겨나는 것을 말합니다. 그것을 가리켜서 우리는 성령의 '선물'(gift)이라고 말하는 것입니다.

그렇습니다. 하나님 나라의 증인에게는 영적인 권위와 능력이 필요합니다. 그래야 어떤 상황에서도 끝까지 주님이 맡기신 사역을 잘 감당할 수 있습니다. 이 능력으로 덧입혀지지 않고 섣불리 사역부터 하려고 덤벼드는 사람들이 제법 많습니다. 그래서 하나님이 부어주시는 능력이 아니라 자신의 결심과 의지와 노력과 경험과 지식으로 일하려고 합니다. 그렇게 시작하는 사람들은 반드시 실패하게 되어 있습니다.

성령의 세례

누가는 계속해서 성령의 임재를 '세례'의 개념을 사용하여 설명합니다.

요한은 물로 세례를 베풀었으나 너희는 몇 날이 못 되어 성령으로 세례를 받으리라 하셨느니라(행 1:5).

세례 요한이 행한 '물세례'는 과거의 죄를 회개하고 물로 씻어냄으로써 새로운 삶으로 초대하는 의식이었습니다. 그렇다면 '성령세례'는 무엇일까요? 성령세례는 성령의 감동과 능력으로 마음속에 있는 죄가 뿌리째 태워지고 완전히 새롭게 거듭나는 것을 의미합니다. 사실 물세례는 육신의 몸이 아니라 마음을 씻어내는 상징적인 행위입니다. 그러나 실제로는 그런 근본적인 변화가 나타나지 않는 형식적인 행위로 그칠 경우가 많습니다. 그래서 우리에게는 성령세례가 필요한 것입니다.

세례 요한도 자신의 물세례의 한계를 잘 인식하고 있었습니다. 그리고 자기보다 능력이 많으신 그리스도께서 오셔서 성령세례를 베푸실 것을 예언했습니다.

요한이 모든 사람에게 대답하여 이르되 나는 물로 너희에게 세례를 베풀거니와 나

보다 능력이 많으신 이가 오시나니 나는 그의 신발끈을 풀기도 감당하지 못하겠노
라 그는 성령과 불로 너희에게 세례를 베푸실 것이요(눅 3:16).

성령과 불로 세례를 베푸시는 이 역사는 주님이 승천하신 후 일주일
만에 오순절 성령강림 사건으로 성취되었습니다. 물론 우리에게 성령세례가
필요하지만, 그렇다고 해서 성령세례가 물세례를 폐기하거나 대치하는 건
아닙니다. 베드로는 오순절 설교에서 이렇게 선포했습니다. "… 너희가 회개
하여 각각 예수 그리스도 이름으로 세례를 받고 죄 사함을 받으라. 그리하면
성령의 선물을 받으리니…"(행 2:38).

따라서 성령세례는 물세례를 대신하는 것이 아니라 보충하며 온전하게
하는 것입니다. 우리 주님도 "물과 성령으로 나지 아니하면 하나님의 나라에
들어갈 수 없다"(요 3:5)라고 말씀하셨습니다. 그러니까 물세례도 필요하고
성령세례도 필요하다는 뜻입니다. 예수님은 '아버지께서 약속하신 것', 즉
'성령의 선물'과 '성령의 세례'를 제자들이 받을 수 있도록 준비하는 일에
40일의 보너스 시간을 모두 사용하셨던 것입니다.

성령강림은 오순절에 예루살렘에서 일어난 단 한 번의 사건으로 끝나버린
것이 아닙니다. 오고 오는 모든 믿음의 세대에 성령강림 사건이 필요합니다.
실제로 베드로와 요한이 산헤드린 공회 재판에서 무죄 판결을 받은 후에
예루살렘교회는 또다시 성령강림의 체험을 하게 됩니다(행 4장). 성령 체험은
그렇게 자꾸 일어나야 합니다. 그것도 개인적인 체험으로 끝나서는 안 됩니다.
성령강림이 공동체적인 사건이 될 때 비로소 신약의 하나님 백성인 '교회'라는
증인 공동체가 만들어집니다.

지금 우리에게도 이와 같은 성령강림 사건이 일어나야 합니다. 그것을
간절히 기대한다면 우리는 과연 어떻게 해야 하겠습니까? 우리도 예루살렘을

떠나지 말고 성령의 오심을 사모하며 열심히 기도해야 합니다. 우리가 신앙생활 하는 그 자리가 바로 우리의 예루살렘입니다. 그곳에서 하나님 아버지가 주시는 성령의 선물을 받아야 합니다.

묵상 질문: 나에게 덤으로 주어진 시간을 어떻게 사용할 것인가?

오늘의 기도: 하나님 아버지, 우리에게 성령을 보내주시겠다는 주님의 약속을 진심으로 감사드립니다. 주님의 승천을 통해 이루어진 성령의 선물을 받을 수 있도록 우리의 마음이 잘 준비되게 하옵소서. 또한 성령의 세례를 통해 능력 받아 주님이 부르시는 그때까지 우리에게 주어진 사명에 충성하게 하옵소서. 예수님의 이름으로 기도합니다. 아멘.

하나님 나라의 확장

읽을 말씀: 사도행전 1:6-8

새길 말씀: 오직 성령이 너희에게 임하시면 너희가 권능을 받고 예루살렘과 온 유대와
사마리아와 땅끝까지 이르러 내 증인이 되리라 하시니라(행 1:8).

우리 주님은 부활하신 후에 승천하기까지 주어진 40일 간의 보너스 시간을 하나님 나라의 일을 말씀하시며, 부활하신 모습을 친히 사람들에게 나타내시며, '아버지께서 약속하신 것', 즉 '성령의 선물'과 '성령의 세례'를 제자들이 받을 수 있도록 준비하는 일에 모두 사용하셨습니다. 이제 그 시간이 다 흘러서 승천하실 때가 다가왔습니다.

그 나라의 회복

오늘 우리가 묵상하는 말씀은 예수님이 승천하시던 당일의 이야기입니다.

그들이 모였을 때에 예수께 여쭈어 이르되 주께서 이스라엘 나라를 회복하심이 이때

니이까 하니(행 1:6).

여기에서 '그들이 모였을 때'는 지난 시간에 언급했던 식사 모임이 아니었습니다. 메시지성경은 '그들이 마지막으로 함께 있을 때'(When they were together for the last time)라고 하여, 승천하시기 직전의 마지막 특별한 모임이었음을 분명하게 밝힙니다. 그때가 마지막이라는 것을 어떻게 알았을까요? 물론 예수님이 말씀해 주셨기 때문일 것입니다. 그때 제자들은 질문합니다. "주께서 이스라엘 나라를 회복하심이 이때입니까?"

이스라엘 나라를 회복한다고 하니까 얼핏 유대인의 오랜 염원인 '이스라엘의 영광을 회복하는 것'(나 2:2)을 말하는 것처럼 보입니다. 실제로 예수님이 나귀를 타고 예루살렘에 입성하실 때 사람들이 "우리 조상 다윗의 나라여!"(막 11:10)라고 외친 것도, 다윗 시절의 영광을 회복하려는 유대인의 오래된 소망을 표출한 것이었습니다. 그러나 예수님이 십자가에 죽으심으로 정치적인 메시아에 대한 기대가 산산조각 나고 말았지요. 그렇다면 제자들은 부활하신 주님에게 그런 기대를 다시 품기 시작한 것일까요?

아닙니다. 십자가 사건을 경험하면서 제자들은 깨닫게 되었습니다. 예수님이 가르치시던 '하나님 나라'는 그들이 기대하던 '다윗의 나라'가 아니라는 사실입니다. 하나님 나라는 이스라엘의 정치적인 구원이나 해방을 뛰어넘는 훨씬 더 큰 개념이라는 사실을 그들은 어렴풋이 알기 시작했던 것입니다. 그렇다면 '이스라엘 나라의 회복'은 구체적으로 무엇을 말하는 것일까요?

이 부분을 메시지성경은 "주님, 지금이 바로 이스라엘에 그 나라를 회복하실 때입니까?"(Master, are you going to restore the kingdom to Israel now? Is this the time?)라고 풀이합니다. 여기에서 '그 나라'(the kingdom)는 앞의 3절에 언급된 '하나님 나라'를 말합니다. 예수님이 공생애 기간 내내 선포하셨던 나라 그리고 부활하신 후에도 줄곧 가르치셨던 바로 '그 나라'입니다. 그러니까 제자들의 질문은 "주님이 승천하려고 하시는 바로 지금이, 그동안 말씀해 오셨던 하나님 나라가 이루어지는 때인가?"라는 것이었습니다. 그에 대해서 주님은 이렇게 대답하십니다.

이르시되 때와 시기는 아버지께서 자기의 권한에 두셨으니 너희가 알 바 아니요(행 1:7).

여기에서 '때'와 '시기'는 각각 헬라어 '크로노스'(chronos)와 '카이로스'(kairos)를 번역한 것입니다. 크로노스는 그냥 수평적으로 흘러가는 시간이라면, 카이로스는 하나님께서 특별히 개입하시는 수직적인 시간을 말합니다. 이스라엘의 출애굽 사건이나 예수 그리스도의 오심은 모두 하나님이 위로부터 개입하신 카이로스의 사건입니다. 하나님의 나라도 마찬가지입니다. 그것은 크로노스의 시간이 흐르다 보면 언젠가 오는 것이 아닙니다. 하나님께서 정하신 때에 특별하게 또한 갑작스럽게 임하게 될 것입니다.

따라서 하나님의 나라를 언제, 어떻게 회복하실지는 '아버지의 권한'입니다. 하나님의 절대 주권에 달려 있습니다. 그것은 사람들이 알 수도 없고, 알려고 해서도 안 되고 또한 그때를 변경하려고 해서도 안 됩니다. 그래서 메시지성경은 "그건 오직 아버지께서 결정하시는 일이다"(Timing is the Father's business. MSG)라고 표현합니다. 그렇습니다. 때와 시기는 오로지 하나님이 정하실 일이요 오롯이 하나님의 몫입니다.

성령의 권능

물론 제자들의 질문에는 그들이 품고 있는 불안한 마음이 담겨 있었습니다. 주님 없이 그들 자신의 능력으로 과연 하나님 나라의 일을 제대로 감당할 수 있을까 하는 불안감이 있었던 것입니다. 그러니 예수님이 승천하기 전에 그 일을 마무리 해놓고 가시면 좋겠다는 이야기입니다. 예수님도 제자들의 마음을 잘 아셨습니다. 그래서 기회가 있을 때마다 예루살렘을 떠나지 말고 아버지께서 약속하신 것을 기다리라고 말씀하신 것입니다.

이제 승천을 앞에 둔 마지막 시간에 다시 한번 강조하여 말씀하십니다.

오직 성령이 너희에게 임하시면 너희가 권능을 받고 예루살렘과 온 유대와 사마리아와 땅 끝까지 이르러 내 증인이 되리라 하시니라(행 1:8).

사도행전의 핵심 주제 성구입니다. 예수님이 승천하시기 직전에 제자들에게 남겨주신 마지막 말씀이며, 앞으로 전개될 사도행전 이야기의 요약이며, 이 세상에 존재하는 모든 세대의 그리스도인에게 신앙생활의 방향을 알려주는 이정표입니다. 그런데 성령이 임하심으로 받게 되는 '권능'(dynamis)의 구체적인 내용이 무엇일까요? 이 장면은 예수님이 제자들을 전도 실습에 파송하실 때와 아주 비슷합니다.

1예수께서 열두 제자를 불러 모으사 모든 귀신을 제어하며 병을 고치는 능력과 권위를 주시고 2하나님의 나라를 전파하며 앓는 자를 고치게 하려고 내보내시며(눅 9:1-2).

예수님이 해오시던 '선포 사역'(preaching ministry)과 '치유 사역'(healing ministry)을 직접 실습해 보라고 제자들을 파송하시는 장면입니다. 이때 예수님은 귀신을 제어하며 병을 고칠 수 있는 '능력'(power)과 '권위'(authority)를 제자들에게 주셨습니다. 그 권능이 구체적으로 무엇을 의미하는지는 제자들의 보고에 나옵니다. "주여, 주의 이름이면 귀신들도 우리에게 항복하더이다"(눅 10:17). 그렇습니다. 예수님이 주셨던 능력과 권위는 바로 '주의 이름'이었습니다. 그 이름으로 귀신을 쫓아내고 병을 고쳤던 것입니다.

주님이 승천하신 후에도 여전히 그 능력과 권위는 지속되었습니다. 베드로가 성전 미문에서 구걸하던 지체장애인을 고칠 때도(행 3:6), 바울이 귀신을 쫓아낼 때도(행 16:18) 예수님의 이름으로 그와 같은 놀라운 일을 행했습니다. 이미 예수님이 공생애 기간에 제자들을 훈련하신 그대로입니다. 그것만으로도 정말 대단한 능력입니다. 그 능력으로 얼마든지 하나님 나라의 복음을 전파할 수 있습니다.

그런데 왜 성령이 주시는 권능을 굳이 받아야 한다는 것일까요? 예수 그리스도의 이름의 능력과 권위를 사용하는 것만으로는 충분하지 못한 어떤 중요한 사역이 있는 것일까요? 그 답은 오늘 본문에 나옵니다. 성령의 '권능'을 받아야 '내 증인'(my witnesses), 즉 '주님의 증인'이 될 수 있기 때문입니다(행 1:8).

'증인'이란 자신이 직접 보고 들은 바를 있는 그대로 법정에서 증언하는 사람입니다. 따라서 '주님의 증인'이란 주님에게 일어난 모든 일을 증언하는 사람입니다(눅 24:46-48). 그런데 거기에 무슨 '권능'이 필요할까요? 그냥 증언하면 되지요. 아닙니다. 예수님의 죽으심과 부활을 증언하려면 목숨을 걸어야 합니다. 그래서 증인의 헬라어 '마르투스'(martus)는 '순교자'(martyr)를 의미하기도 합니다. 증인은 순교자가 될 각오가 되어 있어야 합니다. 그래서 성령이 주시는 권능을 받아야 하는 것입니다.

베드로와 제자들을 보십시오. 그들은 주님의 이름을 사용하는 능력과 권위로 병을 고치고 귀신을 쫓아내는 일을 했습니다. 그렇지만 십자가 앞에서는 주님을 부인하고 비겁하게 도망가지 않았습니까? 반면에 스데반을 보십시오. 그는 죽음의 위협에 굴복하지 않고 그리스도의 죽음과 부활을 증언하다가 돌에 맞아 순교했습니다. 그 현장을 목격했던 바울은 후에 스데반을 가리켜 '주의 증인 스데반'(행 22:20)이라고 말했습니다.

그것이 바로 성령의 권능입니다. 성령이 그들에게 임하심으로 그들은 증인이 되는 권능을 받았던 것입니다. 그와 같이 죽음을 두려워하지 않는 권능을 가진 자들을 통해서, 하나님은 예수 그리스도의 죽으심과 부활과 그를 믿는 자에게 주어지는 구원의 복음을 땅끝까지 전해지게 하셨던 것입니다.

따라서 성령이 주시는 권능을 병 고치는 은사나 믿음의 공동체를 섬기기 위해서 주어지는 은사 정도로 생각하면 안 됩니다. 성령의 권능을 받아야 우리는 땅끝까지 이르러 증인이 될 수 있습니다. 앞으로 사도행전 묵상을 통해서 우리는 성령의 권능을 받은 증인들의 발자취를 하나씩 확인하게 될 것입니다.

복음 전파의 동선

그다음에 우리는 하나님 나라가 확장되는 동선에 주목해야 합니다. 주님은 제자들이 '예루살렘'에서부터 시작하여 '온 유대와 사마리아'를 거쳐서 '땅끝'까지 가서 주님의 증인이 되기를 원하셨습니다. 이 대목에서 우리는 누가가 하나님 나라의 복음이 전해지는 지역적인 동선을 염두에 두고 누가복음과 사도행전을 차례대로 기록하고 있다는 사실을 다시 상기할 필요가 있습니다.

누가복음은 예수님의 갈릴리 사역과 갈릴리를 떠나서 예루살렘으로 여행하는 이야기 그리고 예루살렘에서 일어난 십자가 사건으로 구성되어 있습니다. 반면 사도행전은 예루살렘에서 일어난 성령강림 사건과 증인 공동체인 교회의 탄생으로부터 시작하여 복음이 점점 땅끝으로 전해지는 이야기입니다. 두 권의 책을 합해놓으면 갈릴리에서 시작된 하나님 나라 운동이 예루살렘을 거쳐서 땅끝으로 확산하는 동선이 그려집니다. 그리고 예루살렘이 그 전환점 역할을 하고 있다는 사실을 알게 됩니다. 그러니까 누가는 처음부터 이와 같은 구조를 염두에 두고 누가문서를 기록했던 것입니다.

어떤 학자들은 누가가 이방인이었다는 사실에 근거하여, 그가 이방 선교에 특별한 관심을 가졌을 것이고, 그래서 이와 같은 구조를 만들어 냈을 것이라 설명합니다. 그러나 이것은 사실 누가의 순수한 창작물이 아니라 예수님의 가르침 속에 이미 계시 된 이야기입니다.

'큰 잔치 비유'(눅 14:15-24)가 가장 적절한 예입니다. 어떤 사람이 큰 잔치를 베풀고 사람들을 초청했는데 약속된 시간에 여러 핑계로 오지 않습니다. 그러자 그는 종들을 보내서 다른 사람들을 데려오게 합니다.

21종이 돌아와 주인에게 그대로 고하니 이에 집 주인이 노하여 그 종에게 이르되 빨리 시내의 거리와 골목으로 나가서 가난한 자들과 몸 불편한 자들과 맹인들과 저는 자들을 데려오라 하니라 22종이 이르되 주인이여 명하신 대로 하였으되 아직도 자리가 있나이다 23주인이 종에게 이르되 길과 산울타리 가로 나가서 사람을 강권하여 데려다가 내 집을 채우라 24내가 너희에게 말하노니 전에 청하였던 그 사람들은 하나도 내 잔치를 맛보지 못하리라…(눅 14:21-24).

이 비유에서 가장 먼저 초청을 받은 사람들은 '유대인 기득권층'이었습니다. 그들이 잔치에 올 것을 거절하자, 주인은 '시내의 거리와 골목'에 있던 가난하고 병든 사람들을 초청합니다. 그래도 다 채우지 못하자 이번에는 더 멀리 '길과 산울타리 가'까지 나가서 사람들을 초청합니다. 잔치에 초청되는 사람들이 점점 확장되는 것이 보이지 않습니까?

오늘 본문도 마찬가지입니다. 예루살렘에서 출발하여 점점 더 먼 곳을 향합니다. 그런데 여기에서 우리가 주목할 것이 있습니다. 그것은 '온 유대와 사마리아'입니다. 대부분은 예루살렘에서 땅끝으로 나아가기 위해서 거쳐야 하는 두 지역으로 생각합니다. 다시 말해서 예루살렘에서 출발하여 땅끝으로 가려면 '유대 지방'을 거쳐서 '사마리아 지방'을 지나가야 한다는 식으로 해석합니다. 그런데 예수님의 말씀에는 그와 같은 평면적인 확장 이상의 의미가 담겨 있습니다.

NIV성경으로 읽으면 그 구조가 분명하게 드러납니다. "You will be my witnesses in Jerusalem, and in all Judea and Samaria, and to the ends of the earth"(Acts 1:8b). 여기에는 제자들이 증인이 되어야 할 세 지역이 나옵니다. 첫 번째는 '예루살렘'이고, 두 번째는 '온 유대와 사마리아'이고, 세 번째는 '땅끝'입니다. 이렇게 '유대'와 '사마리아'가 한 묶음으로 표현되고 있다는 사실은 매우 의미심장합니다. 그들은 본래 같은 뿌리를 가진 민족이었지만, 역사의 과정을 거치면서 서로 앙숙이 되었기 때문입니다.

그러고 보면 예수님이 갈릴리 사역을 마치고 나서 예루살렘으로 올라가실 때 굳이 사마리아 지방을 통과하려고 하신 것도 바로 그 때문이었습니다(눅 9:51-52). 물론 사마리아인은 예수님 일행을 환영하지 않았지요. 그러나 예수님은 포기하지 않고 계속해서 다른 사마리아 마을을 방문하셨습니다. 그 이유는 제자들이 앞으로 감당해야 할 사명을 일깨우기 위해서였습니다. 유대와 적대 관계에 있는 사마리아를 품지 않고서는 땅끝으로 나갈 수 없다는 진실을 가르치려고 하셨던 것입니다.

물론 당시에 예수님의 의도를 깨닫는 제자는 아무도 없었습니다. 야고보와 요한 형제는 그들을 푸대접하는 사마리아인에게 흥분하여 하늘에서 불을 내려 태워버리자고 말할 정도였습니다(눅 9:54). 땅끝은 고사하고 사마리아에 이르러 주님의 증인이 될 만한 제자가 한 사람도 없었던 것입니다. 그러나 주님은 아셨습니다. 언젠가 그들이 사마리아에서도 증인이 되리라는 사실을… 그리고 마침내 그들의 땅끝으로 나아가 모든 이방인에게 복음을 전하게 되리라는 사실을….

그렇다면 여기에서 '땅끝'은 어디를 말하는 것일까요? 영어로는 땅끝을 단순하게 'the ends of the earth'라고 표현합니다. 여기에서 땅끝이 복수형(the ends)으로 되어 있다는 사실을 주목해야 합니다. 다시 말해서 땅끝이란 어느 한 곳을 의미하지 않습니다. 예루살렘과 유대와 사마리아는 이미 정해진 곳이지만, 땅끝은 정해지지 않은 불특정 다수의 지역인 셈입니다.

사도행전은 사도바울이 로마 감옥에서 복음을 전하는 이야기로 마무리합니다(행 28:30-31). 그렇다면 누가가 생각하는 땅끝은 로마였을까요? 아닙니다. 로마는 당시 세계의 중심지였습니다. 따라서 로마로 간다는 것은 세계의 사방 땅끝(ends)으로 갈 수 있다는 뜻입니다. 그렇다면 사도바울이 본래 목표로 삼았던 '땅끝'은 과연 어디였을까요? 로마 교회에 보낸 편지에 나와 있습니다.

> 23이제는 이 지방에 일할 곳이 없고 또 여러 해 전부터 언제든지 서바나로 갈 때에 너희에게 가기를 바라고 있었으니 24이는 지나가는 길에 너희를 보고 먼저 너희와 사귐으로 얼마간 기쁨을 가진 후에 너희가 그리로 보내주기를 바람이라(롬 15:23-24).

바울이 가려고 했던 '서바나'는 바로 지금의 '스페인'(Spain)입니다. 바울에게는 스페인이 땅끝이었던 것입니다. 물론 스페인이 땅끝의 전부는 아닙니다. 성령의 권능을 받아 증인으로 부름을 받은 사람들에게 땅끝은 각각 다른 곳이었습니다. 150년 전의 우리나라는 미국 선교사들이 품은 땅끝이었습니다. 그래서 그들은 이 땅에 와서 목숨을 바쳐 복음을 전했고, 오늘날과 같이 한국 교회의 부흥을 이루는 머릿돌이 되었습니다. 지금은 거꾸로 우리나라의 교회들이 세계 미전도 종족에게 복음을 전하는 선교사를 파송하고 있습니다. 땅끝으로 가는 복음 전파의 동선은 그렇게 계속 확장되고 있는 것입니다.

어떤 학자는 누가가 본래 누가복음과 사도행전, 두 권 외에 한 권을 더 집필할 계획이었다고 주장합니다. 나머지 한 권은 로마에서부터 땅끝으로 복음이 전해지는 이야기인데, 그것을 마무리하지 못해서 현재 누가복음과 사도행전만 남게 되었다는 것입니다. 만일 그 주장이 사실이라면, 누가가 못다 쓴 세 번째 책을 이제 우리가 집필해야 합니다. 누가의 미완성 작품을 우리의 삶으로 완성해 가야 합니다. 바로 그것이 주님의 증인 공동체로서 이 땅에 존재하는 모든 교회가 주님이 재림하실 때까지 마땅히 감당해야 할 사명입니다.

묵상 질문: 나는 성령의 권능을 받았는가? 그것을 어떻게 알 수 있는가?

오늘의 기도: 하나님 아버지, 우리에게도 성령의 권능을 부어주옵소서. 위로부터 내려오는 성령의 권능이 입혀지기 전까지는 우리가 주님의 증인이 될 수 없기 때문입니다. 이 시간 성령의 오심을 간구하오니 우리의 기도에 응답하여 주옵소서. 예수님의 이름으로 기도합니다. 아멘.

예수 부활의 증인

읽을 말씀: 사도행전 1:9-26

새길 말씀: 항상 우리와 함께 다니던 사람 중에 하나를 세워 우리와 더불어 예수께서 부활하심을 증언할 사람이 되게 하여야 하리라 하거늘(행 1:22).

지난 시간의 말씀을 통해서 우리는 주님의 증인이 되기 위해서 먼저 성령의 권능을 받아야 한다는 사실과 예루살렘에서부터 온 유대와 사마리아와 땅끝까지 확장하는 동선이 담고 있는 의미에 대해서 알게 되었습니다. 특별히 '땅끝'이 단수가 아니라 복수이며, 주님의 증인으로 부르심을 받은 사람들의 소명에 따라 지금도 여전히 새로운 땅끝이 계속해서 발견되고 있다는 사실도 알게 되었습니다.

승천과 재림

오늘은 그다음에 이어지는 주님이 승천하시는 이야기와 그때 주어진 재림에 대한 약속의 말씀을 살펴보겠습니다. 우선 주님이 승천하시는 장면입니다.

이 말씀을 마치시고 그들이 보는데 올려져 가시너 구름이 그를 가리어 보이지 않게 하더라(행 1:9).

마지막 말씀을 마치시고 주님은 제자들이 보는 앞에서 하늘로 올려져 가셨습니다. 메시지성경은 "그는 들려 올라가 구름 속으로 사라지셨다"(he was taken up and disappeared in a cloud. MSG)라고 풀이합니다. 그런데 예수님이 어떻게 하늘로 들려 올라가셨을까요? 감람산 정상에 '예수 승천 교회'(Chapel of the Ascension)가 있습니다. 교회 내부로 들어가면 예수님의 발자국이 새겨진 '승천 바위'가 놓여 있습니다. 그러니까 마치 높이뛰기 하듯이 땅을 박차고 하늘로 올라가면서 남긴 흔적이라는 것이지요. 그런데 그게 정말일까요?

저는 그렇게 생각하지 않습니다. 오히려 에스겔에게 나타나셨던 하나님의 보좌 환상에서 승천의 답을 찾을 수 있다고 봅니다. 에스겔은 갈대아 땅 그발 강가에서 폭풍과 큰 구름 속에서 이동식 보좌(portable throne)를 타고 나타나시는 하나님을 목격합니다(겔 1:4-28). 또한 하나님의 영이 에스겔을 들어 올려 순식간에 갈대아 땅에서 예루살렘으로 데려가는 모습이 기록되어 있습니다(겔 8:1-3). 그것은 눈에만 보이는 환상이 아니라 실제로 일어난 일이었습니다.

구름은 하나님이 임재하실 때 항상 동반되는 현상입니다. 예수님이 승천하실 때도 구름에 가려 보이지 않았다고 했습니다. 저는 이때 하나님께서 친히 예수님을 맞이하기 위하여 직접 내려오신 것은 아닐까 상상해 봅니다. 하나님의 아들이 지상에서의 모든 사역을 마치고 승천하시는데 하나님 아버지께서 가만히 보고 계시지는 않았을 것입니다. 직접 이동식 보좌를 타고 마중 나오신 것이지요. 아무튼 그다음 이야기입니다.

[10]올라가실 때에 제자들이 자세히 하늘을 쳐다보고 있는데 흰옷 입은 두 사람이 그들 곁에 서서 [11]이르되 갈릴리 사람들아 어찌하여 서서 하늘을 쳐다보느냐 너희 가운데서 하늘로 올려지신 이 예수는 하늘로 가심을 본 그대로 오시리라 하였느니라(행 1:10-11).

주님이 승천하셔서 보이지 않는데도 제자들은 계속해서 '자세히' 하늘을 쳐다보고 있었습니다. 메시지성경은 "그들은 빈 하늘을 바라보며 거기 서 있었다"라고 표현합니다. 한편으로는 그 신비로움에 넋을 잃고 있었고, 다른 한편으로는 주님과의 이별을 못내 아쉬워했기 때문이었을 것입니다. 그때 갑자기 '흰옷을 입은 두 사람'이 나타났습니다. 흰옷은 천사들의 옷을 의미합니다.

안식 후 첫날 새벽에 예수님의 무덤을 찾아갔던 여인들도 '찬란한 옷을 입은 두 사람'(눅 24:4)을 만나서 주님의 부활 소식을 전해 들었습니다. 그러나 사람들이 흔히 생각하듯이 하늘에서 날개를 달고 천사들이 나타나는 모습을 그릴 필요는 없습니다. 천사들은 그저 보통 '사람'의 모습으로 나타납니다. 아브라함이 만난 천사들도 '사람의 모습'이었습니다(창 18:2). 세례 요한의 아버지 사가랴나 예수님의 어머니 마리아도 모두 '사람의 모습'으로 나타난 천사를 통해서 수태고지를 받습니다.

제자 중에 그 누구도 천사들을 즉시 인지하지 못했던 이유입니다. 그러다가 "갈릴리 사람들아!"라고 부르자 그제야 정신을 차리지요. 그러고 보니까 열두 사도 중에 가룟 유다를 제외한 나머지 사도들은 모두 갈릴리 출신입니다. 갈릴리는 예수님이 하나님 나라 운동을 시작하신 곳입니다. 거기에서부터 그들은 줄곧 예수님을 따라왔던 것입니다. 예루살렘 주민들은 갈릴리 사람들을 '촌뜨기'로 생각하고 업신여겼습니다. 그러나 우리 주님은 그 '촌뜨기'들을 통해서 인류 구원의 역사를 시작하신 것입니다.

천사들은 계속해서 '주님의 재림에 대한 약속'을 전해주십니다. "너희 가운데서 하늘로 올려지신 이 예수는 하늘로 가심을 본 그대로 오시리라"(행 1:11). 제자들은 조금 전에 주님과 이별했습니다. 물론 십자가 죽음으로 이별하던 때와는 전혀 다른 상황이지만, 그래도 이별은 이별입니다. 주님이 떠난 빈자리의 허전함과 앞으로 어떻게 해야 할지에 대한 막막함이 그들에게 있었습니다. 그래서 빈 하늘에서 눈을 떼지 못하고 있었던 것입니다.

이때 그들에게 필요한 말씀은 '재림의 방법'이 아닙니다. 그들을 위해 조만간 보혜사를 보내주실 것이고, 그들을 통해 땅끝까지 하나님 나라의 복음이 전해질 것이고 또한 구원의 완성을 위하여 주님이 다시 재림하실 것이라는 메시지가 필요합니다. 그래서 메시지성경은 "너희 가운데서 하늘로 들려 올라가신 이 예수는 떠나신 그대로 틀림없이, 영광중에 오실 것이다"(행 1:11)라고 풀이합니다. 그들은 주님의 승천을 두 눈으로 목격했습니다. 바로 그 예수님이 떠나신 그대로 틀림없이 재림하실 것이라는 약속입니다.

그런데 어떤 사람들은 주님이 재림하시는 방법에 관심이 많습니다. 그래서 어떤 특정한 장소에서 매일 구름만 쳐다봅니다. 그것은 재림을 기다리는 올바른 태도가 아닙니다. 재림에 대한 확신이 있다면 주님이 맡겨 주신 사명에 집중해야 합니다. 천사들의 말씀을 듣고 제자들은 정신을 차립니다. 그리고 예루살렘으로 돌아가 그들이 해야 할 일에 집중하기 시작했습니다. 그것은 바로 하나님 아버지께서 약속하신 것을 기다리는 일이었습니다.

마가의 다락방

그렇게 해서 주님의 빈자리는 재림에 대한 소망과 성령을 기다리는 일로 채워졌습니다.

주님의 승천이 일어난 곳은 '감람원이라 하는 산'(the mount of olives)이었습니다. 이곳은 예루살렘 성벽에서 동쪽의 기드론 시내 건너편에 마주 보이는 언덕입니다. 누가는 이 산을 '안식일에 가기 알맞은 길'(Sabbath day's Journey)이라고 소개합니다. 유대교 전통에서 안식일에 허용되는 최대 이동 거리는 2,000규빗(cubits), 약 1km 정도였습니다. 그러니까 감람산은 예루살렘 성전에서 그리 멀지 않은 곳에 있었던 것입니다.

오늘 본문에는 제자들이 별 느낌이나 반응 없이 그냥 예루살렘으로 돌아온 것으로 되어 있지만, 누가복음의 기록은 사뭇 다릅니다. "그들은 무릎을 꿇고 그분께 경배하고, 터질 듯한 기쁨을 안고(bursting with joy) 예루살렘으로 돌아왔다. 그들은 하나님을 찬양하면서 모든 시간을 성전에서 보냈다!"(눅 24:52-53, 메시지)

주님과 이별하고 돌아올 때 제자들의 마음은 슬픔이 아니라 기쁨으로 가득 차 있었던 것입니다. 그들은 떠나간 주님을 그리워하며 슬퍼하며 아무것도 하지 않고 주저앉아 있지 않았습니다. 오히려 성전에서 하나님을 찬양하면서 지냈습니다. 왜냐하면 주님이 주신 약속과 사명이 있기 때문입니다. 조만간 성령을 보내주실 것이고 성령의 권능을 받아 증인으로 살아가게 될 것입니다. 그 일에 집중하는 것이 주님의 재림을 기다리는 올바른 믿음의 모습입니다.

립, 도마와 바돌로매, 마태와 및 알패오의 아들 야고보, 셀롯인 시몬, 야고보의 아들 유다가 다 거기 있어 ¹⁴여자들과 예수의 어머니 마리아와 예수의 아우들과 더불어 마음을 같이하여 오로지 기도에 힘쓰더라(행 1:13-14).

제자들이 모인 다락방은 예수님이 잡히시던 밤에 성만찬을 베푸시던 곳(눅 22:12)이나 '마가라 하는 요한의 어머니 마리아의 집'(행 12:12)과 동일한 장소로 여겨집니다. 그래서 일반적으로 이곳을 '마가의 다락방'이라고 부릅니다. 가룟 유다를 제외한 나머지 열한 제자들이 이곳에 다 모였습니다. 그 명단은 누가복음(눅 6:14-16)의 기록과 거의 일치하는데, 다른 점이 있다면 '요한'이 '베드로' 다음에 배치되어 있다는 사실입니다. 이제 베드로와 요한이 새로운 짝이 되어 사역할 것을, 이렇게 예고하고 있는 것입니다(눅 21:8; 행 3:1).

또한 이 명단에서 우리의 시선을 끄는 사람들이 있습니다. 그들은 바로 '예수의 아우들'입니다. 예수님에게는 네 명의 남동생이 있었습니다(마 13:55). 그들은 본래 주님을 따르지 않았습니다. 오히려 주님의 사역을 방해하기도 했습니다. 그런데 마가의 다락방에 모인 사람 중에 그들이 등장하고 있는 것입니다. 아마도 십자가와 부활과 승천 사건을 직접 목격하면서 회심하였을 것으로 보입니다. 야고보서의 저자인 '야고보 장로'가 바로 예수님의 친형제였습니다. 그는 베드로의 뒤를 이어서 예루살렘교회를 섬기던 목회자가 되었습니다.

아무튼 이들이 예루살렘에 모여서 한 일은 오직 한 가지였습니다. 마음을 같이하여 오로지 기도에 힘쓰는 것이었습니다. 메시지성경은 이렇게 번역합니다. "이들은 끝까지 이 길을 가기로 뜻을 모으고, 온전히 하나가 되어 기도했다"(눅 1:14b). 이들은 십자가 사건을 함께 경험했습니다. 부활하신 주님을 함께 만났습니다. 그리고 주님이 승천하시는 자리에도 함께 있었습니다. 그들은 모두 주님이 부탁하시는 말씀을 들었습니다. 그래서 그들은 끝까지 이 길을 가기로 뜻을 모으게 된 것입니다. 그리고 결국 그들은 오순절에 성령의 권능을 함께 받게 됩니다.

만일 이 모든 일을 베드로 혼자서 경험했다면 어떻게 되었을까요? 베드로가 대표로 주님의 말씀을 받아서 다른 제자들에게 전달했다면 그들의 마음이 이렇게까지 하나가 되어 기도에 힘쓸 수 있었을까요? 그러지 않았을 것입니다. 개인적인 묵상과 경건의 훈련도 물론 중요하지만, 공동체적인 신앙의 경험이 훨씬 더 중요한 이유입니다.

사도의 선출

그렇게 기도하던 중에 그들은 가룟 유다의 빈자리를 채우는 중요한 결정을 하게 됩니다.

¹⁵모인 무리의 수가 약 백이십 명이나 되더라 그 때에 베드로가 그 형제들 가운데 일어서서 이르되 ¹⁶형제들아 성령이 다윗의 입을 통하여 예수 잡는 자들의 길잡이가 된 유다를 가리켜 미리 말씀하신 성경이 응하였으니 마땅하도다 ¹⁷이 사람은 본래 우리 수 가운데 참여하여 이 직무의 한 부분을 맡았던 자라(행 1:15-17).

주님을 세 번이나 부인한 일로 인해 제자 공동체 안에서 베드로의 지도력은 이미 큰 손상을 입은 상태입니다. 요한복음 21장에 보면 갈릴리 호수로 낙향하여 고기 잡던 일곱 명의 제자가 나옵니다. 그때 나머지 제자들은 어디로 간 것일까요? 그것은 베드로의 지도력에 문제가 생겼다는 증거입니다. 그러나

마가의 다락방에서 베드로는 다시 지도력을 회복한 모습을 보여줍니다.

이것은 아마도 부활하신 주님이 베드로에게 가장 먼저 나타나셨다는 사실(눅 24:34)과 최후의 만찬 자리에서 베드로의 부인을 예고하시면서 "너는 돌이킨 후에 네 형제를 굳게 하라"(눅 22:32)고 당부하신 말씀이 큰 힘이 되었을 것입니다. 마가의 다락방에서 합심하여 기도하던 중에 베드로의 마음에 성령이 주신 특별한 감동이 생겼습니다. 가룟 유다가 남긴 부정적인 영향의 고리를 끊어버리려면 그를 대신할 사도를 세워야 하겠다는 깨달음입니다.

베드로는 그 즉시 자리에서 일어나서 사람들의 주의를 집중시킵니다. 그리고 시편 말씀을 인용하면서 사도를 선출해야 하는 당위성을 길게 설명합니다. 우리의 관심은 과연 어떤 사람을 사도로 세울 것인가에 있습니다. 베드로는 사도의 자격과 직무를 이렇게 설명합니다.

> 21이러하므로 요한의 세례로부터 우리 가운데서 올려져 가신 날까지 주 예수께서 우리 가운데 출입하실 때에 22항상 우리와 함께 다니던 사람 중에 하나를 세워 우리와 더불어 예수께서 부활하심을 증언할 사람이 되게 하여야 하리라(행 1:21-22).

베드로가 제시한 사도의 자격은 '예수님과 함께 다니던 사람'입니다. 예수님이 세례를 받고 공생애를 시작하신 후부터 승천하실 때까지 줄곧 함께 다니던 제자 중에서 세워야 한다는 것입니다. 이것은 오늘날 교회에서 직분자를 세울 때 적용되는 가장 중요한 기준입니다. 그런데 '예수님과 함께 다닌다'라는 걸 무엇으로 증명할 수 있을까요? 여러 가지를 이야기할 수 있겠지만, 가장 중요한 것은 예배입니다. 예배드리지 않으면서 예수님을 믿는다고 주장할 수 없기 때문입니다.

그다음에 베드로가 제시한 사도의 직무는 '예수의 부활하심을 증언하는 사람'입니다. 이것은 주님이 승천하기 직전에 부탁하신 말씀과 똑같습니다. '사도'(使徒)란 '보냄을 받은 사람'이라는 뜻입니다. 무엇을 위해서 보냄을 받았습니까? 예수님의 십자가 사건과 그를 통한 구원의 기쁜 소식을 전하는 일입니다. 사도는 순교자가 될 각오를 하고 땅끝까지 이르러 주님의 증인이 되어야 합니다. 그러나 이것은 사실 사도에게만 주어진 사명은 아닙니다. 주님을 믿고 따르는 그리스도인이라면 누구나 주님의 증인으로 부름을 받았기 때문입니다.

그다음은 사도의 선출 방법입니다.

23그들이 두 사람을 내세우니 하나는 바사바라고도 하고 별명은 유스도라고 하는 요셉이요 하나는 맛디아라 24그들이 기도하여 이르되 뭇 사람의 마음을 아시는 주여 이 두 사람 중에 누가 주님께 택하신 바 되어 25봉사와 사도의 직무를 대신할 자인지를 보이시옵소서 유다는 이 직무를 버리고 제 곳으로 갔나이다 하고 26제비 뽑아 맛디아를 얻으니 그가 열한 사도의 수에 들어가니라(행 1:23-26).

그들이 선택한 방법은 제비뽑기였습니다. 두 사람의 후보자를 추천한 후에 돌에 이름을 적어서 그릇에 넣고 흔들어서 먼저 나오는 이름을 선택하는 방식입니다. 이는 제사장의 예복 중에서 판결의 흉패 속에 넣어서 하나님의 뜻을 분별할 때 사용했던 '우림과 둠밈'(출 28:30)을 연상시킵니다. 여기에는 물론 사람들의 신중한 추천 작업이 선행되어야 합니다. 그러나 최종 결정권을 하나님에게 드리는 것입니다. 그들은 두 후보자를 추천한 후에 먼저 하나님께 간절히 기도하고 나서 제비를 뽑아 확정했습니다.

그래서 뽑힌 사람이 '맛디아'였습니다. 이 사람에 대해서 성경은 더 이상 언급하지 않습니다. 알렉산드리아의 클레멘트는 이 사람을 '삭개오'라고 합니다. 또는 '바나바'라고 말하는 사람도 있습니다. 그러나 맛디아가 어떤 사람이었는지 또는 초대교회에서 어떤 역할을 했는지는 사실 그렇게 중요한 문제가 아닙니다. 가룟 유다를 대신할 사도로 뽑혔다는 것이 중요합니다. 하나님은 베드로의 회복된 지도력을 통해서 제자 공동체를 다시 굳게 세우셨습니다.

우리가 어떤 직분을 받아 얼마나 많은 일을 하는지 또는 얼마나 잘하는지는 사실 두 번째 문제입니다. 그 직분에 세워졌다는 사실 자체가 중요합니다. 우리는 부족하지만 하나님이 세워주셨기에 그 직분에 충성할 뿐입니다. 베드로는 '세움'을 통해 자신을 회복하신 주님의 마음을 너무나 잘 알고 있었습니다. 그랬기에 다른 사람을 세워줄 수 있었고, 결국 베드로의 지도력도 회복될 수 있었던 것입니다. 모든 믿음의 공동체에 정말 필요한 것은 이와 같이 서로를 세워주는 마음입니다.

묵상 질문: 나는 믿음의 공동체 안에서 누군가를 세워준 적이 있었나?

오늘의 기도: 하나님 아버지, 예수님의 부활을 증언하는 참된 증인이 되도록 우리에게 성령의 권능을 허락하여 주옵소서. 주님께서 우리에게 맡겨 주신 직분을 감사함으로 받아들이게 하시고, 주어진 사명에 늘 충성하게 하옵소서. 또한 우리가 몸담고 신앙생활 하는 공동체가 서로를 세워주는 아름다운 부활의 증인 공동체가 되게 하옵소서. 예수님의 이름으로 기도합니다. 아멘.

오순절 성령강림 사건

읽을 말씀: 사도행전 2:1-13

새길 말씀: 그들이 다 성령의 충만함을 받고 성령이 말하게 하심을 따라 다른 언어들로
말하기를 시작하니라(행 2:4).

우리 주님은 승천하기 전에 제자들을 만나실 때마다 두 가지를 거듭해서
부탁하셨습니다. 예루살렘을 떠나지 말라는 것과 하나님께서 약속하신 것을
기다리라는 것입니다. 조만간 예루살렘에서 일어날 놀라운 일이 있기 때문입
니다. 그 일이 무엇입니까? 성령강림입니다. 사실 성령강림의 예고는 주님의
공생애 기간에 이미 여러 번 말씀하신 내용입니다(요 14:16-17). 그걸 새삼
강조하신 것이지요.

그런데 왜 제자들은 성령강림을 기다려야 하는 것일까요? 물로 세례를
받았으면 되었지, 왜 굳이 성령세례를 받아야 하는 것일까요? 주님이 승천하
시던 날 제자들에게 남기신 말씀에 그 이유가 분명하게 표현되어 있습니다.
사도행전의 주제 성구입니다.

오직 성령이 임하시면 너희가 권능을 받고 예루살렘과 온 유대와 사마리아와 땅끝까지 이르러 내 증인이 되리라 하시니라(행 1:8).

성령이 임하셔야 권능을 받기 때문입니다. 그런데 이 권능은 단순히 어떤 병을 고치거나 귀신을 쫓아내는 능력을 의미하지 않습니다. 그런 권위와 능력은 예수님이 제자들을 전도 실습에 파송하실 때 이미 주셨습니다. 그들은 예수 그리스도의 이름으로 얼마든지 병을 고칠 수 있었고 귀신을 쫓아낼 수 있었습니다. 앞으로도 계속해서 예수 이름의 권능을 사용할 것입니다. 그러나 성령강림으로 받게 되는 권능은 '주님의 증인'에게 꼭 필요한 것입니다. 주님의 죽으심과 부활을 증언하는 것은 목숨을 걸어야 할 만큼 위험한 사명이기 때문입니다.

게다가 그 당시 제자 공동체는 기껏해야 120명 정도에 불과했습니다. 예루살렘에서라면 혹시 모르겠지만, 그 숫자로는 온 유대와 사마리아와 땅끝까지 가서 증인이 되기에는 턱없이 부족합니다. 그래서 '권능'이 필요했던 것입니다. 이 권능은 주님의 증인으로 부름을 받은 개개인을 위해서뿐만 아니라 증인 공동체인 교회가 세워지기 위해서 더더욱 필요한 것이었습니다.

성령강림의 현장

아무튼 제자들은 주님의 명령에 순종하여 예루살렘을 떠나지 않고 오로지 기도하는 일에 전념했습니다. 사실 그들은 성령강림 사건이 언제 어떻게 일어날지 전혀 알지 못했습니다. 그렇지만 주님의 약속을 붙잡고 열심히 모여서 기도했습니다. 그러던 중에 하필 오순절 당일 그 사건이 일어나게 된 것입니다. 오늘 우리가 묵상하는 본문은 바로 그 역사적인 날에 대한 누가의 증언입니다.

> [1]오순절 날이 이미 이르매 그들이 다같이 한 곳에 모였더니 [2]홀연히 하늘로부터 급하고 강한 바람 같은 소리가 있어 그들이 앉은 온 집에 가득하며 [3]마치 불의 혀처럼 갈라지는 것들이 그들에게 보여 각 사람 위에 하나씩 임하여 있더니 [4]그들이 다 성령의 충만함을 받고 성령이 말하게 하심을 따라 다른 언어들로 말하기를 시작하니라 (행 2:1-4).

오순절은 유월절, 초막절과 함께 유대인이 지키던 3대 절기 중의 하나입니다. 말 그대로 유월절 후에 50일(五旬)이 되는 절기(節)라는 뜻입니다. 예수님이 십자가에 달려 돌아가신 날이 공교롭게도 유월절이었습니다. 그리고 사흘 만에 부활하셨습니다. 부활하신 후에 주님은 40일 만에 승천하셨습니다. 그러니까 주님이 승천하신 지 꼭 일주일 후에 오순절 절기가 다가온 것입니다.

주님의 제자 공동체는 이날 모두 한자리에 모였습니다. 오순절이 아니더라도 당시 그들은 기회가 있을 때마다 함께 모여 기도에 힘썼습니다. 그런데 바로 그날 놀라운 일이 벌어졌습니다. 갑자기 하늘에서 '급하고 강한 바람 같은 소리'가 나더니 그들이 앉아 있는 온 집안을 가득 채웠습니다. 성령의 임재하심이 사람들의 귀에 바람 같은 소리로 들린 것입니다.

'성령'에 해당하는 히브리어 '루아흐'는 '하나님의 영'(the Spirit)이라는 뜻과 '바람'(wind)이라는 뜻을 동시에 가지고 있습니다. 게다가 성령강림의 현상은 눈에 직접 보이기도 했습니다. 마치 '불의 혀'(tongues of fire)처럼 갈라지는 모습으로 그들의 머리 위에 임하는 것이 보였던 것입니다. '머리 위에 임했다'라는 말은 '성령의 세례'(행 1:5)가 이루어지고 있음을 의미합니다. 그런데 왜 하필이면 '불의 혀'일까요? 그 이유는 조금 뒤에 나옵니다.

여기에서 먼저 우리가 주목할 것은 이때 성령이 '각 사람 위에 하나씩' 임했다는 사실입니다. 즉, 오순절 성령강림은 개인적인 사건이 아니라 공동체적인 사건이었던 것입니다. 그곳에 있던 120명 중에 한 사람의 예외도 없이 모두 성령의 충만함을 받고 '다른 언어들', 즉 '방언'으로 말하기 시작했습니다. 이를 NIV성경은 'speak in other tongues'라고 번역합니다. 여기에서 'tongues'(혀)는 'languages'(언어)를 뜻합니다. '불의 혀'(tongues of fire)는 바로 '다른 언어들'(other tongues)로, 말하는 능력을 염두에 둔 표현이었던 것입니다.

한번 생각해 보십시오. 이들은 갈릴리 출신이었습니다. 살아오면서 외국어를 한 번도 공부해 본 적이 없습니다. 그런데 어느 날 갑자기 외국어를 유창하게 말합니다. 지금 우리의 상황에 적용하면 영어를 유창하게 말하고, 중국어, 일본어, 독일어, 스페인어를 능숙하게 사용하게 된 것입니다. 이것은 정말 상상할 수 없는 일입니다. 그래서 어떤 분들은 "나도 열심히 기도해서 영어로 방언을 받았으면 좋겠다"라고 말합니다. 그러면 얼마나 좋을까요? 굳이 힘들게 공부하지 않아도 되고 말입니다.

그러나 오해하지 마십시오. 방언은 성령의 선물입니다. 성령이 말하게 하심을 따라 말하는 것입니다. 다시 말해서 성령이 주시는 언어로 성령이 하게 하시는 대로 말하는 것이지, 우리가 원하는 언어를 선택하여 우리가 하고 싶은 말을 하는 게 아닙니다. 선물이란 본래 그런 겁니다. 주는 사람 마음입니다. 또한 방언은 훈련을 통해서 습득할 수 있는 능력이 아닙니다. 그냥 위에서 주어지는 것을 수동적으로 받을 뿐입니다.

성령강림의 목적

그런데 왜 하필 방언일까요? 다른 능력이 아니라 왜 하필 다른 언어를 말할 수 있는 능력이 주어진 것일까요? 그것은 '주님의 증인'이 되는 데 꼭 필요한 수단이었기 때문입니다. 실제로 그들은 즉시 밖으로 뛰어나가서 성령의 선물로 받은 방언으로 말하기 시작했습니다. 그들이 선포한 내용은 물론 예수 그리스도의 죽으심과 부활입니다. 하나님 나라의 복음입니다. 그렇게 하라고 방언의 능력을 주신 것입니다.

그러나 지금 이곳은 예루살렘입니다. 유대인이 사는 곳입니다. 여기에서 복음을 전하는 일에 군이 외국어 능력이 필요하지 않습니다. 그렇다면 방언의 능력을 주신 이유가 무엇일까요?

> [5]그때에 경건한 유대인들이 천하 각국으로부터 와서 예루살렘에 머물러 있더니 [6]이 소리가 나매 큰 무리가 모여 각각 자기의 방언으로 제자들이 말하는 것을 듣고 소동하여 [7]다 놀라 신기하게 여겨 이르되 보라 이 말하는 사람들이 다 갈릴리 사람이 아니냐 [8]우리가 우리 각 사람이 난 곳 방언으로 듣게 되는 것이 어찌 됨이냐(행 2:5-8).

때마침 예루살렘에는 오순절을 지키기 위하여 각 나라에 흩어져서 살던 디아스포라 유대인들이 모여 있었습니다. 오순절은 5월 말에서 6월 중순 사이에 있어서 날씨가 좋고 여행하기에 아주 적당한 시기였습니다. 따라서 특별히 외국에서 오는 순례객이 다른 절기 때보다 많았습니다. 이 당시 예루살렘에 거주하는 인구가 10만 명 정도였는데, 절기가 되면 거의 열 배 이상의 순례객이 모여들었다고 합니다. 그러니 예루살렘이 얼마나 복잡했을지 충분히 짐작할 수 있습니다.

그런데 어디에선가 갑자기 120명의 무리가 쏟아져 나오더니 여기저기 흩어져서 다른 언어들로 유창하게 말하기 시작한 것입니다. 순례객들은 자기들이 살고 있는 지역의 말을 듣는 것이 우선 신기했을 것입니다. 가만히 들어보니까 난생처음 듣는 이야기입니다. 예수라는 사람이 십자가에 달려 죽었다가 다시 살아났다는 이야기입니다. 게다가 그들이 대부분 팔레스타인의 변두리 지역인 갈릴리 출신이라는 사실이 알려지면서, 그날 예루살렘이 완전히 발칵 뒤집혔습니다.

이 모든 일은 우연의 일치가 아닙니다. 어쩌다가 보니까 오순절이었고, 어쩌다가 보니까 외국에서 온 순례객이 많이 있었던 게 아닙니다. 그 모두는 하나님의 섭리 가운데 계획되고 진행된 일이었습니다. 주님을 따르는 제자들이 성령의 권능을 받고 땅끝까지 이르러 주님의 증인이 되게 하기 위하여 하나님께서 오래전부터 특별하게 계획해 놓으신 사건이었던 것입니다.

그때 사람들이 얼마나 다양한 지역에서 왔는지, 누가는 다음과 같이 아주 자세하게 기록으로 남겨둡니다.

> 9우리는 바대인과 메대인과 엘람인과 또 메소보다미아, 유대와 갑바도기아, 본도와 아시아, 10브루기아와 밤빌리아, 애굽과 및 구레네에 가까운 리비야 여러 지방에 사는 사람들과 로마로부터 온 나그네 곧 유대인과 유대교에 들어온 사람들과 11그레데인과 아라비아인들이라…(행 2:9-11a).

여기에 등장하는 지명들은 모두 지중해 지역에 널리 퍼져 있던 곳들입니다. 예루살렘을 중심으로 하여 동쪽으로는 바대인과 메대인과 엘람인과 메소보다미아가 언급됩니다. 오늘날의 이란 지역에서 살던 사람들입니다. 북쪽으로는 갑바도기아, 본도, 아시아, 브루기아, 밤빌리아가 나옵니다. 이곳은 현재의 튀르키예에 있는 지역들입니다. 서쪽으로는 유럽의 로마와 아프리카의 이집트와 리비야가 등장합니다. 그리고 남쪽으로는 아라비아반도에 사는 아라비아인들이 나오고, 지중해 가운데의 그레데섬에 살고 있던 그레데인도 언급됩니다.

그들 중에는 태어나면서부터 유대인이었던 사람들도 있었고, 나중에 유대교로 개종하여 들어온 사람들도 있었습니다. 그들이 오순절을 지키기 위해서 그렇게 먼 길을 마다하지 않고 달려왔던 것입니다. 그들에게 '경건한 유대인'(God-fearing Jews, NIV)이라는 호칭이 전혀 아깝지 않습니다(5절). 하나님 나라의 증인들이 이제 그곳으로 가서 복음을 전해야 합니다. 그런데 그에 앞서서 그곳에서 온 사람들이 자기네 지역에서 사용하는 방언들로 먼저 복음을 듣게 된 것입니다.

그렇다면 성령강림 사건이 왜 오순절에 벌어졌습니까? 다른 언어들을 말할 수 있는 능력이 왜 갑자기 제자들에게 생겼습니까? 그들은 왜 자기가 하고 싶은 말이 아니라 성령께서 시키시는 말을 해야 합니까? 성령강림의 목적은 무엇이었습니까? 그 답은 단순명료합니다. 그들을 '주님의 증인'으로 세우기 위해서였습니다. 성령강림 사건을 통해서 주님의 '제자 공동체'는 그렇게 '증인 공동체'로 바뀌었던 것입니다.

사람들의 반응

성령강림 사건은 제자들 자신에게도 물론 놀라운 일이었지만, 그보다 그 현장을 목격한 다른 사람들에게 더더욱 놀라운 일이었습니다. 그들의 반응은 크게 세 가지로 나누어집니다. 첫 번째 반응은 신기하게 여기는 것입니다.

6이 소리가 나매 큰 무리가 모여 각각 자기의 방언으로 제자들이 말하는 것을 듣고 소동하여 7다 놀라 신기하게 여겨 이르되 보라 이 말하는 사람들이 다 갈릴리 사람이 아니냐(행 2:6-7).

대부분의 반응은 놀라며 신기해하는 것이었습니다. 하지만 그냥 '소동'(騷動)했을 뿐 믿지는 않았습니다. 그들은 제자들이 방언으로 말하는 것에 놀랐고, 그 주인공들이 갈릴리 출신이라는 사실을 신기하게 생각했습니다. 그러나 그게 전부였습니다. 하나님께서 그런 놀라운 일을 행하셨다는 사실을 믿음으로 고백하지는 않습니다.

11... 우리가 다 우리의 각 언어로 하나님의 큰일을 말함을 듣는도다 하고 12다 놀라며 당황하여 서로 이르되 이 어찌된 일이냐 하며 13또 어떤 이들은 조롱하며 이르되 그들이 새 술에 취하였다 하더라(행 2:11b-13).

그러나 더러는 '하나님의 큰일'이라고 고백하는 사람들이 있었습니다. 이를 메시지성경은 '하나님의 능하신 일들'(God's mighty works)로 표현합니다. 사람으로서는 감히 흉내도 낼 수 없는 일들이라는 것입니다. 그렇다면 그것은 전능하신 하나님께서 하신 일일 수밖에 없습니다. 생각해 보십시오. 한두 명도 아니고 120명이 한 번도 배워본 적이 없는 각 나라의 언어로 유창하게 말하는 이 현상을 무엇으로 설명할 수 있겠습니까? 하나님의 능하신 일로밖에 달리 설명할 길이 없습니다.

그런데 또 어떤 사람들은 "그들이 새 술에 취하였다"면서 제자들을 조롱합니다. '새 술에 취하였다'는 것을 NIV성경은 "그들이 술을 너무 많이 마셨다"(They have had too much wine. NIV)라고 번역합니다. 메시지성경은 한

걸음 더 나아가 "그들이 싸구려 술에 취했다"(They're drunk on cheap wine. MSG)라고 풀이합니다. 사람의 일로는 도무지 설명되지 않는 놀라운 장면을 목격하면서도 그것을 악의적으로 깎아내리는 사람들도 있었던 것입니다.

여기서 우리는 주님의 공생애 기간에 끈질기게 주님의 사역을 훼방하던 대적들의 모습을 봅니다. 그들은 예수님의 놀라운 치유 이적을 안식일 논쟁으로 물타기 하려고 했습니다. 교묘하게 함정을 파놓고 예수님을 넘어뜨렸습니다. 그러다가 결국에는 예수님을 십자가에 처형시켰습니다. 그런데 이제는 주님의 제자 공동체를 통해서 역사하시는 성령 하나님을 대적하고 있는 것입니다.

하나님의 은혜가 넘치는 곳에는 틀림없이 사탄의 방해 공작이 따라옵니다. 그러나 그 누구도 하나님의 역사를 막을 수는 없습니다. 예수님은 십자가에서 죽임을 당했지만, 사흘 만에 다시 살아나셨습니다. 아무리 싸구려 술에 취했다고 깎아내려도, 제자들을 주님의 증인으로 삼아 땅끝으로 나아가게 하는 성령의 역사를 막을 수는 없습니다. 앞으로 살펴보겠지만 그날 하루에만 3천 명이 회개하고 주님께 돌아오는 놀라운 역사가 일어났습니다. 바로 그날이 '신약의 하나님 백성'이요 '증인 공동체'인 교회가 탄생하는 생일이 되었던 것입니다.

하나님의 역사 앞에서 사람들은 언제나 세 종류로 나누어집니다. 놀라기는 하지만 믿지 않는 사람, 하나님의 역사를 고백하며 믿는 사람 그리고 뒤에서 수군거리며 악의적으로 깎아내리는 사람입니다. 믿는 사람은 구원받습니다. 그러나 믿지 않는 사람들은 결국 심판을 받게 됩니다. 그러니 사탄의 방해 공작이 있다고 물러설 일이 아닙니다. 주님의 증인은 박해의 위협에도 자신에게 주어진 사명을 감당하는 사람입니다. 그러기 위해서 더더욱 성령의 권능이 필요한 것입니다.

하나님은 우리가 주님의 증인으로 살아가기를 기대하십니다. 우리 모두 성령의 권능을 힘입어서 주어진 상황에서 때를 얻든지 못 얻든지 늘 하나님 나라의 복음을 담대히 전하는 증인이 되기를 간절히 소망합니다.

묵상 질문: 나는 성령이 시키시는 말을 누군가에게 해본 적이 있는가?

오늘의 기도: 하나님 아버지, 우리에게 방언의 능력을 주옵소서. 언제 어디서나 담대히 하나님 나라 복음을 전하는 주님의 증인이 되게 하옵소서. 사람들의 반응에 흔들리지 않게 하시고, 오로지 성령님의 인도하심에 따라 온전히 순종하며 나아가게 하옵소서. 예수님의 이름으로 기도합니다. 아멘.

베드로의 설교 (1)

읽을 말씀: 사도행전 2:14-24

새길 말씀: 누구든지 주의 이름을 부르는 자는 구원을 받으리라 하였느니라(행 2:21).

제자들은 하나님 아버지가 약속하신 성령이 언제 나타날지 또한 어떤 식으로 나타날지 그리고 성령이 임하시면 실제로 어떤 상황이 벌어질지 전혀 예상하지 못했습니다. 성령강림 사건 이후에는 그들이 무슨 일을 해야 할지 또한 어떻게 해야 할지도 모르는 상태였습니다. 단지 예수님이 말씀하신 대로 함께 모여서 열심히 기도했을 뿐입니다. 그러나 제자들이 그 의미를 미처 알아차리지 못했을 뿐이지, 사실 주님의 말씀 속에는 앞으로 진행될 세밀한 실천 계획이 이미 담겨 있었습니다.

세계 각지에 흩어져 살고 있던 디아스포라 유대인들이 예루살렘을 순례하기 위하여 가장 많이 찾아오는 오순절을 바로 그 운명의 날(D-day)로 삼으신 것이나, 성령이 '불의 혀'처럼 갈라져서 각 사람 위에 임하는 모습이나, 제자들이 성령 충만함을 받고 갑자기 다른 언어들로 말을 할 수 있는 능력을 갖추게 된 것이 그냥 우연의 일치가 아니라 모두 하나님의 세밀한 계획

속에서 차곡차곡 진행된 일이었습니다. 주님은 그렇게 제자들을 '주님의 증인'으로 삼으셨던 것입니다.

여기에서 우리는 한 가지 중요한 신앙적인 교훈을 얻게 됩니다. 하나님의 구원 계획을 아무리 자세히 일러준다고 해도 사람들은 그것을 다 이해하지 못한다는 사실입니다. 왜냐하면 지금까지 그 누구도 경험하지 못한 일이기 때문입니다. 믿음은 인간의 이해력에서 생기는 것이 아니라 하나님과의 인격적인 관계에서 생겨나는 것입니다. 우리가 만일 하나님을 믿는다면 그 약속이 무엇을 의미하는지 충분히 이해하지 못한다고 해도 그 말씀에 순종하여 따를 수는 있습니다. 그러면 언젠가 하나님의 약속이 성취되는 날이 반드시 오게 될 것이고, 그때 비로소 우리는 모든 것을 이해하게 되는 것입니다.

오순절 설교

오순절 성령강림 사건 당일에 120명의 제자 공동체는 여기저기 흩어져서 성령이 말하게 하는 대로 한동안 하나님 나라의 복음을 전했습니다. 그러다가 어느 정도 시간이 흐른 후에 다시 한자리로 모이게 되었습니다. 그곳은 아마도 실로암 못 근처의 공터가 아니었을까 싶습니다. 왜냐하면 이날 3천 명이 세례를 받게 되기 때문입니다. 그 많은 사람에게 세례를 베풀 만한 장소는 예루살렘에 이곳밖에 없습니다. 아무튼 디아스포라 유대인 순례객들도 그곳으로 자연스럽게 모여들게 되었습니다.

그러자 주님의 제자 공동체를 대표하여 베드로가 앞에 나서서 복음을 선포합니다. 이른바 '베드로의 오순절 설교'가 시작되었던 것입니다.

14베드로가 열한 사도와 함께 서서 소리를 높여 이르되 유대인들과 예루살렘에 사는 모든 사람들아 이 일을 너희로 알게 할 것이니 내 말에 귀를 기울이라 15때가 제 삼 시니 너희 생각과 같이 이 사람들이 취한 것이 아니라(행 2:14-15).

베드로가 소리를 높여서 말하기 시작했습니다. 여기에서 '이르다'(spoke out)라는 말은 앞의 '다른 언어들로 말하기를 시작했다'(4절)에서 '말하다'와 같은 단어입니다. 즉, 베드로는 지금 성령이 말하게 하신 것을 똑같이 선포하고 있는 것입니다. 청중들은 '유대인들'과 '예루살렘에 사는 사람들'이었습니다. 전자는 오순절을 지키기 위해 예루살렘을 방문한 순례객들을, 후자는 예루살렘 거주민을 가리킵니다. 이때 베드로는 아마도 예루살렘 거주민이 사용하던 아람어로 설교했을 것입니다. 그리고 나머지 제자들은 베드로의 설교를 각자가 받은 방언으로 전했을 것입니다. 말하자면 동시통역이 이루어지고 있었던 것이지요.

베드로는 우선 '새 술에 취하였다'(2:13)고 조롱하던 사람들에게 대응하는 말로 시작합니다. 제자들이 술에 취한 게 아니라는 증거로 베드로는 그때가 '세 시'라는 사실을 상기시킵니다. '세 시'는 지금으로 말하면 오전 9시에 해당하는 시간입니다. 그렇게 이른 아침부터 술에 취해서 횡설수설하는 사람이 어디에 있겠습니까. 아니, 어쩌다 한두 명은 그럴 수 있겠지만, 120명이 단체로 그럴 수는 없는 일입니다. 더군다나 유대인의 관습으로는 이때가 바로 아침 기도 시간이었습니다. 따라서 제자들의 방언을 술 취한 사람의 주정 정도로 취급하는 것은 누가 보아도 터무니없는 주장입니다.

이 대목에서 우리는 성령강림 사건이 매우 이른 시간에 일어났다는 사실을 확인하게 됩니다. 아마도 제자 공동체가 마가의 다락방에 함께 모여 밤새도록 열심히 기도하다가 새벽녘에 이르러서 성령의 충만함을 받게 되었을 것으로 보입니다. 때마침 순례객들이 아침 기도를 드리러 예루살렘으로 모여들었고, 그러자 제자들은 성령이 시키시는 대로 나가서 그들에게 복음을 전했던 것입니다. 만일 이때 제자들이 술에 취한 것이 아니라면, 그들의 방언을 어떻게 설명할 수 있을까요?

요엘의 예언

베드로는 요엘서의 말씀을 인용하여 그 현상을 설명합니다.

16이는 곧 선지자 요엘을 통하여 말씀하신 것이니 일렀으되 17하나님이 말씀하시기를 말세에 내가 내 영을 모든 육체에 부어 주리니 너희의 자녀들은 예언할 것이요 너희의 젊은이들은 환상을 보고 너희의 늙은이들은 꿈을 꾸리라(행 2:16-17).

요엘(Joel)은 주전 6세기경에 활동한 예언자로 알려져 있습니다. 그는 심판과 구원이 동시에 이루어지는 '여호와의 날'이 가까웠음을 선포했습니다. 오늘 본문에서 '말세'(the last days)는 바로 '여호와의 날'을 가리키는 말입니다. 그 마지막 때에 '모든 육체', 즉 '모든 사람'에게 하나님의 영을 부어주겠다고 하셨습니다. 바로 그 예언이 오순절 성령강림 사건을 통해서 성취되었다는 것입니다.

그런데 왜 하나님은 마지막 때에 당신의 영을 부어주시는 것일까요? 그 이유를 요엘은 '예언'과 '환상'과 '꿈'으로 표현합니다. 즉, 자녀들은 '예언'을 하고 젊은이들은 '환상'을 보고 늙은이들은 '꿈'을 꾸게 하기 위해서라는 것입니다(욜 2:28). 이것은 서로 다른 세대가 경험하는 성령의 서로 다른 능력이나 현상을 의미하지 않습니다. '예언'이나 '환상'이나 '꿈'은 사실상 같은 의미를 담고 있습니다.

먼저 '예언'(prophesy)에 대해서 생각해 보겠습니다. 예언은 성경에서 가장 오해를 많이 받는 말 중의 하나입니다. 한자어로 풀이하면 '앞날(豫)을 말한다(言)'라는 뜻입니다. 그래서 예언자를 점쟁이로 생각하는 사람이 많습니다. 큰 오해입니다. 사실 '예언'보다 '대언'(代言)이 훨씬 더 정확한 번역입니다. 누군가를 대신하여 말하는 것이 대언입니다. 그러니까 하나님의 말씀을 하나님을 대신하여 말하는 사람이 바로 예언자요 대언자인 것입니다.

구약 시대의 예언자는 아주 특별한 사람이었습니다. 특별한 시기에 특별한 사람에게 성령이 임하여 하나님의 말씀을 대언하게 하셨습니다. 그러나 마지막 때는 남녀노소 불문하고 누구에게나 성령이 임하여 하나님의 말씀을 대언하게 하신다는 것입니다. 그것이 바로 오순절 성령강림 사건으로 성취되었습니다. 마가의 다락방에서 열심히 기도하던 120명 모두에게 성령이 임하였고, 그들은 성령이 말하게 하심을 따라서 모두 담대하게 하나님의 말씀을 대언했기 때문입니다.

'환상'(vision)이나 '꿈'(dream)은 하나님이 품고 계시는 계획을 가리킵니다. 이 땅을 향하여 품고 계시는 하나님의 계획은 무엇입니까? 그것은 심판과 멸망이 아니라 생명과 구원입니다. 하나님의 꿈은 복음이 땅끝까지 전해져서 모든 사람이 구원을 받게 되는 것입니다. 이와 같은 하나님의 꿈을 꾸게 하려고 마지막 때에 하나님의 영을 부어주시겠다는 것입니다. '하나님의 영', 즉 '성령'이 부어지면 사람들은 자기의 꿈이 아니라 하나님의 꿈을 품게 될 것이고, 그 꿈을 이루기 위해서 헌신할 것을 예언했던 것입니다.

그런데 따지고 보면 성령강림 사건은 사실 구약 시대에도 자주 일어나던 일이었습니다. 하나님은 모세가 백성을 다스리는 부담을 덜 수 있도록 70명의 장로에게 성령을 부어주셨습니다(민 11:25). 사사들이 다스리던 시절에 하나님은 그들에게 성령을 부어주셔서 전쟁에서 승리하고 백성을 구원하도록 하셨습니다(삿 3:10, 6:34, 11:29, 14:6). 물론 한때이기는 했지만 이스라엘의 초대 왕 사울도 성령을 받았던 사람입니다. 그는 예언자 무리와 함께 예언하기도 했습니다(삼상 10:10). 사무엘이 다윗에게 기름 부을 때도 성령이 임했습니다 (삼상 16:13).

그러나 구약에서는 성령이 특정한 사람들에게 일시적으로 임했습니다. 주로 왕이나 예언자나 사사와 같은 지도자에게 주어졌습니다. 그와 다르게 요엘은 하나님의 영이 '모든 육체'에 부어질 것을 이야기했습니다. 하나님의 영을 받는 일에 남종과 여종의 구별이 없다는 것입니다. 실제로 마가의 다락방에서 기도하던 120명 모두에게 성령이 임했습니다. 그들은 그 즉시 나가서 하나님 나라의 복음을 담대히 전하기 시작했습니다. 바로 그것이 주님의 증인에게 필요한 권능이었던 것입니다.

여호와의 날

계속해서 베드로는 요엘의 예언을 인용하여 '여호와의 날'을 선포합니다.

[19]또 내가 위로 하늘에서는 기사를 아래로 땅에서는 징조를 베풀리니 곧 피와 불과 연기로다 [20]주의 크고 영화로운 날이 이르기 전에 해가 변하여 어두워지고 달이 변하여 피가 되리라 [21]누구든지 주의 이름을 부르는 자는 구원을 받으리라 하였느니라 (행 2:19-21).

요엘이 전한 메시지의 핵심어는 바로 '여호와의 날'입니다. 여기에서 '주의 크고 영화로운 날'이 바로 여호와의 날을 의미합니다. 이날은 하나님의 심판과 구원이 동시에 이루어진다고 했습니다. 오늘 본문에는 '크고 영화로운 날'이라고 표현되어 있지만, 요엘서에는 '크고 두려운 날'(욜 2:31)이라고 되어 있습니다. '피'와 '불'과 '연기'는 하나님의 심판을 상징합니다.

그러나 심판이 전부는 아닙니다. 하나님의 심판을 받아야 할 사람에게는 물론 심판이 임하겠지만, 동시에 구원을 받을 사람에게는 구원이 임하게 됩니다. 그런데 어떤 사람이 구원을 받습니까? 요엘은 "주의 이름을 부르는 자는 누구든지 구원을 받는다"라고 선포합니다. 요엘서에서 '주'는 물론 '여호와'를 가리키지만, 베드로는 '예수 그리스도'를 가리키는 것으로 해석합니다(행 2:34, 36).

여기에서 "주의 이름을 부른다"라는 말씀은 형식적으로 "주여, 주여" 하는 것(마 7:21)과는 구별되어야 합니다. 요엘은 "믿음으로 주의 이름을 부르는 자는 구원을 얻는다"라고 선포합니다. 여호와의 날이 심판의 날이 아니라 구원의 날이 되려면 여호와 하나님을 믿고 그 이름을 불러야 합니다. 물론 예수 그리스도의 이름 자체에 능력이 있습니다. 제자들은 이미 그 능력으로 귀신을 쫓아냈고 병을 고쳤습니다. 그러나 구원의 문제와 관련해서도 예수 그리스도의 이름에 능력이 있습니다. 그래서 우리는 예수 그리스도의 이름으로 세례를 받는 것입니다(행 2:38).

아무튼 요엘의 예언을 인용한 후에 베드로는 그것을 다음과 같이 풀어서 선포합니다.

> 22이스라엘 사람들아 이 말을 들으라 너희도 아는 바와 같이 하나님께서 나사렛 예수로 큰 권능과 기사와 표적을 너희 가운데서 베푸사 너희 앞에서 그를 증언하셨느니라 23그가 하나님께서 정하신 뜻과 미리 아신 대로 내준 바 되었거늘 너희가 법 없는 자들의 손을 빌려 못 박아 죽였으나 24하나님께서 그를 사망의 고통에서 풀어 살리셨으니 이는 그가 사망에 매여 있을 수 없었음이라(행 2:22-24).

하나님께서 나사렛 예수를 통해서 보여주신 '큰 권능과 기사와 표적'이 무엇을 가리킬까요? 바로 뒤에 덧붙여진 설명처럼 예수님의 죽으심과 부활을 가리킵니다. 또한 '법 없는 자들'(lawless men, ESV)은 '무법자들'이 아니라 '법을 자기 손으로 주무르는 사람들'(men who took the law into their own hands, MSG)을 의미합니다. 그들이 아무리 막강한 권력을 쥐고 있었다고 하더라도 만일 하나님께서 그들에게 내어주시지 않았다면 그 어떤 일도 이루어지지 않았을 것입니다.

하지만 하나님은 예수님을 그냥 그들의 손에 내어주시지 않으셨습니다. 더욱 크신 능력으로 사망의 밧줄을 푸시고 그를 다시 살려내셨습니다. "그가 사망에 매여 있을 수 없었다"를 메시지성경은 "죽음은 그분의 상대가 되지 못했다"(Death was no match for him. MSG)로 풀이합니다. 정말 그렇습니다. 죽음은 사람들에게 가장 무서운 존재이지만, 감히 예수 그리스도의 상대가 될 수는 없습니다. 죽음은 예수 그리스도를 붙잡아 둘 수가 없습니다. 예수님은 부활이요 생명이시기 때문입니다.

여기에서 성령이 말하게 하시는 메시지가 분명히 드러납니다. 그것은 예수 그리스도의 죽으심과 부활입니다. "'너희가' 예수를 죽였지만, '하나님께서' 다시 살려내셨다!" 듣기에 따라서 이 말은 매우 위험한 발언일 수 있습니다. 당시는 예수님의 십자가 사건이 얼마 지나지 않은 때입니다. 겨우 50일 되었습니다. 유대 당국자들은 예수님을 따르는 제자들에 대해서 여전히 호시탐탐 박해할 기회를 노리고 있었습니다. 그럼에도 베드로는 메시지의 강도를 줄이지 않습니다. 직설적으로 표현합니다. 이것이 바로 '주님의 증인'이 되게 하시는 성령의 권능입니다.

주님의 십자가 죽음과 부활은 그 어떤 다른 말로 타협할 수 없는 분명한 사실이요 진실입니다. 그러나 진실을 '진실'로 선포하는 일에는 큰 용기가 있어야 합니다. 베드로는 본래 그렇게 용감한 사람이 아니었습니다. 제 목숨

부지하겠다고 세 번씩이나 주님을 모른다고 저주하며 부인했던 사람이었습니다.

그런데 보십시오. 그가 얼마나 담대하게 복음을 선포하는 주님의 증인이 되었는지 말입니다. 도대체 무엇이 그를 바꾸었을까요? 베드로의 부인(否認)이 시인(是認)으로 바뀌는 과정에 과연 어떤 일이 있었던 것일까요? 예수 부활과 성령강림의 체험이 있었습니다. 특히 성령강림이 그를 근본적으로 바꾸었습니다. 더 이상 베드로는 죽음을 두려워하는 비겁한 사람이 아닙니다. 이제는 성령이 말하게 하심을 따라 담대하게 선포하는 증인으로 변화되었습니다.

그래서 우리 주님은 제자들에게 예루살렘을 떠나지 말고 아버지가 약속하신 선물을 기다리라고 명령하셨던 것입니다. 이 명령은 오늘날 우리에게도 똑같이 적용되어야 합니다. 주님의 증인이 되려면 우리는 먼저 성령의 권능을 받아야 합니다. 마지막 때에 남종과 여종들에게 부어주시겠다고 약속하신 바로 그 성령을 받아야 합니다. 그래야 예루살렘과 온 유대와 사마리아와 땅끝까지 이르러 주님의 증인이 될 수 있습니다.

묵상 질문: 나에게 주신 하나님의 꿈은 어떤 것인가?

오늘의 기도: 하나님 아버지, 우리에게 하나님의 영을 부어주옵소서. 믿음이 연약한 우리에게 성령의 충만함을 주옵소서. 성령께서 우리의 삶에 들어오셔서 우리의 생각과 계획을 온전히 다스려주옵소서. 그리하여 이제부터는 하나님의 꿈을 꾸고 하나님의 비전에 사로잡혀 성령이 이끄시는 대로 순종하면서 살아가게 하옵소서. 예수님의 이름으로 기도합니다. 아멘.

베드로의 설교 (2)

읽을 말씀: 사도행전 2:25-36

새길 말씀: 이 예수를 하나님이 살리신지라 우리가 다 이 일의 증인이로다(행 2:32).

지금까지 살펴본 것처럼 베드로가 오순절 당일에 선포했던 설교의 강조점은 크게 두 가지였습니다. 첫 번째는 오순절 성령강림 사건은 이미 오래전부터 준비되어 오던 하나님의 구원 계획 속에서 이루어진 일이라는 사실입니다. 그것을 증명하기 위하여 베드로는 구약성경 중에서도 요엘의 예언(욜 2:28-32)을 길게 인용했습니다. 마지막 때에 하나님의 영이 모든 남종과 여종에게 부어질 것이라는 말씀입니다.

두 번째는 예수 그리스도의 죽으심과 부활에 대한 증언입니다. 이것은 성령의 임재를 경험했던 120명의 제자가 이구동성으로 성령이 말하게 하심을 따라 다른 언어들로 선포했던 바로 그 메시지이기도 합니다. 단순하게 표현하자면 이런 것입니다. "'너희가' 법 없는 자들의 손을 빌려 예수를 죽였지만, '하나님께서' 그를 다시 살려내셨다!"(행 2:23-24)

다윗의 시편

이것을 증명하기 위하여 베드로는 또다시 구약성경을 인용합니다. 이번에는 다윗의 시편입니다.

25다윗이 그를 가리켜 이르되 내가 항상 내 앞에 계신 주를 뵈었음이여 나로 요동하지 않게 하기 위하여 그가 내 우편에 계시도다 26그러므로 내 마음이 기뻐하였고 내 혀도 즐거워하였으며 육체도 희망에 거하리니(행 2:25-26).

베드로가 인용한 말씀은 시편 16편 8-11절입니다. 그런데 여기에 보면 "다윗이 그를 가리켜 말했다"라고 하는데, '그'는 누구를 말할까요? 그렇습니다. 예수 그리스도입니다. 그러니까 베드로는 다윗이 먼 장래를 내다보며 메시아로 오시는 예수 그리스도의 죽으심과 부활에 대하여 미리 말했다고 주장하는 겁니다. 정말 그런지 조금 더 들여다보아야 하겠습니다.

우선 25절에서 다윗은 "항상 내 앞에 계신 주를 뵈었다"라고 말합니다. 또한 "그가 내 우편에 계신다"라고도 말합니다. 베드로는 여기에서 '주'와 '그'를 역시 예수 그리스도를 가리키는 말이라고 봅니다. 주님이 내 앞에 계시고 내 우편에 계시기 때문에 다윗은 "요동하지 않는다"라고 노래했다는 겁니다. 게다가 26절에서 다윗은 '내 마음'이 기쁘고 '내 혀'도 즐거워하고 게다가 '육체'도 희망에 거한다고 합니다. 앞 절과 연결하여 보면 주님이 내 앞에 계시고 또한 내 우편에 계시기 때문에 내 마음이 기쁘다는 뜻이 됩니다.

그러나 시편 16편 전체를 읽어보면, 이 시편을 기록할 당시의 다윗은 그렇게 기뻐할 상황이 아니었다는 사실을 알게 됩니다.

1-2하나님, 나를 지켜 주소서. 죽을힘 다해 주께 피합니다. 하나님께 구합니다. 나의 주님이 되어 주소서! 하나님 없이는 모든 것이 헛됩니다(시 16:1-2, 메시지).

이 시편은 다윗이 왕으로 기름 부음을 받았지만 여전히 사울에게 핍박을 받아 도망을 다니던 시기에 기록된 것으로 알려집니다. 당시 다윗은 사람이 살지 않는 광야를 전전하기도 했고, 심지어 이스라엘의 적국인 블레셋으로 건너가서 망명 생활을 하기도 했습니다. 그 과정에서 다윗은 지금 특별히 죽음의 문제와 씨름하고 있습니다. 어떤 일인지 알 수는 없지만, 그는 이번에 죽을지도 모른다고 생각하고 있습니다. "죽을힘 다해 주께 피합니다"라는 말이 그의 상황을 충분히 짐작하게 합니다.

그런데도 다윗은 '마음'이 기쁘고, '혀'도 즐거워서 찬양하고, 거기에다가 '육체'까지 희망에 거한다고 고백하는 것입니다. 그리고 그 이유가 단지 '주'가 내 앞에 계시기 때문이라고 합니다. 어떻게 그럴 수 있을까요? 여기까지만 읽어서는 잘 이해가 되지 않습니다. 그러나 뒷부분을 읽어보면 무슨 이야기인지 감을 잡을 수 있습니다.

부활의 증언

이 시편의 하이라이트는 바로 그다음 말씀에 나옵니다.

27이는 내 영혼을 음부에 버리지 아니하시며 주의 거룩한 자로 썩음을 당하지 않게 하실 것임이로다 28주께서 생명의 길을 내게 보이셨으니 주 앞에서 내게 기쁨이 충만하게 하시리로다 하였으므로(행 2:27-28).

다윗은 주님께서 자신의 영혼을 '음부'에 버리지 않으실 것이라고 합니다. 우리말 '음부'(陰府)에 해당하는 히브리어는 '스올'(Sheol)입니다(시 16:10). 구약성경에 자주 등장하는 단어입니다(창 37:35; 왕상 2:6; 사 14:11). 사람들은 '스올' 하면 '지옥'을 떠올리지만, 실제로는 단순하게 죽는 자들이 가는 곳을 의미합니다. 따라서 스올을 그냥 '무덤'으로 바꾸어도 큰 문제가 되지 않습니다. 그러니까 다윗은 '그분'께서 죽음의 위기에서 자신을 건져 주실 것을 확신하고 있었던 것입니다. 여기까지는 우리가 얼마든지 이해할 수 있는 내용입니다.

그런데 다윗은 갑자기 '주의 거룩한 자'로 썩음을 당하지 않게 하신다고 말합니다. 주의 거룩한 자가 누구일까요? 다윗이 자신을 가리켜서 그렇게 말했다고는 생각할 수 없습니다. 유한한 인생을 살아가는 주제에 누가 감히 스스로 주의 거룩한 자(Your Holy One)라고 선언할 수 있겠습니까? 게다가 '썩지 않는다'라는 말은 '죽지 않는다'라는 뜻이 아닙니다. 죽었지만 그 시신이 썩지 않는다는 뜻입니다. 그렇다면 주의 거룩한 자는 다윗 자신을 가리키는 말이 아니라는 게 더 분명해집니다.

그런데 베드로는 이 시편을 메시아의 예언으로 해석합니다. 따라서 '주의 거룩하신 자'는 바로 예수 그리스도를 가리키는 것입니다. 예수님이 분명히 죽으셨지만, 그의 시신이 썩음을 당하지 않고 부활하신 것을 예고한 말씀이라는 것입니다. 28절에 나오는 '주' 역시 예수 그리스도입니다. 그분께서 '생명의 길'을 미리 보여주셨다는 것입니다. 그래서 주 앞에 있는 나에게 '기쁨'이 충만하다는 것입니다.

그러니까 어찌 된 이유인지 알 수 없지만, 예수님이 오시기 천 년 전의 인물이었던 다윗이 죽음을 이기시고 부활하신 예수님을 미리 목격하고 있었다는 것입니다. 부활하신 주님의 생애를 통해서 다윗은 육체가 썩음으로 끝나지 않는 '생명의 길'이 있다는 사실을 알게 되었다고 고백합니다. 그리고 다윗 자신도 주님처럼 부활하게 될 것을 확신합니다. 그로 인해 기쁨이 충만하다는 것입니다. 이에 대한 베드로의 해석이 계속 이어집니다.

> 형제들아, 내가 조상 다윗에 대하여 담대히 말할 수 있노니 다윗이 죽어 장사되어 그 묘가 오늘까지 우리 중에 있도다(행 2:29).

지금도 예루살렘 구시가지 남서쪽에 가면 '다윗의 무덤'(Tomb of King David)을 방문할 수 있습니다. 유대인이 가장 존경하는 위대한 왕의 무덤치고는 초라한 규모입니다. 베드로가 오순절에 설교하던 실로암 못에서 그리 멀지 않은 곳에 있습니다. 그런데 다윗의 묘가 가까이에 있다는 사실이 지금까지 묵상해 온 부활 신앙의 메시지와 무슨 관계가 있을까요?

> 30그는 선지자라 하나님이 이미 맹세하사 그 자손 중에서 한 사람을 그 위에 앉게 하리라 하심을 알고 31미리 본 고로 그리스도의 부활을 말하되 그가 음부에 버림이 되지 않고 그의 육신이 썩음을 당하지 아니하시리라 하더니 32이 예수를 하나님이 살리신지라 우리가 다 이일에 증인이로다(행 2:30-32).

그렇습니다. 다윗은 그의 후손 중의 한 사람을 하나님께서 메시아로 세우실 것을 미리 알았던 '선지자'였습니다. 그리고 앞으로 일어날 그리스도의 부활이 어떤 것인지에 대해서 미리 보았던 사람입니다. 어떻게 그럴 수 있을까요? 이에 대한 베드로의 설명은 단순합니다. 만일 다윗이 죽음에서 부활하신 예수 그리스도를 보지 않았다면 어떻게 부활에 대해서 그렇게 정확하게 설명할 수 있었겠느냐는 것입니다. 메시지성경은 이렇게 풀이합니다.

³⁰⁻³¹그는, 자신의 한 후손이 나라를 다스릴 것이라고 하신 하나님의 엄숙한 맹세를 알고서, 먼 장래를 내다보며 메시아의 부활을 앞서 말했습니다. '음부에 내려가지 않고 죽음의 악취를 맡지 않을 것이라'라는 말이 바로 그것입니다(행 2:30-31, 메시지).

그다음에 베드로는 확신에 차서 선언합니다. "이 예수를 하나님이 살리셨다. 우리가 다 이 일에 증인이다!"(행 2:32) 예수님의 부활을 증언하기 위해서 베드로는 다윗의 시편을 인용하면서 먼 길을 돌아온 것입니다. 베드로가 구약성경을 인용하거나 다윗을 강조하여 말한 이유는, 지금 오순절 설교를 듣는 사람들이 모두 유대인이기 때문입니다. 이들이 잘 알고 있는 말씀과 인물을 예로 들어 예수 그리스도의 부활을 증언하려고 했던 것이지요.

승천의 증언

그런데 이 모든 생각은 베드로 자신에게서 나온 게 아닙니다. 그는 체계적으로 율법을 배운 사람이 아닙니다. 그가 구약성경에 이런 말씀이 있다는 것을 어떻게 알았을까요? 또한 그 말씀을 이렇게 적절하게 인용하면서 막힘없이 풀어 설명하는 능력은 도대체 어디에서 생겨난 것일까요? 그건 사실 '방언'을 말하는 것과 똑같은 이치입니다. 베드로는 '성령이 말하게 하심을 따라' 전했을 뿐입니다. 따라서 베드로의 설교는 사실상 '성령의 설교'라고 해야 합니다.

'부활의 증언'은 '승천의 증언'으로 이어집니다.

³²이 예수를 하나님이 살리신지라 우리가 다 이 일에 증인이로다 ³³하나님이 오른손으로 예수를 높이시매 그가 약속하신 성령을 아버지께 받아서 너희가 보고 듣는 이것을

부어 주셨느니라(행 2:32-33).

베드로 설교의 핵심은 바로 '예수 부활'입니다. "예수님은 분명히 십자가에서 죽임을 당했다. 그러나 하나님께서 그를 다시 살리셨고, 우리가 그 모든 일의 증인이다!" 바로 이 메시지를 선포하기 위해서 성령의 권능이 필요했던 것입니다. 그다음에 이어지는 말씀에서 "하나님이 오른손으로 예수를 높이셨다"라고 하여 마치 예수님을 죽음에서 부활시킨 장면에 대한 설명처럼 들립니다.

그러나 이것은 NIV성경처럼 "하나님의 오른편에 예수를 높이셨다"(Exalted to the right hand of God, NIV)로 번역해야 합니다. 그래서 새번역 성경은 "그는 하나님의 오른쪽으로 높임을 받으셨고…"라고 번역합니다. 다시 말해서 이 말씀은 '주님의 부활'이 아니라 '주님의 승천'에 대한 선포인 것입니다. 그래야 그다음 말씀이 자연스럽게 연결됩니다. "그가 약속하신 성령을 아버지께 받아서 너희가 보고 듣는 이것을 우리에게 부어주셨느니라."

요한복음 14장에서 예수님은 "내가 아버지께 구하겠으니, 그가 또 다른 보혜사를 너희에게 주사 영원토록 너희와 함께 있게 하겠다"(요 14:16)라고 분명히 약속하셨습니다. 지금 그 약속이 이루어지고 있는 것입니다. 그렇다면 '너희가 지금 보고 듣는 이것'은 무엇을 말할까요? 그렇습니다. 성령의 충만함을 받은 제자들이 모두 서로 다른 언어들로 주님의 부활을 증언하는 이 놀라운 장면을 말합니다.

이렇게 하여 베드로는 주님의 '죽음'과 '부활'과 '승천'과 '성령강림' 사건으로 이어지는 이 모든 일이 하나님의 섭리 가운데서 계획대로 진행되고 있음을 선포하는 것입니다. 그러면서 주님의 승천에 대한 성경의 또 다른 근거를 제시합니다.

³⁴다윗은 하늘에 올라가지 못하였으나 친히 말하여 이르되 주께서 내 주에게 말씀하시기를 ³⁵내가 네 원수로 네 발등상이 되게 하기까지 너는 내 우편에 앉아 있으라 하셨도다 하였으니(행 2:34-35).

여기에서 베드로가 인용한 말씀은 시편 110편 1절입니다. 이 역시 다윗이 지은 시편입니다. 그런데 여기에서 다윗은 "주께서 내 주에게 말씀하셨다"라고 합니다. 앞의 '주'는 물론 하나님을 가리킵니다. 그렇다면 뒤의 '내 주'는 누구일까요? 그것은 다윗을 가리키는 말은 아닐 겁니다. 그분은 분명히 '다윗의 주님'이라고 되어 있기 때문입니다. 그러니까 하나님께서 다윗의 주님에게 "내가 네 원수들을 네 발판으로 삼을 때까지 너는 내 우편에 앉아 있으라"고 말씀하셨다는 것입니다.

다윗은 베드로의 설명처럼 '하늘에 올라가지 못한' 사람이었습니다. 그렇다면 하나님 우편에 앉아 있으라고 하나님이 말씀하신 그분은 과연 누구일까요? 그렇습니다. 그분이 바로 죽음 권세를 이기시고 부활 승천하신 예수 그리스도입니다. 그런데 베드로가 어떻게 이 시편 말씀을 알았을까요? 이 말씀은 앞의 두 말씀과 다르게 예수님이 유대교 종교인들과 논쟁하실 때 이미 인용하신 것입니다. 그 이야기가 누가복음 20장에 기록되어 있습니다.

⁴¹예수께서 그들에게 이르시되 사람들이 어찌하여 그리스도를 다윗의 자손이라 하느냐 ⁴²시편에 다윗이 친히 말하였으되 주께서 내 주께 이르시되 ⁴³내가 네 원수를 네 발등상으로 삼을 때까지 내 우편에 앉았으라 하셨도다 하였느니라 ⁴⁴그런즉 다윗이 그리스도를 주라 칭하였으니 어찌 그의 자손이 되겠느냐 하시니라(눅 20:41-44).

예수님은 '그리스도가 다윗의 자손'이라고 하는 사람들의 말에 이의를 제기하시는 장면입니다. 다윗이 그리스도를 가리켜서 '내 주'라고 말하는데, 만일 그리스도가 다윗의 자손이라고 한다면 결국 그리스도가 다윗보다 못하다는 말이 아니겠느냐는 반문입니다. 괜히 말꼬리를 잡는 것처럼 보일지 모르지만, 이것은 사실 메시아를 다윗의 영광을 재현하는 정치적인 메시아 정도로 생각하는 사람들의 잘못된 생각을 바로잡아주는 말씀이었습니다.

베드로는 예수님이 이 말씀을 하실 때 그 자리에 있었습니다. 그렇다고 베드로가 그 말씀을 충분히 이해했다고 말할 수는 없습니다. 오히려 그때는 잘 몰랐지만, 이제 성령의 충만함을 받고 난 후에 성령이 말하게 하심을 따라 선포하면서 비로소 '이 말씀이 바로 그런 뜻이었구나!' 스스로 놀라면서 전하고 있는 것입니다.

설교의 결론

드디어 베드로의 오순절 설교 결론 부분에 다다랐습니다.

그런즉 이스라엘 온 집은 확실히 알지니 너희가 십자가에 못 박은 이 예수를 하나님이 주와 그리스도가 되게 하셨느니라 하니라(행 2:36).

베드로의 오순절 설교는 '이스라엘 온 집'에 대한 증언이었습니다. 이스라엘 온 집이란 예루살렘과 온 유대와 사마리아와 땅끝까지 이르는 복음 증언의 동선 중에서 출발점인 예루살렘에 해당합니다. 복음은 분명히 이스라엘 온 집을 향해서 가장 먼저 선포되었습니다. 물론 하나님의 뜻은 '땅끝까지' 이르는 것이지만, 그 출발은 분명 '예루살렘'입니다. 예루살렘을 건너뛰고 땅끝으로는 갈 수 없습니다.

이 원칙은 오늘날의 그리스도인에게 그대로 적용되어야 합니다. 가까운 가족과 친척들을 건너뛰고 땅끝으로 가서 복음을 전하려고 해서는 안 됩니다. 물론 그들이 믿을 때까지 땅끝 선교를 시작하면 안 된다는 그런 의미가 아닙니다. 복음 선포의 동선은 언제나 나에게서 가까운 곳부터 시작되어야 한다는 말씀입니다. 그들이 받아들이든지 받아들이지 않든지 간에 말입니다.

"너희가 십자가에 못 박은 이 예수를 하나님이 주와 그리스도가 되게 하셨다!" 여기에서 '주'(Lord)는 예수님의 신격을 드러내는 호칭이요, '그리스도'(Christ)는 예수님이 메시아이심을 선포하는 호칭입니다. 이 말씀은 아무런 죄가 없으셨던 예수님을 십자가에 못 박은 사람들의 책임을 드러내는 동시에 그들이 버린 돌을 모퉁이 머릿돌로 삼으신 하나님의 반전에 대해서 분명하게 선포합니다. 이 메시지는 듣는 사람들에게 큰 충격으로 다가왔을 것입니다.

정말 예수님이 부활하시고 승천하셨다면, 정말 예수님이 메시아요 주님이시라면, 그를 십자가에 못 박을 때에 직접 참여하거나 적어도 동조한 사람들은 이제 어떻게 되는 걸까요? 주님의 제자들이 성령의 충만함으로 다른 언어들을 선포하는 것을 보면, 이 말을 허튼소리로 넘겨버릴 수는 없습니다. 예수님이 십자가에 죽임을 당할 때 도망가던 제자들이 이렇게 담대하게 증언할 수 있다는 것은 그들에게 무언가 믿는 구석이 있다는 뜻이기 때문입니다.

앞으로 살펴보겠지만 이와 같은 베드로의 설교는 결국 수많은 사람을 회개하게 했고 그리스도의 제자가 되게 만들었습니다. 베드로가 그렇게 대단한 사람입니까? 아닙니다. 베드로를 사용하신 하나님이 그렇게 대단한 분이십니다. 오늘도 하나님은 우리를 사용하고 싶어 하십니다. 성령의 권능을 받으면 우리도 얼마든지 그렇게 될 수 있습니다.

묵상 질문: 나에게는 부활 신앙이 있는가? 무엇을 보면 알 수 있는가?

오늘의 기도: 하나님 아버지, 우리의 흔들리는 믿음을 주님의 강한 팔로 붙들어 주옵소서. 오직 성령께서 말하게 하심을 따라 복음을 전하는 담대한 입술이 되게 하옵소서. 그리하여 하나님께 쓰임 받는 가치 있는 인생을 살게 하옵소서. 예수님의 이름으로 기도합니다. 아멘.

예루살렘교회의 탄생

읽을 말씀: 사도행전 2:37-47

새길 말씀: [46]날마다 마음을 같이하여 성전에 모이기를 힘쓰고 집에서 떡을 떼며 기쁨과 순전한 마음으로 음식을 먹고 [47]하나님을 찬미하며 또 온 백성에게 칭송을 받으니 주께서 구원받는 사람을 날마다 더하게 하시니라(행 2:46-47).

지난 두 시간 동안 오순절 당일에 행한 베드로의 설교를 자세히 묵상했습니다. 베드로는 요엘 선지자의 글과 다윗의 시편들을 인용하면서 예수 그리스도의 죽음과 부활과 승천을 증언했습니다. 그리고 성령강림 사건은 이미 오래전부터 준비되어 오던 하나님의 계획이었다는 사실을 아주 설득력 있게 선포했습니다. 그러면서 우리는 베드로의 설교가 성령이 말하게 하심을 따라 전한 '성령의 설교'였다는 사실을 확인할 수 있었습니다.

베드로의 설교는 이렇게 결론을 맺었습니다. "너희가 십자가에 못 박은 이 예수를 하나님이 주와 그리스도가 되게 하셨다!"(행 2:36) 이 말씀은 특히 예루살렘에 거주하던 유대인들에게 큰 충격이 되었습니다. 왜냐하면 그들 중의 상당수가 예수님이 십자가에 처형되던 현장에 있었고, 더러는 그 일에 적극적으로 가담했기 때문입니다. 베드로의 말처럼 예수님이 정말 이 세상을 구원하기 위하여 오신 메시아이고 죽음에서부터 부활하시고 승천하셨다면, 이제 그들에게는 하나님으로부터 엄중한 처벌이 내려질 것이 분명합니다.

구원의 길

아니나 다를까 베드로의 설교를 듣고 나서 양심의 가책을 받은 사람들이 생겨나기 시작했습니다.

그들이 이 말을 듣고 마음에 찔려 베드로와 다른 사도들에게 물어 이르되 형제들아 우리가 어찌할꼬 하거늘(행 2:37).

NIV성경은 "마음속까지 깊은 상처를 받았다"(they were cut to the heart) 라고 표현합니다. 하나님의 말씀은 본래 그렇습니다. 때로 마음 깊은 곳까지 헤집고 들어오기도 하고, 따라서 마음에 깊은 상처를 남기기도 합니다. 그래서 히브리서 기자는 "하나님의 말씀은 살아 있고 활력이 있어 좌우에 날선 어떤 검보다도 예리하여 혼과 영과 및 관절과 골수를 찔러 쪼개기까지 하며 또 마음의 생각과 뜻을 판단한다"고 말했던 것입니다(히 4:12)

그렇습니다. 하나님의 말씀은 사람들 마음속의 감추어진 생각과 동기를 드러내는 능력이 있습니다. 따라서 말씀으로 인해 마음에 찔림을 받고 상처를 받게 되는 것은 어쩌면 죄인인 우리에게 지극히 당연한 일일지도 모릅니다. 문제는 그것에 대한 우리의 반응입니다. 사람들은 마음속에 감추어둔 자신의 약점이나 비밀이 누군가에 의해서 드러나는 것을 몹시 두려워하고 싫어합니다. 그러나 구원받는 사람들은 그 찔림에 겸손한 믿음으로 반응합니다.

"우리가 어찌할꼬?"(What shall we do?) 이 물음은 자신의 잘못을 솔직하게 인정하고 그것을 바로 잡으려는 믿음의 반응입니다. 스데반의 설교를 듣고 사람들은 똑같이 '마음에 찔림'을 받았습니다(행 7:54). 그렇지만 그들은 스데반을 향해 이를 갈고 결국 돌로 쳐서 죽였습니다(행 7:58). 따라서 "우리가 어떻게 할 것인가?"라는 물음은 우리를 구원으로 인도하는 믿음의 첫걸음이 되는 것입니다. 그들에게 베드로는 구원의 길을 분명히 제시합니다.

³⁸베드로가 이르되 너희가 회개하여 각각 예수 그리스도의 이름으로 세례를 받고 죄 사함을 받으라 그리하면 성령의 선물을 받으리니 ³⁹이 약속은 너희와 너희 자녀와 모든 먼데 사람 곧 주 우리 하나님이 얼마든지 부르시는 자들에게 하신 것이라 하고 (행 2:38-39).

여기에서 베드로는 하나님께서 준비해 놓으신 구원의 길을 일목요연하게 설명합니다. 먼저 '회개'입니다. 이에 해당하는 히브리어 '슈브'는 본래 '들이킨다'(return)라는 뜻입니다. '후회'와 '회개'의 차이를 아실 겁니다. 후회는 잘못된 길이라는 걸 알면서도 바꾸지 않고 계속 그 길로 가는 상태라면, 회개는 바른 방향으로 돌이켜서 수정하는 행동을 의미합니다. 가룟 유다는 후회했고, 베드로는 회개했습니다. 그래서 메시지성경은 "삶을 고치십시오"(Change your life. MSG)라고 번역합니다. 말로만의 회개는 진정한 회개가 아닙니다. 참된 회개는 삶을 고치는 행동으로 나타납니다.

삶을 고치는 행동은 '예수 그리스도의 이름으로 세례를 받는 것'으로 시작됩니다. 당시 사람들은 세례 요한의 세례에 익숙했습니다. 그러나 베드로는 새로운 세례, 즉 '예수 그리스도의 이름으로' 받는 세례가 필요하다고 말합니다. 예수를 그리스도로 믿음으로써 받는 세례입니다. 세례 요한의 세례는 '회개의 징표'였지만, 예수 그리스도의 이름으로 받는 세례는 '용서의 징표'였습니다. "죄 사함을 받는다"라는 것이 바로 그런 뜻입니다.

'세례 요한의 세례'와 '예수 그리스도의 이름으로 받는 세례'의 가장 큰 차이는 바로 '성령의 선물'(the gift of the Holy Spirit)입니다. 세례 요한은 예수님이 베푸실 '성령세례'를 알았습니다(눅 3:16). 주님도 "요한은 물로 세례를 베풀었지만, 너희는 몇 날이 못 되어 성령으로 세례를 받을 것이라"(행 1:5) 말씀하셨습니다. 오순절 성령강림 사건으로 그 '성령세례'가 성취된 것입니다.

그렇다면 '성령의 선물'은 구체적으로 무엇일까요? 그것은 교회의 여러 가지 사역이나 직분을 위한 '성령의 은사'(고전 12:4-11)가 아닙니다. 성령의 권능을 받아서 땅끝까지 이르러 주님의 증인 되는 일에 동참하게 되는 것을 의미합니다. 주님을 배반했던 베드로를 회복시켜 복음을 전하게 하셨던 하나님께서 주님을 십자가에 죽인 유대인을 회복시켜 주님의 증인이 될 수 있게 하시는 것입니다.

회개하고, 세례를 받고, 성령의 선물을 받아 주님의 증인으로 살아가는 이것은 앞으로 오고 오는 모든 믿음의 세대를 향한 약속입니다(39절). 그리고 이 약속은 기독교 신앙이 유대인의 민족주의라는 장애물을 넘어 땅끝으로 나가게 하는 디딤돌이 되었습니다. 하나님은 주님의 증인을 부르십니다. 가까이에 있는 유대인도, 먼 데 있는 이방인도 모두 그 일에 동참할 수 있게 하셨습니다. 죄를 회개하고 용서의 징표로 세례를 받고 성령의 선물을 받기만 하면 누구든지 주님의 증인으로 쓰임 받을 수 있는 것입니다.

신앙 공동체의 문화

베드로는 마지막으로 그 자리에 모인 모든 사람을 향하여 새로운 삶으로 초대하는 권면의 말씀을 남깁니다.

40또 여러 말로 확증하며 권하여 이르되 너희가 이 패역한 세대에서 구원을 받으라 하니 41그 말을 받은 사람들은 세례를 받으매 이날에 신도의 수가 삼천이나 더하더라 (행 2:40-41).

"이 패역한 세대에서 구원을 받으라"를 메시지성경은 "이 병들고 어리석은 문화에서 빠져나오십시오. 여러분이 할 수 있을 때 어서 나오십시오"(Get out while you can; get out of this sick and stupid culture. MSG)라고 풀이합니다. 그렇습니다. 나 혼자 아무리 깨끗한 양심으로 살려고 해도 이미 병들고 어리석은 문화 속에서는 결국 타락한 죄인이 될 수밖에 없습니다.

예수님을 십자가에 죽인 일만 해도 그렇습니다. 사람들은 예수님이 십자가 형을 받을 만한 죄가 없다는 사실을 이미 잘 알고 있었습니다. 그러나 그들은 예수님을 십자가에 못 박으라고 모두 합세하여 소리를 질렀습니다. 왜 그랬을까요? 그 세대가 이미 비뚤어진 세대이기 때문입니다. 그것이 시대의 정신이었기 때문입니다. 그런 세대 속에서 구원을 받으려면, 일단 그 세대를 부정하고 벗어나야 하는 것입니다.

이와 같은 베드로의 강력한 메시지에 놀라운 일이 벌어졌습니다. 그날 많은 사람들이 나와서 세례를 받았던 것입니다. 물론 이때의 세례는 그냥 물세례가 아니라 예수 그리스도의 이름으로 받는 세례입니다. 그렇게 '신도'(信徒)가 된 사람이 그날 하루에만 자그마치 3천 명이나 되었습니다. 신도는 단순히 교회를 다니는 사람이 아닙니다. 베드로의 말처럼 '이 비뚤어진 세대'에서 구원받은 사람이요 '병들고 어리석은 문화'에서 빠져나온 사람입니다. 그들을 통해서 예루살렘교회라는 새로운 '신앙 공동체'가 탄생하게 되었던 것입니다.

그렇다면 이제부터 그들이 만들어 가게 될 새로운 문화는 과연 어떤 것이었을까요?

그들이 사도의 가르침을 받아 서로 교제하고 떡을 떼며 오로지 기도하기를 힘쓰니라 (행 2:42).

이 부분을 NIV성경으로 읽으면 뜻이 분명해집니다. "They devoted themselves to the apostles' teaching and to fellowship, to the breaking of bread and to prayer." 그들이 힘써서 헌신했던 네 가지가 있습니다. '사도의 가르침'과 '교제'와 '성찬'과 '기도'입니다. 이것이 바로 신약의 하나님 백성이 새롭게 펼쳐가는 거룩한 문화였습니다.

'사도의 가르침'(the apostles' teaching)은 주로 예수님의 행적과 교훈에 대한 것이었습니다. 물론 구약성경도 여기에 포함되어 있었지만, 특별히 예수님이 그리스도이심을 입증하는 말씀 구절을 가르치는 데 집중하였습니다. 이처럼 하나님의 말씀을 가르치고 배우는 문화는 세상의 비뚤어진 사회 속에서 교회와 성도들을 지키고 바른길로 인도하는 중요한 역할을 했습니다.

'교제'(fellowship)와 '떡을 떼는 것'(the breaking of bread)은 구분되어야 합니다. 교제는 '코이노니아'라고 하는 성도 간의 사귐을 의미합니다. 여기에는 공동 식사가 포함되어 있습니다. 그러나 떡을 떼는 것은 그리스도의 몸을 나누는 성찬 의식을 의미합니다. 초대교회에서는 모일 때마다 '성만찬'

과 공동 식사를 구분하여 빠뜨리지 않고 시행하였던 것으로 보입니다. 이 두 가지는 세상에서 그리스도인을 구분하여 내는 독특한 문화입니다.

그리고 마지막은 '기도'(the prayer)입니다. 기도는 사실 제자 공동체가 늘 해오던 일이었습니다(행 1:14). 성령의 임재를 체험할 때도 그들은 마가의 다락방에 모여서 기도하고 있었습니다(행 2:1). 성령의 권능을 받은 후에도 그들은 늘 기도에 힘썼습니다. 기도하기를 중단하면 성령의 권능 또한 중단되기 때문입니다.

이렇듯 사도의 가르침과 성도의 교제와 성만찬과 기도 생활에 집중하는 것은 '신약의 하나님 백성'이 만들어 가는 새로운 문화였고, 구원받은 삶의 실천이었습니다.

증인 공동체의 특징

이와 더불어서 '증인 공동체'로서 예루살렘교회에는 네 가지 특징이 나타났습니다. 그 첫 번째 특징은 '기사와 표적'이었습니다.

사람마다 두려워하는데 사도들로 말미암아 기사와 표적이 많이 나타나니(행 2:43).

그런데 여기에서 두려워하는 사람이 누구였을까요? 물론 믿음의 공동체 안에 이미 들어온 사람들이 아닙니다. 그들은 '주위에 있던 사람들'(everyone around, MSG)입니다. 그러니까 오순절 성령강림 사건이 일어나던 당일에 세례받고 신도가 되지는 않았지만, 예루살렘교회에서 어떤 일들이 벌어지고 있는지 예의주시하던 사람들이 주위에 많았던 것입니다.

그들이 두려워하게 된 이유는 사도들로 말미암아 '기사'(奇事, wonders)와

'표적'(signs)이 많이 나타났기 때문입니다. 앞으로 우리가 살펴보겠지만 베드로와 요한이 성전 미문에서 나면서 못 걷게 된 사람을 예수 그리스도의 이름으로 치유한 사건(행 3장)이라던가, 아나니아와 삽비라가 성령을 속이고 땅 판 돈을 감추려다가 죽은 일(행 5장) 등이 바로 기사와 표적의 좋은 예라 할 수 있습니다. 그런 일들이 사람들에게 두려운 마음을 갖게 했고, 그것이 예루살렘교회가 새롭게 만들어가던 독특한 문화의 매력에 더해져서 사람들의 발걸음을 교회로 옮기게 하는 긍정적인 동기로 작용했던 것입니다.

두 번째 특징은 풍성한 '나눔'이었습니다.

> **44믿는 사람이 다 함께 있어 모든 물건을 서로 통용하고 45또 재산과 소유를 팔아 각 사람의 필요를 따라 나눠 주며(행 2:44-45).**

어떤 사람은 이 모습을 '원시 공산 사회'라고 설명합니다. 그러나 공산 사회와 초대교회 증인 공동체 사이에는 근본적인 차이가 있습니다. 바로 '자발성'입니다. 그 누구도 함께 공동체 생활을 해야 한다고 주장하지 않았습니다. 모든 재산과 소유를 팔아서 필요한 대로 나누어 쓰자고 가르친 사람도 없습니다. 단지 모이는 게 좋아서 모였고, 그러다 보니 네 것, 내 것 따지지 않고 서로 통용하게 되었고, 더 나아가서 공동체 구성원들의 부족한 부분을 채워주기 위해서 여분의 재산과 소유를 팔아서 나누어 주는 사람까지 생겨났던 것입니다.

초대교회는 폐쇄적인 공동체도 아니고, 강제적인 공동체도 아닙니다. 단지 예수 그리스도의 은혜로 구원받은 감격으로 모이기에 힘쓰고 또한 서로에 대한 경제적인 책임을 나누어 지는 정말 아름다운 공동체였습니다. 메시지성경이 그 특징을 이렇게 묘사합니다. "믿는 사람들 모두가 무엇이든 공유하면서, 멋진 화합을 이루고 살았다. 그들은 자신들이 가진 것은 무엇이든 팔아 공동자원으로 이용하면서, 각 사람의 필요를 채웠다.”

이 한 문장이 예루살렘교회의 모든 것을 말해준다고 봅니다. “All the believers lived in a wonderful harmony”(그들은 멋진 하모니를 이루며 살았습니다). 아무리 선한 명분을 앞세우더라도 ‘하모니’가 깨진다면 아무런 의미가 없습니다. 개인과 개인의 하모니, 가정과 가정의 하모니, 먼저 믿는 사람과 나중에 믿게 된 사람의 하모니, 가진 사람과 가지지 못한 사람의 하모니, 배운 사람과 배우지 못한 사람의 하모니, 주인과 종의 하모니…, 이 모든 하모니의 바탕에는 물론 예수 그리스도에 대한 신앙고백이 자리 잡고 있었습니다. 이것이 바로 교회다운 교회의 모습입니다.

세 번째 특징은 ‘모임’입니다.

날마다 마음을 같이하여 성전에 모이기를 힘쓰고 집에서 떡을 떼며 기쁨과 순전한 마음으로 음식을 먹고(행 2:46).

여기에서 우리는 두 종류의 모임이 있었다는 사실을 알게 됩니다. 하나는 ‘성전’에서 모이는 대그룹(big group) 모임이고, 다른 하나는 ‘가정’에서 모이는 소그룹(small groups) 모임입니다. “날마다 마음을 같이하여 성전에 모이기를 힘쓰고…”가 대그룹 모임을 잘 설명합니다. 예루살렘 성전이 바로 그 모임의 장소였던 것입니다. 여기에서 우리의 시선을 끄는 것은 그들이 ‘날마다 마음을 같이하여’ 모이기에 힘썼다는 점입니다.

전통적으로 유대인은 특별한 절기에는 반드시 예루살렘 성전에 올라가야 했습니다. 1년에 세 번 정도면 그 의무를 다했다고 생각했습니다. 그러나 그리스도인들은 날마다 모였습니다. 공식적인 예배가 있을 때 의무를 다하기 위해서 성전에 간 것이 아니라 날마다 성전에 가서 자발적으로 예배를 드렸습니다. 그것도 열심 있는 몇몇 사람만 그렇게 한 것이 아니라 '마음을 같이하여' 모두 동참했습니다. 이것이 바로 율법주의에 기초한 '유대교'와 구원받은 감격에 기초한 '기독교'의 근본적인 차이점입니다.

그러나 대그룹 모임만으로는 충분하지 않습니다. 서로에게 필요한 경제적인 책임을 나누어지는 사랑과 은혜의 공동체는 대그룹 모임으로는 절대로 만들어지지 않습니다. 한번 생각해 보십시오. 신도가 3천 명입니다. 거기에다가 믿는 사람들이 날마다 더해지는 형편입니다. 그 많은 사람이 어떻게 한 군데에 모여서 공동체 생활을 할 수 있겠습니까? 그것은 현실적으로 불가능한 이야기입니다.

친밀한 사랑의 교제는 집에서 모이는 소그룹에서 이루어졌습니다. 그들은 "집에서 떡을 떼며 기쁨과 순전한 마음으로 음식을 먹고 하나님을 찬미했다"라고 합니다. '떡을 떼는 것'은 성만찬(Eucharist)을, '음식을 먹는 것'은 공동 식사(agape meal)를 의미합니다. 그러니까 그들은 성전에서는 함께 모여서 예배를 드렸지만, 그것으로 끝나지 않고 작은 단위로 나누어져서 각 가정으로 흩어져서 성찬과 함께 공동 식사를 나누었던 것입니다.

그것도 '기쁨과 순전한 마음으로' 음식을 먹었습니다. 메시지성경은 "식사 때마다 즐거움이 넘쳐흐르는 축제였다"(every meal a celebration, exuberant and joyful)라고 번역합니다. 여기에는 강제적이거나 의무적이거나 부담스러운 분위기를 조금도 찾아볼 수 없습니다. 그저 같은 믿음을 가진 사람들과 나누는 즐거움과 기쁨과 자유로움과 행복함으로만 가득 찬 축제의 시간이었습니다. 이것이 바로 '신약의 하나님 백성'이요 '증인 공동체'인 교회의 모습이었습니다.

그랬더니 어떤 일이 벌어졌을까요? 마지막 네 번째 특징인 '호감'과 '성장'입니다.

하나님을 찬미하며 또 온 백성에게 **칭송을 받으니 주께서 구원받는 사람을 날마다** 더하게 하시니라(행 2:47).

예루살렘교회의 새로운 문화가 만든 두 가지 결과가 있습니다. 하나는 온 백성에게 칭송을 받게 된 것입니다. 메시지성경은 "사람들은 그 모습을 좋게 보았다"(People in general liked what they saw)라고 표현합니다. 새번역 성경은 "그들은 모든 사람에게서 호감을 샀다"라고 합니다. 집안싸움 하면서, 서로 헐뜯으면서 다른 사람들에게 호감을 살 수는 없습니다. 은혜로운 예배와 사랑과 기쁨이 넘치는 교제만으로도 세상 사람들은 교회를 좋게 봅니다.

자, 그러면 어떤 일이 벌어질까요? 하나님께서 구원받는 사람을 날마다 더해주십니다. 오늘 본문에는 나오지 않지만, 예루살렘교회 성도들은 전도를 열심히 했을 것입니다. 그것이 바로 증인 공동체로서 그들이 받은 사명이었기 때문입니다. 그러나 아무리 열심히 전도해도 공동체의 분위기가 냉랭하면 아무도 들어오지도 않습니다. 아니, 들어왔다가도 금방 떠나갑니다. 따라서 교회의 교회다움을 갖추는 일이 우선입니다. 아름다운 하모니를 만들어 가는 게 먼저입니다. 그러면 나머지는 하나님께서 다 알아서 하십니다.

이와 같은 예루살렘교회의 모습은 '교회다운 교회'의 원조입니다. 앞으로 하나님 나라의 복음이 땅끝으로 확장되면서 생겨날 모든 지역의 신앙 공동체 와 오고 오는 모든 세대의 그리스도인은 예루살렘교회가 보여준 모범을 따라서 아름다운 공동체를 만들어 가야 합니다. 그러기 위해서 우리는 그들이 만들어 갔던 네 가지 새로운 문화와 네 가지 특징을 잘 기억해 둘 필요가 있습니다. '대형 교회'가 되어야만 땅끝에서 주님의 증인이 될 수 있는 것은 아닙니다. '교회다운 교회'로 충분합니다.

묵상 질문: 내가 몸담은 교회는 하모니를 잘 이루고 있는가?

오늘의 기도: 하나님 아버지, 우리 교회가 교회다운 교회가 되게 하옵소서. 말씀과 기도와 교제와 나눔에 힘쓰는 교회가 되게 하옵소서. 무엇보다 아름답고 온전한 하모니를 이루는 공동체로 빚어지게 하옵소서. 그리하여 날마다 구원받는 영혼이 더해지게 하시고, 우리를 통하여 이 땅에 하나님 나라가 확장되게 하옵소서. 예수님의 이름으로 기도합니다. 아멘.

성전 미문 치유 사건

읽을 말씀: 사도행전 3:1-11

새길 말씀: 베드로가 이르되 은과 금은 내게 없거니와 내게 있는 이것을 네게 주노니 나사렛 예수 그리스도의 이름으로 일어나 걸으라…(행 3:6).

지난 시간에 우리는 예루살렘교회의 여러 가지 특징을 살펴보았습니다. 그중의 하나가 바로 '기사와 표적'이 나타나는 것이었지요. 기사(wonders)는 '놀라운 일들'을 말하고, 표적(signs)은 '예수님이 그리스도이심을 드러내는 증거들'을 말합니다. 그 두 가지를 합하면, 예수 그리스도의 이름으로 나타나는 초자연적인 사건이 됩니다. 그 놀라운 일들을 보면서 아직 예루살렘교회의 공동체 안에 들어오지 않았던 주변의 사람들이 두려워하게 되었던 것입니다 (행 2:43).

구걸하던 인생

오늘 우리가 묵상하는 이야기는 바로 기사와 표적이 나타났던 대표적인 한 가지 예입니다. 그것은 성전 미문에서 구걸하던 선천적인 지체장애인을 베드로와 요한이 고쳐준 사건입니다.

제 구 시 기도 시간에 베드로와 요한이 성전에 올라갈새(행 3:1).

당시에는 오전 6시부터 오후 6시까지의 12시간을 낮으로 생각했습니다. 그것을 열두 등분하면 제3시는 오전 9시, 제6시는 정오, 제9시는 오후 3시가 됩니다. 경건한 유대인들은 그렇게 하루에 세 번 기도를 드렸습니다. 물론 기도는 어디서나 할 수 있지만, 예루살렘 성전 가까이에 살던 사람들은 성전에 직접 와서 기도했습니다. 그렇게 하면 기도의 효과가 더 크다고 믿었기 때문입니다.

베드로와 요한도 유대인의 기도 관습을 따랐던 것으로 보입니다. 물론 우리가 이미 살펴본 대로 예루살렘교회 3천 명의 성도는 날마다 마음을 같이하여 성전에 모이기를 힘썼습니다(행 2:46). 그러니까 성전에서의 대그룹 예배와 가정에서의 소그룹 모임을 통해서 증인 공동체로서 예루살렘교회의 결속을 다져나갔던 것입니다. 따라서 이날도 베드로와 요한만 성전에 올라간 것은 아니었을 것입니다. 그들 외에도 많은 성도가 함께 성전에 올라갔음에 틀림없습니다.

그런데 당시의 성전은 단지 기도하는 사람들만 모이는 곳은 아니었습니다. 어떤 사람들에게는 사사로운 경제적 필요를 채우는 장소이기도 했습니다. 특히 구걸하는 사람에게는 가장 많은 수입을 올릴 수 있는 장소였습니다.

나면서 못 걷게 된 이를 사람들이 메고 오니 이는 성전에 들어가는 사람들에게 구걸하기 위하여 날마다 미문이라는 성전 문에 두는 자라(행 3:2).

예나 지금이나 성전에는 구걸하기 위하여 오는 사람들이 많았습니다. 하나님께 예배하러 갈 때 대부분은 측은지심(惻隱之心)을 품기 때문입니다. 예루살렘 성전을 둘러싸고 있는 외곽에 여러 문이 있는데, 그중에서 '미문'(美門), 즉 '아름다운 문'(the Beautiful Gate)이라는 이름 붙은 곳에 자리를 잡고 성전에 드나드는 사람들에게 구걸하던 한 사람이 있었습니다. 성전 입구에서 가장 가까이에 있는 '황금 문'(the Golden Gate)이 바로 미문이었을 것으로 보입니다.

누가는 여기에서 구걸하던 사람을 가리켜서 '나면서 못 걷게 된 이'(a man who had been unable to walk from birth, NASB)라고 소개합니다. 그는 신체장애를 가지고 태어난 사람이었습니다. 스스로 걸을 수 없었기 때문에 누군가의 도움을 받아 매일 이곳으로 나왔습니다. 말하자면 미문은 이 사람이 생계를 꾸려나가는 직장이었던 셈입니다.

성전은 본래 하나님께 예배하고 기도하는 곳입니다. 그러나 그것은 장애가 없는 사람에게나 해당하는 이야기입니다. 장애가 있는 사람은 성전 문턱을 넘어서 안으로 들어갈 수 없었습니다. 율법주의적인 사고방식이 만든 높은 장벽입니다. 유대인들은 장애인을 죄인으로 취급했습니다. 부모가 지은 죄나 본인이 지은 죄로 벌을 받고 있다고 생각했습니다. 육신의 불편함이야 어떻게든 극복할 수 있다고 하더라도, 그와 같은 사회적인 편견을 넘어서기는 거의 불가능했습니다. 그래서 장애인들은 대부분 심한 죄책감에 시달려야 했습니다.

시대가 많이 달라지기는 했지만, 장애에 대한 사람들의 고정 관념은 크게 바뀐 것 같지 않습니다. 요즘에도 갑작스럽게 어떤 병에 걸리거나 사고를 당하게 될 때, 사람들은 일단 자기가 하나님께 무슨 죄를 지은 것은 아닌지부터 의심합니다. 그리고 조금이라도 마음에 걸리는 일을 발견하면 그것으로 인해 스스로 자책하는 모습을 쉽게 찾아볼 수 있습니다. 지금도 그런데 하물며 그 옛날에는 더 말할 것도 없겠지요.

가장 필요한 것

성전 문에서 구걸하던 사람에게 무슨 꿈이 있었을까요? 그에게 가장 필요한 것이 과연 무엇이었을까요?

3그가 베드로와 요한이 성전에 들어가려 함을 보고 구걸하거늘 4베드로가 요한과 더불어 주목하여 이르되 우리를 보라 하니 5그가 그들에게서 무엇을 얻을까 하여 바라보거늘(행 3:3-5).

그는 성전에 들어가는 베드로와 요한에게 돈을 구걸했습니다. 그가 평생 해오던 일입니다. 그는 사람들의 적선(積善)에 의존해서 살아왔습니다. 그에게 소원이 하나 있다면 사람들이 그를 불쌍히 여기는 마음이 끊어지지 않는 것입니다. 그래야 먹고 살아갈 수입이 생길 것이니 말입니다. 그는 지금까지도 그렇게 살아왔고, 앞으로도 계속해서 그렇게 살 것입니다. 그러던 어느 날 베드로와 요한을 우연히 만나게 되었던 것입니다.

사실 베드로와 요한은 그저 동전 몇 푼 쥐여주면 그만입니다. 예루살렘 성전으로 들어가는 문마다 구걸하는 사람이 한둘이 아닌데, 그들에게 일일이 마음을 쓰거나 시간을 낭비할 필요가 없습니다. 그런데 어찌 된 일인지 이번에는 그냥 지나치지 않고 그 사람을 주목하여 봅니다. 메시지성경은 이 부분을 "베드로가 그의 눈을 똑바로 바라보았다"(Peter looked him straight in the eye. MSG)라고 번역합니다. 그러면서 "우리를 보라"(Look at us)고 말합니다. 이게 무슨 뜻일까요?

그 사람은 구걸하면서 눈을 마주치지 않았던 것입니다. 그의 눈은 언제나 다른 곳을 향하고 있었습니다. 아마도 사람들의 두툼한 호주머니와 그 속에 손이 들어가는지를 보았겠지요. 왜요? 그가 원하는 것은 오로지 돈이었기 때문입니다. 눈을 마주치지 않기는 사실 성전에 들어가는 사람들도 매한가지였습니다. 그 사람이 왜 그 자리에 앉아 있는지 모르는 사람은 없었습니다. 그러니 그에게 적선하고 빨리 그 자리를 떠나면 그만입니다. 굳이 시선을 마주치거나 대화를 나눌 필요가 없습니다.

그러나 베드로는 달랐습니다. 그 사람에게 정말 필요한 것은 돈이 아니라는 사실을 잘 알았습니다. 그래서 그를 주목했던 것입니다. 상대방이 원하는 것을 주는 게 사랑이 아닙니다. 그가 정말 필요로 하는 것을 주어야 진정한 사랑입니다. 장난감을 원하는 아이나 적선을 원하는 사람이나 마찬가지입니다. 그들이 정말 원하는 것은 장난감이나 값싼 동정이 아닙니다. 그들은 사랑을 원하고 있고 구원을 원하고 있습니다. 비록 본인 스스로는 그것을 깨닫지 못하더라도 말입니다. 하나님의 마음을 품은 사람은 그들의 진정한 필요에 민감합니다.

"우리를 보라"는 말을 듣고 그제야 미문에서 구걸하던 사람이 고개를 들어 베드로와 요한을 바라보았습니다. 여전히 그가 기대하고 있는 것은 돈입니다. 달라지지 않았습니다. 그런데 그들의 눈이 마주치는 바로 그 순간 인격적인 만남의 사건이 벌어졌고, 평생 지체장애인으로 살아오던 사람의 인생이 통째로 바뀌었던 것입니다.

베드로가 이르되 은과 금은 내게 없거니와 내게 있는 이것을 네게 주노니 나사렛 예
수 그리스도의 이름으로 일어나 걸으라 하고(행 3:6).

지체장애인은 '은과 금'을 원했습니다. 많은 걸 기대하지 않았습니다. 그저 몇 푼이면 족합니다. 그러나 베드로는 그 정도의 돈도 없었습니다. 그 대신 "내가 가진 것을 주겠다"라고 그럽니다. 그것이 무엇입니까? '나사렛 예수 그리스도의 이름'입니다. 그 이름은 그냥 보통 사람의 이름이 아닙니다. 예수님의 이름은 '모든 귀신을 제어하며 병을 고치는 능력과 권위'(눅 9:1)였습니다. 제자들은 그 이름으로 병을 고치고 복음을 전했습니다(눅 9:6).

베드로는 예수 그리스도 이름의 능력과 권위를 선포하며 단호한 어조로 그에게 "일어나 걸어라!"라고 명령합니다. 단지 말로만 명령한 것이 아니었습니다. 베드로는 직접 그를 일으켜 세웠습니다.

7오른손을 잡아 일으키니 발과 발목이 곧 힘을 얻고 8뛰어 서서 걸으며 그들과 함께
성전으로 들어가면서 걷기도 하고 뛰기도 하며 하나님을 찬송하니(행 3:7-8).

지체장애인은 사실 베드로가 하는 말을 잘 이해하지 못했습니다. 그 누구도 지금까지 자기에게 "일어나서 걸으라"고 명령한 사람이 없었기 때문입니다. 그러나 베드로의 눈빛은 확신에 차 있었고, 자기 손을 잡아 일으키는 그의 행동에서 어떤 신비한 능력이 느껴졌습니다. 그 지체장애인은 태어나서 지금까지 단 한 번도 자신의 힘으로 일어서려고 시도해 본 적이 없었습니다.

그런데 베드로의 말과 행동에 자기도 모르는 사이에 믿음이 생겼습니다. 베드로가 이끄는 대로 손을 잡고 일어나려고 했습니다. 그랬더니 발과 발목에 힘이 생겨나서 일어나게 되는 것이 아닙니까? 그뿐만이 아닙니다. 심지어

뛰어다닐 수 있게 되었습니다. 예수 그리스도의 이름으로 기사와 표적이 나타난 것입니다!

평생 처음으로 걷게 되면서 그가 가장 먼저 했던 일이 무엇일까요? 그것은 '성전으로 들어가는 것'이었습니다. 이 대목에서 우리는 그가 평소에 하나님께 드리는 예배를 얼마나 사모했는지 알 수 있습니다. 그도 그럴 것이, 다른 사람들은 다 드나드는 성전에 자기는 지금까지 한 번도 들어가지 못했습니다. 장애인이라는 이유 때문입니다. 성전에 드나드는 사람들이 얼마나 부러웠을까요? 그는 성전에 들어가서 걷기도 하고 뛰기도 하면서 하나님을 찬송했습니다.

사람들의 반응

그 사람의 행동은 자연스럽게 다른 사람들의 시선을 끌었습니다. 그의 감격을 생각하면 충분히 이해할 수 있는 일입니다. 그는 평생 앉아서만 지내던 사람입니다. 다른 사람들처럼 성전에 걸어 들어가서 예배를 드리는 일은 꿈에도 생각하지 못했습니다. 그런데 그런 꿈같은 일이 현실로 벌어지고 있는 것입니다. 그 기쁨을 어떻게 조용조용히 표현할 수 있겠습니까? 껑충껑충 뛰면서 소리를 질러가면서 춤추면서 찬양해야지요.

그 일을 목격한 사람들은 이때 과연 어떤 반응을 보였을까요?

> [9]모든 백성이 그 걷는 것과 하나님을 찬송함을 보고 [10]그가 본래 성전 미문에 앉아 구걸하던 사람인줄 알고 그에게 일어난 일로 인하여 심히 놀랍게 여기며 놀라니라 (행 3:9-10).

주변의 사람들은 그를 주목하기 시작했습니다. 가만히 살펴보다가 그 사람이 그동안 성전 문에 앉아서 구걸하던 바로 그 장애인이라는 사실을 알게 되었습니다. 이때 사람들은 메시지성경의 표현처럼 '깜짝 놀라 눈을 비비고' 다시 보았을 것입니다. 눈으로 보면서도 도저히 믿기지 않았을 것입니다. "심히 놀랍게 여기며 놀랐다"라는 표현이 바로 그런 뜻입니다. 기사와 표적을 보고 '사람마다 두려워하게'(행 2:43) 되었다고 했는데, 지금이 바로 그 말에 가장 적절한 상황입니다.

고침을 받은 사람의 감격이 조금 진정되자 정신을 차리고 베드로와 요한에게 감사를 표현하려고 했습니다.

나은 사람이 베드로와 요한을 붙잡으니, 모든 백성이 크게 놀라며 달려 나아가 솔로몬의 행각이라 불리우는 행각에 모이거늘(행 3:11).

"나은 사람이 베드로와 요한을 붙잡았다"라는 부분을 메시지성경은 "그 사람은 기뻐서 어쩔 줄 몰라 하며 베드로와 요한을 끌어안았다"(The man threw his arms around Peter and John, ecstatic. MSG)라고 표현합니다. 베드로와 요한을 붙잡고 놓으려고 하지 않았던 것입니다. 그가 아무런 말도 하지 않고 그렇게 붙잡고 있지는 않았을 것입니다. 틀림없이 "이 사람들이 나를 고쳐주었어요!"라고 소리 질렀을 것입니다.

사람들은 평생 구걸하며 살던 장애인이 걷고 뛰는 모습을 보면서 처음에는 참 신기하게 여겼을 것입니다. 그런데 그 이적을 일으킨 장본인이 베드로와 요한이라는 사실이 알려지면서 사람들은 술렁거리기 시작했습니다. 얼마 전 오순절에 일단의 무리가 방언을 통해 사람들을 놀라게 했을 때 그들은 베드로의 설교를 들었기 때문입니다. 그 소식이 급속히 전파되면서 사람들은

'솔로몬의 행각'으로 달려왔습니다.

솔로몬의 행각(Solomon's Colonnade)은 예루살렘 성전의 동쪽 편에 기둥들이 길게 늘어서 있는 회랑이었습니다. 이곳은 공식적인 예배가 진행되던 성전 안과는 조금 떨어져서 자유로운 토론과 집회가 가능했던 장소였습니다. 예수님이 수전절을 지키러 성전에 오셨을 때 바로 이 솔로몬 행각에서 거니시면서 사람들에게 말씀을 가르치셨고, 그때 예수님을 돌로 치려고 하는 일이 벌어지기도 했습니다(요 10장). 또한 예루살렘교회 성도들이 이곳에서 대그룹 집회를 열기도 했습니다(행 5:12). 바로 여기에서 바울의 두 번째 설교(행 3:11-26)가 진행됩니다. 그 이야기는 다음 시간에 계속 이어가겠습니다.

오늘 말씀을 묵상하면서 두 가지 질문이 생겼습니다. 하나는 나사렛 예수 그리스도의 이름의 능력과 권세를 우리는 왜 사용하지 못하는가 하는 질문입니다. 베드로와 요한은 그 능력을 사용하여 태어나면서부터 못 걷던 지체장애인을 고쳐주었습니다. 이것이 바로 '기사와 표적'입니다. 예수 그리스도의 이름으로 나타나는 초자연적인 놀라운 사건들입니다. 이러한 사건들은 지금도 얼마든지 일어날 수 있어야 합니다.

그러나 솔직하게 말해서 초대교회처럼 그렇게 기사와 표적이 나타나지는 않는 것처럼 보입니다. 그 이유가 무엇일까요? 하나님의 능력이 줄어들었기 때문일까요? 물론 아닙니다. 하나님은 그때나 지금이나 조금도 변하지 않으셨습니다. 그렇다면 무엇이 문제입니까? 예수 이름의 능력을 믿지 않는 사람들이 문제입니다. 하나님 나라의 복음을 전하기 위해서 그 능력을 사용하려고 하지 않는 우리가 문제입니다.

다른 하나는 하나님이 찾으시는 예배자는 과연 어떤 사람인가 하는 질문입니다. 많은 사람들이 성전을 찾기는 하지만, 그 목적이 같지는 않습니다. 성전 미문에 앉아서 구걸하던 사람은 단지 육신의 필요를 채우기 위해서 성전을 찾던 사람이었습니다. 요즘도 어떤 경제적인 이익을 얻기 위해서 성전을 찾는 사람이 많습니다. 그들은 경건을 이익의 재료로 삼는 '구걸하는 신자'일 뿐입니다.

그러나 고침을 받고 나서 그는 온몸으로 하나님을 찬양하며 예배하는 모습을 보여줍니다. 그는 자기에게 떨어질 물질적인 떡고물에는 아무 관심이 없습니다. 다른 사람들의 시선이나 평가가 그의 예배를 방해하지 못합니다. 그저 죄 사함의 은총과 구원의 감격으로 오직 하나님께 감사와 찬양을 드리는 일에만 집중할 뿐입니다. 그는 더 이상 '구걸하는 신자'가 아닙니다. 그는 진정으로 '찬양하는 신자'입니다. 하나님은 그런 예배자를 찾으십니다.

묵상 질문: 나는 어떤 종류의 신자인가?

오늘의 기도: 하나님 아버지, 나사렛 예수 그리스도의 이름에 있는 능력과 권세를 믿음으로써 담대히 사용하게 하옵소서. 육신의 필요만을 요구하는 구걸하는 신자가 아니라 구원의 감격으로 하나님을 찬양하는 신자가 되게 하옵소서. 우리의 신앙생활을 통해 기사와 표적이 나타나게 하시고, 그로 말미암아 주님의 영광이 온 세상에 드러나게 하옵소서. 예수님의 이름으로 기도합니다. 아멘.

솔로몬 행각 설교

읽을 말씀: 사도행전 3:12-26

새길 말씀: 14너희가 거룩하고 의로운 이를 거부하고 도리어 살인한 사람을 놓아주기를 구하여 15생명의 주를 죽였도다 그러나 하나님이 죽은 자 가운데서 그를 살리셨으니 우리가 이 일에 증인이라(행 3:14-15).

성전 미문에서 구걸하던 사람이 걷고 뛰는 모습에 사람들은 몹시 놀랐습니다. 그가 어떤 사람인지 너무나 잘 알고 있었기 때문입니다. 그들은 베드로와 요한이 기사와 표적을 행했다는 사실에 더욱 놀랍니다. 어디에서 그런 능력이 생긴 것인지 궁금했습니다. 그 이야기를 들으려고 솔로몬 행각으로 몰려들었습니다. 그들에게 예수 그리스도의 복음을 선포하는, 이른바 베드로의 '솔로몬 행각 설교'가 시작됩니다.

베드로는 먼저 군중에게 이렇게 묻습니다.

12베드로가 이것을 보고 백성에게 말하되 이스라엘 사람들아 이 일을 왜 놀랍게 여기느냐 우리 개인의 권능과 경건으로 이 사람을 걷게 한 것처럼 왜 우리를 주목하느냐 13아브라함과 이삭과 야곱의 하나님 곧 우리 조상의 하나님이 그의 종 예수를 영화롭게 하셨느니라…(행 3:12-13a).

"이 일에 왜 이렇게 놀라십니까?" 사실 베드로에게 그것은 그리 놀랄 만한 일이 아닙니다. 예수 그리스도 이름의 능력과 권세를 여러 차례 경험했기 때문입니다. "왜 우리를 쳐다보는 것입니까?" 사람들은 베드로와 요한을 쳐다보았습니다. 그들에게 어떤 특별한 '권능과 경건'이 있을 것으로 생각했기 때문입니다. 그러나 그들은 단지 자신에게 허락된 '권위'(authority)를 가지고, 나사렛 예수 그리스도의 이름의 능력(power)을 사용했을 뿐입니다. 따라서 그 놀라운 일을 행하신 분은 그들이 아니라 주님이십니다.

그다음 말씀이 중요합니다. "아브라함과 이삭과 야곱의 하나님, 곧 우리 조상의 하나님께서 그 아들 예수를 영화롭게 하셨습니다." 드디어 예수의 이름이 등장했습니다. 그러자 사람들은 술렁거리기 시작했습니다. 예수가 누구입니까? 불과 얼마 전에 십자가에 처형당한 죄수였습니다. 누가 예수를 십자가에 처형했습니까? 지금 솔로몬 행각에 모여 있던 사람들이 죽였습니다. 베드로의 설교는 군중의 마음을 찌르기 시작했습니다.

13… 너희가 그를 넘겨주고 빌라도가 놓아 주기로 결의한 것을 너희가 그 앞에서 거

부하였으니 ¹⁴너희가 거룩하고 의로운 이를 거부하고 도리어 살인한 사람을 놓아 주기를 구하여 ¹⁵생명의 주를 죽였도다 그러나 하나님이 죽은 자 가운데서 그를 살리셨으니 우리가 이 일에 증인이라(행 3:13b-15).

베드로의 설교는 아주 단순합니다. 너희가 예수님을 죽였지만, 하나님이 그를 살리셨다는 것입니다. 군중 중에는 예수님을 처형하는 일에 적극 가담한 사람도 있었을 것입니다. 그러지는 않았다고 하더라도 당시 현장을 목격한 사람은 예수님의 죽음에 대한 책임에서 벗어날 수 없습니다. 그들은 예수님에게 아무런 죄가 없다는 사실을 잘 알고 있었기 때문입니다.

베드로는 이렇게 표현합니다. "빌라도가 죄 없다고 한 그분을 너희가 거절했다." 그것은 사실입니다. 빌라도는 예수님을 풀어주려고 세 번씩이나 시도했습니다. 그렇지만 그들은 당장에라도 소요를 일으킬 듯이 협박하여 예수님 대신에 살인죄로 처형받아야 할 '바라바'를 풀어달라고 소리 질렀습니다(눅 23:13-25). 따라서 그들은 모두 예수님을 십자가에 못 박은 사람이라 해도 결코 과언이 아닙니다.

그런데 여기에서 "생명의 주를 죽였다"라는 말이 조금 어색합니다. '생명의 주'가 어떻게 죽을 수가 있을까요? '생명의 주'는 그 앞의 '살인한 사람'과 대조되는 말입니다. 살인자는 생명을 빼앗는 사람입니다. 그러나 생명의 주는 생명을 주는 사람입니다. 그래서 이 부분을 CEV성경은 '사람들을 생명으로 인도하는 분'(the one who leads people to life)으로 번역합니다.

이 세상은 그런 곳입니다. 생명을 빼앗는 사람은 죄가 없다고 놓아주고, 사람들을 생명으로 인도하는 사람은 죄가 있다고 처형하는 세상입니다. 지금까지 법의 이름으로 처형한 억울한 죽음이 얼마나 많이 있습니까? 심지어 정의의 이름으로, 종교의 이름으로 생명을 빼앗은 일도 부지기수(不知其數)입니다. 그런 사회 속에서 사람들은 어떤 식으로든 그 구조적인 악에 일조하고 있는 셈입니다. 그렇기에 얼마든지 "너희가 예수님을 죽였다"라고 말할 수 있습니다.

이어서 베드로는 선포합니다. "하나님께서 죽은 자 가운데서 예수님을 다시 살려내셨다! 우리가 이 일의 증인이다!" 메시지성경은 이렇게 표현합니다. "여러분이 생명의 주인 되신 분을 죽이자마자, 하나님은 죽은 자들 가운데서 그분을 살리셨습니다. 우리가 그 증인들입니다." 이렇게 베드로는 '예루살렘에서' 주님의 증인이 되었습니다. 다른 좋은 말을 아무리 많이 해도, 만일 주님의 죽으심과 부활을 언급하지 않는다면, 그 사람은 증인이 아닙니다.

믿음의 기적

그러고 나서 베드로는 미문에서 구걸하던 사람이 어떻게 고침을 받았는지 설명합니다. 그들이 궁금해하던 바로 그 이야기입니다.

> 그 이름을 믿음으로 그 이름이 너희가 보고 아는 이 사람을 성하게 하였나니 예수로 말미암아 난 믿음이 너희 모든 사람 앞에서 이같이 완전히 낫게 하였느니라(행 3:16).

베드로는 예수님의 이름을 믿는 믿음이 그 사람을 일으켜 세웠다고 말합니다. 여기에서 우리는 기사와 표적을 일으키는 능력은 예수 그리스도의 이름에 있다는 사실과 실제로 그 능력이 나타나기 위해서는 반드시 믿음이 동반되어야 한다는 사실을 다시 확인하게 됩니다. 아무리 예수 그리스도의 이름을 선포한다고 하더라도, 믿음이 없으면 능력이 나타나지 않는 것입니다.

바울이 에베소에서 전도하던 때의 일입니다. 바울을 통해 놀라운 능력이 나타나니까, 어떤 유대인 퇴마사들이 등장하여 장난삼아 예수님의 이름을 부르면서 악귀를 쫓아내려고 했었습니다. 그러나 악귀는 꼼짝도 하지 않았습니다. 오히려 "내가 예수도 알고 바울도 아는데 너희는 누구냐?" 하면서 덤벼들었지요(행 19:13-16). 분명히 예수님의 이름으로 명했는데, 왜 악귀가 나가지 않았을까요? 그들에게는 믿음이 없었기 때문입니다. 예수 그리스도를 믿는 사람을 통해서만 주님의 능력과 권위가 나타나는 것입니다.

메시지성경은 이렇게 풀이합니다. "그렇습니다. 바로 믿음, 오직 믿음이 여러분 눈앞에서 이 사람을 완전히 낫게 한 것입니다"(Yes, faith and nothing but faith put this man healed and whole right before your eyes. MSG). 그 믿음은 '주님의 이름'을 선포하는 사람에게 물론 필요하지만, 동시에 그 선포를 받아들이는 당사자에게도 필요합니다. 성전 미문에서 구걸하던 사람에게도 믿음이 있었던 것입니다.

사람들은 기도를 열심히 했기 때문에 병이 나았다고 생각합니다. 아닙니다. 예수 그리스도를 믿는 믿음이 병을 낫게 합니다. 아니, 연약한 믿음이지만 우리의 믿음을 보시고 주님께서 치유의 이적을 나타내 보이시는 것입니다.

모르고 한 일

이와 같은 베드로의 설교는 자칫 군중에게 예수님을 십자가에 못 박은 책임을 추궁하는 것처럼 들릴 수가 있었습니다. 그러면 노골적으로 반감을 드러내거나 아예 귀를 막아버릴지도 모릅니다. 베드로는 그것을 알았습니다.

¹⁷형제들아 너희가 알지 못하여서 그리하였으며 너희 관리들도 그리한 줄 아노라

¹⁸그러나 하나님이 모든 선지자의 입을 통하여 자기의 그리스도께서 고난 받으실 일을 미리 알게 하신 것을 이와 같이 이루셨느니라(행 3:17-18).

베드로는 그들을 가리켜서 '형제들'이라고 부르면서, 그들이 예수님을 못 박게 만든 것은 '알지 못하여서' 한 일이라고 덮어줍니다. 한걸음 물러선 듯한 모습입니다. 이 부분을 메시지성경은 "친구 여러분, 예수를 죽일 때 여러분은 자신이 무슨 일을 하는지 몰랐습니다"라고 합니다. 사실 그렇습니다. 사람들은 자신이 무슨 일을 하는지도 모르면서 열심히 합니다. 그게 사람입니다.

회심하기 전의 바울을 보십시오. 그는 하나님을 믿는 열심에 있어서는 둘째가라면 서러울 정도였습니다. 그런데 그 열심 가지고 바울이 한 일이 무엇입니까? 그리스도인을 잡아 죽이는 것이었습니다. 아무리 좋은 의도와 명분으로 시작한 일이라고 하더라도, 만일 다른 사람의 생명을 빼앗는 결과를 만들어 낸다면, 그것은 결코 옳은 일이 아닙니다.

베드로는 한 걸음 더 나아가 그 모든 일이 하나님의 섭리와 계획 속에서 이루어진 것임을 선포합니다. "그러나 모든 예언자의 설교를 통해 메시아가 죽임당할 것을 처음부터 말씀하신 하나님께서는, 여러분이 무슨 일을 하는지 정확히 아셨고, 그 일을 사용해서 그분의 계획을 이루셨습니다"(행 3:18, 메시지). 그렇다면 사람들은 아무런 잘못이 없는 것일까요? 결과적으로 하나님의 뜻이 이루어졌으니 말입니다. 물론 아닙니다.

¹⁹그러므로 너희가 회개하고 돌이켜 너희 죄 없이 함을 받으라 이같이 하면 새롭게 되는 날이 주 앞으로부터 이를 것이요 ²⁰또 주께서 너희를 위하여 예정하신 그리스도 곧 예수를 보내시리니(행 3:19-20).

몰라서 한 일이어도 죄는 죄입니다. 그 죄에 대한 책임을 져야 합니다. 그렇기에 회개하고 돌이켜서 죄 사함을 받아야 합니다. 그러지 않으면 자기의 죽음으로 죗값을 치러야 할 때가 반드시 옵니다. 메시지성경은 이렇게 풀이합니다. "이제 여러분의 행실을 고칠 때입니다! 하나님께로 돌아서십시오. 그리하면 그분께서 여러분의 죄를 씻어 주시고, 축복의 소나기를 쏟아부어 여러분을 새롭게 하시며, 여러분을 위해 예비하신 메시아 예수를 보내주실 것입니다"(행 3:19-20).

베드로는 이렇게 예수님의 죽으심과 부활뿐만 아니라 재림에 대해서도 선포합니다. 회개의 당위성은 주님의 부활과 재림에 근거합니다. 만일 주님의 죽으심이 끝이라면, 그들이 아무리 회개한다고 해도 아무 소용이 없습니다. 이제 와서 과거를 바꿀 수는 없기 때문입니다. 그러나 주님은 부활하셨고 또한 다시 오실 것이기 때문에, 빨리 행실을 고치고 하나님께로 돌아서야 합니다. 그러지 않으면 재림하시는 주님 앞에 서서 심판을 받아야 할 것입니다.

여기에서 우리는 '돌이킴'과 '죄 씻음'의 상관관계에 주목해야 합니다. 회개, 즉 돌이킴이란 하나님을 향하여 얼굴을 돌리는 행동을 말합니다. 물론 돌이킴이 우리의 의가 될 수는 없습니다. 돌이키기만 하면 무조건 하나님께 용서받을 수 있는 자격을 획득하게 되는 것이 아닙니다. 하나님의 용서는 은혜로 받는 것입니다. 그러나 돌이키지 않으면 하나님의 용서를 확인할 길이 없어집니다.

그것은 마치 '잃어버린 아들을 찾은 아버지의 비유'와 같습니다. 집 나갔던 둘째 아들이 아버지께로 돌아오기로 결심합니다. 돌아와 보았더니 아버지는 이미 그를 용서하셨고, 그가 돌아오기만을 목 빠지게 기다리고 계셨다는 사실을 알게 되지요. 만일 그가 돌이키지 않았다면 그 사실을 영원히 확인하지 못했을 것입니다. '돌이킴'은 우리의 결단이지만, '죄 씻음'은 하나님께서 베푸시는 은혜입니다.

그렇다면 주님의 재림은 언제 이루어질까요?

하나님이 영원 전부터 거룩한 선지자들의 입을 통하여 말씀하신바 만물을 회복하실 때까지는 하늘이 마땅히 그를 받아 두리라(행 3:21).

재림의 때는 아무도 모릅니다. 다만 '만물을 회복하실 때'까지 재림은 이루어지지 않습니다. '만물의 회복'이 무엇을 의미할까요? 신구약성경을 관통하는 구원사의 관점에서 보면, 구원이란 태초에 만들어 놓으셨던 창조 질서를 완전히 새롭게 회복하는 것입니다. 그래서 만물의 회복입니다. 그때까지 복음이 땅끝까지 전해져야 하고, 하나님께 죄 씻음을 받는 사람들이 많이 생겨야 합니다.

한 사람이라도 더 구원하시려는 하나님의 마음으로 인해 재림은 지금까지 계속 지연되었습니다. 그것은 약속의 파기가 아니라 구원을 위한 하나님의 '오래 참음'입니다. 그러나 언젠가 구원의 문이 닫힐 때가 반드시 옵니다. 그때가 갑작스럽게 다가오기 전에 오늘 우리는 하나님께로 돌이키고 행실을 고쳐야 하는 것입니다. 모르고 한 일이라도 빨리 회개하고 하나님과의 바른 관계로 들어가야 하는 것입니다.

바울은 고린도후서에서 "지금은 은혜받을 만한 때요, 구원의 날이로다"(고후 6:2)라고 말했습니다. '오늘', '지금'이 우리에게 주어진 마지막 기회일지도 모릅니다. 죽기 전에 회개하기만 하면 얼마든지 천국에 갈 수 있다는 말에 속지 마십시오. 우리의 마지막 때가 언제인지 알 수 없기 때문입니다. 우리에게는 단지 '오늘'과 '지금'이 있을 뿐입니다.

약속의 성취

바로 이 대목에서 베드로는 예수님의 메시아 되심을 모세의 예언으로 설명합니다.

베드로는 신명기를 인용하여 하나님께서 장차 모세와 같은 선지자를 일으키실 것을 약속하신 말씀을 상기시킵니다(신 18:15). 신명기는 모세가 죽기 직전에 요단강 동쪽에서 가나안 땅을 바라보며 이스라엘 백성들에게 마지막으로 남긴 고별 설교입니다. 그때 모세는 하나님께서 장차 자신과 같은 선지자 하나를 일으키시겠다고 약속하신 말씀을 소개합니다.

당시 이스라엘 사람들은 임종을 앞둔 모세를 대신할 다른 지도자를 세워주시겠다는 말씀으로 이해했을 것입니다. 그러나 세월이 흐르면서 사람들은 이 약속이 먼 미래에 성취될 메시아 예언임을 알게 되었고, 모세와 같이 이스라엘 민족을 인도할 위대한 '한 선지자'의 출현을 기다려왔습니다. 베드로는 사무엘을 비롯한 모든 예언자가 줄기차게 그 이야기를 해왔다고 말합니다.

사무엘은 사사 시대와 왕정 시대가 교차하던 시기의 지도자로서 본격적인 예언자 활동을 시작한 장본인이었습니다. 사무엘을 비롯한 그 이후의 모든 예언자가 한결같이 모세와 같은 '한 선지자'가 출현할 것을 이야기해 왔다는 것입니다. 실제로 유대인들은 '그 선지자'에 대한 기대를 예수님 당시까지 끈질기게 간직하고 있었습니다.

그래서 세례 요한이 요단에서 세례를 베풀기 시작했을 때 예루살렘에서 파견된 유대교 지도자들이 와서 "네가 그 선지자냐?"(요 1:21)라고 묻기도 했습니다. '그 선지자'가 바로 모세가 말한 '한 선지자'를 가리키는 말이었습니다. 그때 세례 요한은 분명하게 아니라고 대답했었지요. 그런데 베드로는 분명히 선포합니다. 예수 그리스도가 바로 '그 선지자'라고….

'너희는 선지자들의 자손'이라는 말은 모세의 약속을 믿어 왔던 사람들이라는 뜻입니다. 그뿐만 아니라 조상 아브라함과 세우신 '언약의 자손'이라고 합니다. 하나님께서 아브라함에게 주신 약속이 무엇입니까? 그것은 "모든 족속이 너의 씨로 말미암아 복을 받으리라"(창 22:18)는 약속입니다. 바울도 갈라디아서에서 이 약속을 언급한 적이 있습니다(갈 3:16).

여기에서 우리는 아브라함에게 주신 약속에 메시아 예언이 포함되어 있다는 사실을 최초로 발견한 사람이 바로 베드로였음을 확인하게 됩니다. 이것은 정말 놀라운 일이 아닐 수 없습니다. 베드로는 바울처럼 공부를 많이 한 사람이 아닙니다. 그런데 어떻게 이런 혜안을 가지게 되었을까요? 성령의 감동으로밖에 달리 해석할 길이 없습니다.

우리가 주목할 말씀이 하나 더 있습니다. 그것은 "하나님이 그 종을 세워 복 주시려고 너희에게 먼저 보내셨다"라는 말씀입니다. 바로 앞에서 이 땅의 모든 민족이 아브라함의 씨로 말미암아 복을 받게 된다고 했습니다. 그러나 이스라엘이 먼저라는 것입니다. 그래서 이스라엘이 '선민'입니다. 하나님은 아브라함을 먼저 택하셨고, 이스라엘을 먼저 택하셨습니다. 그들부터 복을 받게 하시기 위해서입니다. 그 선택은 하나님의 절대 주권입니다.

그러나 단지 선민이라는 이유로 구원이 자동으로 주어지지는 않는다는 사실을 또한 기억해야 합니다. 누구든지 악한 길에서 돌이켜 회개하여야 구원을 받습니다. 회개하지 않으면 아무도 구원을 받지 못합니다. '선민'(選民) 은 먼저 선택받은 '선민'(先民)일 뿐입니다. 하나님의 선택이 곧 구원을 보장하지 않습니다. 예수 그리스도를 통한 구원의 역사에 믿음으로 반응하지 않는다면, 먼저 선택받은 자라도 구원받지 못하는 것입니다.

따라서 순서는 그다지 중요한 문제가 아닙니다. 믿음이 더 중요합니다. 아브라함과 모세에게 주신 하나님의 약속이 예수 그리스도를 통해 성취되었음을 믿기만 하면 누구나 구원을 받습니다. 그래서 우리가 구원받은 것입니다.

묵상 질문: 나는 믿음이 없으면서 그동안 '모태신앙'을 자랑하지는 않았는가?

오늘의 기도: 하나님 아버지, 예수 그리스도의 이름을 믿고 그 능력 안에서 살아가게 하옵소서. 우리의 죄를 깨닫고 회개하며 주님의 은혜로 새롭게 변화되게 하옵소서. 우리는 지금 주님의 재림을 기다리고 있습니다. 날마다 믿음으로 깨어 있어 준비하며 때를 얻든지 못 얻든지 예수 그리스도의 복음을 전하게 하옵소서. 예수님의 이름으로 기도합니다. 아멘.

사도들의 증언 (1)

읽을 말씀: 사도행전 4:1-12

새길 말씀: 다른 이로써는 구원을 받을 수 없나니 천하 사람 중에 구원을 받을 만한 다른 이름을 우리에게 주신 일이 없음이라…(행 4:12).

오순절 성령강림 사건 당일에 베드로가 설교한 곳은 예루살렘 성전 구내가 아니었습니다. 그날 세례를 받은 사람의 숫자가 3천 명이었다는 사실에 비추어(행 2:41), 실로암 못처럼 충분한 물이 있는 곳이어야 했을 것입니다. 그러나 지금 베드로가 설교하는 곳은 솔로몬 행각입니다. 예루살렘 성전 구내에 있습니다. 오순절 이후에 가장 많은 사람에게 공개적으로 복음을 전할 좋은 기회를 얻은 것입니다. 그렇지만 그 일은 자연스럽게 예루살렘 성전 당국자의 이목을 끌 수밖에 없었습니다.

사두개인의 등장

아니나 다를까 베드로와 요한이 복음을 전하고 있던 현장에 그들이 모습을 나타냈습니다.

사도들이 백성에게 말할 때에 제사장들과 성전 맡은 자와 사두개인들이 이르러(행 4:1).

여기에 보면 '제사장들'과 '성전 맡은 자'가 나옵니다. 제사장들은 예루살렘 성전에서 진행되는 모든 예배와 모임에 책임을 지고 있는 사람들입니다. 그리고 '성전 맡은 자'는 '성전 경비대 대장'(the captain of the temple guard)을 가리킵니다. 지금 솔로몬의 행각에서 벌어지는 대중 집회는 사실 사전에 허락을 받은 모임이 아닙니다. 사람들이 많이 모이는 예루살렘 성전 내에서 그동안 자주 소요가 발생했기 때문에 당국자들은 사람들의 모임에 늘 신경을 곤두세우고 있었습니다. 따라서 질서 유지 차원에서 책임자들이 등장하는 것은 전혀 이상한 일이 아닙니다.

문제는 '사두개인'입니다. 누가문서는 사두개인에 대해서 거의 언급하지 않습니다. 누가복음에 보면 성주간(The Holy Week)에 예루살렘 성전에서 부활 논쟁이 벌어지던 장면에 딱 한 번 나옵니다(눅 20:27). 그리고 나서 사도행전에서는 이번이 처음입니다. 사두개인은 유대인을 대표하는 '산헤드린'(Sanhedrin)의 중요한 회원이었습니다. 산헤드린은 예수님의 체포와 처형에 사실상 주도적인 역할을 했습니다. 그러나 그동안 누가는 사두개인을 따로 언급하지는 않았습니다. 그렇다면 여기에는 어떤 특별한 이유가 있다고 보아야 합니다.

그 이유를 알려면 우선 산헤드린이 어떻게 구성되었는지를 살펴볼 필요가 있습니다. 산헤드린 공회는 모두 71명으로 구성되어 있습니다. 그 안에는 세 그룹이 있었는데, '제사장들'과 '장로들'과 '서기관들'입니다(막 15:1). 그해의 대제사장이 산헤드린 의장이 되었고, 나머지 70명은 제사장, 장로, 서기관 그룹이 각각 1/3의 비율로 채워졌다고 합니다. 그러나 그것은 직분에 따른 구분이었고, 내용상으로는 사두개파(Sadducees)와 바리새파(Pharisees) 출신으로 양분되어 있었습니다.

그들의 숫자는 엇비슷했지만, 사두개인이 훨씬 더 강한 권력을 행사하고 있었습니다. 우선 대제사장을 비롯한 제사장 그룹은 대부분 사두개파 출신이었습니다. 따라서 성전 운영이나 세금 징수, 제사 등에 관한 모든 권한은 사두개파가 쥐고 있었습니다. 반면 율법 해석에 능통했던 바리새파는 지역의 회당을 중심으로 활동하면서 일반 백성들의 존경을 받기는 했지만, 예루살렘에서의 정치적인 영향력은 사두개파보다 상대적으로 약할 수밖에 없었습니다.

예수님의 공생애 기간에 사두개인의 모습은 거의 나타나지 않습니다. 그러나 예수님을 십자가에 처형하는 일에 주도적인 역할을 했던 제사장들과 장로들은 대부분 사두개인이었습니다. 지금 솔로몬 행각에 나타난 '제사장들' 역시 사두개파 출신이라는 것은 누구나 다 알고 있는 사실입니다. 그런데 누가는 굳이 '사두개인'을 따로 언급하고 있는 것입니다. 그 이유가 무엇일까요?

그 이유는 조금 전에 베드로와 요한이 선포한 복음의 내용과 밀접한 관계가 있습니다. 그들은 예수님의 십자가 죽음과 함께 '부활'의 메시지를 분명하게 선포했기 때문입니다. "하나님이 죽은 자 가운데서 그를 살리셨으니, 우리가 이 일에 증인이라!"(행 3:15). 그리고 나서 곧바로 사두개인이 등장한 것입니다. 그렇다면 그 이유가 무엇일까요? 사두개인은 부활을 믿지 않는 사람들이었던 것입니다.

그러고 보면 예수님의 무덤을 지키는 일에 적극적이었던 사람들은 사두개인이 아니라 '바리새인'이었습니다(마 27:62-64). 그들은 예수님의 제자들이 시신을 도둑질해 가고 난 후에 부활했다고 말할까 봐 걱정했습니다. 그래서 빌라도에게 가서 경비병을 요청하고, 직접 예수님의 무덤으로 가서 돌을 인봉하고 무덤을 지키는 일에 적극적으로 나섰습니다. 바리새인들이 왜 그렇게 걱정했을까요? 그들은 정말로 부활을 믿었기 때문입니다.

그런데 그때 사두개인은 나오지 않습니다. 그들은 부활을 믿지 않는 사람들이었기 때문입니다. 따라서 예수님의 무덤을 지키는 일에 개입할 필요를 전혀 느끼지 못했던 것입니다. 그러나 지금은 그때와 완전히 다릅니다. 오순절 성령강림 사건 때부터 주님의 제자들은 죽은 자의 부활과 예수의 부활을 많은 사람들 앞에서 공개적으로 증언하기 시작했습니다. 지금도 베드로와 요한이 부활을 증언했고 그것을 믿는 사람들이 많이 생겼습니다. 그래서 이번에는 바리새인이 아니라 사두개인이 적극적으로 나서서 그 일을 중단시키려고 했던 것입니다.

> 2예수 안에 죽은 자의 부활이 있다고 백성을 가르치고 전함을 싫어하여 3그들을 잡으매 날이 이미 저물었으므로 이튿날까지 가두었으나 4말씀을 들은 사람 중에 믿는 자가 많으니 남자의 수가 약 오천이나 되었더라(행 4:2-4).

"예수 안에 죽은 자의 부활이 있다"라는 말은 "죽은 자의 부활이 예수님께 일어났다"(the resurrection from the dead had taken place in Jesus, MSG)라는 뜻입니다. 사두개인이 주동이 되어 베드로와 요한을 급하게 체포하여 가둔 것은 바로 '부활'에 대한 제자들의 주장 때문이었습니다. 그러나 이때 바리새인은 적극적으로 나서지 않습니다. 그것은 예수님의 무덤을 지키는 대목어서 사두개인이 적극성을 보이지 않는 것과 같은 이유입니다.

아무튼 베드로와 요한은 예수님의 부활을 증언하다가 옥에 갇히는 신세가 되었습니다. 그러나 그들이 전한 말씀은 옥에 갇히지 않았습니다. 이미 선포된 말씀은 많은 사람에게 예수 그리스도에 대한 믿음을 가지게 했습니다. 솔로몬 행각의 설교를 통해서 믿게 된 사람이 자그마치 '5천 명'이나 되었습니다. 이것이 바로 성령의 권능입니다. 사도들을 체포한다고 능력의 말씀까지 체포할 수는 없는 일입니다.

베드로의 증언

베드로와 요한이 체포될 때 이미 날이 저물었기 때문에 재판은 그다음 날 열리게 되었습니다.

⁵이튿날 관리들과 장로들과 서기관들이 예루살렘에 모였는데 ⁶대제사장 안나스와 가야바와 요한과 알렉산더와 및 대제사장의 문중이 다 참여하여 ⁷사도들을 가운데 세우고 묻되 너희가 무슨 권세와 누구의 이름으로 이 일을 행하였느냐(행 4:5-7).

여기에 등장하는 인물들이 바로 산헤드린 공회원입니다. 베드로와 요한을 체포하는 일에는 사두개파가 주도적인 역할을 했지만, 그들을 처벌하기 위해서는 산헤드린 전체의 공식적인 결정이 필요했던 것입니다. 여기에서 눈에 띄는 것은 "대제사장의 문중이 다 참여하였다"라는 대목입니다. 그러면서 누가는 '안나스'(Annas)를 먼저 기록합니다. 그러나 실제로는 '가야바'(Caiaphas)가 그해의 대제사장이었습니다. 그렇다면 누가는 왜 안나스를 앞세웠을까요? 그것은 직전 대제사장이며 동시에 가야바의 장인이었던 안나스가 실세였기 때문입니다.

예수님께서 세족목요일에 체포되었을 때, 제일 먼저 안나스의 집으로 끌려가서 심문을 당한 것도 바로 그 때문입니다(요 18장). 안나스에게는 다섯 아들이 있었는데, 후에 그들 모두 대제사장직을 역임했습니다. 그래서 '대제사장의 문중'(high priestly family)이라고 표현한 것입니다. 여기에 언급되는 요한(John)과 알렉산더(Alexander)가 바로 안나스의 아들들이었습니다. 아무튼 이렇게 많은 산헤드린 공회원과 대제사장의 문중이 다 모였다는 것은 그만큼 큰 이슈였다는 뜻입니다. 예수님을 처형할 때와 버금갈 정도로 심각하게 생각했던 것입니다.

이들이 베드로와 요한에게 묻습니다. "너희가 무슨 권세와 누구의 이름으로 이 일을 행하였느냐?"(By what power or what name did you do this? NIV) 여기에서 '이 일'(this)은 성전 미문에서 벌어진 치유 사건을 가리킵니다. 그러나 그들은 정말 베드로와 요한이 무슨 능력으로 그 일을 행했는지 궁금해서 물은 것은 아닙니다. 이 말은 우리나라에서 옛날에 사또가 죄인을 심문할 때 "네 죄를 네가 알렷다!" 하는 식과 비슷합니다.

산헤드린 법정에서 심문을 받고 있던 베드로와 요한은 우선 그 분위기에 압도당할 수밖에 없었을 것입니다. 게다가 얼마 전에 예수님을 처형하는 일을 결정한 곳도 바로 이 산헤드린 법정입니다. 따라서 그들 또한 예수님과 같은 운명에 처하게 될지도 모를 일입니다. 그러나 베드로는 그런 분위기에 전혀 주눅 들지 않습니다. 아주 당당하게 대답합니다.

⁸이에 베드로가 성령이 충만하여 이르되 백성의 관리들과 장로들아 ⁹만일 병자에게 행한 착한 일에 대하여 이 사람이 어떻게 구원을 받았느냐고 오늘 우리에게 질문한다면 ¹⁰너희와 모든 이스라엘 백성들은 알라 너희가 십자가에 못 박고 하나님이 죽

은 자 가운데서 살리신 나사렛 예수 그리스도의 이름으로 이 사람이 건강하게 되어

너희 앞에 섰느니라(행 4:8-10).

베드로가 당당했던 이유가 있었습니다. 그는 '성령 충만'하였던 것입니다. 성령이 임하므로 주어지는 '권능'이 베드로에게 있었던 것입니다. 예수님은 이런 일이 있을 것을 아시고 제자들에게 미리 말씀해 주셨습니다.

11사람이 너희를 회당이나 위정자나 권세 있는 자 앞에 끌고 가거든 어떻게 무엇으로 대답하며 무엇으로 말할까 염려하지 말라 12마땅히 할 말을 성령이 곧 그 때에 너희에게 가르치시리라…(눅 12:11-12).

지금 베드로와 요한의 상황이 바로 여기에 해당합니다. 그런 상황에 놓일 때 무엇을 말해야 할지 어떻게 말해야 할지 염려하지 말라고 했습니다. 성령이 마땅히 할 말을 가르쳐주실 것이기 때문입니다. 그래서 예수님은 제자들에게 성령이 임하시면 권능을 받게 되고 땅끝까지 이르러 주님의 증인이 될 것이라고 말씀하셨던 것입니다. 베드로는 '성령이 충만하여' 성령이 가르쳐주시는 대로 대답하기 시작합니다.

베드로는 우선 당국자의 애매모호한 질문을 되짚습니다. "오늘 우리가 병자를 고친 일로 재판에 넘겨져 심문을 받는 것이라면…"(행 4:9, 메시지). 그러니까 그 재판이 '병자를 고친 일' 때문에 벌어졌다는 사실을 분명히 해두는 겁니다. 베드로의 대답은 아주 단순했습니다. "여러분이 십자가에서 죽였으나 하나님께서 죽은 자들 가운데서 다시 살리신 나사렛 예수 그리스도, 그분의 이름으로 이 사람이 건강하고 온전한 모습으로 여러분 앞에 서 있습니다"(행 4:10, 메시지).

여기에서 우리는 병 고침을 받은 사람도 그 법정에 출석하고 있다는 사실을 알게 됩니다. 그가 어떤 사람이었는지 산헤드린 공회원들이 몰랐을 리가 없습니다. 그의 나이는 40세가 넘었습니다(행 4:22). 언제부터인지 모르지만 꽤 오랜 세월 동안 미문에서 구걸했습니다. 그러다가 어느 날 갑자기 고침을 받은 것입니다. 베드로의 말을 곧이곧대로 믿지 않는다고 하더라도, 그들의 눈앞에 건강하게 서 있는 그 사람을 보고 믿지 않을 수는 없습니다. 일자무식한 베드로를 우습게 여겼다가 박학다식한 산헤드린 공회원들이 큰코다치는 장면입니다.

여기에서 우리는 '진정한 용기'에 대해서 다시 한번 생각하게 됩니다. 뻔한 위험을 내다보면서도 전혀 위축되지 않는 제자들의 용기는 과연 어디에서 나온 것일까요? 답은 하나입니다. "성령이 충만하여…." 이것은 베드로에게만 주어진 특별한 능력이나 은사가 아닙니다. 성령이 임하게 되면 누구든지 그와 같은 권능을 받게 되는 것입니다.

구원받을 이름

베드로의 설득력 있는 증언과 그 자리에 서 있는 치유 받은 증인 앞에서 당국자들은 반박할 말을 찾지 못했습니다. 이때 베드로는 지체하지 않고 한 걸음 더 나아가 예수님이 구세주이심을 선포합니다.

이 예수는 너희 건축자들의 버린 돌로서 집 모퉁이의 머릿돌이 되었느니라(행 4:11).

"건축자들의 버린 돌이 집 모퉁이 머릿돌이 되었다"라는 표현은 본래 시편 118편에 기록되어 있습니다(시 118:22-23). 시편 기자는 건축자가 버린 돌을 집 모퉁이의 머릿돌로 사용하심으로 하나님의 구원이 기이하게 이루어진다는 사실을 노래합니다. 그런데 이 시편을 처음으로 인용하신 분은 바로 예수님이셨습니다. '악한 소작인 비유'의 결론 부분에서 이 말씀을 인용하셨습니다(막 12:10; 눅 20:17; 마 21:42).

그 비유에서 포도원의 악한 소작인들은 상속자인 아들을 죽이고 포도원을 차지하려고 했습니다. 포도원은 이스라엘을, 악한 소작인들은 유대 당국자들을 그리고 상속자인 아들은 예수님 자신을 의미합니다. 예수님은 상속자인 아들을 죽여보아야 아무런 소용이 없다는 뜻으로 이 시편을 인용하셨습니다. 건축가가 쓸모없다고 생각하여 버려도 결국은 모퉁이의 머릿돌이 되듯이, 예수님을 죽인다고 해도 결국 죽은 자 가운데서 부활하여 하나님 나라의 유업을 받을 통치자가 되신다고 선포하신 것입니다.

베드로는 산헤드린 법정에서 예수님의 말씀을 그대로 반복합니다. "예수님은 너희가 버린 돌이다. 그렇지만 하나님께서 그 돌을 머릿돌로 삼으셨다. 그 이름의 능력으로 구원의 역사를 이루셨다." 그러고 난 후에 결정적인 메시지를 선포합니다.

다른 이로써는 구원을 받을 수 없나니 천하 사람 중에 구원을 받을 만한 다른 이름을 우리에게 주신 일이 없음이라 하였더라(행 4:12).

이 말씀은 기독교 신앙의 가장 중요한 핵심적인 메시지입니다. 그러나 동시에 다른 종교를 가진 사람들에게 가장 많은 비판을 받는 말씀이기도 합니다. "구원받을 다른 이름이 없다"라는 말씀은 "다른 종교에는 구원이 없다"라는 뜻이기 때문입니다. 우리는 물론 "종교의 자유가 보장되어야 한다"라는 신념을 공유합니다. 그렇다고 해서 모든 종교가 똑같은 가치와 진리를 담고 있다는 것을 인정하지는 않습니다.

요즘 같은 다원주의 세상에서 그런 절대적인 진리를 이야기하는 것은 사실 매우 위험한 일입니다. 사람들은 저마다 추구하는 길이 있고, 그 모든 것은 나름대로 동등한 가치를 가지고 있다고 가르치기 때문입니다. 종교들도 마찬가지입니다. 저마다 추구하는 길은 다르지만, 결국에는 같은 목적지에 도달할 것이라는 생각이 일반적입니다. 그런데 "예수 외에 구원받을 다른 이름이 없다"라고 주장한다면, 그것은 매우 독선적이고 배타적인 모습으로 비칠 수밖에 없습니다. 실제로 기독교를 그렇게 비판하는 사람들이 많습니다.

그러나 우리는 베드로의 선언을 포기할 수 없습니다. 왜냐하면 그것이 그리스도인으로서 우리의 정체성이기 때문입니다. 이 부분을 메시지성경은 "구원받을 다른 길은 없습니다. 오직 예수의 이름 외에는, 구원받을 수 있는 다른 이름을 우리에게 주신 적이 없고 앞으로도 없을 것입니다"라고 풀이합니다. 그렇습니다. 우리가 구원받을 수 있는 다른 이름이 과거에도 주어지지 않았고, 앞으로도 주어지지 않을 것입니다.

기독교의 구원

이 말씀에 대한 사람들의 동의를 얻기 위해서는 '구원'(salvation)이나 '구원받았다'(to be saved)라는 말의 정확한 의미를 이야기하지 않을 수 없습니다. 무조건 믿으라고만 할 것이 아니라 기독교가 말하는 구원이 무엇인가에 대한 설명이 필요합니다. 예수님이 삭개오의 집에서 구원을 선포하시는 대목에서 그 대답을 찾을 수 있습니다.

9예수께서 이르시되 오늘 구원이 이 집에 이르렀으니 이 사람도 아브라함의 자손임이

로다 [10]인자가 온 것은 잃어버린 자를 찾아 구원하려 함이니라(눅 19:9-10).

삭개오는 세리장이었습니다. 사람들에게 '죄인'으로 낙인찍힌 사람이었습니다. 그런데 주님은 삭개오의 집에도 구원이 이르렀다고 선포하십니다. 그렇다면 주님께서 말씀하시는 '구원'은 무엇일까요? '잃어버린 자를 본래의 자리로 회복시키는 것'(restore the lost, MSG)입니다. 삭개오는 본래 하나님의 형상을 가진 아브라함의 자손이었습니다. 그러나 돈을 사랑하여 죄를 범하였고 본래의 자리를 잃어버린 상태가 되었습니다. 그런데 예수님을 영접함으로써 본래의 자리로 회복되었습니다. 그것이 바로 '구원'이요 '구원받았다'라는 의미입니다.

따라서 본인 스스로 '잃어버린 자'라고 인정하지 않는 사람에게 기독교의 구원을 이야기하는 것은 사실상 아무런 의미가 없습니다. 예수님을 영접하지 못하는 사람들은 스스로 잃어버린 자라고 생각하지 않는 사람들입니다. 그들에게는 기독교가 말하는 구원이 필요하지 않습니다. 그러나 그들이 잃어버린 자라고 느끼지 않는다 해서 정말 잃어버린 자가 아니라고 말할 수는 없습니다. 바울은 고린도후서에서 이 점을 분명히 합니다.

> [3]만일 우리의 복음이 가리었으면 망하는 자들에게 가리어진 것이라 [4]그중에 이 세상의 신이 믿지 아니하는 자들의 마음을 혼미하게 하여 그리스도의 영광의 복음의 광채가 비치지 못하게 함이니 그리스도는 하나님의 형상이니라(고후 4:3-4).

바울은 그리스도의 복음을 받아들이지 않는 사람들은 '이 세상의 신'에 의해서 마음이 혼미해져서 복음을 보지 못하기 때문이라고 말합니다. 그러니까 죄악 속에서 망해가고 있으면서도 스스로 본래 있어야 할 자리를 잃어버린 자라는 사실을 깨닫지 못하고 있는 것입니다. 그렇다면 어떻게 해야 할까요? 그들이 구원의 필요성을 느끼지 않으니 그냥 내버려두어야 할까요? 아닙니다. 그들에게 필요한 구원, 즉 예수 그리스도 안에 있는 하나님의 형상을 회복하도록 기회를 얻든지 못 얻든지 자꾸 알리고 초청해야 합니다.

따라서 지금 산헤드린 법정에서 베드로는 산헤드린 공회원들을 구원으로 초청하고 있는 것입니다. 우리가 할 일은 타 종교에 구원이 없다고 주장하면서 신학적인 논쟁을 벌일 것이 아니라 우리가 알고 믿고 체험한 예수 그리스도의 구원을 선포하고 초청하는 것입니다. 이 세상을 창조하시고 회복하기를 원하시는 하나님의 사랑을 전하는 것입니다.

하나님께서는 그렇게 미련하게 보이는 십자가의 도(고전 1:18)를 통해서 지금까지 마땅히 구원받을 사람을 구원해 오셨습니다. 그리고 앞으로도 하나님께서는 구원의 방법을 절대로 바꾸지 않으실 것입니다. 구원받을 다른 이름은 없습니다. 예수 그리스도밖에 없습니다.

묵상 질문: 나는 주어진 삶의 순간마다 복음을 전하는 기회를 만들고 있는가?
오늘의 기도: 하나님 아버지, 오늘 말씀을 통해 우리에게 위로와 용기를 주시니 참 감사합니다. 어떤 이유로든 복음을 전하는 일에 위축되지 않게 하옵소서. 우리에게 주어진 말씀의 능력을 믿게 하시고, 그것을 담대하게 선포하게 하옵소서. 그리하여 구원을 위해 일하시는 하나님의 역사를 직접 체험하게 하옵소서. 예수님의 이름으로 기도합니다. 아멘.

사도들의 증언 (2)

읽을 말씀: 사도행전 4:13-22

새길 말씀: [19]베드로와 요한이 대답하여 이르되 하나님 앞에서 너희의 말을 듣는 것이 하나님의 말씀을 듣는 것보다 옳은가 판단하라 [20]우리는 보고 들은 것을 말하지 아니할 수 없다…(행 4:19-20).

　베드로와 요한이 체포되었을 때만 해도 사람들은 '이제 그들은 죽었다!'라고 생각했을 것입니다. 물론 그들이 무슨 죽을죄를 저지른 것은 아닙니다. 그러나 죄가 없어도 얼마든지 죽일 수 있는 세상입니다. 서슬 퍼런 산헤드린의 심문을 견디어내면서 자신의 무죄를 증명해야 하는데, 그럴 만한 능력이 그들에게 보이지 않았기 때문입니다. 그러나 정작 뚜껑을 열어보니까 사정이 달랐습니다. 예상 밖의 반전이 나타났습니다. 제자들의 담대한 증언 앞에 오히려 산헤드린 공회원들이 반박할 말을 찾지 못해서 전전긍긍하는 일이 벌어진 것입니다.

충격적인 사실들

산헤드린 법정에 있던 사람들의 반응이 오늘 본문에 고스란히 나옵니다.

¹³그들이 베드로와 요한이 담대하게 말함을 보고 그들을 본래 학문 없는 범인으로 알았다가 이상히 여기며 또 전에 예수와 함께 있던 줄도 알고 ¹⁴또 병 나은 사람이 그들과 함께 서 있는 것을 보고 비난할 말이 없는지라(행 4:13-14).

그들은 '이상히 여겼다'고 합니다. 이 말은 그냥 고개를 갸우뚱하는 정도가 아니라 본래는 '경악했다'(they were astonished, NIV)라는 뜻입니다. 그들은 제자들의 증언에 대해서 놀라다 못해 충격을 받게 된 것입니다. 몇 가지 이유를 발견할 수 있습니다.

우선 그들은 베드로와 요한이 '담대하게 말함을 보고' 충격을 받았습니다. 메시지성경은 "베드로와 요한이 어찌나 당당하고 자신 있게 서 있던지, 그들은 두 사람에게서 눈을 뗄 수 없었다!"(They couldn't take their eyes off them—Peter and John standing there so confident, so sure of themselves! MSG)라고 풀이합니다. 산헤드린과 같은 최고 법정 앞에 서게 되면 사람들은 대개 주눅 들어서 입도 떼지 못하게 마련입니다. 그런데 제자들은 오히려 당당하고 자신 있게 해야 할 말을 했던 것입니다. 그 모습에 사람들은 충격을 받지 않을 수가 없었습니다.

그들이 더욱 놀란 것은 베드로와 요한이 '본래 학문 없는 범인(凡人)'이라는 사실을 알게 되었기 때문입니다. '학문 없다'(unschooled)라는 말은 '불학무식'(不學無識)과 같은 표현입니다. 실제로 베드로와 요한은 갈릴리 어부 출신으로 랍비들에게 율법을 체계적으로 배운 적도 없습니다. 그런 사람들이

하는 말이라고는 도무지 믿을 수 없을 정도로 조리 있고 설득력 있게 증언하는 것을 보고 두 사람에게서 눈을 뗄 수 없었던 것입니다. 그것은 정말 충격적인 일이 아닐 수가 없습니다.

그들은 베드로와 요한이 전에 예수와 함께 있었다는 사실을 알게 되면서 더욱 큰 충격을 받게 되었습니다. 예수가 누구입니까? 그들의 손으로 분명히 처형한 사람입니다. 죽으면 그걸로 끝입니다. 지금까지는 언제나 그래왔습니다. 그동안 수많은 거짓 메시아가 등장했지만, 그들을 제거하기만 하면 추종자들은 낙엽처럼 모두 흩어졌습니다. 이번에도 그럴 줄 알았습니다. 그런데 예수와 함께 있던 자들에 의해서 또다시 예수의 이름이 거론되고 그가 죽은 자 가운데서 다시 살아났다는 말이 선포되고 있는 것입니다.

게다가 베드로와 요한의 증언은 확실한 증거를 가지고 있었습니다. '병 나은 사람'이 그들과 함께 서 있었던 것입니다. 만일 고침을 받은 사람이 그 자리에 없었더라면, 가짜 뉴스로 몰아갈 수도 있었을 것입니다. 제자들의 증언을 얼마든지 무효화시킬 수도 있었을 것입니다. 오히려 거짓 메시아를 따르는 사교 집단으로 몰아붙여서 그들의 교주와 똑같은 죄목으로 처형할 수도 있었을 것입니다.

그러나 아무도 부인할 수 없는 명백한 증거가 바로 그 자리에 있었습니다. 태어나면서부터 자기 힘으로 걸어본 적이 없던 그 사람이 고침을 받아 바로 그들 앞에 서 있었던 것입니다. 그리고 그와 같은 기적이 부활하신 예수 그리스도의 이름으로 나타났다고 그 사람의 입으로 증언하고 있습니다. 그렇게 살아 있는 증거를 무슨 말로 반박할 수 있겠습니까? 게다가 그 표적이 예루살렘에 사는 모든 사람에게 알려졌으니(16절), 이제는 없었던 일로 되돌릴 수도 없는 형편입니다.

이 말씀을 묵상하면서 한편으로는 진리가 승리하는 통쾌함을 느끼게 됩니다. 그러나 다른 한편으로는 "지금 우리는 이 세상 사람들이 경악할 만한 그 무엇을 보여주고 있는가?" 하는 질문을 던지지 않을 수 없습니다.

우리는 그리스도의 복음을 담대하게 말하고 있는가? 아니면 주눅 든 자신 없는 태도를 보이는가? 우리는 비록 학문은 없어도 우리가 체험하여 확실하게 알고 있는 진리를 선포하고 있는가? 아니면 학문 없다는 사실을 부끄러워하기만 하는가? 우리가 예수와 함께 있었다는 무슨 흔적이 우리에게 있는가? 세상 사람들이 결코 부인하지 못할 어떤 증거를 보여주고 있는가? 우리는 긍정적인 의미에서 이 세상에 충격을 주고 좋은 영향을 끼치는 사람들인가? 아니면 세상의 충격과 영향을 수동적으로 받으며 사는 사람들인가?

배워서 아는 지식은 체험하여 아는 지식을 이길 수 없습니다. 베드로와 요한은 산헤드린 공회원들의 눈에 '학문 없는 보통 사람'에 불과했습니다. 그러나 그들은 죽으시고 부활하신 예수님을 직접 체험했습니다. 나사렛 예수 그리스도의 이름으로 놀라운 표적이 나타났습니다. 모르는 것을 아는 척하기는 힘들지만, 체험하여 아는 것을 말하기는 너무나 쉽습니다. 자신감은 확신에서 나옵니다. 확신은 체험에서 나옵니다. 지금까지 기독교는 그 당당하고 자신 있는 태도로 세상을 뒤집어엎어 왔던 것입니다.

진실을 덮는 방법

산헤드린 당국자들은 그들의 의도대로 재판이 진행되지 않자 크게 당황했습니다. 그러나 그들 역시 순순히 물러서지 않았습니다. 지금까지 늘 해오던 방식대로 진실을 왜곡하거나 덮어버리기 위하여 머리를 맞댑니다.

15명하여 공회에서 나가라 하고 서로 의논하여 이르되 16이 사람들을 어떻게 할까 그들로 말미암아 유명한 표적 나타난 것이 예루살렘에 사는 모든 사람에게 알려졌으

니 우리도 부인할 수 없는지라(행 4:15-16).

그들은 우선 베드로와 요한을 공회 법정에서 퇴장시킨 후에 "이들을 어떻게 처리할 것인가"의 문제를 놓고 의논하기 시작했습니다. 그러나 마땅한 방안이 떠오르지 않았습니다. 우선 베드로와 요한이 특별히 잘못한 일이 없다는 것이 가장 큰 문제였습니다. 베드로와 요한이 한 일은 분명 '착한 일'이었습니다. 그 착한 일에 대해 무슨 이유를 붙여서 처벌할 수 있겠습니까?

사실 사두개파가 주동이 되어 베드로와 요한을 체포했던 이유는 그들이 믿지 않는 죽은 자의 부활을 가르치는 것이 싫었기 때문이었습니다. 아무도 증명할 수 없는 진리를 가르친다면 얼마든지 '허위사실 유포죄'로 처벌할 수 있습니다. 그러나 치유 사건의 증인이 그 자리에 버젓이 있고, 그에 근거하여 부활을 가르치고 있으니 반박할 여지가 없는 겁니다.

게다가 베드로와 요한에 대한 처벌을 더욱 어렵게 만드는 것은 그 표적이 예루살렘에 사는 사람이 모두 다 아는 '유명한' 사건이 되었다는 사실입니다. 산헤드린 공회원들도 그 사실을 부인할 수 없었습니다. "우리도 부인할 수 없다"라는 부분을 CEV성경은 "우리는 그것이 일어나지 않았다고 말할 수 없다"(we cannot say it didn't happen. CEV)라고 번역합니다. 메시지성경은 "그것의 잘못을 증명할 길이 없다"(There's no way we can refute it. MSG)라고 풀이합니다.

분명히 일어난 일인데 어떻게 부정할 수 있겠습니까? 그 주장이 틀렸음을 반박할 방법이 없다면 그냥 받아들이면 됩니다. 진실을 진실로 인정하면 문제는 간단하게 해결됩니다. 그러나 산헤드린 공회는 진실을 인정하고 싶지 않았습니다. 그것이 진짜 문제였습니다. 예루살렘에 사는 사람들이 모두 인정하는 진실을 인정하려고 하지 않으니까 억지가 나올 수밖에요. 부인할 수도 없고 인정하고 싶지도 않은 딜레마에서 그들은 '협박'을 선택합니다.

> [17]이것이 민간에 더 퍼지지 못하게 그들을 위협하여 이 후에는 이 이름으로 아무에게도 말하지 말게 하자 하고 [18]그들을 불러 경고하여 도무지 예수의 이름으로 말하지도 말고 가르치지도 말라 하니(행 4:17-18).

산헤드린 공의회가 가장 두려워하는 것은 '이것이 민간에 더 퍼지는' 결과입니다. 여기에서 '이것'은 죽음에서 부활하신 나사렛 예수 그리스도의 이름으로 성전 미문 치유 사건이 일어났다는 소문입니다. 이 소문이 사람에게 더 퍼지게 된다면 점점 더 예수의 제자들을 따르게 될 것입니다. 그러나 그것을 억제할 방법이 마땅치 않았습니다. 기껏해야 "예수의 이름으로 말하지도 말고 가르치지도 말라"고 협박하는 것이 전부였습니다.

제자들의 반응

여기에서 우리는 산헤드린 공회가 아직도 현실을 제대로 파악하지 못하고 있다는 사실을 알게 됩니다. 제자들을 위협하기만 하면 그들이 입 다물고 잠잠히 있을 것이라는 생각은 너무나 순진한 발상입니다. 과거에는 그런 방식이 통했는지 모릅니다. 실제로 예수님을 잡아 죽일 때만 해도 제자들은 골방에 숨어서 아무 말도 하지 못했습니다.

그러나 지금은 사정이 달라졌습니다. 그들은 성령의 권능을 받았습니다. 성령의 충만함을 받고 담대히 나가서 '성령이 말하게 하심을 따라 다른 언어들로’(행 2:4) 복음을 전했습니다. 베드로의 오순절 설교로 3천 명이나 세례를 받고 신도가 되었습니다. 성전 미문 치유 사건도 그 연장선상에서 일어난 일입니다. 그들이 만일 죽음이나 협박을 두려워했다면 그렇게 공개적인 자리에서 나사렛 예수 그리스도의 이름으로 표적을 행하지도 않았을 것입니다.

아나나 다를까 산헤드린의 협박에 대한 베드로와 요한의 대답은 그들의 순진한 기대를 여지없이 무너뜨렸습니다.

> ¹⁹베드로와 요한이 대답하여 이르되 하나님 앞에서 너희의 말을 듣는 것이 하나님의 말씀을 듣는 것보다 옳은가 판단하라 ²⁰우리는 보고 들은 것을 말하지 아니할 수 없다 하니(행 4:19-20).

산헤드린은 나름대로 하나님을 잘 섬기는 사람들만 모인 곳입니다. 그들은 제사장이었고, 장로였고, 서기관이었습니다. 예루살렘 성전에서 떨어지는 떡고물을 먹고 사는 사람들입니다. 산헤드린 사무실은 성전의 지성소와 가장 가까운 곳에 있습니다. 그러나 그들이 하는 말 어디에도 ‘하나님’이 등장하지 않습니다. 그들은 오로지 자신의 기득권을 어떻게 유지할 것인가에만 관심이 있습니다. 기득권 유지를 위해서는 온갖 술수와 거짓말과 협박을 서슴지 않습니다. 겉으로는 하나님을 믿는 전문가로 포장하고 있지만, 속으로는 하나님과 전혀 상관없는 정치 모리배에 불과했던 것입니다.

그에 비하여 베드로와 요한은 처음부터 끝까지 ‘하나님’을 말합니다. ‘하나님이 죽은 자 가운데서 살리신 나사렛 예수 그리스도’를 선포합니다(행 4:10). 산헤드린의 협박에도 굴복하지 않고 “하나님의 눈앞에서 너희의 말을 듣는 것보다 하나님의 말씀을 듣는 것을 선택하겠다!”고 선언합니다. 하나님에 관한 전문가보다도 하나님 이야기를 더 많이 합니다. 그렇다면 누가 정말 하나님을 믿는 사람입니까?

베드로와 요한은 산헤드린의 요구에 겉으로만 적당하게 순응할 수 없었습니다. 왜냐하면 그들은 하나님의 말씀에 순종하는 사람들이었기 때문입니다. 그로 인해 손해를 보고 목숨이 위태로워진다고 해도 진실과 거짓을 적당히 섞을 수는 없는 일입니다. 제자들의 선택은 단호했습니다. "우리는 우리가 보고 들은 것을 말하지 않을 수 없습니다!" 그들은 예수의 부활을 직접 목격했습니다. 예수 그리스도를 통해서 하나님의 말씀을 직접 들었습니다. 그 말씀이 진리라는 것을 알았습니다. 그러니 어떻게 그냥 입 다물고 있을 수 있겠습니까?

그러나 이것은 사실 우리 같은 보통 사람에게는 쉽지 않은 일입니다. 진실을 알면서도 말하지 못하는 경우가 얼마나 많이 있는지 모릅니다. 가장 큰 이유는 우리에게 돌아올 손익계산이 빠르기 때문입니다. 그래서 성령의 권능이 필요합니다. 성령이 충만해야 합니다. 그래야 교회 안으로 세상의 정치가 침투하여 들어와서 신앙을 오염시키는 그런 일이 벌어지지 않게 되는 것입니다.

두려워할 자

베드로와 요한은 산헤드린 법정에서 재판을 받는 중입니다. 그런데 지금까지의 진행 과정을 보면 과연 누가 누구를 재판하고 있는지 혼란스러울 정도입니다. 칼자루를 쥐고 있는 산헤드린 공회가 아무런 힘도 없는 약자인 베드로와 요한을 굴복시키지 못합니다. 그들을 처벌하고는 싶은데 처벌할 수는 없는 딜레마에 빠진 것입니다. 그들이 할 수 있는 일이란 기껏 말로 협박하는

게 전부입니다. 그런데 진짜 이유가 따로 있었습니다.

그들이 제자들을 처벌할 방법을 찾지 못했던 이유는 바로 '백성들 때문'이었습니다. 백성들은 베드로와 요한을 통해서 일어난 일을 보고 하나님께 영광을 돌렸습니다. 다시 말해서 백성들은 하나님께서 그 일을 행하셨다고 믿었던 것입니다. 그런데 만일 제자들을 처벌한다면 어떻게 될까요? 백성들이 가만히 있지 않겠지요. 그래서 그들은 제자들을 재차 위협한 뒤에 결국 풀어줄 수밖에 없었습니다. 백성들의 민의(民意)가 베드로와 요한의 무죄 판결에 큰 압력으로 작용했던 것입니다.

이것을 보면서 권력을 가진 사람들이 백성들을 두려워하는 것은 참 좋은 일이라고 생각할지도 모릅니다. 물론 '민주주의'(民主主義)가 그런 것입니다. 민주주의란 국민이 주인 노릇을 하는 정치제도입니다. 정치인들은 국민의 중의(衆意)에 따라서 정치를 해야 합니다. 그래서 국회의원 선거나 대통령 선거 때마다 정치인들은 국민의 표를 의식해서 그 앞에 머리를 조아리는 것입니다.

그런데 민주주의가 정말 민의를 반영하는 제도일까요? 사실 민의는 코에 걸면 코걸이고 귀에 걸면 귀걸이입니다. 얼마든지 자기 편한 방식으로 해석할 수 있습니다. 그래서 매번 공약(公約)이 공약(空約)이 되곤 하는 것입니다. 정치인들은 표면적으로 사람들의 평가를 두려워하지만, 그 평가는 얼마든지 임의로 조작할 수도 있는 것입니다.

이번의 '산헤드린 법정'과 얼마 전의 '빌라도 법정'의 판결 결과는 달랐습니다. 그렇지만 그 본질적인 내용은 같습니다. 빌라도는 예수님이 죄가 없다는 것을 잘 알고 있었습니다. 그러나 결국 예수님을 십자가형에 내어주었습니다. 그 이유가 무엇이었습니까? 군중의 압력이었습니다. 이번에 산헤드린 법정은 베드로와 요한을 무죄 석방하였습니다. 그 이유가 무엇이었습니까? 역시 군중의 압력 때문이었습니다.

재판은 인기투표가 아닙니다. 법의 양심에 따라서 공정하게 집행되어야 합니다. 좌고우면(左顧右眄)하지 말고 죄가 없으면 무죄를 선고하고, 죄가 있으면 그 대가를 치르게 해야 합니다. 군중의 인기나 호불호와 상관없이 법대로 집행되어야 공의로운 세상이 됩니다. 그런데 실제로는 어떤가요? 산헤드린 법정이나 빌라도 법정이나 모두 진실과 상관없이 군중이 좋아하는 대로 결정했습니다.

표면적으로는 백성을 두려워하고 있는 것처럼 보이지만, 사실은 자기에게 돌아올 손해를 염려하고 있는 것입니다. 민주주의의 핵심은 국민을 두려워하는 것이 아니라 진리를 두려워하는 것입니다. 사람을 두려워하는 것이 아니라 하나님을 두려워하는 것입니다. 그래야 정직한 양심에 따라서 올바르게 선택하고 판결할 수 있는 것입니다.

게다가 산헤드린 법정은 그냥 보통 법정이 아닙니다. 하나님의 백성 이스라엘을 대표하는 사람들의 모임입니다. 더더욱 하나님의 말씀에 비추어 정직하게 판결해야 합니다. 그러나 그들은 이미 오래전부터 정치적인 집단으로 변질해 있었습니다. 그들은 한 번도 '하나님'을 언급하지 않습니다. 오로지 기득권 유지에 유리한 방향을 찾을 뿐이었습니다. 따라서 그들의 선택은 하나님과 전혀 상관없는 것이 될 수밖에 없었습니다.

반면에 베드로와 요한은 하나님 앞에 서 있는 자로서 그들에게 주어진 하나님의 말씀에 순종하는 선택을 합니다. 그렇기에 그들은 정치적인 권력이나 종교적인 권력 앞에서도 당당할 수 있었던 것입니다. 예수님의 말씀처럼 우리가 '마땅히 두려워할 자'는 하나님이십니다(눅 12:4-5). 사람은 기껏해야 우리의 목숨을 빼앗을 뿐이지만, 하나님은 얼마든지 다시 살려내실 수 있습니다. 그러니 우리는 마땅히 두려워해야 할 분을 두려워하면 되는 것입니다.

하나님을 두려워하는 자는 사람을 두려워하지 않습니다. 그러나 사람을 두려워하는 자는 하나님을 두려워하지 않습니다. 누가 정말 지혜로운 사람일까요? 산헤드린 공회원들과 빌라도가 가지고 있는 공통점이 있습니다. 그들 모두 하나님을 두려워하지 않았다는 것입니다. 하나님을 두려워했다면 손해를 각오하고라도 정직한 양심에 따라서 판결했을 것입니다. 백성의 압력에 떠밀려서 선고한 것은 그것이 무죄이든 유죄이든 결코 바른 선택이 아닙니다.

그런데 이것은 사실 다른 사람들의 이야기가 아닙니다. 우리 자신에게 적용해야 하는 말씀입니다. 우리는 누구를 두려워하고 있습니까? 하나님입니까, 아니면 사람입니까? 주님의 '제자 공동체'는 성령을 받기 전까지 사람을 두려워하여 골방에 숨어 있었습니다. 그러나 성령의 권능을 힘입은 후에는 복음을 들고 담대하게 거리로 나갔습니다. 그렇게 주님의 '증인 공동체'로 바뀌었습니다. 바로 그것이 우리에게 성령의 권능이 필요한 이유입니다.

묵상 질문: 나는 누구를 두려워하는가? 하나님인가, 힘 있는 사람인가?

오늘의 기도: 하나님 아버지, 우리가 마땅히 두려워해야 할 분을 두려워하게 하옵소서. 오직 하나님만을 경외하게 하시고, 오직 예수 그리스도의 복음을 전하는 자가 되게 하옵소서. 그러기 위해서 성령의 충만함이 필요합니다. 우리에게 성령을 주셔서 우리가 보고 들은 것을 주저하지 않고 담대히 선포하게 하옵소서. 예수님의 이름으로 기도합니다. 아멘.

삶을 진동하게 하는 기도

읽을 말씀: 사도행전 4:23-31

새길 말씀: 빌기를 다하매 모인 곳이 진동하더니 무리가 다 성령이 충만하여 담대히 하나님의 말씀을 전하니라(행 4:31).

베드로와 요한이 체포되어 산헤드린 공회에서 재판을 받는 동안 예루살렘 교회 성도들은 어떻게 했는지 본문은 언급하지 않습니다. 그러나 상식적으로 생각해 보면 그들은 베드로와 요한이 받게 될 형벌에 대해서 몹시 걱정했을 것입니다. 그러나 가만히 손 놓고 걱정만 하면서 기다리지는 않았습니다. 후에 베드로가 투옥되었을 때 그랬던 것처럼 그들은 하나님께 간절히 기도했을 것입니다(행 12:5).

교회의 반응

베드로와 요한은 생각보다 쉽게 산헤드린 법정에서 풀려났고, 그 길로 동료들을 찾아가서 만납니다. 그 이후에 벌어지는 이야기가 오늘 묵상할 내용입니다.

베드로와 요한이 동료들에게 가져온 것은 그들이 무죄 방면되었다는 '좋은 소식'(good news)만이 아니었습니다. 앞으로 교회가 직면하게 될지도 모를 불길한 '나쁜 소식'(bad news)도 있었습니다. 베드로와 요한이 그들에게 전해준 '제사장들과 장로들의 말'에 그 내용이 담겨 있었습니다.

산헤드린 공회의 공식적인 결정은 "그들을 위협하여 이후에는 이 이름으로 아무에게도 말하지 말게 하자"(행 4:17)는 것이었습니다. 군중의 압력 때문에 제자들을 처벌할 방법을 찾지 못한 탓도 있었지만, 앞으로 제자들의 행동을 예의주시하면서 여차하면 그들을 가만히 두지 않겠다는 경고의 메시지가 들어 있었습니다. 이 소식에 예루살렘교회 성도들은 과연 어떤 반응을 보였을까요?

24그들이 듣고 한마음으로 하나님께 소리를 높여 이르되… 31빌기를 다하매 모인 곳이 진동하더니 무리가 다 성령이 충만하여 담대히 하나님의 말씀을 전하니라(행 4:24a, 31).

그들은 베드로와 요한이 전해준 '불길한 소식'을 듣고 오히려 '한마음으로 하나님께 소리를 높여' 기도하기 시작했습니다. 메시지성경의 표현에 따르면 '놀랍도록 하나가 되어'(in a wonderful harmony) 소리 높여 기도했습니다. 마치 오순절 성령강림 사건 때 그들이 '마음을 같이하여 오로지 기도에 힘썼듯이'(행 1:14), 바로 이 대목에서도 그들은 '한마음으로' 하나님께 기도하였던 것입니다.

그 기도의 구체적인 내용이 중간(행 4:24b-30)에 자세하게 기록되어 있습니다. 아무튼 그렇게 열심히 기도하고 나니, 어떤 일이 벌어졌을까요? 우선 "모인 곳이 진동했다"고 합니다. 마치 지진이 난 것처럼 그 자리가 흔들리고 진동했던 것입니다. 그러고 나서 그들은 모두 "성령이 충만하여 담대히 하나님의 말씀을 전하였다"고 합니다. 오순절 때도 그들은 성령의 충만함을 받고 성령이 말하게 하심을 따라 다른 언어들로 말했는데(행 2:4), 그와 똑같은 일들이 재현되고 있는 것입니다.

그때와 달라진 게 하나 있습니다. 바로 성령이 임재하는 현상입니다. 오순절에는 '바람 같은 소리와 불의 혀처럼 갈라지는 것들'(행 2:2-3)이었지만, 이번에는 '모인 곳이 진동하는' 현상으로 나타났던 것입니다. 그런데 이 진동은 단순한 '물리적인 흔들림' 이상의 의미가 있습니다. 그것은 예루살렘 교회 성도들의 기도에 대하여 기쁨으로 응답하시는 하나님의 반응이며, 성도들의 삶에 하나님께서 확신과 능력으로 채워주시는 진동이었습니다. 그리하여 마치 땅을 흔들어버리는 지진처럼 좋은 의미에서 성도들의 삶을 흔들어 급진적인 변화를 만들어 내는 하나님의 역사를 체험하게 되었던 것입니다. 그 변화에 대해서는 앞으로 자세히 살펴보게 될 것입니다.

이와 같은 결과는 그들이 한마음으로 드린 기도의 내용과 직접적인 연관성이 있습니다. 저는 그것을 '삶을 진동하게 하는 기도'(Life-Shaking Prayer)라고 표현합니다. 하나님의 마음을 흡족하게 하는 기도, 하나님께서 우리의 삶을 흔들어서 확신과 능력으로 가득 채워주시는 응답을 받는 기도, 그리하여 점점 조여오는 박해의 협박에도 불구하고 오히려 더욱 담대히 나가서 복음을 전하게 하는 기도…. 그것이 모든 그리스도인에게 꼭 필요한 기도입니다.

하나님의 통치

'삶을 진동하게 하는 기도'는 창조주 하나님의 통치를 인정하는 기도로 시작합니다.

> 그들이 듣고 한마음으로 하나님께 소리를 높여 이르되 대주재여 천지와 바다와 그 가운데 만물을 지은 이시요(행 4:24).

여기에서 '대주재'(大主宰)는 가장 높으신 하나님(Sovereign Lord)을 의미합니다. 하나님보다 높으신 분은 이 세상에 없습니다. 그렇다면 '최상의 하나님'이신 대주재를 그 이름에 걸맞게 높여드릴 수 있는 '인간의 최선'은 무엇일까요? 그것은 창조주이심을 고백하는 것입니다. '천지와 바다와 그 가운데 만물을 지은 이'가 그것입니다. 하나님은 이 세상을 창조하신 분이기에 그가 창조한 모든 것에 대하여 권리와 능력이 있으십니다. 그래서 대주재입니다.

예루살렘교회 성도들의 기도는 이런 것입니다. "주님, 주님은 우리 모두를 창조하셨고, 우리를 통하여 이 땅에 주님의 뜻을 이루기 위하여 지금도 일하고 계십니다. 아무도 주님을 막을 수 없습니다. 아무도 주님의 뜻을 거스를 수 없습니다. 제아무리 성전의 종교 지도자들이요 산헤드린의 권력자들이라고 하더라도 하나님 앞에서 그들은 아무것도 아닙니다."

하나님을 두려워하는 자는 사람들을 두려워하지 않습니다. 하나님이 '최고의 주님'이요 '대주재'요 이 세상의 모든 것을 만드신 '창조주'라고 믿는다면, 예루살렘 성전의 지도자들이나 산헤드린의 권력을 두려워할 필요가 없습니다. 그들 또한 하나님께서 당신의 뜻대로 통치하실 것이기 때문입니다. 만일 힘 있는 사람들이나 배운 사람들 앞에서 자신의 초라함을 느끼거나 그들의 위협하는 말 한마디에 겁먹고 쉽게 흔들린다면, 그것은 창조주 하나님의 통치를 온전히 인정하지 못하고 있다는 증거입니다.

따라서 우리의 기도에는 언제나 하나님의 통치를 인정하는 기도가 포함되어야 합니다. 하나님을 높이면 높일수록 우리가 직면하는 현실적인 문제는 점점 더 작아집니다. 그 반대로 문제를 묵상하면 묵상할수록 그 문제는 눈덩이처럼 점점 더 커져서 결국에는 우리가 감당할 수 없게 됩니다. 우리는 문제를 묵상할 것이 아니라 하나님의 위대하심을 묵상해야 합니다. 그러면 하나님께서 우리의 삶을 진동하셔서 확신과 능력으로 채워주실 것입니다.

하나님의 능력

창조주 하나님의 통치를 인정하는 기도는 대적을 통해서도 얼마든지 일하실 수 있는 하나님의 능력에 대한 고백으로 나아갑니다. 예루살렘교회 성도들은 다윗의 시편을 인용하여 다음과 같이 기도합니다.

> 25또 주의 종 우리 조상 다윗의 입을 통하여 성령으로 말씀하시기를 어찌하여 열방이 분노하며 족속들이 허사를 경영하였는고 26세상의 군왕들이 나서며 관리들이 함께 모여 주와 그의 그리스도를 대적하도다 하신 이로소이다(행 4:25-26).

베드로와 요한은 산헤드린 법정에서 예수님을 대적하는 당국자들과 직접 대면하고 왔습니다. 그러면서 그들은 하나님과 하나님의 뜻에 저항하는 사람이 엄연히 존재하는 현실을 실감하게 되었습니다. 그리고 그것은 다윗의 입을 통하여 이미 오래전에 성령님이 말씀하신 일이라는 사실도 알게 되었습니다. 여기에 인용된 말씀은 시편 2편입니다.

¹어찌하여 이방 나라들이 분노하며 민족들이 헛된 일을 꾸미는가 ²세상의 군왕들이 나서며 관원들이 서로 꾀하여 여호와와 그의 기름 부음 받은 자를 대적하며 ³우리가 그들의 맨 것을 끊고 그의 결박을 벗어 버리자 하는도다 ⁴하늘에 계신 이가 웃으심이여 주께서 그들을 비웃으시리로다(시 2:1-4).

여기에서 '기름 부음 받은 자'는 바로 '그리스도' 또는 '메시아'를 가리킵니다. 그리스도를 대적하여 세상의 군왕들과 관원들이 마음을 합하여 함께 음모를 꾸민다는 것입니다. 그러나 그 음모는 '헛된 일'이며, 하늘에 계신 하나님께서 보시고 '비웃으실 일'입니다. 왜냐하면 그것은 하나님을 대적하는 일이기 때문입니다. 창조주 하나님을 대적하여 이길 수 있는 피조물은 이 세상에 하나도 없기 때문입니다.

그런데 문득 궁금해집니다. 다윗은 장차 메시아가 오실 것과 세상의 군왕들이 메시아를 대적할 것을 어떻게 알고 이렇게 말한 것일까요? 그것은 다윗의 생각이나 통찰력에서 우러나온 것이 아닙니다. '다윗의 입을 통하여 성령으로' 예언하신 말씀입니다. 그리고 그 예언은 정말 예수 그리스도에게 그대로 이루어졌습니다.

²⁷과연 헤롯과 본디오 빌라도는 이방인과 이스라엘 백성과 합세하여 하나님께서 기름 부으신 거룩한 종 예수를 거슬러 ²⁸하나님의 권능과 뜻대로 이루려고 예정하신 그것을 행하려고 이 성에 모였나이다(행 4:27-28).

헤롯과 본디오 빌라도는 서로 상종하지 않던 정치 세력이었습니다. 그러나 어찌 된 일인지 그들은 예수님을 죽이는 일에는 한마음 한뜻이 되었습니다. 사두개인들과 바리새인들은 서로 앙숙이었습니다. 그러나 그들 역시 예수님을 죽이는 일에 합세했습니다. 이방인, 즉 로마인과 이스라엘 백성도 마찬가지입니다. 그들은 아무런 죄도 없으신 예수님을 십자가에 처형하는 일에 의기투합했습니다. 실제로 예수님은 죽으셨고, 그들의 계획은 성공한 것처럼 보였습니다.

그러나 바로 여기에 반전이 있습니다. 그들은 자신들의 음모가 성공했다고 생각했지만, 사실은 '하나님의 권능과 뜻대로 이루려고 예정하신 것을 행했을 뿐'입니다. 그들은 스스로 현명하게 모든 일을 자기들 뜻대로 이루었다고 생각했지만, 사실은 하나님께서 그들의 이기적이고 악의적인 마음을 사용하셔서 예수 그리스도를 이 세상의 죄를 대속하기 위한 제물이 되게 하셨던 것입니다. 그것은 오래전부터 하나님께서 세워놓으신 계획이었고, 알지 못하는 사이에 그들은 하나님의 계획을 성취하는 '나쁜 도구'가 되었던 것입니다.

하나님의 계획

산헤드린 당국자들이 이제 또다시 교회를 박해하는 계획을 세우고 있다는 것을 예루살렘교회 성도들은 알게 되었습니다. 그러나 그것 또한 하나님의 계획 속에 이루어지는 일임을 믿음으로 선포합니다.

주여 이제도 그들의 위협함을 굽어보시옵고 또 종들로 하여금 담대히 하나님의 말씀을 전하게 하여 주시오며(행 4:29).

이 말씀은 예루살렘교회 성도들의 기도가 왜 하나님의 마음에 합한 것인지를 보여주는 하이라이트입니다. 사람들은 박해의 위협과 같은 어려움과 문제에 직면하고 있을 때 대개는 그 위협이나 문제를 제거해달라고 기도합니다. 그러나 그들은 오히려 "종들로 하여금 담대히 하나님의 말씀을 전하게 하여 주옵소서!"라고 기도합니다.

이 부분을 메시지성경은 "주님의 종들에게 두려워하지 않는 담대함을 주셔서, 주님의 메시지를 전하게 해주십시오"라고 풀이합니다. 박해의 위협에 굴복하거나 두려워하지 않고 오히려 담대하게 복음의 메시지를 전하게 해달라는 기도입니다. 이것이 바로 하나님의 마음을 흡족하게 하며, 그들의 삶을 흔들어서 확신과 능력으로 가득 채워주시는 기도입니다.

만일 우리가 하나님의 통치를 확신하고 있다면, 대적들로 인하여 박해를 당하는 상황에서도 하나님께서 모든 것을 주관하고 계시다는 확신을 가질 수 있습니다. 하나님이 통치하신다면, 심지어 대적들을 통해서도 하나님은 얼마든지 일하실 수 있는 것입니다. 하나님을 대적하는 원수들의 노력과 상관없이 하나님의 나라는 반드시 오게 되어 있습니다. 그러니 우리는 담대히 하나님의 말씀을 전하기만 하면 되는 것입니다.

이것은 정말 위대한 기도입니다. 조금만 힘들어도 투덜대고 불평하는 우리와는 전혀 다른 모습입니다. 어떻게 그럴 수 있을까요? 다윗의 입을 통하여 성령이 말씀하셨듯이, 이들의 입을 통하여 지금 성령이 대신 기도하고 계셨기 때문입니다. 그래서 바울은 로마 교회에 보낸 편지에서 이렇게 말했습니다.

> 26이와 같이 성령도 우리의 연약함을 도우시나니 우리는 마땅히 기도할 바를 알지 못하나 오직 성령이 말할 수 없는 탄식으로 우리를 위하여 친히 간구하시느니라 … 28우리가 알거니와 하나님을 사랑하는 자 곧 그의 뜻대로 부르심을 입은 자들에게 는 모든 것이 합력하여 선을 이루느니라(롬 8:26, 28).

박해에 대한 두려움이 왜 없었겠습니까? 죽음 앞에서 두려워하는 것은 지극히 당연한 일입니다. 그러나 성령님은 그들의 연약함을 도우셔서 마땅히 기도할 바를 기도하게 하셨습니다. 하나님의 뜻대로 부르심을 입은 자들에게 하나님이 이루실 일에 대하여 확신을 갖게 하셨습니다. "모든 것이 합력하여 선을 이룬다"라는 말씀이 그것입니다. 박해의 위협조차도 하나님의 선을 이루는 도구로 사용하신다는 확신을 가지도록 성령이 감동하신 것입니다.

표적과 기사

'삶을 진동하게 하는 기도'는 하나님께서 행하시는 놀라운 표적과 기사를 믿음으로 간구하는 것입니다.

손을 내밀어 병을 낫게 하시옵고 표적과 기사가 거룩한 종 예수의 이름으로 이루어지게 하옵소서 하더라(행 4:30).

그들은 치유(healings)와 표적(signs)과 기사(wonders)가 나타나기를 기도했습니다. 초대교회에서는 특별히 병이 치유되는 놀라운 역사가 많이 나타났습니다. 우리 주님이 행하신 치유의 이적은 복음서에 기록된 것만 따져도 아주 많이 있습니다. 기록되지 않은 것을 포함하면 그 수를 헤아릴 수 없을 정도입니다.

주님은 제자들에게도 그와 같은 일을 행하라고 가르치셨습니다. 우리가 이미 누가복음을 묵상하면서 자세히 살펴보았지만, 열두 제자를 파송하실 때(눅 9장)와 70명의 제자를 파송하실 때(눅 10장), 주님은 모든 귀신을 제어하며 병을 고치는 능력(power)과 권위(authority)를 제자들에게 주셨습니다.

그런데 귀신 축출과 치유의 이적이 왜 그렇게 중요한 사역이었을까요? 물론 귀신에 사로잡힌 사람들과 병으로 고생하는 사람들을 불쌍히 여기셔서 구원하시려는 주님의 마음이 있었을 것입니다. 그러나 그것이 전부는 아닙니다. 여기에는 더 중요한 이유가 있습니다. 열두 제자를 파송하시던 장면을 다시 한번 읽어보겠습니다.

> 1예수께서 열두 제자를 불러 모으사 모든 귀신을 제어하며 병을 고치는 능력과 권위를 주시고 2하나님의 나라를 전파하며 앓는 자를 고치게 하려고 내보내시며(눅 9:1-2).

앓는 자를 고치는 '치유'의 목적과 함께 하나님 나라를 전파하는 '선교'의 목적이 있었습니다. 그러니까 병의 치유가 하나님의 나라를 전파하는 선교에 큰 도움이 되었던 것입니다. 마가복음의 결론 부분에도 치유와 전도의 밀접한 관계를 언급합니다. "제자들은 나가서, 곳곳에서 복음을 전하였다. 주님께서는 그들과 함께 일하시면서, 따르는 표징들로 그 말씀을 확증해 주셨다"(막 16:20, 새번역). 그러니까 말씀을 확증하는 방법으로 표적이 사용되고 있었던 것입니다.

사실 베드로와 요한이 성전 미문 치유 사건으로 말미암아 복음을 전하는 기회를 얻게 되었고 또한 그 말씀을 들은 사람 중에 믿는 자가 많아졌습니다(행 4:4). 물론 병 고침만을 추구하는 신앙생활이 만들어 낸 부작용이 많지만, 치유의 표적은 복음을 전할 때 큰 도움이 되는 것은 확실합니다. 그래서 특별히 교회가 세워질 때 이와 같은 이적이 많이 나타나는 것입니다. 따라서 치유와 표적과 기사를 간구하는 것은 잘못된 일이 아닙니다.

그러나 여기에도도 두 가지 중요한 전제가 있습니다. 첫 번째는 병을 고치시는 분은 하나님이심을 분명히 해야 한다는 사실입니다. "손을 내밀어 병을 낫게 하시옵고…"라는 말씀이 바로 그것입니다. 여기에서 '손'은 누구의 손입니까? 하나님의 손입니다. 메시지성경은 '주님의 손을 우리에게 내미셔서'(You stretch out your hand to us in healings)라고 하여 그 주어가 하나님이심을 분명히 표현합니다.

우리의 기도를 통하여 병이 고쳐진다고 해서, 우리가 가진 능력으로 고치는 것이 아닙니다. 치유의 역사는 어디까지나 하나님만이 하실 수 있습니다. 인간을 만드신 하나님께서 망가진 인간을 고치시는 것은 지극히 당연한 일입니다. 문제는 많은 경우에 사람들이 그것을 자기의 영광으로 가로채기도 한다는 사실입니다.

두 번째 전제는 병을 고치는 능력은 예수 그리스도의 이름에 있다는 사실입니다. "거룩한 종 예수의 이름으로 이루어지게 하옵소서"라는 기도가 바로 그것입니다. 예수님은 제자들에게 주님의 이름을 사용할 수 있는 권위(authority)를 부여하셨습니다. 베드로와 요한도 '나사렛 예수 그리스도의 이름으로' 고쳤습니다. 어떤 사람들은 '안수'(按手)나 '안찰'(按擦)이 병 치유의 방법이라고 믿습니다. 아닙니다. 예수 그리스도의 이름의 능력이 병을 고치는 것입니다.

이와 같은 두 가지 전제는 결국 한 가지 목적으로 귀결됩니다. 그것은 반드시 복음을 전하는 목적으로 사용되어야 한다는 것입니다. 병 고치는 것이 목적이 아닙니다. 그와 같은 표적과 기사를 통해서 예수 그리스도를 믿고 복음을 받아들이게 하려는 것이 목적입니다. 바른 목적을 위해서 믿음으로 간구하면, 하나님께서 예수 그리스도의 이름의 능력으로 놀라운 표적을 보여주시는 것입니다.

기도에는 반드시 열매가 따라옵니다. 삶을 진동하게 하는 기도는 삶을 진동하게 하는 열매로 나타납니다.

빌기를 다하매 모인 곳이 진동하더니 무리가 다 성령이 충만하여 담대히 하나님의
말씀을 전하니라(행 4:31).

그들은 박해의 위협 때문에 기도하기 시작했습니다. 그런데 그 결과 그들은 담대히 나아가서 복음을 증언하게 되었습니다. 물론 상황은 달라지지 않았습니다. 박해의 위협은 사라지지 않았습니다. 실제로 그들은 문제를 제거해달라고 기도하지 않았습니다. 그리고 상황이 바뀐다고 해서 믿음이 생겨나는 것도 아닙니다. 믿음은 문제와 아예 상관없어지는 것입니다. 어떤 상황 속에서도 그들이 마땅히 해야 할 일을 하는 것입니다.

삶을 진동하게 하는 기도의 열매는 이와 같은 담대한 믿음입니다. 우리도 이렇게 기도해야 합니다. 성령의 도움으로 우리도 얼마든지 그렇게 기도할 수 있습니다.

묵상 질문: 나는 삶을 진동하는 기도를 해본 적이 있는가?

오늘의 기도: 하나님 아버지, 우리에게 성령의 충만함을 부어주옵소서. 두려움 없이 담대하게 복음을 전하게 하옵소서. 어떤 상황에서도 하나님의 통치를 신뢰하게 하시고, 우리의 기도를 통해 주님의 능력이 나타나게 하옵소서. 그리하여 우리가 살아가는 자리에 하나님의 나라와 하나님의 뜻이 이루어지게 하옵소서. 예수님의 이름으로 기도합니다. 아멘.

증인의 공동체 생활

읽을 말씀: 사도행전 4:32-37

새길 말씀: 믿는 무리가 한마음과 한뜻이 되어 모든 물건을 서로 통용하고 자기 재물을 조금이라도 자기 것이라 하는 이가 하나도 없더라(행 4:32).

베드로와 요한이 산헤드린 공회 법정에서 무죄 판결을 받고 돌아온 후에 예루살렘교회 성도들은 더욱 힘써 기도했습니다. 그들을 겨냥한 박해가 점점 가까워져 온다는 사실을 알았기 때문입니다. 그렇게 기도하던 중에 다시 한번 성령강림 사건을 경험합니다. 이번에는 마치 지진이 일어난 것처럼 그들이 모여 있던 곳이 진동했습니다. 그리고 그들은 모두 성령이 충만하여 담대히 하나님의 말씀을 전하게 되었습니다.

그런데 한 가지 궁금증이 생깁니다. 지난번 오순절 성령강림 사건 때는 120명의 성도가 마가의 다락방에 모여 있다가 성령 충만함을 받았습니다. 그러면 이번에는 어디에 모였을까요? 우리가 이미 아는 대로 증인 공동체는 그동안 놀라운 속도로 부흥했습니다. 성전 미문 치유 사건 때 이미 남자만 5천 명이 믿게 되었다고 했습니다(행 4:4). 그렇게 많은 사람들이 한자리에 모여서 기도할 만한 장소는 예루살렘에 없었습니다.

그렇다면 삶을 진동하게 하는 두 번째 성령강림 사건은 예루살렘교회 성도들 중의 극히 일부만 체험한 것일까요? 그럴 것 같지는 않습니다. 그들은 분명히 '한마음으로' 기도했습니다(4:24). 그들은 모두 성령이 임재하는 진동을 느꼈습니다. 그리고 무리가 다 성령이 충만하여 하나님의 말씀을 전했습니다(4:31). 이것은 증인 공동체가 함께 체험한 사건이었다는 뜻입니다. 이것을 어떻게 설명할 수 있을까요?

저는 이때 예루살렘교회 성도들이 가정의 소그룹 모임에서 기도했을 것이라 짐작합니다. 그 근거는 그들이 기도한 내용입니다. 거기에 보면 시편 2편을 인용하고 그에 대한 설명이 붙여진 이야기가 나오지요. 베드로의 냄새가 물씬 풍기는 대목입니다. 오순절 설교에서 베드로는 요엘 선지자의 글과 시편을 인용하여 예수님의 부활 사건과 성령강림 사건을 설명했습니다(행 2:14-36). 솔로몬 행각 설교에서도 신명기 말씀을 인용하고(행 3:22-23), 산헤드린 법정에서도 시편 말씀을 인용합니다(행 4:11).

그러니까 이날도 그들이 기도하기 전에 누군가가 시편을 인용하면서 구체적으로 기도해야 할 내용을 가르쳐주었음이 분명합니다. 그가 누구였을까요? 물론 베드로였을 것입니다. 그 지침에 따라서 예루살렘교회 성도가 흩어져서 소그룹 모임에서 합심하여 기도하던 중에 성령이 임재하면서 진동 현상이 모든 장소에 동시다발적으로 나타난 것입니다. 그렇게 본다면 더더욱 놀라운 일이 아닐 수 없습니다.

이 진동은 단순한 '물리적인 흔들림' 이상의 의미가 있다고 말씀드린 것도 그 때문입니다. 그것은 성도들의 삶을 흔들어 급진적인 변화를 만들어 내는 하나님의 역사였습니다. 오순절 성령강림은 한자리에 모여서 기도하던 '제자 공동체'가 '증인 공동체'로 변화된 사건이라면, 두 번째 성령강림은 소그룹 모임으로 흩어져서 한마음으로 기도하던 '증인 공동체'가 '생활 공동체'로 변화된 사건이었습니다. 그것이 바로 '삶을 진동하게 하는 기도'(Life-Shaking Prayer)의 열매였던 것입니다.

새로운 문화

이 대목에서 우리는 오순절 성령강림 사건 때로 다시 돌아가 보아야 합니다. 그때 베드로는 "이 패역한 세대에서 구원을 받아야 한다"라고 선포했습니다(행 2:40). '패역한 세대'란 '병들고 타락한 사회와 문화'를 의미한다고 했습니다. 그런 사회 속에서 살다 보면 자신도 모르는 사이에 병들고 타락한 사람이 될 수밖에 없습니다. 따라서 그런 패역한 세대에서 구원을 받으려면 일단 그 사회와 문화에서 벗어나야 합니다.

이 메시지가 사람들에게 큰 파장을 일으켰습니다. 그래서 그날 하루에만 3천 명이 세례를 받고 '신도'(信徒)가 되어 제자 공동체에 들어오게 되었습니다. 그렇게 예루살렘교회가 탄생했던 것입니다. 그때부터 교회라는 증인 공동체는 이 세상의 병들고 타락한 문화와는 완전히 다른 새로운 문화를 선보이기 시작했습니다. 신약의 하나님 백성인 교회가 만들어 간 새로운 문화는 네 가지, 즉 '사도의 가르침'(the apostles' teaching)과 '교제'(fellowship)와 '성찬'(the breaking of bread)과 '기도'(prayer)였습니다(행 2:42).

이것은 당시 유대교에서 강조하는 실천과 비교해 보면 그 차이가 더욱 뚜렷해집니다. 유대교에서는 율법(토라)과 전통(미슈나)에 대한 가르침이 중심이었습니다. 그러나 초대교회에서 사도들은 예수님의 교훈과 십자가 사건과 부활의 복음을 가르쳤습니다. 유대교의 교제는 유대인 회당 안에서만 이루어졌습니다. 따라서 이방인과의 교제가 원천적으로 차단되었습니다. 그러나 초대교회는 인종과 신분을 초월하는 새로운 공동체를 형성했습니다. 누구든지 예수 안에서 하나가 될 수 있었던 것입니다.

또한 유대교에서는 출애굽 사건을 기념하는 유월절 식사를 가장 중요하게 생각했습니다. 그러나 초대교회에서 떡을 떼는 것은 단순한 식사가 아니라 예수님의 몸과 피를 기념하는 '성찬'이었습니다. 그것도 특별한 절기가 아니라 모일 때마다 성찬을 나누었습니다. 유대교에서는 하루 세 번 특정 장소(예루살렘 성전)에서 정형화된 기도문으로 드리는 기도를 강조했습니다. 그러나 초대교회는 성령 안에서 자유롭게 드리는 기도를 강조했습니다. 따라서 성전뿐만 아니라 가정에서도 얼마든지 기도할 수 있었습니다.

구약의 하나님 백성 이스라엘이 인류의 역사 속에 등장했을 때만 해도 하나님과 계약을 맺고 받은 '율법'의 지침에 따르는 삶은 세상을 변혁하는 새로운 문화였습니다. 그러나 세월이 흐르면서 그들은 율법주의적인 사고방식과 편협한 민족주의적인 선민사상에 빠지게 되었고, 이 세상을 구원하시려는 하나님의 큰 뜻을 놓쳐버리고 말았습니다. 그래서 경건을 단지 이익의 수단으로 삼았고, 종교의 이름으로 사람을 정죄하고 아무렇지도 않게 생명을 빼앗았습니다. 그래서 하나님은 새로운 포도주를 담을 새로운 가죽 부대로 신약의 하나님 백성인 교회를 만드신 것입니다.

자기 것을 주장하지 않는 공동체

이것만으로도 증인 공동체인 교회가 만들어 가는 새로운 문화의 색깔을 드러내기에 충분합니다. 그러나 '삶을 진동하게 하는 기도'(Life-Shaking Prayer)를 통해서 체험한 성령강림 사건은 그들의 공동체 생활에 더욱 급진적인 변화를 만들어 냈습니다. 오늘 본문이 바로 그 생생한 모습을 우리에게 증언해 줍니다.

믿는 무리가 한마음과 한뜻이 되어 모든 물건을 서로 통용하고 자기 재물을 조금이라도 자기 것이라 하는 이가 없더라(행 4:32).

여기에서 '믿는 무리'(all the believers)는 예루살렘교회 성도를 가리키는 말입니다. 그들은 모두 '한마음과 한뜻이 되어'(one heart, one mind) 자기들의 물건을 서로 나누어 쓰기 시작했습니다. 그리고 자기의 재물을 조금이라도 자기 소유라고 주장하는 사람이 하나도 없었다고 합니다. 어떻게 그럴 수 있을까요? 분명히 자기 재물인데 어떻게 자기 소유라고 주장하지 않을까요? 그 이유는 바로 앞 절에 기록되어 있습니다.

빌기를 다하매 모인 곳이 진동하더니 무리가 다 성령이 충만하여 담대히 하나님의 말씀을 전하니라(행 4:31).

'삶을 진동하게 하는 기도'를 통해서 그들은 모두 '성령이 충만한 사람들'이 되었던 것입니다. '성령이 충만하다'라는 말은 '성령의 다스림을 온전히 받는다'라는 뜻입니다. 인간은 본래 이기적이어서 자신의 물건을 다른 사람들이 사용하도록 허락하지 않습니다. 그런데 성령께서 진동을 통해 그들의 삶을 흔들어 놓으셨습니다. 그들의 생각과 마음을 온전히 다스리기 시작하셨습니다. 그래서 자기의 소유를 자기 것이라 주장하지 않고 서로 나누어 쓸 수 있게 되었던 것입니다.

믿음의 공동체는 원래 이런 곳이어야 합니다. 교회 안에서는 재물이든 물건이든 공간이든, 자신의 소유권이나 기득권을 주장하지 않아야 합니다. 그런데 실제로는 어떻습니까? 교회 안에서도 소유권에 집착하고 기득권에 목숨을 거는 사람들이 적지 않습니다. 그 이유는 분명합니다. 성령이 충만하지 않기 때문입니다. 성령의 다스림에 따라 살지 않기 때문입니다. 그의 삶에 진동이 나타나지 않은 것입니다. 그래서 세상 사람들처럼 여전히 자기 것을 자기 것이라 주장하는 것이지요.

그런데 사실 이것은 예루살렘교회가 처음 경험하는 일이 아니었습니다. 지난번 오순절 성령강림 사건 때도 똑같은 일이 벌어졌기 때문입니다.

믿는 사람이 다 함께 있어 모든 물건을 서로 통용하고(행 2:44).

그때의 예루살렘교회와 지금의 교회가 다른 점이 있다면, 그것은 "자기 재물을 조금이라도 자기 것이라 하는 사람이 없었다"라는 부연 설명입니다. 처음에는 그런 사람이 더러 있었다는 뜻으로 읽히는 이유입니다. 새로운 문화를 받아들이는 것은 그만큼 쉬운 일이 아닙니다. 아마도 나중에 제자 공동체에 들어온 사람 가운데 그 문화를 이해하지 못하는 사람이 있었던 것으로 보입니다. 그런데 이번에는 그런 차이가 완전히 사라진 것입니다. 그 이유가 무엇입니까? 성령의 충만입니다. 성령이 그들의 삶을 흔들어 놓으신 것입니다. 그래서 그들도 성령의 다스림을 온전히 받아들이게 되었던 것이지요.

여기에서 우리는 교회의 교회다움을 가늠할 수 있는 기준이 바로 '공동체성'이라는 사실을 다시 깨닫게 됩니다. 교회의 구성원들이 얼마나 끈끈하게 서로에게 연결되어 있는가를 살펴보면 그 교회의 교회다움을 알 수 있습니다. 만일 예배 시간에 옆자리에 앉은 사람이 누구인지도 모르는 상태에서 하나님께 예배한다면, 우리는 그리스도의 몸을 이루어가는 교회라고 말할 수 없습니다. 목회자가 성도들의 이름을 알지도 못하고, 성도들이 목회자에게 스스럼없이 다가가지도 못하는 그런 구조의 교회는 믿음의 공동체가 아닙니다.

그런데 지금까지 수많은 교회가 이와 같은 공동체성을 희생시키면서 교회의 크기를 키우는 일에만 집중해 온 것이 부인할 수 없는 사실입니다. 이 땅에 교회가 존재하는 이유는 '대형 교회'가 되기 위해서가 아닙니다. '교회다운 교회'가 되기 위해서입니다. 그것이 증인 공동체로 탄생한 예루살렘교회가 우리에게 남겨준 아름다운 신앙의 유산입니다.

가난한 사람이 없는 공동체

오늘 본문에서는 특히 다른 사람들의 필요를 채우기 위해서 재산과 소유를 팔아 헌금하는 구체적인 예들이 더욱 강조되고 있습니다.

33사도들이 큰 권능으로 주 예수의 부활을 증언하니 무리가 큰 은혜를 받아 34그 중에 가난한 사람이 없으니 이는 밭과 집 있는 자는 팔아 그 판 것의 값을 가져다가 35사도들의 발 앞에 두매 그들이 각 사람의 필요를 따라 나누어 줌이라(행 4:33-35).

예루살렘교회 성도들은 자신의 여유 재산을 팔아 그 값을 사도들에게 가져왔습니다. 그리고 사도들은 '각 사람의 필요를 따라' 그것을 나누어 주었습니다. 어떤 분은 이 모습을 '초기 공산주의'로 설명하려고 합니다만, 아닙니다. 공산주의는 모든 재산을 1/N로 똑같이 나누어 가지는 것입니다. 말하자면 강제적인 소유 분배입니다. 그러나 예루살렘교회의 나눔은 그런 것이 아니었습니다. 필요한 사람에게 자발적으로 나누어주는 기쁨의 헌신이었습니다.

그런데 무엇이 이와 같은 '삶을 나누는 헌신'에 자발적으로 참여할 수 있게 했을까요? 본문에 한 가지 단서가 나옵니다. 그것은 "무리가 큰 은혜를 받았다”라는 말씀입니다. NIV성경은 “하나님의 은혜가 그들 안에 강력하게 작용했다”(God's grace was so powerfully at work in them all)라고 번역합니다. 무엇을 통해서 하나님의 은혜가 그렇게 강력하게 작용했나요? 사도들이 증언한 ‘주 예수의 부활’에 대한 말씀입니다. 예수 그리스도 복음의 메시지로 큰 은혜를 받게 되니 그들 중에 가난한 사람이 없게 되었던 것입니다.

이것은 우리에게 아주 중요한 진리를 가르쳐줍니다. 하나님의 은혜를 체험한 사람들은 결코 삶을 나누는 일에 인색하지 않게 된다는 사실입니다. 그런데 은혜를 받았다고 하는 사람 중에 오히려 더 많이 가지려고 욕심을 부리는 교회와 교인들을 종종 볼 수 있습니다. 그것은 진짜 은혜를 받은 게 아닙니다. 이기적인 욕심을 부추기는 가짜 메시지에 현혹된 사람들일 뿐입니다. 예루살렘교회의 사도들이 전한 메시지는 오직 한 가지, ‘주 예수의 부활’이었습니다. 예수님의 죽으심과 부활이 누구를 위한 것인지를 강력하게 선포했습니다. 바로 그 메시지에 사람들은 ‘큰 은혜’를 받았던 것입니다.

그렇습니다. 십자가 사건은 자기를 부인하게 합니다. 십자가의 복음은 세상의 욕심으로부터 우리를 자유롭게 합니다. 십자가의 은혜 앞에서 사람들은 이 세상 물질의 소유보다 더욱 소중한 가치를 발견하게 됩니다. 그것은 ‘하나님 나라’의 가치입니다. 구원받은 하나님의 백성이 되어 하나님 나라에 들어가게 되는 일입니다. 그렇기에 여분의 밭과 집을 팔아서 가난한 사람에게 나누어 줄 수 있는 것입니다. 필요에 따라 나누어 주니까 예루살렘교회는 가난한 사람이 하나도 없는 공동체가 될 수 있었던 것입니다.

자발적인 나눔 공동체

여기에서 우리는 두 가지 특징을 발견하게 됩니다. 하나는 다른 사람의 필요에 관심을 가지기 시작했다는 것입니다. 이것은 은혜받은 사람들의 특징이기도 합니다. 십자가의 은혜를 받은 사람은 자아도취에 빠지지 않습니다. 오히려 다른 사람의 필요에 눈을 뜨기 시작합니다. 그들을 위해서 할 수 있는 일을 찾기 시작합니다. 그래서 다른 사람보다 더 많이 가지고 있는 것을 기꺼이 내어놓게 되는 것입니다.

다른 하나는 자발성입니다. 자기의 소유를 포기하고 내놓는다는 것은 사실 누구에게도 쉽지 않은 일입니다. 돈 많은 사람이 헌금을 많이 할 것 같지만, 실제로는 그렇지 않습니다. 그렇다고 그와 같은 헌신을 강제적으로 요구할 수도 없는 일입니다. 물론 어떤 목사님들은 그런 식으로 헌금을 강요하기도 합니다. 또는 축복과 헌금을 맞바꾸라고 부추기기도 합니다. 그 어느 것도 올바른 태도는 아닙니다.

헌금은 은혜를 받은 사람들이 자원하여 하나님께 드리는 예물입니다. 아무리 좋은 일을 위해서라도 이와 같은 '자발성'이 보장되지 않는 헌금은 진정한 의미의 헌금이라고 할 수 없습니다. 예루살렘교회에서는 밭이나 집을 팔아서 헌금하라고 강요하지 않았습니다. 단지 주 예수 그리스도의 십자가 복음을 선포했을 뿐입니다. 그런데 그 메시지에 은혜를 받은 사람들이 자발적으로 자신의 소유를 내어놓기 시작했던 것입니다.

바나바가 바로 그 대표적인 인물입니다.

[36]구브로에서 난 레위족 사람이 있으니 이름은 요셉이라 사도들이 일컬어 바나바라 (번역하면 위로의 아들이라) 하니 [37]그가 밭이 있으매 팔아 그 값을 가지고 사도들의 발 앞에 두니라(행 4:36-37).

'바나바'의 본명은 '요셉'입니다. 그는 구브로(Cyprus) 출신의 디아스포라 유대인으로서 레위 지파에 속한 사람이었습니다. 후에 바나바는 사도 바울의 등장에 결정적인 역할을 하게 됩니다. 바나바의 뜻은 '위로의 아들'(son of encouragement)입니다. 격려하고 위로하여 세우는 그의 성품을 잘 드러내는 이름입니다. 바로 여기에서 '권면하며 위로하는 사람'이라는 의미의 '권사'(勸士)라는 평신도 직분이 나오게 된 것입니다.

아무튼 바나바가 밭을 팔아 사도들의 발 앞에 두었습니다. 재산을 팔아서 교회에 헌금한다는 것은 아주 급진적인 행동입니다. 그에게 도대체 무슨 일이 일어난 것일까요? 성령의 진동이 그의 삶을 흔들어 놓았던 것입니다! 그 일로 인해서 예루살렘교회에서 사람들에게 칭찬을 받게 되고 또한 지도력을 인정받게 되었습니다. 그는 자신의 재산을 자원하여 바친 최초의 인물이었습니다. 무엇이든지 선구자가 되기가 쉽지 않습니다. 그래서 사람들은 언제나 선구자를 기억합니다. 바나바의 헌신이 다른 사람들의 헌신을 불러일으켰기 때문에 누가는 특별히 그를 기억하여 여기에 기록하고 있는 것입니다.

물론 바나바의 헌신은 순수한 동기에서 비롯되었습니다. 다음 시간에 살펴볼 아나니아와 삽비라 부부의 헌신과는 전혀 다른 것이었습니다. 바나바는 자기에게 돌아올 반사이익을 계산하여 헌금하지 않았습니다. 그래서 하나님께서 지도자로 높여주셨던 것입니다. 믿음의 공동체에는 언제나 바나바와 같은 지도자가 필요합니다.

오늘 말씀을 묵상하면서 우리는 큰 도전을 받게 됩니다. 만일 우리가 신앙생활하는 공동체 안에 가난한 사람이 있다면, 그것은 형제의 필요에 대해 충분한 관심을 가지지 못하고 있다는 증거입니다. 또한 그것은 십자가의 복음에 담긴 '큰 은혜'를 맛보지 못하고 있다는 증거입니다. 그래서 우리에게 성령의 충만함이 필요합니다. 우리의 삶을 흔드는 성령의 진동이 필요한 것입니다.

묵상 질문: 나는 지금까지 자원하여 누군가를 도와준 적이 있는가?

오늘의 기도: 하나님 아버지, 우리 교회가 받은 은혜를 서로 나누는 증인 공동체가 되게 하옵소서. 예루살렘교회처럼 우리 자신의 필요를 채우는 일보다 함께 신앙생활하는 형제들의 필요에 더 많은 관심을 가지게 하옵소서. 그리고 우리가 할 수 있는 일을 찾아서 서로의 부족함을 채워나가게 하옵소서. 그리하여 이 땅에서부터 하나님 나라의 기쁨을 맛볼 수 있게 하옵소서. 예수님의 이름으로 기도합니다. 아멘.

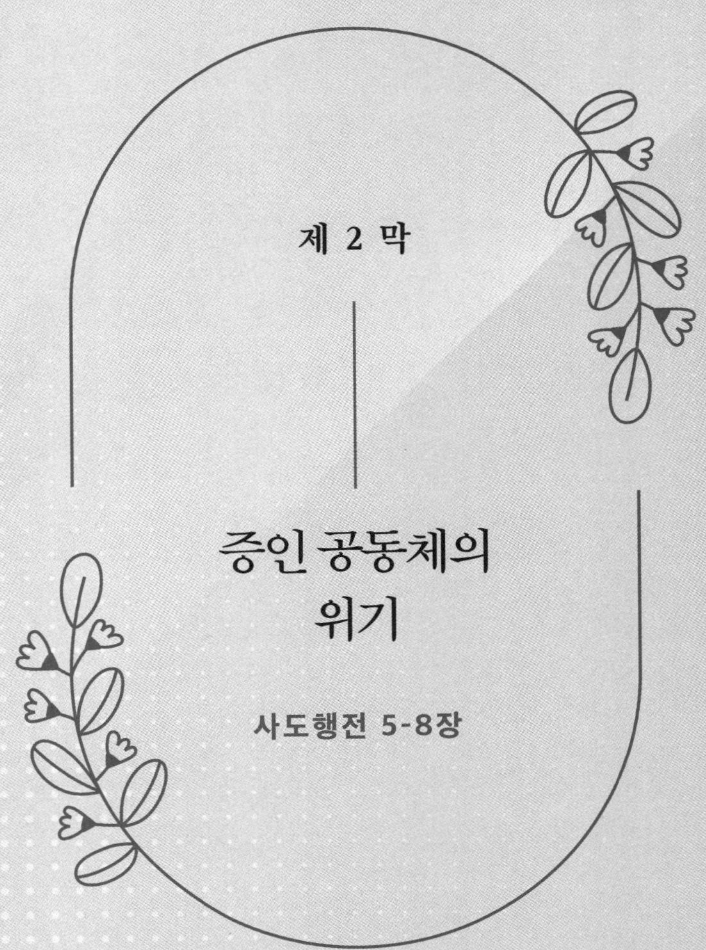

제 2 막

증인 공동체의
위기

사도행전 5-8장

성령을 속이는 죄

읽을 말씀: 사도행전 5:1-11

새길 말씀: 베드로가 이르되 아나니아야 어찌하여 사탄이 네 마음에 가득하여 네가 성령을 속이고 땅값 얼마를 감추었느냐(행 5:3).

예루살렘교회는 짧은 시간 안에 폭발적인 부흥을 이루었습니다. 오순절 당일에만 신도가 3천 명이 더해졌고(행 2:41), 성전 미문 치유 사건 후에는 5천 명으로 늘어났습니다(행 4:4). 성인 남성의 숫자만 그 정도였으니, 여성이나 아이들까지 생각한다면 실제 예루살렘교회 신도는 적어도 2만 명 이상이 되었을 것입니다. 당시 예루살렘 주민이 10만 명 미만이었다고 하니 그리스도인의 비율이 얼마나 높았는지 알 수 있습니다.

유대교 지도자들로서는 더 이상 가만히 두고 볼 수 없는 상황이 된 것입니다. 솔로몬의 행각에서 군중에게 설교하던 베드로와 요한을 급하게 체포하여 가둔 것도 바로 그 때문이었습니다. 산헤드린 공회의 실세는 사두개인이었습니다. 그동안은 전면에 잘 나서지 않았지만, 이번에는 달랐습니다. 예수님의 부활을 증언하는 베드로와 요한을 체포하는 일에 사두개인이 앞장

섭니다. 그렇게 나서지 않으면 안 될 정도로 그리스도인의 성장세가 큰 위협으로 다가왔던 것입니다.

그런데 사도들을 산헤드린 법정에 세우기는 했지만, 어떻게 처벌할지 방법을 찾지 못했습니다. 그래서 "예수의 이름으로 말하지도 말고 가르치지도 말라"(행 4:18)고 경고하고 풀어줄 수밖에 없었습니다. 그러나 그런 협박에 고분고분해질 제자들이 아니지요. 아니나 다를까 예루살렘교회 성도들은 더욱 힘써서 기도했고, 성령이 충만하여 더욱 담대히 하나님의 말씀을 전했습니다. 한 걸음 더 나아가서 이제는 자신의 소유를 적극적으로 나누는 생활 공동체로 발돋움하기 시작했습니다. 이런 추세라면 예루살렘에서 그리스도인이 대세(大勢)가 되는 것은 시간문제일 뿐이었습니다.

그러나 선 줄로 생각하는 자는 넘어질까 조심해야 합니다(고전 10:12). 기독교 역사에서 교회는 외부적인 요인으로 인해서는 잘 무너지지 않습니다. 박해와 핍박이 심할수록 오히려 더 부흥합니다. 그러나 내부적인 문제가 생기면 이야기가 달라집니다. 하나님 백성이라는 공동체의 정체성을 상실하면 교회는 의외로 아주 쉽게 무너집니다. 외부적인 박해보다 더욱 심각한 내부적인 공동체의 위기가 바로 이때 예루살렘교회 안에 싹트고 있었습니다.

아나니아 부부의 죄

그 위기는 바나바가 자신의 밭을 팔아서 헌금한 것을 모방하려고 했던 아나니아와 삽비라 부부의 불순한 동기에서 시작되었습니다.

> [1]아나니아라 하는 사람이 그의 아내 삽비라와 더불어 소유를 팔아 [2]그 값에서 얼마를 감추매 그 아내도 알더라 얼마만 가져다가 사도들의 발 앞에 두니(행 5:1-2).

아나니아와 삽비라 부부도 자신의 소유를 팔아 헌금하기로 했습니다. 이미 살펴본 것처럼 예루살렘교회 성도의 헌금은 어디까지나 '자발적'인 헌신이었습니다. 누가 시켜서 하는 것도 아니고, 어떤 계획적인 의도에 따라서 강제로 거두어들이지도 않았습니다. 오로지 경제적인 도움이 필요한 믿음의 형제들에게 나누어 주려는 소박한 마음으로, 남들보다 조금 더 넉넉히 가지고 있는 것을 팔아서 헌금했을 뿐입니다. 그것은 정말 아름다운 자기희생이며 물질의 욕심에서 자유로운 순수한 믿음의 열매였습니다.

그러나 아나니아 부부의 마음에는 불순한 동기가 자리 잡고 있었습니다. 다른 사람들이 모두 참여하는데 혼자서만 가만히 있을 수 없어서 헌금하기로 한 게 아니었습니다. 바나바가 헌금을 통해서 교회 안에서 인정과 칭찬을 받고 지도력을 발휘하는 모습을 보고 부러워하는 마음이 생겨서 그것을 적극적으로 따라 하기로 했던 것입니다. 그러니까 그들의 헌금은 자기에게 돌아올 반사이익을 먼저 계산한 결과입니다. 그 자체가 이미 잘못된 출발입니다.

동기가 어찌 되었든 처음 마음먹은 대로 실행했다면 결과가 달라졌을지 모릅니다. 그런데 도중에 마음이 바뀌었습니다. 일단 소유를 팔기는 했는데, 목돈을 보니까 아깝다는 생각이 든 것입니다. 그래서 아나니아는 삽비라와 공모하여 땅을 판 돈의 일부를 몰래 숨겨두고는 나머지를 사도들에게 가져왔습니다. 가져온 것만 해도 상당한 액수였습니다. 어쩌면 바나바가 드린 헌금보다 많았을지도 모릅니다. 또한 원래 자기의 소유인데 얼마를 떼어둔다고 해서 흠이 되지 않습니다. 헌금은 어차피 자원하는 만큼만 하는 것이기 때문입니다.

문제는 그것이 결과적으로 성령을 속이는 죄가 되었다는 사실입니다.

³베드로가 이르되 아나니아야 어찌하여 사탄이 네 마음에 가득하여 네가 성령을 속

이고 땅 값 얼마를 감추었느냐 4땅이 그대로 있을 때에는 네 땅이 아니며 판 후에도 네 마음대로 할 수가 없더냐 어찌하여 이 일을 네 마음에 두었느냐 사람에게 거짓말 한 것이 아니요 하나님께로다(행 5:3-4).

베드로는 성령이 충만한 사람이었기에 즉시 아나니아의 속마음을 알아차릴 수 있었습니다. 그는 아나니아와 대면합니다. "아나니아야, 어찌하여 사탄이 네 마음에 가득하여 네가 성령을 속이고 땅값 얼마를 감추었느냐?" 메시지성경은 "네가 어찌하여 사탄에게 넘어가 성령께 거짓말하고 땅값의 일부를 몰래 떼어두었느냐?"라고 풀이합니다. 사탄이 마음에 가득하다(Satan has so filled your heart, NIV)는 것은 사탄에게 마음을 빼앗겼다는 뜻입니다. 사탄에게 마음이 넘어갔다는 뜻입니다.

아이러니하게 베드로 자신이 예수님에게 똑같은 말씀을 들은 적이 있었습니다. 주님이 십자가의 고난과 죽음을 예고하셨을 때의 일입니다. 베드로가 정색하면서 반대하고 나서자, 예수님이 그에게 말씀하셨습니다. "사탄아, 내 뒤로 물러가라. 네가 하나님의 일을 생각하지 아니하고 도리어 사람의 일을 생각하는도다"(막 8:33). 표면적인 명분이 어떠하든지, 하나님의 일을 생각하지 않는다면 사탄에게 이용당하고 있는 것입니다. 지금 베드로의 입에서 똑같은 말이 나오고 있는 것입니다.

아나니아는 거액의 헌금을 했습니다. 그러나 그 마음은 성령이 아니라 사탄으로 가득했습니다. 얼마나 많이 헌금했는지 또는 얼마를 감추었는지는 사실 문제가 아닙니다. 성령을 속이려고 했다는 것이 문제입니다. '성령을 속이는 것'은 곧 '성령을 거스르는 모독죄'와 같고, 그것은 '영원히 사하심을 얻지 못하는 영원한 죄'가 되기 때문입니다. 사람에게 거짓말하는 죄는 용서받을 수 있지만, 하나님을 속이려 하고 성령을 모독하는 일은 절대로 용서받을 수 없습니다(막3:29). 그 벌은 곧 죽음입니다.

5아나니아가 이 말을 듣고 엎드러져 혼이 떠나니 이 일을 듣는 사람이 다 크게 두려워하더라 6젊은 사람들이 일어나 시신을 싸서 메고 나가 장사하니라(행 5:5-6).

베드로의 말이 떨어지자마자 아나니아는 곧바로 쓰러져서 죽었습니다. 아나니아가 정말 그런 벌을 받을 만큼 큰 죄를 지은 것일까요? 가만히 생각해 보면 오늘날에는 아나니아보다 더 못된 사람들이 많습니다. 아나니아는 그래도 큰마음을 먹고 헌금하려고 했습니다. 그런데 제대로 헌금하지도 않으면서 오히려 교회에서 대접받으려고 하는 사람이 얼마나 많습니까? 만일 하나님께서 겉 다르고 속 다른 위선적인 태도로 신앙생활하는 사람을 아나니아처럼 벌하신다면, 아마도 교회마다 장례 치르느라고 엄청 바쁠 겁니다. 그런데 오늘날에는 왜 그런 일들이 벌어지지 않을까요?

그것은 예루살렘교회가 이제 막 탄생하던 초창기라는 사실을 염두에 두고 이해해야 합니다. 교회의 가장 큰 특징은 삶을 나누는 희생과 헌신이었습니다. 바나바는 그것을 북돋우는 훌륭한 역할을 했습니다. 그러나 아나니아의 속임수는 증인 공동체에서 생활 공동체로 발돋움하려고 하는 교회의 뿌리를 흔들 수 있는 시험 거리였습니다. 만일 그것을 그냥 내버려둔다면, 교회는 꽃을 피워보지도 못하고 무너질 수 있는 위기가 될 것입니다. 그래서 아나니아를 엄하게 벌하셨던 것입니다. 말하자면 하나님께서 일벌백계(一罰百戒)하신 셈입니다.

성령을 시험하는 죄

아무튼 아나니아는 죽었습니다. 사람이 죽었으니 장사를 치러야 합니다. 유대인의 장례 풍습은 가능한 한 빨리 당일에 시신을 무덤에 안치해야 합니다.

아나니아의 시신도 그렇게 처리되었던 것으로 보입니다.

7세 시간쯤 지나 그의 아내가 그 일어난 일을 알지 못하고 들어오니 8베드로가 이르되 그 땅 판 값이 이것뿐이냐 내게 말하라 하니 이르되 예 이것뿐이라 하더라(행 5:7-8).

그런데 아나니아가 죽은 지 세 시간쯤 지나서 삽비라가 그 자리에 나타났습니다. 삽비라는 그의 남편에게 무슨 일이 벌어졌는지 모르고 있었습니다. 어떻게 그런 일이 가능할까 궁금합니다. 그동안 삽비라는 도대체 무슨 일을 하느라고 남편이 죽었다는 사실도 몰랐던 것일까요?

아나니아와 삽비라가 함께 나타나지 않고 시차를 두고 등장한 것으로 미루어서, 그들이 서로 다른 역할을 분담했을 가능성을 생각하게 됩니다. 다시 말해 아나니아가 사도들에게 가서 헌금을 바치는 사이에, 삽비라는 나머지 돈을 잘 숨겨두거나 어떤 다른 곳에 투자하기 위해서 비밀리에 그 일을 시행하고 있었던 것이지요.

실제로 삽비라는 아나니아가 얼마 만큼의 돈을 감추었는지 처음부터 잘 알고 있었습니다(2절). 따라서 단순히 알고도 모른 척 묵인한 정도가 아니라 보다 적극적으로 그 돈을 감추는 역할을 맡았을 것이라는 추측이 가능해집니다. 그렇다면 나중에 왜 사도들에게 나타났을까요? 그것은 거액을 헌금했으니, 그 이후에 남편 아나니아의 위상이 얼마나 달라졌는지 또는 사도들의 반응이 어떤지 확인하기 위해서였을 것입니다.

사도들이 "너희가 땅을 팔고 받은 돈이 이것이냐?"라고 질문했을 때, 삽비라는 자기를 칭찬하기 위해서 사실 관계를 확인하는 질문으로 생각했던 것 같습니다. 그래서 "예, 그게 전부입니다"라고 대답했던 것이지요. 만일 남편에게 어떤 일이 벌어졌는지 알았더라면 그렇게 대답하지는 않았을 것입니다. 거짓말은 또 다른 거짓말을 낳게 되어 있습니다.

삽비라도 아나니아처럼 베드로를 속일 수 있다고 생각했습니다. 그러다가
아나니아와 똑같이 쓰러져 죽고 말았습니다. 때마침 아나니아를 장사하고
돌아온 젊은 사람들이 이번에는 삽비라를 메어다가 남편 곁에 장사하게
되었습니다. 그렇게 남편과 아내가 하루에 모두 죽임을 당하는 이런 비극이
예루살렘교회 공동체 안에서 일어난 것입니다.

그 이유가 무엇입니까? 아나니아는 '성령을 속이는 죄'를 범했기 때문이었
고(3절), 삽비라는 '성령을 시험하는 죄'를 범했기 때문이었습니다(9절). '성령
을 속이는 죄'는 겉과 속이 다른 위선을 의미한다면, '성령을 시험하는 죄'는
그 음모에 적극적으로 동참하는 행위를 의미한다고 할 수 있습니다.

그런데 당시의 가부장적인 문화에서 이 일은 아나니아가 주도적으로
진행했을 것입니다. 그렇다고 삽비라에게 아무 잘못이 없는 것은 아닙니다.
그녀는 잘못된 일이라는 것을 잘 알면서도 거부하지 않고 오히려 적극적으로
동참했습니다. 아나니아는 성령을 속일 수 있다고 생각했고, 삽비라는 그
음모에 적극 가담했습니다. 그 모두 성령을 대적하는 일이었고, 그 죄의
삯은 사망이었던 것입니다.

하나님은 시험당하는 것을 싫어하십니다. 하나님을 시험하는 사람은
자신의 믿음 없음을 드러내는 것입니다. 그리고 결국 하나님의 권위와 능력에

대적하는 것입니다. 이집트에서 탈출한 이스라엘 백성은 '맛사'라는 곳에서 여호와 하나님을 시험했습니다. 마실 물이 없다는 이유로 그들은 모세와 하나님을 원망하였습니다. 그러나 그것은 표면적인 이유였고, 실제로는 하나님의 존재에 대한 시험이었습니다.

"하나님께서 이곳에 우리와 함께 계시는가 계시지 않는가 하고 하나님을 시험했기 때문이다"(출 17:7, 메시지).

이렇게 하나님을 시험하는 것은 이스라엘 백성의 아주 오래된 못된 버릇이었습니다. 처음에는 하나님께서 참아주셨습니다. 그러나 거듭되는 시험에 하나님은 결국 그들을 심판하실 수밖에 없었습니다. 그래서 출애굽 세대 중에서는 오직 여호수아와 갈렙만이 가나안 땅에 들어갈 수 있었던 것입니다. 이 일을 시편 78편 기자는 다음과 같이 기록합니다.

40그들이 광야에서 그에게 반항하며 사막에서 그를 슬프시게 함이 몇 번인가 41그들이 돌이켜 하나님을 거듭거듭 시험하며 이스라엘의 거룩하신 이를 노엽게 하였도다 (시 78:40-41).

하나님을 시험하는 것은 곧 하나님께 반항하는 것이요, 결국 하나님의 노여움을 사게 하는 것입니다. 그것이 바로 마귀의 유혹입니다. 마귀에게 시험을 받으시는 장면에서, 성전 꼭대기에서 뛰어내리라는 유혹에 예수님은 "주 너의 하나님을 시험하지 말라"(눅 4:12)는 말씀으로 물리치셨습니다. 그 말씀이 바로 신명기 6장을 인용한 것입니다.

16너희가 맛사에서 시험한 것 같이 너희의 하나님 여호와를 시험하지 말고 17너희의 하나님 여호와께서 너희에게 명하신 명령과 증거와 규례를 삼가 지키며(신 6:16-17).

결국 하나님을 시험하는 것은 하나님을 의심한다는 뜻입니다. 하나님이 진짜 계시는지 또는 하나님이 그 말씀대로 행하실 것인지 믿어지지 않아서 하나님을 테스트해 보는 것입니다. 남편이 헌금을 속이려고 했을 때 삽비라가 그 음모에 적극 가담한 이유는 하나님을 한번 테스트하고 싶었기 때문입니다. 그렇게 하나님을 시험하다가 오히려 하나님의 심판을 받게 된 것이지요.

경외심의 교훈

아무튼 아나니아와 삽비라 사건은 정말 비극적인 일이었습니다. 그것도 삶을 진동하게 하는 성령의 역사를 통해서 '증인 공동체'가 '생활 공동체'로 변화되어 가는 결정적인 순간에 그런 일이 벌어졌다는 점에서 더 충격적입니다.

여기에서 우리는 중요한 교훈을 얻게 됩니다. 아무리 좋은 뜻으로 시작한 일이라도 인간의 죄로 말미암아 얼마든지 잘못될 수도 있다는 사실입니다. 또한 비록 소수이기는 하지만 믿음의 공동체 안에 그런 사람이 언제나 존재한다는 사실입니다. 그리고 소수의 잘못된 선택으로 공동체 전체가 고통을 받게 될 수도 있다는 사실입니다.

아나니아와 삽비라의 죽음은 그 누구도 상상하지 못했던 비극이었지만, 그것은 하나님에 대한 경외심을 환기한 교훈적인 사건이 되었습니다.

온 교회와 이 일을 듣는 사람들이 다 크게 두려워하니라(행 5:11).

이 대목에서 비로소 '교회'라는 단어가 등장합니다. 여기에 사용된 '에클레시아'(ekklesia)는 '불러냄을 받은 회중의 모임'을 의미합니다. 이것은 유대교의 '회당'(시나고그)과 구분되는 그리스도인의 모임을 가리키는 특별한 용어로 사용된 것입니다.

아무튼 온 교회 신도와 교회 밖에 있는 사람들까지 모두 아나니아와 삽비라의 이야기를 듣게 되었고, 그들은 모두 '크게 두려워하였다'라고 합니다. 지금까지 제자 공동체는 외부의 박해로부터 두려움을 느꼈습니다. 예수님이 부활하고 승천하신 후에도 제자들은 박해에 대한 두려움 때문에 바깥출입을 삼가고 있었습니다. 그러다가 성령강림 이후에 능력을 받고 그 두려움을 극복하여 담대히 나가서 복음을 증언했습니다.

그런데 이제는 새로운 종류의 두려움이 생겨났습니다. 그것은 하나님에 대한 두려움이었습니다. 아나니아와 삽비라는 교회의 신도였습니다. 물론 조금 위선적이기는 했지만, 자기 소유를 팔아서 헌금하려고 했던 사람이었습니다. 그 정도만 해도 쉽지 않은 헌신입니다. 그런데 그것이 성령을 속이려고 했던 시도였음이 밝혀지고, 그것으로 인해 죽임까지 당하게 되었으니, 사람들에게 두려움이 생기지 않을 수 없었습니다.

그러나 이 두려움은 하나님을 믿는 사람들에게는 꼭 필요한 것입니다. 하나님에 대한 두려움을 성경은 '경외'(敬畏)라는 말로 표현합니다. 하나님을 만만하게 여기다가는 큰코다칩니다. 예루살렘교회 성도들에게 그 엄숙한 교훈을 얻게 해주었다는 점에서 아나니아와 삽비라의 비극적인 사건은 오히려 유익이 되었습니다. 그래서 메시지성경은 이 부분을 다음과 같이 풀이합니다.

이즈음에 이 일을 들은 온 교회는 물론 모든 사람들 안에 하나님께 대한 깊은 경외심이 생겼다. 하나님을 함부로 대해서는 안 된다는 것을 알게 된 것이다(행 5:11).

하나님은 사랑이 풍성하신 분이지만, 그렇다고 함부로 대해서는 안 됩니다. 성령을 속이고 성령을 시험하는 것은 하나님을 가벼이 여기는 태도입니다. 그러다가는 정말 큰일 난다는 사실을 알아야 합니다. 아나니아와 삽비라 사건이 바로 하나님에 대한 깊은 경외심을 갖게 해준 기회가 되었습니다.

그러나 결과적으로는 유익이 되었다고 하더라도, 아나니아와 삽비라 사건과 같은 불행한 일들은 교회 안에서 절대로 일어나지 말아야 합니다. 그래서 우리는 주님이 말씀하신 것처럼 시험에 들지 않도록 기도해야 합니다. 성령을 속이거나 시험하는 사탄의 유혹에 빠지지 않도록 늘 깨어서 기도해야 하는 것입니다.

묵상 질문: 나의 신앙생활에 숨어 있는 불순한 동기는 없는가?

오늘의 기도: 하나님 아버지, 우리는 어떤 경우에도 하나님을 시험하지 않게 하옵소서. 그러다가 믿음의 공동체에 시험 거리가 될까 두렵습니다. 언제나 하나님의 말씀에 순종하여 따르는 사람이 되게 하옵소서. 그런 사람에게 복을 주시겠다고 분명히 약속하셨사오니, 우리가 바로 말씀에 순종하여 복 받는 사람이 되게 하옵소서. 예수님의 이름으로 기도합니다. 아멘.

증언에 따르는 박해

읽을 말씀: 사도행전 5:12-32

새길 말씀: 17대제사장과 그와 함께 있는 사람 즉 사두개인의 당파가 다 마음에 시기가 가득하여 일어나서 18사도들을 잡아다가 옥에 가두었더니(행 5:17-18).

지난 시간에는 아나니아와 삽비라 부부가 헌금으로 성령을 속이려고 하다가 오히려 벌을 받아 죽임을 당하는 이야기를 살펴보았습니다. 그 사건은 지금까지의 좋았던 분위기에 찬물을 끼얹는 일이었습니다. 어쩌면 예루살렘 교회의 존립을 위협하는 심각한 문제가 될지도 모릅니다. 실제로 지난 2천 년의 기독교 역사는 외부의 박해로 무너진 교회보다 공동체 내부의 문제로 맥없이 허물어진 교회가 훨씬 더 많았기 때문입니다.

생명의 역사

다행히도 이때 예루살렘교회는 그리 크게 흔들리지 않았습니다. 아나니아 부부의 비극적인 죽음을 넉넉히 덮어버리고도 남을 만큼 생명의 역사가 나타났기 때문입니다.

> 12사도들의 손을 통하여 민간에 표적과 기사가 많이 일어나매 믿는 사람이 다 마음을 같이하여 솔로몬 행각에 모이고 13그 나머지는 감히 그들과 상종하는 사람이 없으나 백성이 칭송하더라 14믿고 주께 나아오는 자가 더 많으니 남녀의 큰 무리더라 (행 5:12-14).

아나니아와 삽비라에 대한 하나님의 심판은 정당한 것이었습니다. 성령을 속이고 하나님을 시험하는 사람은 그렇게 벌받아야 마땅합니다. 그러나 만일 그런 일이 계속해서 일어난다면 어떻게 될까요? 조만간 그 교회는 문을 닫아야 합니다. 교회는 생명의 역사가 나타나야 부흥하게 되어 있습니다. 다행스럽게 이때 사도들의 손을 통해서 많은 '표적'(signs)과 '기사'(wonders)가 나타났습니다. 물론 사도들의 역사가 아니라 성령의 역사입니다. 그렇게 교회의 위기를 넘어서게 하신 것입니다.

이때의 상황이 뒤에 자세하게 나옵니다(15-16절). 사람들은 병든 사람을 메고 거리에 나가 이부자리에 누이고 베드로가 지나가기를 기다렸습니다. 혹시라도 베드로의 그림자가 스치고 지나가면 병 고침을 받을 것이라 기대했던 것입니다. 그럴 정도로 놀라운 역사가 많이 나타났습니다. 그렇다고 실제로 베드로의 그림자가 기적을 일으켰다고 생각하면 안 됩니다. 사도들은 언제나 '나사렛 예수 그리스도의 이름'(행 3:6)으로 병든 사람을 치유하고 더러운 귀신을 쫓아냈습니다.

아무튼 많은 표적과 기사가 나타나면서 예루살렘교회 성도들은 아예 공개적인 자리에서 모임을 가지기 시작했습니다. 그곳이 바로 '솔로몬 행각'이었습니다. 얼마 전 성전 미문 치유 사건 때 사람들이 모여들었던 바로 그곳입니다. 믿는 사람들이 마음을 같이하여 그렇게 모이기 시작하니, "감히 그들과 상종하는 사람이 없었다"라고 합니다. 그리스도인의 모임에 합류하는 것을 꺼리게 되었다는 뜻입니다. 하긴 거짓말을 했다가는 당장에 죽어버리는데 무서워서 어떻게 그 모임에 나갈 수 있겠습니까?

그러나 그다음 말씀이 더 중요합니다. "백성이 칭송하더라!" 믿는 사람의 모임에 직접 합류하지는 않았지만, 그렇다고 해서 뒤에서 욕하거나 시기하지는 않았습니다. 오히려 그들을 칭찬했습니다. 그렇다면 비록 지금은 거리를 두고 지켜보고 있지만, 조만간 그리스도인의 모임에 참여하게 될 것입니다. 아니나 다를까 실제로 믿고 주께 나아오는 자가 더 많아졌는데, '남녀의 큰 무리'였다고 합니다.

메시지성경은 이렇게 풀이합니다. "한편, 주님을 믿는 사람들은 남녀 할 것 없이 도처에서 더 늘어났다." 그러니까 병 고치러 왔다가 예수님을 믿게 된 사람들이 폭발적으로 증가했던 것입니다. 이와 같은 구원과 생명의 역사를 통해서 예루살렘교회는 아나니아 부부가 일으킨 공동체의 위기에서 벗어날 수 있었습니다.

기적적인 탈출

그러나 믿는 사람이 더 늘어날수록 산헤드린 공회의 경계심은 더욱더 날카로워졌습니다. 어느 날 그들은 예루살렘교회를 향한 탄압을 본격적으로 시작합니다.

[17]대제사장과 그와 함께 있는 사람 즉 사두개인의 당파가 다 마음에 시기가 가득하여 일어나서 [18]사도들을 잡아다가 옥에 가두었더니(행 5:17-18).

성전 미문 치유 사건이 일어났을 때도 사두개파가 앞장서서 베드로와 요한을 체포했지요. 그들은 부활을 믿지 않는 사람이었습니다. 제자들이 예수님의 부활을 담대히 선포하자 그냥 내버려둘 수 없었던 것입니다. 이번에는 대제사장과 사두개파가 합세하여 베드로와 요한뿐만 아니라 사도들을 모두 체포하여 옥에 가두었습니다.

지난번 베드로와 요한의 재판에서 그들은 사실상 진 것이나 마찬가지였습니다. 제대로 처벌하지도 못하고 그냥 말로 경고하고 놓아줄 수밖에 없었기 때문입니다. 가뜩이나 자존심이 상해 있던 차에 사도들이 더욱 대담하게 솔로몬 행각에서 공개적으로 모임을 가지기 시작했으니, 가만히 놔둘 수 없었겠지요. 그러나 사도들을 가두었다고 해서 사두개파가 원하는 방식대로 모든 일이 진행되는 것은 아닙니다.

¹⁹주의 사자가 밤에 옥문을 열고 끌어내어 이르되 ²⁰가서 성전에 서서 이 생명의 말씀을 다 백성에게 말하라 하매 ²¹그들이 듣고 새벽에 성전에 들어가서 가르치더니… (행 5:19-21a).

그날 밤에 사람의 말로는 도무지 설명할 수 없는 놀라운 일이 일어났습니다. 천사가 감옥 문을 열고 사도들을 모두 끌어냈던 것입니다. 뒤의 말씀을 읽어보면, 감옥 문은 그대로 잠겨져 있었고 간수들도 그대로 문에 서 있었다고 합니다(23절). 그런데도 사도들은 감쪽같이 그곳에서 탈출했던 것입니다. 게다가 그 사실을 아무도 알아차리지 못했습니다. 바로 이것이 하나님께서 이루시는 구원의 역사입니다.

그런데 우리의 시선을 끄는 것은 기적적인 탈출 장면이 아닙니다. 천사가 사도들에게 말합니다. "가서 성전에 서서 이 생명의 말씀을 다 백성에게 말하라!" 아니, 감옥에서 탈출했으면 먼 곳으로 도망가야지, 산헤드린의 본거지인 성전으로 가라고 하니 이해할 수 없습니다. 게다가 성전에 서서 백성에게 "이 생명의 말씀을 전하라!"(and tell the people all about this new life. NIV)라고 하십니다. 오직 예수 안에서만 맛볼 수 있는 '이 새로운 삶'을 선포하라는 것입니다. 그것이 증인 공동체가 존재하는 이유입니다. 그 일을 하라고 감옥에서 나오게 하신 것입니다.

더욱 놀라운 것은 사도들이 천사의 명령에 즉시 순종했다는 사실입니다. 그들은 성전으로 갔습니다. 그리고 담대히 서서 생명의 말씀을 전했습니다. 그때가 언제였습니까? 바로 '새벽녘'(at daybreak)이었습니다. 그 새벽에 성전에 들어와 있던 사람들이 과연 얼마나 되었을까요? 아마도 소수였을 것입니다. 어쩌면 사도들의 숫자보다 적었을지도 모릅니다. 그런데 그들에게 생명의 말씀을 전했던 것입니다.

새벽에 성전에서 말씀을 전하는 것은 마치 당국자들에게 "우리가 여기 있으니 잡아가시오!"라고 선언하는 것과 같습니다. 세상 사람들이 볼 때는 정말 어리석은 일입니다. 그러나 그들은 하나님의 말씀에 순종했습니다. 순종이 곧 믿음입니다.

산헤드린의 당황

제자들이 성전에서 말씀을 전하고 있던 바로 그 시간, 산헤드린 공회원들도 모였습니다.

> … 대제사장과 그와 함께 있는 사람들이 와서 공회와 이스라엘 족속의 원로들을 다 모으고 사람을 옥에 보내어 사도들을 잡아오라 하니(행 5:21b).

새벽같이 산헤드린을 소집한 이유는 어제 체포한 사도들을 재판하기 위해서였습니다. 공회원은 물론이고 이스라엘 족속의 원로들까지 다 소집되었습니다. 예수님을 재판할 때도 그들은 새벽같이 모였습니다. 이번에도 그 꼭두새벽에 모두 나왔으니, 열정이 정말 대단합니다. 문제는 그 열정이 사람을 살려내기 위한 것이 아니었다는 사실입니다.

명색이 제사장이요 종교 지도자인데 그리고 모인 곳이 예루살렘 성전 구내인데, 그들은 하나님께 기도하거나 예배하지 않았습니다. 단지 어떻게 하면 사도들을 정죄하여 죽일 것인가를 의논하기 위해서 모였습니다. 하나님의 뜻을 알기 위해서가 아니라 자신들의 기득권을 유지하기 위해서 모인 것입니다.

그들은 기세등등해서 감옥에 가두어둔 사도들을 데려오라고 명령합니다. 하나님께서 그동안 어떤 일들을 행하셨는지 알지도 못하면서 허세를 부렸던 것입니다.

> 22부하들이 가서 옥에서 사도들을 보지 못하고 돌아와 23이르되 우리가 보니 옥은 든든하게 잠기고 지키는 사람들이 문에 서 있으되 문을 열고 본즉 그 안에는 한 사람도 없더이다 하니 24성전 맡은 자와 제사장들이 이 말을 듣고 의혹하여 이 일이 어찌 될까 하더니(행 5:22-24).

감옥 문은 든든하게 잠겨 있었습니다. 게다가 간수가 졸고 있었던 것도 아닙니다. 안에 들어가서 확인해 보니 마땅히 있어야 할 죄수들이 보이지 않는 겁니다. 그 소식을 듣고 사람들은 '의혹'하였다고 합니다. NIV성경은 '당황했다'(were at a loss)라고 번역합니다. 그때 누군가가 와서 더욱 황당한 일을 보고합니다. 그 죄수들이 지금 성전에서 백성을 가르치고 있더라는 것입니다.

> [25]사람이 와서 알리되 보소서 옥에 가두었던 사람들이 성전에 서서 백성을 가르치더이
> 다 하니 [26]성전 맡은 자가 부하들과 같이 가서 그들을 잡아왔으나 강제로 못함은
> 백성들이 돌로 칠까 두려워함이더라(행 5:25-26).

그 즉시 '성전 경비대 대장'(the captain of the temple guard)이 부하들을 데리고 가서 사도들을 다시 잡아 왔지만, 그들을 거칠게 다루지는 못했습니다. 왜냐하면 백성들이 돌을 들고 폭동을 일으켜 대항할 것이 몹시 두려웠기 때문입니다. 백성들이 그리스도인들에게 호감을 가지고 있다는 사실을 그들은 잘 알고 있었습니다. 그래서 백성들을 두려워했던 것입니다. 지난번 베드로와 요한을 재판할 때도 똑같은 상황이었습니다(행 4:21). 처벌하고 싶지만 처벌하지 못했던 것은 바로 '백성들 때문'이었습니다.

권력자들이 대단한 힘이 있는 것처럼 보여도 그들은 결국 사람들의 눈을 의식하고 두려워하는 연약하고 비겁한 존재에 불과합니다. 그러나 하나님을 경외하는 그리스도인은 사람들의 협박이나 평가로 인해 주눅 들지 않습니다. 하나님을 두려워하는 자는 사람들을 두려워하지 않게 되고, 하나님을 두려워하지 않는 자는 사람들을 두려워하게 되는 것입니다.

산헤드린의 심문

어쩌면 사도들이 산헤드린 법정에서 재판을 받지 않아도 될 뻔했습니다. 감옥에서 탈출하고 나서 그 길로 멀리 도망갈 수도 있었기 때문입니다. 그러나 하나님의 뜻은 현실도피가 아니었습니다. 그들은 복음을 전하도록

보냄을 받았고 또한 그 말씀에 순종했습니다. 그러다가 다시 체포되어 정식 재판을 받게 되었던 것입니다.

보통 사람들은 산헤드린 법정의 분위기에 압도당하게 마련인데, 사도들은 지난번과 마찬가지로 오히려 당당하게 서서 복음을 증언하는 기회로 삼았습니다.

27그들을 끌어다가 공회 앞에 세우니 대제사장이 물어 28이르되 우리가 이 이름으로 사람을 가르치지 말라고 엄금하였으되 너희가 너희 가르침을 예루살렘에 가득하게 하니 이 사람의 피를 우리에게로 돌리고자 함이로다(행 5:27-28).

산헤드린 공회의 의장이었던 대제사장이 먼저 심문합니다. "우리가 이 이름으로 사람을 가르치지 말라고 금하지 않았느냐?" '이 이름'은 물론 '예수 그리스도의 이름'입니다. 그때 그들은 분명히 그렇게 협박했습니다. 그러나 베드로와 요한은 그 명령에 대한 거부 의사를 분명히 밝혔습니다. "하나님 앞에서 너희의 말을 듣는 것이 하나님의 말씀을 듣는 것보다 옳은가 판단하라. 우리는 보고 들은 것을 말하지 아니할 수 없다"(행 4:19-20).

만일 그 자리에서는 "예" 해놓고서 밖에 나와서 다른 행동을 했다면 이야기가 다릅니다. 그러나 처음부터 하나님의 역사를 증언하지 않을 수 없다고 선언했습니다. 그러니 약속 불이행을 이유로 사도들을 비난할 수는 없는 일입니다. 여기에서 우리는 매우 중요한 신앙적인 교훈을 얻게 됩니다. 하나님을 믿는 신앙의 태도는 장소나 상황에 따라서 달라지면 안 된다는 것입니다. 만일 가정에서나 교회에서나 사회에서 우리가 다른 태도를 보인다면, 우리가 증언하는 말에 설득력이 생기지 않습니다.

그러자 대제사장은 심문 중에 사도들의 영향력을 솔직하게 인정하는 말을 합니다. "너희가 너희 가르침을 예루살렘에 가득하게 했다." 이것을 NIV성경은 "너희의 가르침으로 예루살렘을 가득 채웠다"(You have filled Jerusalem with your teaching. NIV)로 번역합니다. 이것이야말로 우리 그리스도인이 세상 사람들에게 들어야 할 최고의 칭찬입니다.

우리가 전하는 예수 그리스도를 사람들이 자꾸 말하게 되고, 우리가 몸담고 신앙생활하는 공동체에 대해서 사람들이 자꾸 말하게 된다면, 그것은 우리가 보내심을 받은 자로서 마땅히 해야 할 일을 잘하고 있다는 증거입니다. 그러나 우리의 가르침이 세상에 아무런 영향력을 끼치지 못한다면, 그것은 우리가 사명을 제대로 감당하지 못한다는 뜻입니다.

대제사장의 그다음 말에서 우리는 산헤드린이 왜 그리스도인을 불편하게 생각하는지 그 이유를 발견하게 됩니다. "이 사람의 피를 우리에게 돌리고자 함이러라." 여기에서 '이 사람'은 물론 예수 그리스도를 가리킵니다. 그러니까 그리스도인들이 "예수 그리스도의 죽음을 산헤드린 공회의 탓으로 돌리려고 한다"라는 주장입니다.

실제로 베드로는 "너희가 십자가에 못 박은 예수를 하나님이 살리셨다"(행 4:10)라고 말했습니다. 예수님이 십자가에 처형될 만한 죄를 지으신 분이 아니라는 사실은 누구나 다 알고 있었습니다. 아무런 죄가 없는 사람을 죽이는 일에 산헤드린의 책임이 있다는 비난을 듣는 것은 물론 불편한 일입니다. 예수님에 대한 십자가 처형은 로마 당국에 의해서 집행되었으니 그들 탓이 아니라고 발뺌할 수 있을지도 모릅니다.

그러나 그것은 손바닥으로 하늘을 가리는 격입니다. 예수님을 죽이기 위한 음모를 산헤드린이 주도적으로 계획하고 실행했다는 사실은 삼척동자도 다 아는 이야기입니다. 그래 놓고 이제 와서 자신들에게 책임이 없다고 한다면 누가 그 말에 동의하겠습니까?

사도들의 증언

대제사장은 자기변명을 늘어놓았지만, 그에 대한 사도들의 대답은 언제나 똑같았습니다.

> ²⁹베드로와 사도들이 대답하여 이르되 사람보다 하나님께 순종하는 것이 마땅하니라 ³⁰너희가 나무에 달아 죽인 예수를 우리 조상의 하나님이 살리시고 ³¹이스라엘에게 회개함과 죄 사함을 주시려고 그를 오른손으로 높이사 임금과 구주로 삼으셨느니라 ³²우리는 이 일에 증인이요 하나님이 자기에게 순종하는 사람들에게 주신 성령도 그러하니라 하더라(행 5:29-32).

"사람보다 하나님께 순종하는 것이 마땅하다!"(We must obey God rather than human beings! NIV) 이것은 그 누구도 부정할 수 없는 전제입니다. 사실 대제사장이 먼저 이 말을 해야 했습니다. 그러나 정치적인 집단으로 변질된 산헤드린의 수장으로서 대제사장은 이런 말을 할 수 없습니다. 하나님께 순종하려면 자신의 욕심을 내려놓아야 하기 때문입니다. 하나님께 순종하려면 손해 볼 각오를 해야 하기 때문입니다.

베드로와 사도들은 성직자들로 구성된 산헤드린 공회원들에 비하면 평신도에도 미치지 못하는 사람들이었습니다. 그러나 그들은 언제라도 하나님께 순종할 준비가 되어 있었습니다. 그런 의미에서 그들은 유대교 성직자들보다 훨씬 높은 '믿음의 고수'들이었습니다. 직함이나 직분이 그들의 믿음을 드러내지 않습니다. 순종이 믿음의 유일한 척도입니다.

베드로는 계속해서 예수 그리스도의 십자가 사건을 증언합니다. "너희가 죽인 예수를 하나님이 살리셨다. 그분을 통해서 회개와 죄 사함을 주시려고 하나님께서 그를 구주로 높이셨다.” 이것이 복음의 가장 중요한 메시지입니다. 베드로는 새로운 설교를 준비할 필요가 없었습니다. 늘 똑같은 메시지입니다. 그리고 그것으로 충분했습니다. 우리도 마찬가지입니다.

아무튼 베드로는 산헤드린 법정에서도 예수 그리스도의 죽음과 부활이라는 일관된 메시지를 선포합니다. 그리고 이렇게 결론을 내립니다. “우리는 이 일에 증인이다”(We are witnesses of these things. NIV). 어떤 사건을 목격했다고 모두 증인이 되는 것은 아닙니다. 그 사건의 의미를 정확하게 전할 수 있어야 증인입니다. 그 일은 누가 해주십니까? 성령이 하십니다. “성령도 그러하다”(and so is the Holy Spirit. NIV).

산헤드린 법정에서 보인 베드로의 담대한 증언과 설득력 있는 말솜씨는 성령의 도우심이 아니고서는 달리 설명할 길이 없습니다. 성령의 도우심이 있을 때, 우리도 마땅히 순종할 말씀에 순종하고, 마땅히 증언할 복음을 증언할 수 있는 것입니다.

묵상 질문: 나는 입술로 전도하는가, 아니면 삶으로 전도하는가?

오늘의 기도: 하나님 아버지, 삶으로 전도한다는 핑계로 그동안 입술로 전도하지 못했던 우리의 부족함을 용서하옵소서. 어떤 상황에서도 증인 공동체로서 우리의 정체성이 흔들리지 않게 하시고, 우리가 마땅히 전해야 할 복음을 선포함으로 하나님 나라가 이 땅에 이루어지는 일에 쓰임 받는 귀한 인생이 되게 하옵소서. 예수님의 이름으로 기도합니다. 아멘.

세상이 감당하지 못할 사람

읽을 말씀: 사도행전 5:33-42

새길 말씀: 38이제 내가 너희에게 말하노니 이 사람들을 상관하지 말고 버려두라 이 사상 과 이 소행이 사람으로부터 났으면 무너질 것이요 39만일 하나님께로부터 났으면 너희가 그들을 무너뜨릴 수 없겠고 도리어 하나님을 대적하는 자가 될까 하노라…(행 5:38-39).

베드로와 사도들은 산헤드린 법정에서 당당하게 재판을 받았습니다. 오히려 그들을 기소하던 대제사장의 말에서 백성들을 두려워하는 마음과 사도들의 영향력을 인정하는 고백을 읽을 수 있었습니다. 그도 그럴 것이 사도들은 기적적으로 감옥에서 풀려나왔습니다. 얼마든지 도망갈 수도 있었 는데 오히려 성전에 들어가서 담대히 말씀을 가르치고 있었던 것입니다. 그것은 보통 사람들은 감히 흉내 낼 수 없는 행동입니다. 그들에게 무언가 믿는 구석이 있다는 뜻이 아니겠습니까?

가말리엘의 중재

아무튼 대제사장의 심문이 잘 통하지 않는 것을 보고서 산헤드린 법정의 분위기가 갑자기 험악해지기 시작했습니다.

³³그들이 듣고 크게 노하여 사도들을 없이하고자 할새 ³⁴바리새인 가말리엘은 율법교사로 모든 백성에게 존경을 받는 자라 공회 중에 일어나 명하여 사도들을 잠깐 밖에 나가게 하고 ³⁵말하되 이스라엘 사람들아 너희가 이 사람들에 대하여 어떻게 하려는지 조심하라(행 5:33-35).

산헤드린 공회원들은 격분하여 그 자리에서 당장 사도들을 죽이려고 했습니다. 상대방을 자신의 논리로 설득할 수 없을 때 사람들은 이런 식으로 폭력적인 방법을 선택하곤 합니다. 그러나 폭력을 사용한다는 것은 그들에게 정당한 명분이 없다는 것을 솔직하게 인정한다는 뜻입니다. 사도들의 잘못을 조목조목 따져서 증명할 수 없게 되니 무조건 힘으로 밀어붙이려고 하는 것이지요.

바로 이 대목에서 율법교사 가말리엘(Gamaliel)이 등장합니다. 가말리엘은 당시 유대인들에게 가장 존경받던 율법학자였습니다. 그는 바울의 스승이기도 했습니다(행 22:3). 그가 산헤드린 법정에서 발언하게 된 것은 사도들을 두둔하기 위해서가 아니었습니다. 그는 바리새인이었습니다. 사두개파가 주도하여 소집된 산헤드린 법정에서 그동안 조용히 지내왔습니다. 그러나 그들이 불필요하게 폭력적인 수단을 함부로 쓰려고 하자, 가말리엘은 그냥 입 다물고 있을 수가 없었던 것입니다.

그는 학자답게 당면한 문제를 이성적으로 판단하여 결론을 내리도록 조언합니다. 우선 사도들을 법정에서 잠깐 나가게 하고, 산헤드린 공회원들만 남았을 때 그들의 비이성적인 행동을 경고합니다. "너희가 이 사람들에 대하여 어떻게 하려는지 조심하라"고 하며 분위기를 바꾸었습니다. 결과적으로 가말리엘은 사도들에게 도움을 준 참으로 고마운 사람이 되었습니다. 그러나 그가 산헤드린 공회원들을 설득하는 말에서 우리는 '이성적'이라는 말로 포장된 심각한 오류를 발견하게 됩니다.

우선 가말리엘은 예수님을 그 이전의 거짓 메시아들과 비교하는 오류를 범했습니다.

> 36이 전에 드다가 일어나 스스로 선전하매 사람이 약 사백 명이나 따르더니 그가 죽임을 당하매 따르던 모든 사람들이 흩어져 없어졌고 37그후 호적할 때에 갈릴리의 유다가 일어나 백성을 꾀어 따르게 하다가 그도 망한즉 따르던 모든 사람들이 흩어졌느니라(행 5:36-37).

당시 팔레스타인에는 자칭 메시아들이 많이 등장하여 사람들을 미혹했습니다. 거짓 메시아들의 한결같은 공통점은, 그들이 로마의 압제에서부터 유다를 해방할 수 있는 적임자라고 주장한다는 사실입니다. '드다'(Theudas)와 '유다'(Judas)도 바로 그런 종류였습니다.

드다에 관해서는 우리에게 알려지는 이야기가 거의 없습니다. 지금 가말리엘의 말이 사실상 전부입니다. 그에 따르면 드다를 메시아로 믿고 따르던 사람들이 400명이나 되었다고 합니다. 예수님을 따르던 제자 공동체가 겨우 120명이었으니 400명은 적지 않은 숫자입니다. 그러나 드다가 잡혀서 처형되고 난 후에는 추종자들이 모두 흩어지고 흐지부지해지고 말았다는 것입니다.

그에 비해서 '유다'는 제법 유명한 사람입니다. 그는 갈릴리 출신으로 주후 6년경에 구레뇨가 세금 조정을 위한 인구 조사를 시행하자 그것에 저항하여 반란을 일으켰다가 실패한 사람입니다. 그는 이스라엘의 왕은 하나님이기 때문에 오직 하나님에게만 세금을 바쳐야 한다고 주장했습니다. 만일 로마에 세금을 바친다면 그것은 하나님을 모독하는 일이라고 선동했습니다. 유다 또한 처음에는 제법 세력을 불렸지만, 그가 처형되고 난 후에는 용두사미로 끝나고 말았습니다.

가말리엘은 예수님을 두 사람과 똑같이 취급하려고 합니다. 그에게 예수는 자칭 메시아에 불과했던 것입니다. 예수는 드다나 유다처럼 이미 죽임을 당했습니다. 전례대로라면 예수를 따르던 사람들은 이제 조만간 뿔뿔이 흩어지게 되어 있습니다. 그러니 예수의 제자들이 만드는 소동에 대해서 민감하게 반응하여 굳이 손에 피를 묻힐 필요가 없다는 논리입니다.

그러나 가말리엘은 한 가지 진실을 알지 못했습니다. 그것은 예수 그리스도가 가짜가 아니라 진짜 메시아였다는 사실입니다. 진짜 메시아를 가짜 메시아들과 동등하게 놓고 비교하거나 도매금으로 취급하는 것은 큰 잘못입니다. 예수님은 그냥 뛰어난 성인(聖人) 정도가 아닙니다. 그는 하나님의 아들이요 구세주이십니다.

예수님은 로마의 압제에서 이스라엘을 해방하기 위해서 오지 않으셨습니다. 온 인류를 죄와 사망의 권세에서 해방하여 구원하기 위하여 오셨습니다. 예수님은 진짜 메시아이시기 때문에 그를 죽여 무덤에 가두어둘 수 없습니다. 주님은 죽음 권세를 이기고 부활하셨습니다. 주님의 제자들이 왜 그렇게 목숨을 걸고 담대히 증언하는지 가말리엘은 전혀 이해하지 못했던 것입니다.

구경꾼의 논리

또한 가말리엘은 하나님의 일을 판단하는 데 잘못된 기준을 적용하는 오류를 범했습니다.

38이제 내가 너희에게 말하노니 이 사람들을 상관하지 말고 버려두라 이 사상과 이 소행이 사람으로부터 났으면 무너질 것이요 39만일 하나님께로부터 났으면 너희가 그들을 무너뜨릴 수 없겠고 도리어 하나님을 대적하는 자가 될까 하노라 하니(행 5:38-39).

가말리엘은 눈에 보이는 성공과 실패에 따라서 그것이 하나님에게서 온 일인지 아닌지를 판단할 수 있다는 논리를 폅니다. 다시 말해서 만일 인간에게서 난 계획이라면 반드시 실패하게 되어 있고, 하나님에게서 난 계획이라면 반드시 성공하게 되어 있다는 것입니다. 그러니 섣불리 개입하여 손댈 필요가 없습니다. 사람으로부터 난 일이라면 조만간 무너지는 것을 보게 될 것입니다. 하나님으로부터 난 일에 섣불리 손을 댔다가는 하나님을 대적하는 자가 될 것입니다. 따라서 그저 가만히 지켜보기만 하면 된다는 것입니다.

얼핏 들으면 아주 이성적이고 설득력이 있어 보이는 주장입니다. 실제로 산헤드린 공회원들은 그 말에 설득되어 사도들을 놓아주게 됩니다. 그러나 가말리엘의 논리는 '구경꾼의 논리'일 뿐 진리나 진실과는 아무런 관계가 없습니다. 그는 실제로 사도들이 행하는 일이 하나님에게서 난 것으로 생각하지 않았습니다. 그는 단지 손에 피 묻히는 것을 피하려고 중재에 나섰을 뿐입니다.

그런데 한번 생각해 보십시오. 가말리엘은 어떤 일의 성공과 실패를 보면 그것이 하나님이 하시는 일인지 알 수 있다고 말하는데, 그 최종 결과를 과연 사람들이 알 수 있을까요? 하나님의 일은 며칠 만에 끝나지 않습니다. 몇십 년, 몇백 년, 아니 그보다도 훨씬 긴 세월 동안 하나님은 일하십니다. 그런데 그 결과가 어떨지 겨우 백 년도 살지 못하는 인생이 어떻게 감히 헤아려 알 수 있단 말입니까?

아브라함에게 주신 세 가지 약속이 성취되는 과정을 보십시오. 그것이 어디 하루아침에 이루어졌습니까? 이삭을 주신 것만 해도 25년이 걸렸고, 하늘의 별처럼 많은 후손을 주신 것은 그보다 훨씬 더 긴 세월이 지나야 했습니다. 게다가 '성공'이 반드시 하나님이 하시는 일이라고 할 수 있을까요? 아니, 성공의 기준이 무엇입니까? 양적인 부흥과 물질적인 풍요가 성공의 기준입니까? 그렇다면 예수님의 죽음은 실패인가요?

따라서 성공을 보고 나서 하나님의 일인지 아닌지를 판단하겠다는 것은 그저 인간적인 얄팍한 계산일 뿐입니다. 진리에 대한 깊은 사고에서 나온 선택이 아니라 이에도 저에도 엮이고 싶지 않은 '구경꾼의 논리'에서 나온 선택일 뿐입니다. 사도들이 박해의 위협에도 불구하고 왜 그렇게 담대하게 주님의 죽으심과 부활을 증언하는지 조금이라도 깊이 생각해 보았다면, 가말리엘은 그런 식으로 적당히 중재하지는 않았을 것입니다.

능욕 받는 영광

어쨌든 폭력적인 방법을 사용하려던 산헤드린의 사두개파와 달리, 가말리엘은 논리적이고 이성적으로 문제를 해결하려고 했습니다. 그리고 그의 명성에 걸맞은 논리적인 설명에 산헤드린 법정의 분위기는 완전히 바뀌었습니다.

> 그들이 옳게 여겨 사도들을 불러들여 채찍질하며 예수의 이름으로 말하는 것을 금하고 놓으니(행 5:40).

가말리엘의 말은 설득력이 있었습니다. 산헤드린 공회원 중 그 누구도 반박하지 않았습니다. 그래서 그들은 사도들을 풀어주기로 했습니다. 물론 그냥 풀어준 것은 아닙니다. 사도들을 채찍질하고 예수의 이름을 말하는 것을 금하고 놓아주었습니다. 그런데 이때 그냥 곤장을 몇 대 때린 정도로 생각하면 안 됩니다. 여기에서 '채찍질'은 모세의 율법에 명시된 '태형'을 의미합니다. 그 규정이 신명기에 자세하게 나옵니다.

> [1]사람들 사이에 시비가 생겨 재판을 청하면 재판장은 그들을 재판하여 의인은 의롭다 하고 악인은 정죄할 것이며 [2]악인에 태형이 합당하면 재판장은 그를 엎드리게 하고 그 앞에서 그의 죄에 따라 수를 맞추어 때리게 하라 [3]사십까지는 때리려니와 그것을 넘기지는 못할지니 만일 그것을 넘겨 매를 지나치게 때리면 네가 네 형제를 경히 여기는 것이 될까 하노라(신 25:1-3).

태형은 최고 40대까지 때릴 수 있다고 되어 있지만, 실제로는 39대까지만 때렸습니다. 그 이유는 잘못 계산하여 그 한계를 넘는 일이 발생하지 않도록 하기 위해서였습니다. 누구든지 40대의 태형을 맞으면 죽음에 이르기 때문입니다. 사도 바울은 고린도교회에 보낸 편지에서 자신은 "사십에 하나 감한 매를 다섯 번 맞았다"라고 밝힙니다(고후 11:24). 죽기 직전까지 매를 맞았다는 뜻입니다. 아마 이때 사도들도 그렇게 매질을 당했을 것입니다. 그런 후에 석방되었던 것입니다.

베드로와 요한이 처음 재판을 받았을 때와 비교하면 박해의 강도가 아주 세졌습니다. 지난번에는 말로만 경고받았는데, 이번에는 죽을 만큼 호되게 채찍질한 다음 예수의 이름으로 말하는 것을 엄중히 경고하여 그들을 쫓아냈으니 말입니다. 앞으로 박해의 강도는 점점 더 거세질 것이 분명합니다. 그다음에는 과연 어떤 일이 벌어질까요? 얼마 지나지 않아 스데반이 체포되어 (6:8-15) 산헤드린의 재판을 받고 돌에 맞아 순교하게 될 것입니다(7:54-60).

이때 사도들도 자신이 언젠가 죽임을 당하게 될지도 모른다는 사실을 어느 정도 예견하고 있었을 것이 분명합니다. 그러나 그들은 박해를 두려움이나 공포심으로 받아들이지 않았습니다.

사도들은 그 이름을 위하여 능욕 받는 일에 합당한 자로 여기심을 기뻐하면서 공회 앞을 떠나니라(행 5:41).

사도들은 단지 예수님의 이름으로 복음을 전했다는 이유로 채찍질을 당했습니다. 정말 억울한 일입니다. 그들은 화를 낼 만한 충분한 자격이 있습니다. 그럼에도 그들은 화를 내지 않습니다. 오히려 '기뻐하면서' 공회를 떠났습니다. 그 이유가 무엇입니까? 그들은 예수의 이름을 위하여 능욕 받는 것을 오히려 영광으로 생각했던 것입니다.

이 부분을 메시지성경은 '예수 이름 때문에 치욕 당하는 영예'(the honor of being dishonored on account of the Name, MSG)라고 풀이합니다. '치욕 당하는 것'이 오히려 '영광'이라는 이 역설은 과연 어디에서 나왔을까요? 물론 예수님의 가르침에서 나왔습니다.

²²인자로 말미암아 사람들이 너희를 미워하며 멀리하고 욕하고 너희 이름을 악하다 하여 버릴 때에는 너희에게 복이 있도다 ²³그날에 기뻐하고 뛰놀라 하늘에서 너희 상이 큼이라 그들의 조상들이 선지자들에게 이와 같이 하였느니라(눅 6:22-23).

예수님이 예고하셨던 대로 박해를 받게 되었으니, 사도들은 주님이 약속하신 하늘의 상을 받을 자가 된 것입니다. 그래서 기뻐하고 즐거워했던 것입니다. 이런 박해의 세월을 한참 보낸 후에 베드로는 베드로전서에서 다음과 같이 기록합니다.

¹²사랑하는 자들아 너희를 연단하려고 오는 불 시험을 이상한 일 당하는 것같이 이상히 여기지 말고 ¹³오히려 너희가 그리스도의 고난에 참여하는 것으로 즐거워하라 이는 그의 영광을 나타내실 때에 너희로 즐거워하고 기뻐하게 하려 함이라 ¹⁴너희가 그리스도의 이름으로 치욕을 당하면 복 있는 자로다 영광의 영 곧 하나님의 영이 너희 위에 계심이라(벧전 4:12-14).

그리스도의 고난에 아무나 참여할 수 있는 것은 아닙니다. 그리스도의 고난은 오직 '영광의 영', 곧 '하나님의 영'이 임한 사람들만이 감당할 수 있는 시험입니다. 따라서 그리스도의 이름으로 치욕을 당하는 사람들은 그만큼 하나님께서 인정해 주셨다는 뜻입니다. 그러니 얼마나 영광스러운 일입니까?

산헤드린 법정에서 사도들이 태형을 맞고 풀려나면서도 즐거워하고 기뻐할 수 있었던 것은 바로 이 때문이었습니다. 예수님처럼 고난받고 능욕받는 것을 영광으로 생각하는 것은 오직 기독교 신앙에서만 발견할 수 있는 역설적인 진리입니다. 그렇다면 산헤드린 법정에서 풀려난 후에 사도들은

어떻게 지냈을까요? 산헤드린의 경고처럼 이제는 입 다물고 조용히 있었을
까요?

그들은 하나도 달라지지 않았습니다. 날마다 쉬지 않고 성전과 집에서
예수가 그리스도이심을 가르치고 전했습니다. 그렇게 욕을 먹고 조롱을
당하고 채찍을 맞고 살해의 위협과 협박을 받아도, 조금도 위축되지 않고
지금까지 해오던 사역을 계속 수행했던 것입니다.

히브리서 기자는 "이런 사람은 세상이 감당하지 못한다"(히 11:38)라고
밝힙니다. 메시지성경은 "세상은 그들을 감당할 자격이 없었다"(The world
didn't deserve them. MSG)라고 풀이합니다. 그렇습니다. 세상은 주님의 증인
을 감당하지 못합니다. 그들을 뜯어말릴 수 있는 사람은 없습니다. 그러니
그들을 죽인다고 해서 무엇이 달라지겠습니까?

실제로 스데반의 순교로 예루살렘교회에 대대적인 박해가 시작되었을
때, 많은 그리스도인이 세계 각국으로 흩어지게 됩니다. 그러나 그것은 단순히
목숨을 부지하기 위한 도피가 아니었습니다. 그들은 가는 곳마다 하나님
나라의 복음을 전했습니다. 그리고 가는 곳마다 믿음의 공동체인 교회를
세웠습니다. 세상이 감히 감당할 자격이 없는 이와 같은 '못 말리는 사람들'을
통해서 복음이 땅끝까지 전해지게 되었던 것입니다.

그런데 지금 우리의 모습은 어떻습니까? 우리는 조그만 일에도 자존심
상하고 상처받습니다. 우리가 복음 전하는 것을 주저하는 이유는 거절당하는
것에 대한 두려움 때문입니다. '무시당하면 어떻게 하나', '핀잔을 받으면

어떻게 하나', '손가락질받으면 무슨 창피이지?' 하는 생각들이 우리의 입을 스스로 틀어막고 있는 것입니다. 그러니 그리스도를 위해 받는 능욕을 어떻게 영광으로 생각할 수 있겠습니까?

죽음 권세를 이기신 예수 그리스도를 믿는다고 하면서 조그만 위협 앞에 벌벌 떤다면 우리는 믿음의 사람이 아닙니다. 그래서 우리에게 성령강림 사건이 필요한 것입니다. 성령의 권능이 부어져야 합니다. 그럴 때 우리는 땅끝까지 이르러 어디서든지 담대하게 주님의 죽으심과 부활을 증언하는 주님의 증인이 될 수 있는 것입니다.

묵상 질문: 복음 전하는 것을 주저하는 진짜 이유가 무엇인가?

오늘의 기도: 하나님 아버지, 예수의 이름을 위하여 능욕 받는 것을 오히려 영광으로 여기며 기뻐했던 사도들의 담대한 믿음을 우리에게도 주옵소서. 그들에게 부어주셨던 성령의 권능을 오늘 우리에게도 부어주옵소서. 그리하여 주님의 죽으심과 부활을 담대히 증언하는 참된 증인이 되게 하옵소서. 예수님의 이름으로 기도합니다. 아멘.

증인 공동체의 갈등

읽을 말씀: 사도행전 6:1-7

새길 말씀: 그때에 제자가 더 많아졌는데 헬라파 유대인들이 자기의 과부들이 매일의 구제에 빠지므로 히브리파 사람을 원망하니(행 6:1).

예루살렘교회는 점점 거세지는 산헤드린의 박해 위협에 믿음으로 잘 대처해 왔습니다. 욕을 먹고 조롱을 당하고 채찍을 맞고 살해의 위협과 협박을 받아도, 그들은 조금도 위축되지 않고 지금까지 해오던 사역을 계속 수행했습니다. 그러나 외부적인 박해보다 더욱 큰 위협은 사실 공동체 내부적 인 문제였습니다. 아나니아 부부의 사건이 바로 그 출발이었습니다. 경건을 이익의 재료로 이용하려고 하던 그들의 죄에 죽음이라는 강력한 징계가 내려졌고, 그로 인해 공동체의 분위기를 수습할 수 있었습니다.

교회 내의 분파

그러나 이번에는 그런 개인적인 문제가 아니라 공동체의 분파적인 갈등이 생겼습니다. 과부들에 대한 구제 사역에 불평거리가 생기면서 교회의 일치를 깨뜨리는 일이 발생한 것입니다. 그들이 이 문제를 어떻게 해결했을까 궁금해집니다.

> 그때에 제자가 더 많아졌는데 헬라파 유대인들이 자기의 과부들이 매일의 구제에 빠지므로 히브리파 사람을 원망하니(행 6:1).

외부적인 박해의 위협에도 불구하고 '제자'가 더 많아졌습니다. 여기에서 '신도'가 아니라 '제자'라고 표현하는 것을 눈여겨 두십시오. 그냥 교회에 출석하는 사람이 아니라 주님의 말씀을 믿고 따르는 사람이 많아졌다는 뜻입니다. 그것은 참 좋은 일입니다. 그런데 그와 더불어 내부적인 문제가 생겼습니다. 헬라파 유대인들이 자기의 과부가 매일의 구제에서 차별을 받는 일에 대해서 히브리파 사람을 공개적으로 비난하고 나선 것입니다.

사건의 자초지종을 알기 위해서 우리는 먼저 '헬라파 유대인'과 '히브리파 유대인'이 누구인지부터 정리할 필요가 있습니다. 헬라파 유대인(Hellenistic Jews)은 '헬라어를 사용하는 신자'(Greek-speaking believers)를 말합니다. 그에 비해서 히브리파 유대인은 '히브리어 또는 아람어를 사용하는 신자'(Hebrew-speaking believers)를 가리킵니다. 그런데 사실 어떤 언어를 사용하느냐 하는 것은 예루살렘교회 내에서는 아무 문제가 아니었습니다. 자기 재물을 자기 것이라 하는 사람이 없을 정도인데, 언어가 무슨 문제가 되겠습니까?

그런데 점점 시간이 지나면서 그들은 각각 '파'를 형성하게 되었고, 헬라파 유대인과 히브리파 유대인으로 나누어 자신들의 이익을 챙기게 되었던 것입니다. 그 분열에 빌미를 제공한 것은 바로 '과부에 대한 구제'였습니다.

'고아와 과부와 나그네'를 돕는 것은 하나님의 특별한 관심사요 율법의 가르침이었습니다(신 14:28-29). 예루살렘교회는 그 전통을 받아들여 처음부터 공동체 내의 약자를 돕는 것을 중요한 사역으로 삼았습니다(행 4:34). 그런데 그 아름다운 사역이 오히려 교회 내의 분파를 만들고 교회의 일치를 파괴하는 시험 거리가 되었던 것입니다.

그런데 예루살렘교회에 어떻게 헬라파 유대인 과부가 생겨났을지 궁금해집니다. 헬라어를 사용하는 사람이 왜 예루살렘에 와서 살고 있을까요? 그중에는 지난번 오순절에 예루살렘에 순례하러 왔다가 성령강림 사건을 통해서 기독교로 회심한 사람들도 있었을 것입니다. 그러나 그들이 전부는 아닙니다. 당시 디아스포라 유대인의 가장 큰 소망은 인생 말년에 예루살렘 성전 가까이에서 살다가 죽는 것이었다고 합니다. 그래서 아예 예루살렘으로 이주했다가 남편이 먼저 죽고 난 후에 과부가 된 사람이 적지 않았습니다. 그러다가 그들이 기독교 신앙을 가지게 되면서 예루살렘교회의 돌봄을 받게 되었던 것입니다.

아마도 예루살렘교회가 펼치는 활발한 구제 사역이 그들을 증인 공동체 안으로 끌어들인 측면도 있었을 것입니다. 그래서인지 헬라파 유대인 과부의 수가 히브리파 유대인의 과부에 비해서 더 많았다고 합니다. 그런데 매일 양식을 배급받는 과정에서 차별 대우를 받은 것입니다. 여기에는 의사소통의 문제도 있었고 문화적인 거리감도 작용했을 것입니다. 아무튼 파벌 싸움의 본질은 '밥그릇 싸움'입니다. '공평성'을 상실할 때 치열한 밥그릇 싸움이 시작됩니다.

그런데 왜 이런 일이 사랑과 은혜가 충만했던 교회 안에서 벌어지게 되었을까요?

열두 사도가 모든 제자를 불러 이르되 우리가 하나님의 말씀을 제쳐 놓고 접대를 일삼는 것이 마땅하지 아니하니(행 6:2).

사실 예루살렘교회 내에서 헬라파 유대인의 과부를 의도적으로 차별하려고 했던 사람은 아무도 없었습니다. 단지 성도의 숫자가 점점 많아짐에 따라서 그 사역도 점점 많아져서 미처 사도들이 골고루 챙기지 못하게 되었던 것이지요. 그러고 보면 열두 사도는 모두 히브리파 유대인입니다. 그들도 사람인지라 히브리파 유대인 과부를 더 많이 알고 있었고, 그들부터 우선 챙기게 되었겠지요. 아무리 본의가 아니었다고 하더라도 사역자들이 공평성을 잃게 되면 공동체에는 반드시 갈등과 분열이 생겨납니다.

사도들은 문제의 원인을 금방 알아차렸습니다. "우리가 하나님의 말씀을 제쳐 놓고 접대를 일삼는 것이 마땅하지 않다." 이는 매일 구제하는 일에 매달리다가 보니까 구제 사역도 공평하게 집행하지 못하게 되었고, 말씀 사역에도 소홀하게 되었다는 솔직한 자기반성입니다. 목회자에게 가장 중요한 일은 말씀 사역입니다. 그 사역에 집중할 때 공평성을 잃어버리지 않게 됩니다. 구제 사역이 아무리 중요하다고 하더라도 그 일을 목회자가 모두 책임지려고 하면 반드시 문제가 생깁니다.

사역의 분담

아무튼 헬라파 유대인과 히브리파 유대인의 갈등은 예루살렘교회에 큰 상처를 남겼습니다. 반면에 그 문제는 사도들에게 가장 중요한 일은 '말씀 사역'이라는 것과 평신도 지도자들의 필요성을 확인하는 좋은 계기가 되었습니다. 그리고 실제로 사도들을 대신하여 구제 사역을 담당할 일곱 집사를 선택하게 됩니다.

> ³형제들아 너희 가운데서 성령과 지혜가 충만하여 칭찬 받는 사람 일곱을 택하라 우리가 이 일을 그들에게 맡기고 ⁴우리는 오로지 기도하는 일과 말씀 사역에 힘쓰리라 하니(행 6:3-4).

교회의 사역을 감당하는 평신도 지도자는 과연 어떤 자격을 갖추어야 할까요? 여기에는 기능적인 능력이 고려되어야 할지도 모릅니다. 그러나 그것만으로는 충분하지 않습니다. 오히려 그보다 더욱 우선되어야 할 기준이 있습니다. 오늘 본문에서 사도들은 평신도 지도자로 세워질 사람의 자격을 세 가지로 이야기합니다. '성령과 지혜가 충만하여 칭찬받는 사람'이 바로 그것입니다.

'성령이 충만한 사람'은 '성령으로 가득 채워져 있는 사람'(men full of the Holy Spirit, MSG)이라는 뜻입니다. 그것은 단순히 감정적으로 성령의 임재를 체험한 정도가 아닙니다. 오히려 성령의 온전한 다스림을 받는 사람을 말합니다. 교회에서 이루어지는 사역은 하나님의 뜻과 하나님의 방법이 우선되어야 합니다. 성령의 다스림 없이 사역을 시작하면 어느 한쪽으로 치우치게 됩니다. 또한 쉽게 탈진하거나 시험에 빠질 수도 있습니다. 그렇기에 그 일을 감당할 가장 중요한 자격은 성령의 온전한 다스림을 받아들이는 성령 충만한 사람입니다.

'지혜가 충만한 사람'은 '분별력이 있는 사람'(men full of good sense, MSG)입니다. 성령이 주시는 분별력을 우리는 '지혜'(wisdom)라고 말합니다. 성령을 충만하게 받았다고는 하는데, 실제로는 아주 몰상식하게 행동하는 사람이 참 많습니다. 성령의 다스림을 받아들이는 사람은 하나님이 주시는 지혜와 분별력을 갖게 됩니다. 그런 사람들은 다른 사람의 생각을 무시하고 무조건 밀어붙이는 독불장군식으로 일하지 않습니다. 오히려 잘 설득하고 다독여서 하나님의 마음을 품고 함께 일할 수 있게 합니다.

'칭찬받는 사람'은 '믿을 수 있는 사람'(men whom everyone trusts, MSG) 입니다. 이것은 모든 성도에게 검증되어야 한다는 뜻입니다. 일부에게 인정받는 것은 그리 어려운 일이 아닙니다. 그러나 모든 사람에게 신뢰를 받는 것은 정말 어려운 일입니다. 한번 생각해 보십시오. 만일 소수와 잘 지내던 사람에게 구제 사역을 맡긴다면 과연 어떤 일이 벌어질까요? 불공평의 문제가 더욱 심화할 것입니다. 그러니 모든 사람이 믿을 수 있고, 모든 사람에게 칭찬받는 사람이 사역을 맡아야 덕스럽고 은혜롭게 감당할 수 있는 것입니다.

이처럼 성령과 지혜가 충만하고 칭찬받는 사람을 평신도 지도자로 세워야 한다는 원칙에 따라서 일곱 명의 집사가 뽑히게 됩니다. 그 후에 사도들은 '기도 사역'과 '말씀 사역'에 집중할 수 있게 되었습니다. 인간은 시간과 공간이라는 한계 안에서 살아갑니다. 따라서 모든 것을 할 수도 없고, 모든 곳에 있을 수도 없습니다. 목회자가 만능일 수 없습니다. 시간 사용에서도 선택과 집중을 할 수밖에 없습니다. 그것이 바로 '기도'와 '설교'여야 한다는 것입니다.

교회의 규모가 커지면 그에 비례하여 사역이 많아집니다. 그것을 모두 감당하면서 동시에 설교로 믿음의 공동체를 섬긴다는 것은 사실 불가능한 일입니다. 따라서 교회가 건강하게 성장하려면 사역의 분담이 꼭 필요합니다. 몇몇 사람에게 사역이 집중되어 있다면, 그것은 교회가 건강하지 못하다는 증거입니다.

일곱 집사

그런데 어떤 공동체에 문제가 생긴다는 이야기는 역설적으로 그 공동체가 살아 있다는 증거이기도 합니다. 아무런 문제가 없는 교회는 사실상 죽은 교회입니다. 예루살렘교회는 급성장하는 믿음의 공동체였습니다. 살아 있기 때문에 성장하고, 성장하기 때문에 문제도 생겨나는 것입니다. 따라서 문제가 생기는 게 문제가 아니라 그 문제를 어떻게 대처하고 극복하느냐가 정말 문제입니다.

예루살렘교회는 과부 구제 사역으로 인해서 생겨난 불평과 분파의 문제를 아주 지혜롭게 잘 해결했습니다. 평신도 지도자를 세우고 사도들과 함께 사역을 분담한 것입니다. 문제를 새로운 은혜의 기회로 삼게 된 것은 전적으로 성령의 인도하심이었습니다. 이제 사도들은 본연의 기도 사역과 말씀 사역에 집중하게 되었고, 평신도 지도자는 믿음의 지체들을 돌보고 세우는 일에 동역할 수 있게 되었습니다. 그렇게 해서 세워진 일곱 명의 집사 이름이 나옵니다.

> [5]온 무리가 이 말을 기뻐하여 믿음과 성령이 충만한 사람 스데반과 또 빌립과 브로고로와 니가노르와 디몬과 바메나와 유대교에 입교했던 안디옥 사람 니골라를 택하여 [6]사도들 앞에 세우니 사도들이 기도하고 그들에게 안수하니라(행 6:5-6).

평신도 지도자를 세우자는 사도들의 제안에 "온 무리가 기뻐하였다"라고 합니다. 사도들이 자신의 부족함을 솔직하게 인정하고 평신도에게 함께 사역하는 기회를 제공한 것에 대해서 모두 좋게 생각했던 것입니다. 그렇게 해서 세워진 사람들이 바로 일곱 집사입니다.

　그러나 엄밀하게 말하자면 '집사'라는 명칭이 이곳에 언급된 것은 아닙니다. 처음에는 그냥 일곱 명의 평신도 지도자를 세웠을 뿐입니다. 후에 '집사'라는 직분의 명칭이 주어진 것입니다(행 21:8). 집사(deacon)는 '종'(servant)이라는 뜻입니다. 물론 교회를 섬기는 사람이라는 의미에서 '종'이기도 하지만, 본래는 사도들에게 부과된 과중한 사역의 짐을 덜어주기 위하여 섬기는 '종'이라는 뜻입니다. 다시 말해서 사도들이 마땅히 해야 할 일이지만, 사도들을 대신하여 일하는 종이 바로 '집사'인 것입니다.

　이때 뽑힌 일곱 명 중에서 가장 유명한 사람은 기독교 최초의 순교자 '스데반'(Stephen)입니다. '빌립'(Philip)은 사마리아에 복음을 전하여 마술사 시몬을 회심시켰고(행 8:9-13), 에디오피아 여왕 간다게의 국고를 맡은 내시에게 전도하여 세례를 베풀기도 했습니다(행 8:26-40). 나머지의 행적에 대해서 성경은 언급하지 않지만, 전승에 따르면 그들은 모두 자신의 땅끝을 찾아가서 복음을 전하다가 최후를 맞이했습니다.

　그러나 한 사람, '니골라'(Nicholas)는 전혀 다른 길을 걸었습니다. '유대교에 입교했던 안디옥 사람'이라는 말로 보아 그는 본래 이방인이었지만 유대교로 개종했고, 또다시 기독교 신앙을 받아들였습니다. 후에 '니골라당'(Nicolaitans)을 만들어서 주님의 책망을 받았습니다(계 2:6). 초대 교부였던 이레니우스(Irenaeus of Lyons, c. AD 130~202)는 니골라당을 이단으로 정죄하면서 니골라를 집사 명단에서 삭제했습니다. 니골라는 성령으로 시작했다가 육체로 마친 나쁜 예입니다. '믿음과 성령이 충만한 사람'이라고 하더라도 얼마든지 잘못될 수 있습니다. 성령의 다스림이 지속되지 않으면 그렇게 됩니다.

예루살렘교회의 부흥

"아프고 나면 큰다"라는 말이 있습니다. 그것은 뒤집어도 진실입니다. 크려면 아파야 합니다. 성장은 반드시 '성장통'을 동반하게 되어 있습니다. 증인 공동체인 교회의 부흥도 역시 마찬가지입니다. 그냥 순탄하게 부흥하는 법은 없습니다. 대내외적인 저항과 문제들 속에서 교회는 부흥하게 되어 있습니다. 예루살렘교회는 특히 과부 구제 사역의 문제를 지혜롭게 잘 풀어냄으로써 더욱 부흥했습니다.

> 하나님의 말씀이 점점 왕성하여 예루살렘에 있는 제자의 수가 더 심히 많아지고 허다한 제사장의 무리도 이 도에 복종하니라(행 6:7).

제일 먼저 나타난 부흥은 '하나님의 말씀이 왕성해진 것'입니다. 이 부분을 NIV성경은 "하나님의 말씀이 퍼져 나갔다"(So the word of God spread. NIV)라고 표현합니다. "발 없는 말이 천리를 간다"라는 속담처럼 하나님의 말씀이 그렇게 널리 퍼져 나갔던 것입니다. 사도들이 평신도 지도자를 세우게 된 것은 말씀 사역에 집중하기 위해서였습니다. 그들의 약속처럼 다른 사역을 내려놓고 오직 말씀을 가르치고 선포하는 일에 집중했더니, 하나님의 말씀이 왕성하게 퍼져 나가게 되었던 것입니다. 이로써 사도들의 선택이 옳았다는 것이 증명되었습니다.

사도들이 마땅히 해야 할 일을 잘 감당하면 증인 공동체에 부흥의 역사가 나타납니다. 교회의 부흥은 하나님의 말씀이 점점 널리 퍼져 나가는 것입니다. 구제 사역이 아무리 중요하다고 해도, 그것이 교회가 존재하는 목적은 아닙니다. 예수님도 말씀하셨습니다. "가난한 자들은 항상 너희와 함께 있거니와 나는 항상 함께 있지 아니하리라"(마 26:11). 마리아가 향유 옥합을 깨뜨려 바쳤을 때 하신 말씀입니다. 제자들은 그 향유를 팔아서 가난한 자들에게 나누어주지 않고 쓸데없이 낭비했다고 목소리를 높였습니다. 그러나 예수님은 복음이 전파되는 곳에서 그 여인이 행한 일도 말해질 것이라고 극구 칭찬하셨습니다.

구제가 필요 없다는 뜻이 아닙니다. 주님의 복음을 전파하는 것이 우선이라는 뜻입니다. 사도들이 해야 할 최우선 사역은 가난한 사람들을 돌보는 게 아닙니다. 하나님의 말씀을 가르치고 선포하는 것입니다. 그 일을 하라고 부르심을 받았습니다. 그러나 지금까지 구제하는 일에 매달려 있느라고 말씀 사역에 소홀했고, 결국 구제 사역에도 문제가 생기고 말았습니다. 그런데 이제 마땅히 해야 할 일을 회복하고 나니 '말씀의 부흥'이 나타난 것입니다.

두 번째로 나타난 부흥은 "예루살렘에 있는 제자의 수가 더 심히 많아졌다"라는 것입니다. 단순히 신도의 숫자가 늘어난 것이 아닙니다. 그리스도를 따른 제자의 숫자가 급격히 증가한 것입니다. 지금까지 예루살렘교회는 계속해서 '양적인 부흥'을 이루어 왔습니다(행 2:41, 4:4). 그러나 이제는 '질적인 부흥'이 나타나기 시작한 것입니다. 그렇습니다. 기존 신자가 주님의 제자로 성숙해 가는 것도 교회의 놀라운 부흥입니다.

세 번째로 나타난 부흥은 "허다한 제사장의 무리도 이 도에 복종했다"라는 것입니다. 제사장은 유대교를 지탱하는 중추(中樞)였습니다. 그런데 그들 중에 적지 않은 허다한 무리가(a large number of priests) 예수님을 믿게 되었던 것입니다. 이 일은 당시 유대 사회에 엄청난 파장을 일으켰습니다. 앞으로 스데반의 순교와 예루살렘교회에 대한 대대적인 박해를 살펴보면서 확인하게 될 테지만, 산헤드린 공회가 그렇게 작심하고 그리스도인을 박해했던 것에는 제사장들의 단체 개종이 결정적인 동기가 되었습니다.

아무튼 말씀이 왕성하게 퍼져 나가는 '말씀의 부흥'과 많은 성도가 제자가 되는 '질적인 부흥'과 유대교 제사장들이 개종하는 '충격적인 부흥'으로 인해 예루살렘교회는 날마다 부흥했습니다. 그러나 이 부흥은 곧 박해라는 시험대에 오르게 될 것이고, 그 박해를 통해서 땅끝으로 흩어져 나가는 새로운 의미의 부흥이 시작될 것입니다.

생명은 성장과 부흥으로 증명됩니다. 우리의 몸에 매일 새로운 세포가 생겨나기 때문에 우리는 살아 있는 것입니다. 교회도 매일 새로운 부흥의 역사가 일어나야 살아 있다고 말할 수 있습니다. 부흥은 말씀이 왕성하게 퍼져 나가는 일부터 시작됩니다. 또한 기존의 신자들이 제자가 되는 질적인 변화로 나타납니다. 그리고 하나님을 껍데기로 믿고 있던 사람들이 진짜 하나님을 만나게 되는 충격적인 사건으로 폭발합니다. 이와 같은 부흥의 역사가 우리에게도 나타나기를 간절히 소망합니다.

묵상 질문: 나는 믿음의 공동체를 위해 어떤 사역을 감당하고 있는가?

오늘의 기도: 하나님 아버지, 이 땅의 모든 교회가 말씀과 성령 안에서 하나 됨을 이루게 하옵소서. 교회마다 성령 충만한 지도자들이 세워져서 모든 사역이 공평하고 지혜롭게 이루어지게 하옵소서. 또한 날마다 말씀이 왕성해지고 제자의 성숙이 지속되며, 복음이 널리 퍼져 나가는 그런 교회다운 교회가 되게 하옵소서. 예수님의 이름으로 기도합니다. 아멘.

스데반의 논쟁

읽을 말씀: 사도행전 6:8-15

새길 말씀: 스데반이 지혜와 성령으로 말함을 그들이 능히 당하지 못하여 사람들을
매수하여 말하게 하되 이 사람이 모세와 하나님을 모독하는 말을 하는 것을
우리가 들었노라 하게 하고(행 6:10-11).

지난 시간에는 헬라파 유대인의 과부가 매일의 구제에서 차별을 받는
일로 생겨난 예루살렘교회 공동체 내의 갈등과 분파의 위기를 살펴보았습니
다. 그들은 일곱 명의 집사를 세워서 구제 사역을 전담하게 함으로써 그
문제를 해결했습니다. 오늘은 그중의 하나였던 스데반 이야기를 해보려고
합니다.

헬라파 집사들

그에 앞서서 스데반을 비롯한 일곱 집사가 모두 헬라파 유대인이었다는
사실을 지적할 필요가 있습니다. 그들이 모두 헬라파 유대인이라는 것을

어떻게 알 수 있을까요? 우선 그들 중에는 히브리식 이름을 가진 사람이 없습니다. 스데반(Stephanos), 빌립(Philippos), 브로고로(Prochoros), 니가노르(Nicanor), 디몬(Timon), 바메나(Parmenas), 니골라(Nikolaos) 모두 헬라식 이름입니다. 특히 니골라는 아예 안디옥 출신의 '이방인 개종자'로 소개됩니다(행 6:5).

또한 그들의 행적을 보아도 알 수 있습니다. 스데반은 헬라파 유대인들과 논쟁하며 복음을 전하다가 예루살렘에서 순교합니다. 빌립은 사마리아와 가사와 아소도를 거쳐서 가이사랴에 정착하여 선교합니다. 그리고 이단으로 빠진 니골라를 제외한 나머지는 그들의 땅끝으로 찾아갑니다. 전승에 따르면 브로고로는 안디옥에서, 니가노르는 구브로에서, 디몬은 아라비아(오늘날 요르단)에서, 바메나는 마게도냐에서 각각 복음을 전하다가 순교했습니다. 아마도 자신의 출신 지역이거나 그와 가까운 곳이었을 것으로 보입니다.

여기에서 한 가지 궁금증이 생깁니다. 왜 하필이면 헬라파 유대인으로만 집사를 구성했을까요? 우리가 잘 알듯이 그들을 평신도 지도자로 세운 직접적인 동기는 과부 구제 사역에 문제가 생겼기 때문입니다. 헬라파 유대인 출신 과부들이 매일의 구제에 빠지는 것으로 인해 불평이 생겨났고, 그 문제를 해결하기 위해서 일곱 집사를 뽑았던 것입니다. 결국 문제를 제기한 헬라파 유대인에게 구제 사역의 책임을 전부 맡긴 셈입니다.

자, 그러면 어떤 일이 벌어질까요? 이번에는 거꾸로 히브리파 유대인 과부가 불이익을 당하지 않을까 걱정스럽습니다. 물론 그것이 세상의 상식입니다. 그러나 교회는 세상이 아닙니다. 세상과 다른 상식과 문화가 있는 곳입니다. 그들은 모두 헬라파 유대인이었지만, 동시에 한결같이 성령과 지혜가 충만하고 칭찬받는 사람들이었습니다. 그들은 성령의 인도하심에 따라서 주어진 사역을 공평하고 지혜롭게 잘 처리했습니다. 그러지 않았다면 교회의 부흥이 일어나지도 않았을 것입니다. 그런 점에서 사도들이 사역을 내려놓는 방식이 참으로 돋보입니다.

예루살렘교회는 불평을 가진 헬라파 유대인 중에서 대표자들을 뽑아 구제 사역을 책임지게 함으로써 공동체의 분열을 치유하고 교회를 교회답게 만들 수 있었습니다. 이것은 오늘날 밥그릇 싸움에 병들어가는 교회와 교단의 문제를 풀어가는 지혜로운 열쇠가 될 수 있을 것입니다. 문제를 제기하는 사람들을 세워주는 이와 같은 넉넉함은 오직 성령의 다스림 안에서만 경험할 수 있는 기독교 신앙의 역설입니다.

큰 기사와 표적

아무튼 예루살렘교회는 내부적인 문제를 부흥의 기회로 바꿈으로써 말씀이 더욱 왕성하게 퍼져 나갔고, 기존 신자 중에 제자로 헌신하는 수가 더 많아졌고, 심지어 유대교의 중추 세력인 제사장 그룹에서 적지 않은 무리가 개종하는 일이 생겨났습니다. 그러나 제사장들의 개종은 유대교 당국자들에게 위기감을 가져다주었고, 결국 예루살렘교회를 박해하는 빌미가 되었습니다.

스데반이 은혜와 권능이 충만하여 큰 기사와 표적을 민간에 행하니(행 6:8).

이전까지는 오직 사도들만이 기사와 표적을 행해 왔습니다(2:43). 그런데 사도들이 안수하여 세운 일곱 집사에게서 똑같은 역사가 나타나기 시작했습니다. 빌립도 사마리아에서 같은 표적을 행하였습니다(행 8:6). 이것은 사도들이 가지고 있던 능력이 안수를 통해서 일곱 집사에게 옮겨졌기 때문이 아닙니다. 오히려 그들이 교회 안에서 공적으로 책임 있는 사역을 하게 되었기 때문입니다. 그들은 단순히 구제 사역의 섬김만이 아니라 말씀을 증거하고 가르치는 일들을 하게 되었고, 그러는 과정에서 성령의 능력이 그들을 통해서 드러나게 된 것이지요.

자, 그런데 '기사와 표적'이 왜 필요할까요? 그것은 불신자들을 그리스도에게 인도하기 위해서입니다. 지금도 마찬가지입니다. 많은 경우에 기사와 표적을 경험함으로써 사람들은 예수님을 믿게 됩니다. 예를 들어 어떤 불치의 병이 고침을 받게 된다든가, 아이를 낳지 못하던 부부가 열심히 기도하여 아이를 갖게 된다든가 하는 경우입니다. 그것을 통해서 사람들은 하나님이 진짜 하나님임을 알게 되고 또한 믿게 되는 것입니다.

그러나 단순히 문제의 해결이나 병의 치유가 기사와 표적의 전부는 아닙니다. 삶의 의미를 알지 못하던 사람들이 예수 그리스도 안에서 진정한 삶의 가치를 발견하게 된다든가, 죄의 문제가 해결되어 죄책감이나 죄의식에서 해방되어 참다운 자유를 누리며 살게 된다든가 하는 것이 어떤 의미에서는 더욱 큰 기사와 표적이라고 할 수 있습니다. 아무튼 평신도 사역자를 통해서도 이와 같은 놀라운 일들이 나타나게 되었던 것입니다.

그러나 아무에게나 이런 일들이 나타나는 것은 아닙니다. 스데반은 '은혜와 권능이 충만한 사람'(a man full of God's grace and power)이었습니다. 앞에서 일곱 집사의 자격에 대해서 언급했듯이, 그들은 모두 성령이 충만하고 지혜가 충만하고 칭찬받는 세 가지 조건을 갖추고 있었습니다(6:3). 스데반도 그중의 하나였습니다. 거기에다가 '은혜와 권능'이 더해져 있었습니다. 스데반이 행한 기사와 표적은 하나님의 은혜와 권능이었던 것입니다.

직분이 표적을 행하게 하지 않습니다. 하나님의 은혜와 권능이 있어야 합니다. 따라서 정말 능력 있는 평신도 사역자가 되려고 한다면, 하나님으로부터 주어지는 은혜와 권능을 힘입어야 합니다. 메시지성경은 '권능'(power)을 '에너지'(energy)로 바꾸는데, 그것도 의미가 있습니다. 에너지가 있어야 어떤 사역이든지 힘 있게 감당할 수 있습니다. 건강도 에너지이고, 삶의 의욕과 열정도 에너지입니다. 그 에너지는 하나님을 위해서 헌신하는 자들에게 하나님께서 은혜로 부어주십니다.

자유민의 회당

예루살렘교회에 대한 박해는 엉뚱한 일로부터 시작되었습니다. 그 빌미를 제공한 사람은 바로 스데반이었습니다. 그는 사도들을 대신하여 과부 구제 사역을 책임질 일곱 명의 사역자 중의 한 사람으로 세워졌지만, 그의 사역은 교회 안에만 머물러 있지 않았습니다. 그는 은혜와 권능이 충만하여 큰 기사와 표적을 행하면서 사람들에게 예수 그리스도의 복음을 전하는 전도자가 되었습니다.

> 이른바 자유민들 즉 구레네인, 알렉산드리아인, 길리기아와 아시아에서 온 사람들의 회당에서 어떤 자들이 일어나 스데반과 더불어 논쟁할새(행 6:9).

스데반이 '자유민의 회당'(the Synagogue of the Freedmen)에 가서 그곳 사람들과 논쟁을 벌였습니다. 이 회당은 어떤 성격을 가진 곳이었으며 또한 스데반이 왜 이곳에 가서 논쟁하게 되었는지 궁금해집니다.

우선 예루살렘에 '성전'이 있는데, 왜 군이 '회당'이 필요한지에 대한 설명부터 해야 하겠습니다. 예루살렘 성전은 '예배'하는 곳입니다. 그러나 회당은 유대인 공동체가 모여서 함께 성경을 공부하고 토론하던 장소입니다. 회당은 바벨론 포로기에 생겨났는데, 포로 생활을 끝내고 고향에 돌아와서도 회당에서 모이는 일을 계속했던 것입니다.

안식일에 1km 이상을 여행할 수 없는 안식일 규정 때문에 유대인들이 사는 곳이라면 사방 1km 안에 최소한 한 곳 이상의 회당이 있어야 했습니다. 성인 열 명만 있으면 얼마든지 자유롭게 회당을 세울 수 있었습니다. 일부 자료에 따르면 주후 70년 예루살렘 성전이 파괴될 때 유대 지역에는 4백 개 정도의 회당이 있었다고 합니다.

이 회당은 오늘날의 미국 교회들처럼 인종적인 구분이나 선호도에 따라서 다양하게 형성되었습니다. 한인 교포들이 한인교회에 출석하는 것처럼 출신 배경이 같은 사람끼리 모이는 것이 일반적이었습니다. 본문에 등장하는 회당은 '자유민'(the Freedmen)이 출석하는 곳이었습니다. '자유민'이란 로마 제국에서 법적으로 자유로운 신분을 가진 사람들로, 노예와는 명확히 구별되었습니다. 유대인으로서 자유민이 되려면 상당액의 돈을 내야 했는데, 바울의 부친이 그렇게 해서 자유민의 지위를 획득한 것으로 보입니다.

따라서 이들은 '히브리파 유대인'이 아니라 '헬라파 유대인'이었습니다. 본문에 이들의 출신 지역이 언급되는데, 구레네(Cyrene)는 아프리카 북부의 리비아 중심 도시였습니다. 이곳에 디아스포라 유대인들이 아주 많이 살고 있었습니다. 역시 아프리카 북부에 있는 알렉산드리아(Alexandria)는 이집트의 수도로서 당시 로마 제국 안에서 두 번째로 큰 도시였습니다. 이곳에도 역시 많은 유대인이 살고 있었습니다.

길리기아(Cilicia)와 아시아(Asia)는 현재의 튀르키예에 있던 로마의 지방입니다. 길리기아 지방의 중심지는 사도 바울의 출생지였던 다소(Tarsus)였고, 아시아 지방의 중심지는 에베소(Ephesus)였습니다. 여기에도 각각 적지 않은 유대인들이 살고 있었습니다. 이들 지역 출신 중에서 이민, 유학, 순례 등의 이유로 예루살렘에 와서 살게 된 유대인들이 그들만의 회당을 세워서 출석하고 있었던 것입니다. 그곳이 바로 '자유민의 회당'입니다.

그렇다면 스데반은 왜 이 회당에 가게 되었을까요? 스데반 역시 헬라파 유대인이었습니다. 그가 예수 그리스도를 영접하기 전까지 아마도 이 '자유민의 회당'에 출석하고 있었던 것으로 보입니다. 그러니까 스데반은 자신의 출신 회당에 가서 예수 그리스도의 복음을 전하려고 했던 것입니다. 그런데 바로 그 자리에서 논쟁이 벌어진 것이지요.

사울도 논쟁이 벌어지던 자리에 있었을 것입니다. 왜냐하면 그는 길리기아 지방의 다소 출신이었기 때문입니다. 예루살렘에서 그가 다니던 회당은 바로 이곳이었습니다. 그러면 스데반이 순교하던 현장에 왜 사울이 갑작스럽게 등장하는지(행 7:58) 설명이 됩니다. 사울은 스데반과 논쟁하는 일에 적극적으로 개입하여 반대자가 되었을 것입니다. 그렇기에 스데반이 죽임당하는 것을 마땅히 여겼을 뿐만 아니라(행 8:1) 그 이후에 '교회를 잔멸하는 일'에 적극적으로 나서게 되었던 것입니다(행 8:3).

자유민의 회당 사람들이 왜 스데반에 대해서 그렇게 극단적으로 반응하면서 수단 방법을 가리지 않고 논쟁에서 이기려고 했는지 조금은 이해가 됩니다. 그들은 스데반을 배신자로 간주했던 것입니다. 만일 알지 못하던 사람과 논쟁한다면, 그렇게까지는 하지 않았을 것입니다. 그러나 같은 회당에 다니던 사람이었다면 이야기가 달라집니다. 그들을 배신한 것도 모자라서 이제는 예수를 믿게 만들려고 설득하니까 분노를 참을 수 없었던 것이지요.

> 10스데반이 지혜와 성령으로 말함을 그들이 능히 당하지 못하여 11사람들을 매수하여 말하게 하되 이 사람이 모세와 하나님을 모독하는 말을 하는 것을 우리가 들었노라 하게 하고(행 6:10-11).

스데반과 회당 사람들과의 논쟁은 스데반의 일방적인 승리로 끝났습니다. 그러나 논쟁에서의 승리는 순교라는 값비싼 대가를 치르게 했습니다. 그들은

"스데반이 지혜와 성령으로 말함을 당하지 못했다"라고 합니다. NIV성경은 "성령이 스데반에게 주신 지혜를 그들은 거스를 수 없었다"(They could not stand up against the wisdom the Spirit gave him. NIV)라고 번역합니다. 그렇습니다. 스데반의 지혜가 아니라 성령의 지혜입니다. 사람의 지혜로는 성령의 지혜를 감히 상대할 수 없습니다.

사람들은 말로 이길 수 없다고 판단되면 그때부터 억지를 부리거나 폭력을 행사합니다. 이들도 마찬가지였습니다. 그들은 사람들을 매수하여 거짓 증언을 하게 했습니다. "스데반이 모세와 하나님을 모독하는 말을 하는 것을 들었다"라고 하면서 비난했습니다. 스데반이 도대체 무슨 말을 했기에 모세와 하나님을 모독했다고 하는 것일까요? 그것은 뒤에서 확인하게 될 것입니다.

아무튼 한 회당에서 일어난 국지적인 논쟁과 소동이 이제는 산헤드린 공회가 소집되어 처리해야 할 정도의 심각한 문제로 비화했습니다. 여기에는 '자유민의 회당' 사람들과 특히 사울의 역할이 컸습니다. 그리고 이것은 그동안 예루살렘교회를 박해할 기회를 엿보고 있던 산헤드린 공회에 절호의 기회가 되었습니다.

이 대목에서 우리는 논쟁으로서는 결코 사람을 얻을 수 없다는 사실을 기억해 두어야 합니다. 사도 바울도 아테네의 철학자들과 이른바 '아레오바고 논쟁'에서 멋지게 이겼지만, 다른 도시에서처럼 많은 사람을 얻지는 못했습니다(행 17:22-34). 하나님 나라의 복음을 전하는 일에는 보기 좋게 실패한 셈입니다. 스데반도 마찬가지였습니다. 물론 복음에 대한 그의 열정을 충분히 이해할 수 있습니다. 그렇지만 열정만으로는 부족합니다. 지혜가 있어야 합니다. 논쟁에서 이겼다고 정말 이긴 것이 아닙니다.

사람들은 모세와 하나님을 모독했다는 죄목으로 스데반을 고소했고, 산헤드린 공회의 재판이 열리게 되었습니다. 모세의 율법에 따르면 하나님 모독죄는 반드시 투석형으로 처벌하게 되어 있습니다(레 24:15-16). 스데반을 고소한 사람들은 이것을 잘 알고 있었습니다. 그만큼 그들은 스데반을 증오했고, 스데반이 죽기를 간절히 원했던 것입니다.

> 12백성과 장로와 서기관들을 충동시켜 와서 잡아가지고 공회에 이르러 13거짓 증인들을 세우니 이르되 이 사람이 이 거룩한 곳과 율법을 거슬러 말하기를 마지 아니하는도다(행 6:12-13).

여기에서 우리는 스데반에게 적용된 죄목이 '거룩한 곳'(성전)과 '율법'을 거슬러 말한 것임을 알게 됩니다. 앞에서 "모세와 하나님을 모독했다"라는 고소의 구체적인 내용입니다. 모세는 '율법'을 의미하고, 하나님은 '성전'을 의미합니다. 그것도 거짓 증인들을 세워서 스데반을 고소합니다. 사람들을 '충동'시키는 것은 사실 그리 어렵지 않습니다. 편견을 가진 사람들은 더더욱 쉽습니다.

'자유민의 회당' 사람들에게는 법을 집행할 권리가 없었습니다. 그러나 그들은 그리스도인들에 대한 산헤드린의 적대 감정을 잘 알았습니다. 특히 사두개파가 더욱더 적대적이라는 사실을 파악하고 있었습니다. 최근에 일단의 제사장 무리가 기독교로 개종했는데, 제사장들은 대부분 사두개파였습니다. 따라서 사두개파는 그 일을 매우 심각하게 받아들였고, 예루살렘교회를 박해할 기회를 노리고 있었습니다. 그들을 충동하는 것은 거짓 증인들의 몇 마디 말로 충분했습니다. 산헤드린 당국자들은 즉시 달려와서 스데반을 체포하여 법정에 세웠습니다.

그러나 그들은 스데반을 죽이는 일에는 그토록 율법을 엄격하게 적용하면서, 그들 자신은 율법을 어기는 이율배반의 모습을 보입니다. '거짓 증언 금지법'은 십계명의 제9계명에 분명히 명시되어 있습니다(출 20:16). 스데반을 법정에 세운 사람들은 법에 대해 정통한 사람들이었습니다. 그럼에도 그들은 사람들을 매수하여 거짓 증언을 교사합니다. 따라서 그들이야말로 하나님을 속이고 법정을 속인 죄로 인해서 돌에 맞아 죽어야 할 사람들입니다. 증오에 눈이 멀어버리면 그렇게 되는 것입니다.

오늘 본문에서 우리가 한 가지 주목해야 할 것이 있습니다. 스데반은 예수님이 비난받으시던 것과 똑같은 죄목으로 비난을 받고 있다는 사실입니다.

그의 말에 이 나사렛 예수가 이곳을 헐고 또 모세가 우리에게 전하여 준 규례를 고치겠다 함을 우리가 들었노라 하거늘(행 6:14).

예수님도 산헤드린 앞에서 심문을 당하실 때 거짓 증인들에 의해서 스데반과 똑같은 죄목으로 고발되었습니다(마 26:59-61). 그러나 이것은 '거짓 증인'이 말한 '거짓 증거'였습니다. 스데반에게도 예수님과 똑같은 죄목을 덮어씌우는 것으로 미루어 보아 아마도 스데반이 예수님의 죽으심과 부활에 대해 증언하면서 주님이 하신 말씀을 그대로 인용했던 것으로 보입니다. 그래서 스데반에게도 왜곡된 거짓 증언으로 똑같이 고소하고 있는 것입니다.

이때 그들의 표정이 어땠을까요? 누군가를 죽이려고 덤벼드는 사람들의 표정은 사나울 수밖에 없습니다. 그에 비해서 스데반의 표정은 천사의 얼굴

같았습니다.

> **공회 중에 앉은 사람들이 다 스데반을 주목하여 보니 그 얼굴이 천사의 얼굴과 같더라**(행 6:15).

이 부분을 메시지성경은 이렇게 풀이합니다. "최고 의회에 앉아 있던 모든 사람이 스데반을 쳐다보았다. 그들은 그에게서 눈을 뗄 수가 없었다. 그의 얼굴이 천사의 얼굴 같았다!"(행 6:15) 스데반은 표정 하나로 이미 산헤드린 법정의 분위기를 압도하고 있었던 것입니다.

이와 같은 두려움 없는 여유와 당당함은 도대체 무엇으로부터 나오는 것일까요? 성령의 다스림 외에 다른 것으로는 설명할 수 없는 일입니다. 이 세상 사람들이 아무리 험악한 표정으로 우리를 대한다고 하더라도, 성령이 우리를 다스려 주시면 우리도 천사의 얼굴로 그들을 대할 수가 있습니다.

묵상 질문: 나의 얼굴은 성령의 다스림을 잘 드러내고 있는가?

오늘의 기도: 하나님 아버지, 우리도 성령과 지혜로 충만하여 담대히 복음을 전하게 하옵소서. 때로 억울한 비난과 오해와 핍박을 받는다고 하더라도 끝까지 하나님의 은혜를 신뢰하며 믿음의 길을 걷게 하옵소서. 어떠한 상황에서도 우리의 얼굴이 천사의 얼굴처럼 빛나게 하시고, 오직 하나님께 영광 돌리게 하옵소서. 예수님의 이름으로 기도합니다. 아멘.

스데반의 설교 (1)
: 아브라함과 요셉 이야기

읽을 말씀: 사도행전 7:1-16

새길 말씀: 9여러 조상이 요셉을 시기하여 이집트에 팔았더니 하나님이 그와 함께 계셔 10그 모든 환난에서 건져내사 이집트 왕 바로 앞에서 은총과 지혜를 주시매 바로가 그를 이집트와 자기 온 집의 통치자로 세웠느니라(행 7:9-10).

스데반은 지금 산헤드린의 법정에 서 있습니다. 그곳에는 스데반을 죽이려고 하는 사람들로 가득 채워져 있었습니다. 그러나 스데반의 얼굴은 마치 천사의 얼굴처럼 빛났습니다. 두려움이나 불안함의 기색은 그에게서 조금도 찾아볼 수 없었습니다. 성령이 스데반과 함께하셔서 그의 마음을 담대하게 붙들어 주셨기 때문입니다.

먼저 대제사장이 나서서 스데반의 죄에 대하여 고발된 내용을 확인합니다.

대제사장이 이르되 이것이 사실이냐(행 7:1).

"이것이 사실이냐?"(Are these charges true? NIV) 이 질문은 스데반에게 부과된 혐의에 대한 의견을 물어보는 것입니다. 스데반에게 적용된 혐의는 두 가지였습니다. 하나는 성전을 거슬러 말했다는 것이고, 다른 하나는 율법을 거슬러 말했다는 것입니다. 이 두 가지는 모두 모세를 모독하는 말이었고, 동시에 하나님을 모독하는 말이 되었다고 그를 고발했던 것입니다. 그 혐의에 대해서 직접 해명해 보라는 것이지요.

이에 대한 스데반의 해명을 끝까지 들으려면 우리에게 대단한 인내가 필요합니다. 사도행전 7장에 기록된 스데반의 증언은 사실 성경 전체에서 가장 긴 설교로 손꼽힙니다. 게다가 표면적으로는 이스라엘의 역사를 모두 다 섭렵하고 있는 것처럼 보여서 어떤 면에서는 지루하기 짝이 없습니다. 이스라엘의 역사를 전혀 모르는 사람이라면 혹시 배울 것이 있을지 모르지만, 너무나 잘 알고 있는 산헤드린 공회원에게는 답답하게 느껴졌을 것이 분명합니다.

그러나 율법과 성전을 거슬러 말했다는 혐의에 반론을 제기하려면 그 출발점으로 돌아가야 합니다. 율법이 어떻게 주어졌는지 성전이 어떻게 세워졌는지 이스라엘 역사의 과정을 살펴보지 않으면 안 됩니다. 스데반의 변론은 산헤드린 법정에 참여했던 사람들의 마음을 찔렀고, 결국 그들이 던진 돌에 맞아 순교하게 되었습니다. 도대체 무슨 말로 변론했기에 그렇게 사람들이 양심의 가책을 받게 되었고, 스데반을 죽여서라도 입을 다물게 할 만큼 분노하게 되었을까 참으로 궁금합니다.

아브라함 이야기

이스라엘 역사를 섭렵하는 스데반의 설교는 크게 네 단락으로 나누어집니다. 아브라함 이야기, 요셉 이야기, 모세 이야기 그리고 이스라엘의 불순종 이야기가 그것입니다. 먼저 첫 번째 단락, 아브라함 이야기부터 살펴보겠습니다.

> 2스데반이 이르되 여러분 부형들이여 들으소서 우리 조상 아브라함이 하란에 있기 전 메소보다미아에 있을 때에 영광의 하나님이 그에게 보여 3이르시되 네 고향과 친척을 떠나 내가 네게 보일 땅으로 가라 하시니 4아브라함이 갈대아 사람의 땅을 떠나 하란에 거하다가 그의 아버지가 죽으매 하나님이 그를 거기서 너희 지금 사는 이 땅으로 옮기셨느니라(행 7:2-4).

여기에서 '부형(父兄)들'은 말 그대로 '아버지들과 형제들'을 의미합니다. 헬라어 원어에는 '아델포이 카이 파테레스'(Brothers and fathers)라고 되어 있습니다. '형제들'은 스데반이 그들과 같은 유대인임을 강조하는 말이고, '아버지들'은 나이가 많은 산헤드린 공회원들을 높여서 하는 말입니다. 그러니까 지금 스데반은 최대한 깍듯이 예의를 갖추어서 설교를 시작하고 있는 것입니다. 이는 목숨을 건지기 위한 아부가 아닙니다. 앞에서 살펴보았듯이 그에게는 두려움이나 불안함이 전혀 없었습니다. 스데반은 지금 산헤드린 법정에서 하나님의 말씀을 전하는 중입니다.

그런데 설교 시간에 회중을 향하여 반말을 사용하는 설교자를 종종 목격하게 됩니다. 욕설과 같은 거친 말이나 성적인 농담도 서슴없이 내뱉는 사람도 더러 있습니다. 그래야만 설교자의 권위가 선다고 생각한다면 그것이야말로 엄청난 착각입니다. 그것은 오히려 하나님의 말씀을 하찮게 여기는 잘못된 태도입니다. 회중이 아무리 나이 어린 사람이라고 하더라도 설교에서는 존대어를 사용하는 것이 옳습니다. 설교는 자기의 말이 아니라 하나님의 말씀을 전하는 것이기 때문입니다. 설교자는 말씀의 '시혜자'(施惠者)가 아니라 '전달자'(傳達者)일 뿐입니다. 말씀의 품격이 떨어지지 않도록 조심해야 합니다.

아무튼 스데반은 믿음의 조상 아브라함의 이야기부터 시작합니다. 그는 아브라함에게서 특히 세 가지 점을 강조합니다. 첫 번째로 아브라함은 '순종의 사람'이었다는 점입니다. 아브라함은 그의 고향 메소보다미아에 있을 때 하나님의 부르심을 받고 순종하여 떠났습니다. 이때 주어진 하나님의 명령은 '미완료형'이었습니다. "네 고향과 친척을 떠나 내가 네게 보일 땅으로 가라!" (창 12:1)

하나님이 아브라함을 인도해 가시는 땅은 '보여준 땅'이 아니라 '보일 땅'입니다. 아무것도 정해지지 않은 불확실한 미래입니다. 어디로 가는지 목적지를 확실하게 가르쳐 준다고 해도 고향과 친척을 떠나기가 쉽지 않은 일인데, 아무런 보장도 없는 불확실한 미래를 향해서 무조건 떠나가라는 것입니다. 그런데도 아브라함은 하나님의 명령에 순종하여 일단 떠났습니다. 하란을 거쳐서 가나안 땅 세겜에 도착할 때까지 그는 하나님의 인도하심에 묵묵히 순종하여 따랐습니다. 그 순종이 아브라함을 믿음의 조상이 되게 했다는 것입니다.

두 번째로 아브라함이 '신앙의 사람'이었다는 점을 강조합니다.

> 그러나 여기서 발붙일 만한 땅도 유업으로 주지 아니하시고 다만 이 땅을 아직 자식도 없는 그와 그의 후손에게 소유로 주신다고 약속하셨으며(행 7:5).

아브라함이 세겜에 도착했을 때 하나님이 그에게 나타나셔서 이렇게 약속하셨습니다. "내가, 이 땅을 네 자손에게 주리라"(창 12:7). 그러나 현실은 어떻습니까? 그곳에는 아브라함이 소유한 땅이 단 한 평도 없었습니다. 스데반의 표현처럼 하나님은 '발붙일 만한 땅'도 그에게 유업으로 주지 않으셨습니다. 그래 놓고서는 아직 자식이 하나도 없는 아브라함에게 철석같이 약속하셨습니다. 그의 후손이 그 땅을 차지하게 되리라고 말입니다.

그런데 어찌 된 일인지 아브라함은 하나님의 약속을 믿었습니다. 그렇게 약속을 믿는 것이 바로 신앙의 본질이라고 스데반은 설명합니다. 사람들은 보여주어야만 믿고, 당장 눈앞에서 이루어져야만 믿을 수 있다고 생각합니다. 그것은 엄밀한 의미에서 신앙이 아닙니다. 믿을 수 없는 중에도 믿는 것이 진짜 믿음입니다. 아브라함은 바랄 수 없는 중에 바라고 믿었습니다(롬 4:18). 그 믿음으로 말미암아 아브라함은 앞으로 생겨날 모든 하나님 백성의 조상이 되었던 것입니다.

세 번째로 아브라함이 '희망의 사람'이었다는 점을 강조합니다.

> 6하나님이 또 이같이 말씀하시되 그 후손이 다른 땅에서 나그네가 되리니 그 땅 사람들이 종으로 삼아 사백 년 동안을 괴롭게 하리라 하시고 7또 이르시되 종 삼는 나라를 내가 심판하리니 그 후에 그들이 나와서 이곳에서 나를 섬기리라 하시고 8할례의 언약을 아브라함에게 주셨더니 그가 이삭을 낳아 여드레 만에 할례를 행하고 이삭이 야곱을, 야곱이 우리 열두 조상을 낳으니라(행 7:6-8).

하나님은 아브라함의 후손이 이집트에서 4백 년 동안이나 종살이를 한 후에 약속의 땅에 와서 하나님을 섬기게 될 것이라고 말씀하셨습니다(창 15:13). 그것은 아브라함이 죽고 난 후에나 이루어질 일입니다. 다시 말해서 아브라함이 죽기 전에는 하나님의 약속이 성취되지 않는다는 이야기입니다. 그것도 남의 나라에서 종으로 살게 될 것이라는 불길한 예언입니다. 그러나 아브라함은 하나님의 약속을 조금도 의심하지 않고 믿었습니다.

실제로 아브라함은 그의 나이 99세에 할례를 행하라는 하나님의 명령에 순종하여 집안의 모든 남자는 집에서 난 자나 이방 사람에게서 돈으로 산 자를 막론하고 모두 할례를 받도록 했습니다(창 17:23-27). 그리고 백 세에 얻은 이삭에게 팔 일 만에 할례를 행함으로써 약속의 후손임을 확인했습니다(창 21:4). 자신이 죽은 후에도 후손을 통해서 약속을 성취해 가실 하나님에 대한 희망을 잃어버리지 않도록 했습니다. 바로 그 믿음이 이삭과 야곱과 이스라엘의 열두 조상으로 이어졌습니다. 그렇게 아브라함은 믿음의 조상이 되었던 것입니다.

자, 그런데 스데반은 왜 아브라함의 이야기로 시작하는 것일까요? 유대인 이라면 모를 사람이 없는 지극히 상식적인 이야기를 왜 새삼스럽게 끄집어내 는 것일까요? 그것은 하나님의 약속을 믿고 미지의 세계로 떠나는 것이 믿음의 조상 아브라함의 삶을 통해 보여주신 신앙의 본질인데, 지금 유대교의 지도자들은 그 본질을 잃어버리고 있다는 점을 지적하고 싶은 것입니다. 현상 유지에만 급급하고 기득권을 잃어버릴까 봐 조바심하는 그들은 하나님 의 아들 예수 그리스도를 통해서 하나님의 약속이 성취되어 가는 새로운 역사의 흐름을 전혀 읽지도 못하고, 보지도 못하고, 깨닫지도 못하고 있다는 것입니다.

요셉 이야기

물론 산헤드린 공회원들은 스데반이 지금 어떤 메시지를 전하려고 하는지 아직은 제대로 파악하지 못하고 있습니다. 스데반은 계속해서 두 번째 단락, 요셉 이야기로 넘어갑니다.

⁹여러 조상이 요셉을 시기하여 애굽에 팔았더니 하나님이 그와 함께 계셔 ¹⁰그 모든 환난에서 건져내사 애굽 왕 바로 앞에서 은총과 지혜를 주시매 바로가 그를 애굽과 자기 온 집의 통치자로 세웠느니라(행 7:9-10).

요셉은 구약에 등장하는 많은 인물 중에서 예수 그리스도와 가장 비슷한 사람입니다. 그 성품도 그렇지만, 특히 형제들에게 미움을 사서 고난을 겪었다가 마침내 모든 사람을 다스리는 자로 세움을 받게 된 이야기의 전개가 더더욱 그렇습니다. 스데반이 다른 족장들, 즉 이삭이나 야곱보다 요셉을 더욱 강조하여 말하는 이유입니다.

스데반이 요셉 이야기에서 강조하는 패턴이 있습니다. 첫 번째는 이스라엘에 의해 거절당했다는 사실(Rejected by Israel)입니다. 요셉은 아브라함과 이삭과 야곱의 뒤를 잇는 약속의 후손이었지만, 친형제들에 의해 배신을 당하여 종으로 팔려 갔습니다. 요셉을 통해서 이루어 가시는 하나님의 목적을 방해한 사람들은 바로 요셉의 형제들이었던 것입니다. 동족 이스라엘에 의해 거절당한 것입니다.

두 번째는 이방인들에게 받아들여졌다는 사실(Accepted by Gentiles)입니다. 요셉을 받아들여 이집트의 통치자로 세운 사람은 파라오였습니다. 물론 그 배후에는 하나님의 개입이 있었습니다. 요셉이 파라오의 친위 대장 보디발의 집에 팔려 간 것도, 억울한 누명을 쓰고 옥에 갇히게 된 것도, 그곳에서 파라오의 '술 맡은 관원장'을 만나게 된 것도, 그의 소개로 파라오의 꿈을 해석하게 된 것도 그리고 마침내 파라오의 은총을 입게 된 것도 모두 하나님의 일하심이었습니다. 하나님이 요셉과 함께 계셔서 모든 환난에서 건져내신 것입니다. 요셉은 형제들에게 거절당했지만, 그렇게 이방인 파라오에게 받아들여졌습니다.

세 번째는 결과적으로 아주 유명하게 되었다는 사실(Became famous)입니다. 요셉은 그의 나이 30세에 이집트 제국을 다스리는 통치자로 세워졌습니다. 만일 요셉이 노예로 팔려 가지 않았다면, 이런 일이 일어나지 않았을지도 모릅니다. 그렇다고 해서 요셉을 팔아넘긴 형제들의 죄가 희석되거나 칭찬받게 되는 일은 없습니다. 여기에는 단지 '모든 것을 합력하여 선을 이루어 가시는' 하나님의 구원이 있었기 때문입니다. 아무튼 요셉은 형제들에게 거절당했지만, 이방인 파라오에게 받아들여져서 마침내 유명한 사람이 되었습니다.

마지막 네 번째는 결국 이스라엘을 구원하는 결과가 되었다는 사실(Resulted to save Israel)입니다.

11그때에 애굽과 가나안 온 땅에 흉년이 들어 큰 환난이 있을새 우리 조상들이 양식이 없는지라 12야곱이 애굽에 곡식 있다는 말을 듣고 먼저 우리 조상들을 보내고 13또 재차 보내매 요셉이 자기 형제들에게 알려지게 되고 또 요셉의 친족이 바로에게 드러나게 되니라 14요셉이 사람을 보내어 그의 아버지 야곱과 온 친족 일흔다섯 사람을 청하였더니 15야곱이 애굽으로 내려가 자기와 우리 조상들이 거기서 죽고 16세겜으로 옮겨져 아브라함이 세겜 하몰의 자손에게서 은으로 값 주고 산 무덤에 장사되니라 (행 7:11-16).

우리가 잘 아는 요셉 이야기의 결론입니다. 요셉은 7년간의 풍년을 만났을 때 다가올 7년간의 흉년을 잘 대비하였습니다. 물론 그 역시 하나님께서 부어주신 지혜와 명철 덕분입니다. 그 일이 이집트 사람들을 살려냈을 뿐만 아니라 결국 요셉의 아버지와 형제들을 구원하게 되었습니다. 아버지 야곱의 장례를 치른 후에 보복을 두려워하던 형제들에게 남긴 요셉의 말이 그 점을 분명히 드러내고 있습니다.

> [19]요셉이 그들에게 이르되 두려워하지 마소서 내가 하나님을 대신하리이까 [20]당신들은 나를 해하려 하였으나 하나님은 그것을 선으로 바꾸사 오늘과 같이 많은 백성의 생명을 구원하게 하시려 하셨나니 [21]당신들은 두려워하지 마소서 내가 당신들과 당신들의 자녀를 기르리이다 하고 그들을 간곡한 말로 위로하였더라(창 50:19-21).

요셉의 형제들은 요셉을 거절하였고 그의 생명을 해치려고 하였습니다. 그러나 하나님은 그것을 선으로 바꾸셨습니다. 그 이유가 무엇입니까? 많은 백성의 생명을 구원하시기 위해서입니다. 바로 이 대목에서 우리는 스데반이 과연 무엇을 이야기하려고 하는지 짐작하게 됩니다. 바로 예수 그리스도를 통한 구원의 역사를 증명하려는 것입니다.

예수님은 동족 유대인들에 의해서 죽임을 당했습니다. 그러나 사흘 만에 부활하셨습니다. 유대인들은 아직도 예수님을 거절하고 있지만, 그들보다 훨씬 더 많은 이방인이 앞으로 예수님을 영접하게 될 것입니다. 그리하여 예수 그리스도는 모든 이름 위에 뛰어난 이름이 될 것입니다. 지금이라도 예수님을 믿기만 하면 누구나 구원을 받을 수 있습니다. 예수님은 이스라엘을 포함한 온 인류의 생명을 구원하시려고 오신 하나님의 아들이십니다. 그러나 예수님을 영접하지 않으면 선민 아니라 선민의 할아버지라도 절대로 구원받을 수 없습니다.

정말 놀랍지 않습니까? 스데반은 예수 그리스도를 통한 구원의 메시지와 복음의 패턴이 이스라엘의 역사에 이미 계시되고 있다는 사실을 분명히 선포합니다. 이것은 다음 시간에 우리가 살펴볼 모세의 이야기에도 똑같이 반복되는 패턴입니다.

하나님은 이 세상의 모든 사람을 구원하고 싶어 하십니다. 하나님의 구원 계획 속에 처음부터 배제된 사람은 하나도 없습니다. 아브라함과 이스라엘 백성을 선택하신 것도 인류를 구원하기 위한 하나님의 계획과 섭리 속에서 이루어진 일입니다. 그런데 아이러니하게도 그렇게 특별히 선택받은 민족 이스라엘이 하나님께서 이루어 가시는 구원의 역사에 '디딤돌'이 되지 못하고 오히려 '걸림돌'로 작용하고 있습니다. 먼저 하나님을 믿었다고 하는 사람들이 인류를 구원하시는 하나님 역사의 큰 그림을 보지 못하기 때문입니다.

이것은 오늘날의 신앙 공동체에서도 흔히 발견되는 오류입니다. 먼저 믿는 사람들이 배타적인 태도를 가짐으로써 뒤늦게 믿기 시작한 사람들의 설 자리를 빼앗는 모습을 우리는 자주 목격합니다. 그래서 예수님은 선택된 민족 이스라엘에 의해 지금도 계속해서 거절당하고 계십니다. 그러나 이방인들은 지금도 하나님 나라의 복음을 계속해서 받아들이고 있습니다. 그리하여 예수님의 이름은 더욱 존귀하게 되고, 복음은 땅끝까지 계속 전파되어 나갈 것입니다. 그러다가 마침내 하나님의 나라가 이 땅에 임하는 날이 오게 될 것입니다.

따라서 우리는 하나님의 구원 역사에 걸림돌이 아니라 디딤돌로 쓰임 받아야 하겠습니다. 날마다 구원받는 자가 더해지는 생명의 공동체를 만들어 가야 하겠습니다. 그러기 위해서 먼저 구원받은 우리가 더욱더 하나님의 마음을 품고 신앙생활을 해야 하겠습니다. 지금 우리에게 성령의 도움과 충만함이 더욱 절실한 이유입니다.

묵상 질문: 나는 하나님의 구원 역사에 디딤돌이 되고 있는가?

오늘의 기도: 하나님 아버지, 아브라함과 요셉을 통해 이루어 가신 구원의 계획을 깨닫게 하시니 감사합니다. 우리가 이 세상을 구원하는 하나님의 역사에 걸림돌이 아니라 디딤돌로 쓰임 받게 하옵소서. 성령님, 이 시간

우리에게 임하셔서 하나님의 마음을 깨닫게 하시고 예수 그리스도의 복음을 담대히 전할 수 있게 하옵소서. 예수님의 이름으로 기도합니다. 아멘.

스데반의 설교 (2)
: 모세 이야기

읽을 말씀: 사도행전 7:17-37

새길 말씀: 32나는 네 조상의 하나님 즉 아브라함과 이삭과 야곱의 하나님이 하신대 모세가 무서워 감히 바라보지 못하더라 33주께서 이르시되 네 발의 신을 벗으라 네가 서 있는 곳은 거룩한 땅이니라(행 7:32-33).

지난 시간부터 우리는 산헤드린 법정에서 선포한 스데반의 설교를 살펴보았습니다. 누구나 다 아는 역사를 그냥 길게 늘어놓은 것처럼 들릴 수도 있지만, 스데반의 메시지는 분명합니다. 예수 그리스도의 복음이 이스라엘의 역사를 통해서 이미 다 드러났다는 것입니다.

아브라함 이야기를 통해서 스데반은 신앙의 본질이 하나님의 약속을 믿고 순종하여 떠나는 것임을 강조합니다. 마찬가지로 하나님은 지금 예수 그리스도를 통해서 새로운 하나님의 백성을 만들고 계신다고 선포합니다. 그 변화를 거부하지 않고 받아들여 순종하는 것이야말로 진정한 믿음이라는 것입니다. 그런데 지금 산헤드린은 하나님의 구원 역사를 받아들이지 않습니다. 이스라엘의 전통을 지킨다는 이유로 하나님의 약속을 거부하고 있는 셈이지요.

또한 스데반은 요셉 이야기를 통해서 형제들에게 배신당하고 이방인에게 받아들여지고 또한 유명해지고 결국 형제들에게 구원이 임하는 역사의 패턴을 제시합니다. 그러면서 하나님의 구원 역사가 지금 그와 똑같은 패턴으로 예수 그리스도의 죽으심과 부활을 통해서 그대로 재현되고 있다는 사실을 선포합니다. 물론 산헤드린 법정에서 스데반의 메시지를 이해하는 사람은 아무도 없었습니다.

스데반 설교의 세 번째 단락은 모세 이야기입니다. 스데반은 모세가 등장하게 된 역사적인 배경부터 먼저 다루기 시작합니다.

> 17하나님이 아브라함에게 약속하신 때가 가까우매 이스라엘 백성이 애굽에서 번성하여 많아졌더니 18요셉을 알지 못하는 새 임금이 애굽 왕위에 오르매 19그가 우리 족속에게 교활한 방법을 써서 조상들을 괴롭게 하여 그 어린아이들을 내버려 살지 못하게 하려 할새(행 7:17-19).

'하나님이 아브라함에게 약속하신 때'는 지난 시간에 이미 살펴본 것처럼 이스라엘이 4백 년 동안 이집트에서 종살이할 것이라고 예언하신 말씀입니다(6절). 실제로 그때가 다 되어 갈 무렵에 이스라엘 백성은 이집트에서 그 수가 엄청나게 많아졌습니다. 아브라함이 갈대아 우르에서 하나님의 부름을 받았을 때만 해도 자식이 하나도 없었는데, 그것과 비교하면 짧은 시간 안에 정말 놀랍도록 크게 번성한 것입니다.

그러나 그것으로 인해 이스라엘 백성은 고난을 겪게 되었습니다. 요셉을 알지 못하는 이집트 왕이 등장하면서 이스라엘 백성의 숫자가 많아지는 것을 염려하여 그들에게 강제노역을 부과하고 유아 학살의 만행을 저질렀던 것입니다. 그러니까 한편으로는 하나님의 약속이 성취되었지만, 또 다른 한편으로는 그것이 이스라엘 백성이 당하는 고난의 원인으로 작용했다고 말할 수 있습니다.

그렇다면 하나님은 병 주고 약 주는 그런 변덕스러운 분인가요? 물론 아닙니다. 이집트는 후손에 대한 약속을 성취하기에 최적의 장소이기는 했지만, 하나님이 그들에게 약속하신 땅은 아닙니다. 그들은 본래 4대 만에 약속의 땅으로 돌아가야 했습니다(창 15:16). 만일 파라오의 억압이 없었다면, 그들은 아마 약속의 땅을 완전히 잊어버리고 이집트 땅에 계속 정주했을 것입니다. 따라서 하나님은 고난을 통해서 이스라엘 백성에게 약속의 땅을 주시려는 본래의 계획을 이루려고 하셨던 것입니다.

이와 같은 역사를 통해서 우리는 한 가지 중요한 교훈을 얻습니다. 그것은 세상에서 잘 되는 것만이 복은 아니라는 사실입니다. 진짜 복은 하나님의 약속이 이루어지는 것입니다. 그러기 위해서 우리에게 때로 고난이 닥쳐오기도 합니다. 문제는 고난에 대한 우리의 반응입니다. 하나님의 약속을 바라보면서 믿음으로 반응할 것인지, 아니면 불신앙으로 반응할 것인지가 문제입니다. 믿음으로 반응하는 자에게는 고난이 축복의 기회가 됩니다. 그러나 불신앙으로 반응하는 자에게 고난은 그냥 피하고 싶은 힘겹고 고통스러운 일이 될 뿐입니다.

Somebody to Nobody

이스라엘 백성이 고난을 받는 상황에서 하나님은 그들을 구원할 지도자를 준비하고 계셨습니다. 그가 바로 모세였습니다. 잘 아는 대로 모세는 120년을 살았는데, 그의 일생은 40년 단위로 극적인 반전이 일어납니다. 초반 40년은 이집트의 왕자로서 모세가 스스로 '대단한 사람'(썸바디, Somebody)이라는 자존감을 세워가던 시기였습니다.

히브리인의 아기로 태어난 모세는 파라오의 유아 학살 명령에 따라서 나일강의 악어 밥이 될 운명이었습니다. 그렇지만 공교롭게도 파라오의 딸에 의해 구출되어 이집트의 왕궁에서 왕자로 키워졌습니다. 물론 장차 이스라엘을 인도하여 낼 지도자로 세우기 위한 하나님의 섭리와 계획 속에 이루어진 일이었습니다. 모세는 그곳에서 자라면서 이집트 사람의 모든 지혜를 배웠습니다. 말하자면 최고의 엘리트 코스를 밟으며 성장했던 것입니다. 그리하여 '말과 하는 일들이 능한' 그야말로 '대단한 사람'이 되었습니다.

이 세상을 살아가는 데 그와 같은 학문적인 배움과 인생의 경험이 필요합니다. 그러나 그것이 하나님의 일을 감당하는 데 가장 중요한 조건은 아닙니다. 그것을 깨닫는 데 모세는 또 다른 40년이 필요했습니다.

모세는 이집트 왕자로 양육되면서도 자기의 뿌리를 잊어버리지 않았습니다. 그의 나이 40이 되었을 때, 동족 히브리 사람들이 어떻게 지내는지 알고 싶어서 그 형편을 살피러 나갔습니다. 그러다가 억울하게 괴롭힘을 당하는 히브리 사람을 보았고, 그를 괴롭히던 이집트 사람을 쳐 죽였습니다. 그러면서 히브리 형제들이 모세를 그들의 편으로 여기고, 그들을 구해 줄 하나님의 도구로 여길 줄 알았습니다. 그러나 기대와 달리 그들은 모세를 그렇게 생각하지 않았습니다.

모세는 분명히 히브리 형제들을 구원하고 싶은 열정이 있었습니다. 그 정도의 나이와 배경과 학식과 실력이라면 얼마든지 이스라엘을 구원할 수 있다고 스스로 생각했을 것입니다. 그러나 그것은 단지 모세의 생각이었을 뿐입니다. 하나님의 생각은 달랐습니다. 우선 혈기와 폭력은 하나님이 원하는 방법이 아닙니다. 그리고 모세의 지나친 자존감은 오히려 하나님의 말씀에 순종하는 데 방해가 되었습니다.

그래서 하나님은 모세를 광야로 몰아가신 것입니다. 그곳에서 모세는 자신이 '아무것도 아닌 사람'(노바디, Nobody)이라는 사실을 배워야 했습니다.

26이튿날 이스라엘 사람끼리 싸울 때에 모세가 와서 화해시키려 하여 이르되 너희는 형제인데 어찌 서로 해치느냐 하니 27그 동무를 해치는 사람이 모세를 밀어뜨려 이르되 누가 너를 관리와 재판장으로 우리 위에 세웠느냐 28네가 어제는 애굽 사람을 죽임과 같이 또 나를 죽이려느냐 하니 29모세가 이 말 때문에 도주하여 미디안 땅에서 나그네 되어 거기서 아들 둘을 낳으니라(행 7:26-29).

모세는 히브리 형제들에게 배신을 당하고 졸지에 살인자가 되어 광야로 도주하는 신세가 되었습니다. 지난 40년 동안 그가 쌓아왔던 자존감은 그를 보호할 수 없었습니다. 그렇게 모세는 '이집트의 왕자'에서 '광야의 도망자'로 급전락하고 말았습니다.

미디안 땅에서 나그네가 되어 지낸 또 다른 40년은 모세가 '대단한 사람'(썸바디)이 아니라 '아무것도 아닌 사람'(노바디)이라는 걸 뼈저리게 확인하는 시간이었습니다. 그와 동시에 그 기간은 하나님께서 모세를 위대한 지도자로 세우기 위한 훈련의 과정이었습니다. 그것은 시내 산 가시나무 떨기 불꽃 가운데서 하나님을 직접 만남으로써 확실히 알게 되었습니다.

여기에서 우리는 또 다른 중요한 교훈을 얻게 됩니다. 하나님이 사용하는 사람은 '썸바디'도 아니고 '노바디'도 아니라는 사실입니다. 물론 그 과정이 우리에게 필요할지는 몰라도, 거기에 머물러 있어서는 안 됩니다. 우리 자신에 대한 지나친 '자존감'이 하나님의 말씀에 순종하는 일에 방해가 되듯이, 우리 자신에 대한 지나친 '열등감' 또한 하나님의 뜻을 이루는 데 방해가 되기 때문입니다.

자존감과 열등감의 공통점이 있습니다. 그것은 하나님이 포함되지 않았다는 사실입니다. 하나님이 없는 자존감이나 하나님이 없는 열등감은 모두 같은 뿌리에서 자라난 가지들입니다. 그 가지에서는 결코 믿음의 열매가 열리지 않습니다. 그러나 우리의 인생에 하나님을 포함하기 시작하면, 그때부터 우리 자신의 한계를 넘어서서 하나님께 쓰임 받는 복의 통로가 될 수 있습니다.

Nobody to Somebody

만일 모세의 인생이 1막과 2막으로 끝나버렸다면, 출애굽 사건도 없었을 것이고 구약의 하나님 백성 이스라엘이 탄생하는 일도 생기지 않았을 것입니다. 모세의 인생 3막은 불꽃 가운데서 하나님을 만나는 장면으로 시작됩니다.

> ³⁰사십 년이 차매 천사가 시내 산 광야 가시나무 떨기 불꽃 가운데서 그에게 보이거늘 ³¹모세가 그 광경을 보고 놀랍게 여겨 알아보려고 가까이 가니 주의 소리가 있어 ³²나는 네 조상의 하나님 즉 아브라함과 이삭과 야곱의 하나님이라 하신대 모세가 무서워 감히 바라보지 못하더라(행 7:30-32).

모세는 길 잃은 양을 찾아서 우연히 시내 산 깊숙한 곳까지 들어갔다가, 가시나무 떨기에 불이 붙어있는데 나무는 타지 않는 신비한 장면을 목격합니다. 그러나 하나님의 역사에 우연이란 존재할 수 없습니다. 모두 하나님께서 우리를 만나주시는 특별한 사건들입니다. 길 잃은 양을 찾아서 시내 산에 들어온 것도 하나님의 섭리요, 히브리인으로서 파라오의 딸에게 입양되는 것도 모두 하나님의 섭리였습니다. 아니, 하나님의 섭리는 이스라엘의 조상들, 아브라함과 이삭과 야곱 시대로 거슬러 올라갑니다. 그때 주어진 약속이 모세를 통해서 지금 성취되고 있는 것입니다.

그렇게 하나님의 구원 역사가 믿음의 사람들을 통해서 계속 이어져서 지금 우리에게까지 연결되고 있는 것입니다. 그것을 생각해 보면 온몸에 전율을 느끼지 않을 수 없습니다. 우리를 구원하기 위하여 하나님은 예수 그리스도를 보내 주셨습니다. 아니, 그 이전에 모세를 부르셨고, 그 이전에 요셉과 아브라함을 부르셨습니다. 그 모든 역사가 세밀하신 하나님의 섭리 가운데 진행되어 온 것입니다. 누구를 위해서입니까? 바로 우리를 구원하기 위해서입니다.

> ³³주께서 이르시되 네 발의 신을 벗으라 네가 서 있는 곳은 거룩한 땅이니라 ³⁴내 백성

이 애굽에서 괴로움 받음을 내가 확실히 보고 그 탄식하는 소리를 듣고 그들을 구원
하려고 내려왔노니 이제 내가 너를 애굽으로 보내리라 하시니라(행 7:33-34).

모세는 이미 자기 손으로 히브리 동족을 구하려고 했습니다. 그러나
그것은 모세의 의협심에서 비롯된 것이지 하나님과는 아무 상관이 없는
일이었습니다. 그래서 보기 좋게 실패한 것입니다. 이번에는 다릅니다. 하나님
께서 이미 오래전에 약속하신 것을 이루기 위해서 모세를 사용하겠다고
말씀하십니다. 모세가 실패의 쓴잔을 마시고 도망쳐온 이집트로 다시 보내겠
다고 하십니다. 이번에는 의협심이 아니라 하나님의 이름으로 구원을 선포하
기 위해서입니다.

그런 맥락에서 신을 벗으라는 하나님의 말씀은 아주 특별한 의미가
있습니다. 과거의 성공과 실패를 벗어 버리라는 요구이기 때문입니다. 과거
한때 썸바디였다는 자존심 때문에 웬만한 직업으로는 만족하지 못해 사실상
무직자로 평생 지내는 분이 있습니다. 그와는 정반대로 과거의 상처와 실패의
경험으로 인해 아무것도 하지 않고 그냥 노바디로 지내는 분도 있습니다.
하나님의 임재 앞에 모두 신발을 벗어버려야 할 사람들입니다. 하나님 없이
쌓아온 자존감이나 열등감을 벗어버려야 합니다. 그래야 하나님의 구원
역사에 쓰임 받을 수 있습니다.

35그들의 말이 누가 너를 관리와 재판장으로 세웠느냐 하며 거절하던 그 모세를 하
나님은 가시나무 떨기 가운데서 보이던 천사의 손으로 관리와 속량하는 자로서 보내
셨으니 36이 사람이 백성을 인도하여 나오게 하고 애굽과 홍해와 광야에서 사십 년간
기사와 표적을 행하였느니라(행 7:35-36).

모세에게는 히브리 형제들에게 거절당하던 장면이 늘 아픈 기억으로 남아 있었습니다. 그전까지는 자신이 대단한 사람인 줄 알았었는데, 바로 그때부터 자신이 아무것도 아니라는 사실을 직시하게 되었기 때문입니다. 그러나 시내산 떨기나무 불꽃 가운데에서 나타나신 하나님께서 노바디를 사용하셔서 하나님의 뜻을 이루는 썸바디가 되게 하신다는 사실을 모세는 비로소 깨닫게 되었습니다. 그리고 결국에는 이스라엘 백성을 구원하는 도구가 되었습니다.

자, 그런데 스데반은 누구나 다 알고 있는 모세 이야기를 왜 이렇게 길게 설명하고 있을까요? 스데반은 사실 예수님 이야기를 하고 싶어 합니다. 지난 시간에 요셉 이야기를 하면서 역사의 패턴을 강조한 것도 바로 그 때문이었습니다. 모세 이야기에서도 똑같은 패턴이 반복되고 있다는 것입니다.

그러고 보면 모세는 히브리 형제들에게 거절당했습니다(Rejected by Israel). 그러나 미디안의 이방인들에게 받아들여졌습니다(Accepted by Gentiles). 물론 그 배후에는 하나님의 섭리와 개입이 있었습니다. 그리고 마침내 그는 이스라엘 백성을 이집트에서 인도해 내는 유명한 지도자가 되었고(Became famous), 결국 이스라엘을 구원하는 결과를 만들어 내는 주인공이 되었습니다 (Resulted to save Israel). 이 패턴이 예수님에게 그대로 반복된 것입니다.

바로 이 대목에서 스데반은 '그 선지자'에 대한 모세의 예언을 언급합니다.

이스라엘 자손에 대하여 하나님이 너희 형제 가운데서 나와 같은 선지자를 세우리라 하던 자가 곧 이 모세라(행 7:37).

여기에서 "하나님이 너희 형제 가운데서 나와 같은 선지자를 세우리라"는 모세의 말은 신명기에 기록되어 있습니다(신 18:15). 베드로의 솔로몬 행각 설교를 묵상하면서 이미 자세하게 살펴본 내용입니다(행 3:22). 초대교회 성도들은 모세가 예언한 '그 선지자'가 바로 예수 그리스도를 가리킨다고 믿었습니다. 바로 그 점을 드러내기 위해서 스데반은 많은 시간을 들여서 모세 이야기를 해온 것입니다.

모세는 이스라엘 백성이 존경하는 가장 위대한 지도자입니다. 이스라엘을 이집트에서 이끌어 약속의 땅으로 인도해 냈기 때문입니다. 그러나 스데반은 그런 탁월한 지도력에서 모세의 위대함을 찾지 않습니다. 오히려 그의 인생이 예수 그리스도를 소개하고 있다는 사실에서 찾아냅니다. 그러고 보면 아브라함이나 요셉도 마찬가지입니다. 예수 그리스도와 상관이 있기 때문에 그들이 위대한 믿음의 사람이 되었던 것입니다.

정말 그렇습니다. 세상에서 아무리 대단한 업적을 이루었다고 하더라도, 만일 그것이 예수 그리스도를 통한 하나님의 구원 계획과 아무런 상관이 없다면 사실 아무런 의미가 없습니다. 세상 사람들이 아무리 썸바디로 추켜세워주고 인정해 주어도, 하나님께는 그저 이름 없는 노바디일 뿐입니다. 그러나 어떻게든 예수 그리스도를 드러내는 인생을 살게 된다면, 그는 하나님께서 인정하시는 진정한 썸바디가 되는 것입니다.

따라서 우리는 하나님의 임재 앞에서 우리의 신발을 벗어 버릴 수 있어야 합니다. 하나님 없이 살던 과거의 성공과 실패를 모두 벗어 버려야 합니다. 그것은 우리 인생의 진정한 성공도 실패도 아닙니다. 우리는 하나님 안에서 새로운 사명을 받아야 합니다. 어떤 식으로든 우리가 예수 그리스도의 모습을 드러낼 때, 우리는 참으로 가치 있는 인생이 되는 것입니다.

I am Somebody in Jesus Christ! 나는 예수 그리스도 안에서 참으로 소중한 존재요 의미 있는 존재입니다. 아브라함도 요셉도 모세도 예수 그리스도 안에서만 썸바디가 될 수 있습니다. 그러니 예수님을 믿는 우리는 더

말할 것도 없습니다. 우리는 참으로 소중한 존재입니다. 많이 가져서도 아니고 많이 이루었기 때문도 아닙니다. 우리는 예수 안에서 살고 있기 때문입니다.

묵상 질문: 하나님이 보실 때 지금 나는 어떤 사람인가?

오늘의 기도: 하나님 아버지, 지나간 우리 삶의 성공과 실패를 모두 주님 앞에 내려놓습니다. 예수 그리스도 안에서 우리의 참된 가치를 깨닫고 하나님께 쓰임 받는 사람이 되기를 원합니다. 그리하여 이제부터 매 순간 예수 그리스도를 드러내는 소중한 존재요 의미 있는 존재로 살아가게 하옵소서. 예수님의 이름으로 기도합니다. 아멘.

스데반의 설교 (3)
: 불순종의 역사 이야기

읽을 말씀: 사도행전 7:38-50

새길 말씀: 다윗이 하나님 앞에서 은혜를 받아 야곱의 집을 위하여 하나님의 처소를
준비하게 하여 달라고 하더니 솔로몬이 그를 위하여 집을 지었느니라(행
7:46-47).

스데반은 지금 산헤드린 법정에서 재판을 받는 중입니다. '자유민의
회당' 사람들이 거짓 증인을 내세워서 스데반이 율법을 거슬러 말하고 성전을
거슬러 말했다는 죄목으로 고소했던 것입니다. 그것은 하나님을 모독하는
엄중한 죄였고, 모세의 율법에 따르면 반드시 투석형으로 처벌하게 되어
있었습니다(레 24:15-16).

자신의 목숨이 걸려있는 엄중한 자리에서 스데반은 이스라엘 역사의
흐름을 차분하게 풀어서 설명하기 시작했습니다. 지금까지 그는 '아브라함
이야기'와 '요셉 이야기' 그리고 '모세 이야기'를 했습니다. 유대인이라면
누구나 잘 아는 인물들입니다. 그런데 스데반은 유대인이 뻔하게 알고 있는

이야기만 하지 않습니다. 아브라함과 요셉과 모세가 모두 예수 그리스도의 구원 사역에 연결되고 있다는 점을 강조합니다.

특히 요셉과 모세의 인생을 살펴보면서 네 가지 공통의 패턴을 발견할 수 있었습니다. 그들은 동족에게 거절당했지만(Rejected by Israel), 이방인에 의해 받아들여졌고(Accepted by Gentiles), 아주 유명한 사람이 되었을 뿐만 아니라(Became famous), 마침내 이스라엘을 구원하는 결과가 되었습니다 (Resulted to save Israel). 이와 같은 역사의 패턴이 예수 그리스도에게 그대로 적용되고 있다는 사실을 스데반은 지적합니다.

그러면서 모세의 위대함은 이스라엘을 이집트에서 인도해 낸 지도력 때문이 아니라 그의 인생이 예수 그리스도를 소개하고 있기 때문이라고 했습니다. 그것은 아브라함이나 요셉도 마찬가지입니다. 예수 그리스도와 아무런 상관이 없었다면, 그들은 위대한 믿음의 조상이 될 수 없었을 것입니다.

시내 산의 불순종

오늘은 스데반 설교의 마지막 부분을 살펴보겠습니다. 스데반은 자신이 산헤드린 법정에 기소된 하나님 모독죄에 대하여 본격적으로 해명하기 시작합니다. 먼저 과거 이스라엘 백성이 하나님께 불순종한 이야기를 언급하면서, 지금 유대교 지도자들과 산헤드린 공회가 똑같은 불순종의 죄를 반복하고 있다는 점을 담대하게 지적합니다.

시내 산에서 말하던 그 천사와 우리 조상들과 함께 광야 교회에 있었고 또 살아 있는 말씀을 받아 우리에게 주던 자가 이 사람이라(행 7:38).

여기에서 '이 사람'은 물론 모세를 가리킵니다. 모세가 시내 산에서 하나님께 말씀을 받아 이스라엘 백성에게 전해주던 장면입니다. 모세가 받은 하나님의 말씀은 유대교 지도자들이 그토록 중요하게 여기는 율법입니다. 그 율법에 따라서 스데반도 지금 재판을 받고 있습니다. 그런데 스데반은 말합니다. 그들이 그렇게 중요하게 여기는 하나님의 말씀을 받으려고 모세가 시내산에 올라간 바로 그 순간에, 이스라엘 백성은 하나님께 불순종하는 죄를 범했다는 것입니다. 이른바 '금송아지 사건'(출 32장)입니다.

> [39]우리 조상들이 모세에게 복종하지 아니하고자 하여 거절하며 그 마음이 도리어 애굽으로 향하여 [40]아론더러 이르되 우리를 인도할 신들을 우리를 위하여 만들라 애굽 땅에서 우리를 인도하던 이 모세는 어떻게 되었는지 알지 못하노라 하고 [41]그때에 그들이 송아지를 만들어 그 우상 앞에 제사하며 자기 손으로 만든 것을 기뻐하더니(행 7:39-41).

모세가 시내 산에서 더디 내려오니까 이스라엘 백성은 아론에게 "우리를 위하여 신들을 만들어 달라"고 강력하게 요구합니다. 그래서 금송아지를 만들어 놓고 그 앞에서 절하면서 축제를 벌였던 이야기입니다. 여기에서 스데반은 이스라엘 백성이 하나님께 불순종하게 된 동기를 이렇게 표현합니다. "그 마음이 도리어 애굽으로 향하여…."

NIV성경은 '이집트로 돌아가려는 마음으로'(in their hearts turned back to Egypt, NIV)라고 번역합니다. 메시지성경은 '이집트의 옛 생활방식을 갈망하며'(They craved the old Egyptian ways, MSG)라고 표현합니다. 다시 말해서 몸은 이집트에서 나왔지만, 마음은 아직도 이집트에서 살고 있었다는 것입니다. 그래서 옛날 생활방식을 갈망하며 옛날 습관에 따라서 우상을 만들고 그 앞에 절을 하게 되었다는 것이지요.

그렇다면 하나님으로부터 율법을 받고 난 후에 그들의 삶이 달라졌을까요? 아닙니다. 그들의 불순종은 이스라엘 역사를 통해서 계속 반복되었습니다. 율법을 받기 전이나 받은 후나 아무 상관이 없습니다. 약속의 땅에 들어가기 전이나 들어가고 난 후나 달라지지 않았습니다. 그들은 기회가 생길 때마다 자기 마음대로 우상을 섬겼습니다. 그 불순종의 역사가 언제 시작되었습니까? 하나님의 말씀을 받은 시내 산에서부터였습니다.

하나님의 말씀을 들었으면 달라져야지요. 하나님의 말씀에 온전히 순종하며 살아야지요. 그런데 그것을 자신의 욕심을 채우는 수단으로 이용합니다. 그런 사람은 어떤 일이 있더라도 자신의 기득권을 포기하지 않습니다. 하나님의 아들을 죽이는 한이 있더라도 말입니다. 예수님을 십자가에 죽인 사람들이나 예루살렘교회 성도들을 박해하는 유대교 지도자들이나 모두 자기 손으로 만든 우상 앞에 절하며 기뻐하는 그런 사람입니다. 그들에게 율법이 없어서가 아닙니다. 오히려 그 율법을 제 마음대로 주무르고 이용해 먹기 때문입니다.

하나님의 심판

스데반의 설교가 날카로운 비수가 되어 점점 그를 기소한 산헤드린 당국자들의 심장을 향하고 있다는 것을 느낄 수 있습니다.

42하나님이 외면하사 그들을 그 하늘의 군대 섬기는 일에 버려두셨으니 이는 선지자의 책에 기록된 바 이스라엘의 집이여 너희가 광야에서 사십 년간 희생과 제물을 내게 드린 일이 있었느냐 43몰록의 장막과 신 레판의 별을 받들었음이여 이것은 너희가 절하고자 하여 만든 형상이로다 내가 너희를 바벨론 밖으로 옮기리라 함과 같으니라(행 7:42-43).

스데반은 하나님께서 이스라엘 백성을 외면하시고 '하늘의 군대', 즉 '하늘의 별들'에게 절하고 섬기도록 내버려두셨다고 합니다. 그런데 이게 언제 이야기입니까? 스데반은 이스라엘 백성이 광야에서 40년간 하나님께 희생과 제물을 드린 일이 한 번도 없다고 책망하는 아모스 선지자의 글을 인용합니다. 그들은 오히려 '몰록의 장막'(the tabernacle of Molek)과 '신 레판의 별'(the star of your god Rephan)을 받들었다고 합니다.

아모스 선지자의 지적이 사실이라면 정말 심각한 일이 아닐 수 없습니다. 시내 산에서 하나님과 계약을 맺고 하나님의 백성이 되고 난 후에 그들은 40년간 광야 생활을 하면서 오히려 이방의 신들을 섬겼다는 뜻이 되기 때문입니다. 그렇다면 시내 산에서 하나님과 맺은 계약이 무슨 소용이 있습니까? 하나님으로부터 받은 율법의 말씀이 무슨 의미가 있습니까? 율법이 있든지 없든지 자기들이 원하는 대로 우상을 만들고 그 앞에 절을 한다면 말입니다.

그런데 문득 궁금해집니다. 하나님은 왜 이스라엘 백성의 죄에 대해서 가만히 계셨을까요? 스데반은 말합니다. 그것이 바로 하나님의 심판이다! 그렇습니다. 하나님의 심판 중에서 가장 무서운 심판은 '그냥 내버려두는 것'입니다. 잘못된 길을 가고 있을 때 매를 들어서라도 바른길로 인도하려고 하는 것은 사실 '심판'이 아니라 '사랑'입니다. 적어도 자식을 사랑하는 부모는 그렇게 합니다. 그러나 아무리 노력해도 끝까지 부모의 말을 듣지 않을 때는 어떻게 할까요? 그때는 "이제는 네 마음대로 살라"고 선언합니다. 더 이상 자식으로 생각하지 않겠다는 뜻입니다. 하나님도 마찬가지입니다.

이에 대해서 바울은 로마서 1장에서 확실하게 증언합니다.

^{24}그러므로 하나님께서 그들을 마음의 정욕대로 더러움에 내버려 두사 그들의 몸을 서로 욕되게 하게 하셨으니 ^{25}이는 그들이 하나님의 진리를 거짓 것으로 바꾸어 피조물을 조물주보다 더 경배하고 섬김이라 주는 곧 영원히 찬송할 이시로다 아멘(롬 1:24-25).

동성애의 죄에 빠져서 살아가는 사람들에게 하나님은 왜 당장에 벼락을 내려 심판하지 않으실까요? 하나님에게 그럴 만한 능력이 없어서 가만히 계시는 것이 아닙니다. 오히려 그들이 마음에 품은 더러운 욕정을 따라 행동하게 그냥 내버려두시는 바로 그것이 하나님의 심판입니다. 그것이 진리를 거짓으로 바꾸고 창조주 대신 피조물을 경배하고 섬기는 사람들에게 내리는 하나님의 엄중한 심판입니다.

이스라엘 백성도 광야에서부터 제 마음대로 살았습니다. 그렇다면 약속의 땅에 들어가면 조금 달라질까요? 아닙니다. 그들은 약속의 땅에 들어가자마자 또다시 우상숭배에 빠지고 말았습니다. 그러다가 결국 나라는 쫄딱 망하고 바벨론으로 포로가 되어 잡혀가지 않았습니까? 그것은 아무도 부정할 수 없는 이스라엘 역사의 진실입니다.

이스라엘 백성이 자기를 위한 신을 만들고 그 앞에 절하며 섬겨온 못된 버릇이 언제부터 시작되었습니까? 하나님으로부터 율법을 받던 시내 산에서부터 시작되었습니다. 아니, 그 뿌리는 이집트의 생활방식으로 거슬러 올라갑니다. 그 뿌리를 완전히 제거하지 못하면 우상숭배의 굴레에서 벗어나지 못합니다. 이러한 못된 습성은 이스라엘 역사를 통해서 계속 반복되어 현재까지 이르게 된 것입니다.

따라서 그들이 예수 그리스도를 거절하고 하나님의 구원 역사를 거스르는 대적자로 서게 된 이유는 그들에게 율법이 없어서가 아닙니다. 율법을 단지 자신의 욕심을 채우기 위한 수단으로 삼기 때문입니다. 자신의 기득권에 위협이 되는 정적을 제거하기 위해서 하나님의 말씀을 사용하기 때문입니다. 그것이 이스라엘의 역사를 통해서 반복되어 온 일이라고 스데반은 지금 지적하고 있는 것입니다.

이 말씀을 묵상하면서 우리는 세상의 못된 생활 습관과 완전히 단절하는 것이 얼마나 어려운 일인지 새삼 깨닫게 됩니다. 이집트라는 세상에서 몸이 빠져나왔다고 해서 출애굽이 아닙니다. 이집트에서 살던 잘못된 생활 습관에서 완전히 해방되어야 진정한 출애굽입니다. 그러지 않으면 말로는 하나님을 섬긴다고 하면서 실제로는 우상 앞에 절하는 이스라엘 백성의 불순종을 반복하게 되는 것입니다.

성전 건축의 꿈

이번에는 이야기의 주제를 바꾸어 성전에 관해서 말하기 시작합니다.

44광야에서 우리 조상들에게 증거의 장막이 있었으니 이것은 모세에게 말씀하신 이가 명하사 그가 본 그 양식대로 만들게 하신 것이라 45우리 조상들이 그것을 받아 하나님이 그들 앞에서 쫓아내신 이방인의 땅을 점령할 때에 여호수아와 함께 가지고 들어가서 다윗 때까지 이르니라(행 7:44-45).

먼저 스데반은 성전의 뿌리는 모세 시대의 '성막'이라는 점을 분명히 합니다. '증거의 장막'으로 번역된 것이 바로 '계약의 성막'(the tabernacle of the covenant)을 말합니다. 사실 모세가 시내 산에 올라가서 지내던 40일 동안 하나님께 받은 말씀은 대부분 '성막 제작의 명령'(출 25-31장)에 대한 것이었습니다. 그 내용을 들여다보면 하나님께서 얼마나 자세하게 성막의 양식을 가르쳐주셨는지 정말 놀랍습니다.

금송아지 제작 사건 이후에 하나님과의 계약 관계를 회복하게 된 이스라엘 백성이 나머지 시내 산 체류 기간에 가장 중요하게 생각한 일은 '성막 제작'이 었습니다. 그 성막을 중심으로 광야 생활을 하다가 여호수아의 인도함을 따라 가나안 땅에 들어갈 때 성막을 가지고 들어갔습니다. 그리고 다윗이 그 성막을 예루살렘으로 옮기기 전까지 성막은 때로 하나님께 예배드리는 곳으로서 또는 시골구석에 버려져 방치된 채로 그렇게 지내게 되었던 것입니다.

> ⁴⁶다윗이 하나님 앞에서 은혜를 받아 야곱의 집을 위하여 하나님의 처소를 준비하게 하여 달라고 하더니 ⁴⁷솔로몬이 그를 위하여 집을 지었느니라(행 7:46-47).

여기저기로 떠돌아다니던 '성막'이 예루살렘 안에 고정된 '성전'으로 바뀌게 된 것은 전적으로 다윗의 열심 덕분입니다. 다윗이 성전 건축에 대한 꿈을 가지게 된 이유에 대해서 스데반은 두 가지로 설명합니다.

우선 그는 '하나님 앞에서 은혜를 받은' 사람이었습니다. 이 부분을 NIV성경은 '하나님의 은혜를 즐기던 사람 다윗'(David, who enjoyed God's favor)이라고 번역합니다. 하나님께서 다윗을 가리켜 '내 마음에 맞는 사람'(행 13:22)이라고 기뻐하셨고, 다윗 또한 그와 같은 하나님의 은혜를 마음껏 누리던 사람이었던 것입니다. 그가 온 이스라엘을 다스리는 왕이 된 후에 제일 먼저 한 일은 법궤를 예루살렘으로 모셔 오는 것이었습니다.

법궤는 하나님의 발등상이요 하나님의 임재를 상징하는 것입니다. 법궤를 모셔 옴으로써 하나님께 드리는 예배를 회복하려고 했던 것입니다. 그 일이 다윗에게 얼마나 기쁜 일이 되었는지, 왕의 체면도 아랑곳하지 않고 법궤

앞에서 춤을 출 정도였습니다. 법궤를 모셔 온 후에 다윗은 자연스럽게 성전을 건축하려는 꿈을 가지게 되었습니다. 하나님의 은혜를 즐기는 사람은 언제나 성전 건축의 꿈을 꿉니다.

두 번째 이유는 "야곱의 집을 위하여 하나님의 처소를 준비하려고 했다"라는 것입니다. 그런데 '야곱의 집을 위하여'(for the people of Jacob)라는 번역 때문에 마치 다윗이 하나님을 이스라엘만을 위한 하나님으로 제한하려는 의도가 있었던 것으로 보일 수 있습니다. 그러나 다른 많은 사본에는 이것을 '야곱의 하나님을 위하여'(for the God of Jacob)라고 기록합니다. 저는 후자가 다윗의 본래 의도를 담고 있다고 봅니다.

그러니까 다윗은 '야곱의 하나님을 위한 처소', 즉 '야곱의 하나님께 예배하는 성전'을 준비하도록 하나님께 허락을 구했던 것입니다. 그리고 실제로 성전 건축에 필요한 자재를 상당량 준비합니다. 그렇지만 하나님은 다윗에게 성전 건축을 허락하지 않으셨지요. 그래서 결국 그의 아들 솔로몬이 성전 건축을 실행할 수 있게 된 것입니다. 그렇지만 예루살렘 성전 건축의 꿈은 하나님에 대한 다윗의 열심으로부터 시작되었음을 그 누구도 부인할 수 없습니다.

성전에 대한 오해

솔로몬이 아무리 근사하게 성전을 지었다고 하더라도, 하나님께서 그 성전에 갇혀계시는 분은 아니라는 사실을 인정해야 한다고 스데반은 힘주어 말합니다.

[48]그러나 지극히 높으신 이는 손으로 지은 곳에 계시지 아니하시나니 선지자가 말한

바 ⁴⁹주께서 이르시되 하늘은 나의 보좌요 땅은 나의 발등상이니 너희가 나를 위하여 무슨 집을 짓겠으며 나의 안식할 처소가 어디냐 ⁵⁰이 모든 것이 다 내 손으로 지은 것이 아니냐 함과 같으니라(행 7:48-50).

성전은 하나님이 거주하시는 집이 아닙니다. 이스라엘 백성이 하나님께 예배할 때, 그 예배를 받으시기 위하여 임재하시는 장소입니다. 그것이 바로 성막의 본래 정신입니다. 생각해 보십시오. 천지를 창조하신 하나님을 어떻게 사람들이 지은 성전에 가두어둘 수 있겠습니까? 여기에서 스데반이 인용하고 있는 이사야의 글을 보겠습니다.

> ¹여호와께서 이와 같이 말씀하시되 하늘은 나의 보좌요 땅은 나의 발판이니 너희가 나를 위하여 무슨 집을 지으랴 내가 안식할 처소가 어디랴 ²나 여호와가 말하노라 내 손이 이 모든 것을 지었으므로 그들이 생겼느니라…(사 66:1-2a).

그렇습니다. 하나님의 보좌는 하늘이고, 땅은 하나님의 발판입니다. 얼마나 웅장한 성전을 지어야 그렇게 위대하신 하나님을 모실 수 있겠습니까? 우리는 단지 성전에서 예배할 때 우리의 예배를 받으러 임재하시는 하나님을 만날 수 있을 뿐입니다. 솔로몬도 그것을 잘 알고 있었습니다. 그래서 예루살렘 성전을 봉헌하는 자리에서 솔로몬은 이렇게 기도합니다.

> ²⁷하나님이 참으로 땅에 거하시리이까 하늘과 하늘들의 하늘이라도 주를 용납하지 못하겠거든 하물며 내가 건축한 이 성전이오리이까… ³⁰주의 종과 주의 백성 이스라엘이 이곳을 향하여 기도할 때에 주는 그 간구함을 들으시되 주께서 계신 곳 하늘에서 들으시고 들으시사 사하여 주옵소서(왕상 8:27, 30).

예루살렘 성전이 하나님이 거하시는 하나님의 집이며, 그곳에 와야만 하나님을 만날 수 있다는 생각은 처음부터 존재하지 않았습니다. 하나님이 계신 곳은 '하늘'입니다. 단지 하나님께서 은혜로 우리의 간구를 들으실 뿐입니다. 그런데 언제부터인가 종교 권력을 움켜쥔 제사장들에 의해서 하나님은 성전에 갇혀 계신 분처럼 포장되기 시작했습니다. 그렇기에 오직 성전에 와야만 하나님을 만날 수 있는 것처럼 강조되었던 것입니다.

스데반은 그것이야말로 오히려 '성전의 타락'이라고 선포합니다. 예수님이 "성전을 무너뜨리면 사흘 만에 다시 일으키리라"라고 하신 말씀은 본래 당신의 죽음을 예고한 것이었는데(요 2:21), 산헤드린 공회는 그 의미가 무엇인지 제대로 알지 못하면서 무조건 성전을 모독하고 하나님을 모독한다고 몰아붙여서 예수님을 십자가에 처형했습니다. 지금 스데반이 재판을 받는 이유도 마찬가지입니다. 성전을 타락하게 만든 종교 권력이 예수님에게 덮어씌웠던 죄를 스데반에게 똑같이 씌우고 있는 것입니다.

이와 같은 스데반의 설교는 산헤드린 공회원들의 허위의식을 들추어내는 칼이 되어 그들의 심장을 향해 날카롭게 파고들었습니다. 그들은 이제 둘 중에서 하나를 선택해야 합니다. 진리의 말씀 앞에 자신의 잘못을 솔직하게 고백하며 회개하거나, 아니면 그 말씀을 전하는 스데반의 입을 틀어막거나 하는 것입니다. 회개하면 물론 구원을 받겠지만, 계속해서 입을 틀어막으면 심판을 받습니다. 그들은 결국 후자를 선택하게 됩니다.

스데반의 설교는 지금 우리에게도 큰 도전으로 다가옵니다. 우리는 하나님의 말씀을 얼마나 소중하게 여기고 있습니까? 하나님의 뜻과 상관없이 단지 우리가 편한 방식으로 함부로 구부려서 엉뚱한 일에 사용하고 있지는 않습니까? 우리는 하나님께 드리는 예배를 얼마나 귀하게 여기고 있습니까? 하나님의 기대와 상관없이 단지 우리의 편의에 따라서 제멋대로 예배하고 있지는 않습니까?

우리는 꼭 기억해야 합니다. 우리가 예배한다고 해서 하나님이 우리의 예배를 반드시 받으셔야 할 이유는 없습니다. 우리가 기도한다고 해서 하나님이 우리의 기도에 반드시 응답해 주셔야 할 의무도 없습니다. 만일 하나님께 그래야 한다고 요구한다면, 그것이야말로 하나님께 불경(不敬)의 죄를 범하는 것입니다.

우리는 하나님께서 받으실 만한 예배다운 예배를 드려야 하고, 마땅히 기도할 것을 기도해야 합니다. 그러지 않으면 가인이 그랬던 것처럼 하나님께 예배하고 나서 시험에 들고 죄를 짓게 되는 것입니다. 하나님께서 우리의 예배를 받으시는 것은 '의무 사항'이 아니라 우리에게 베푸시는 '은혜'입니다. 앞으로 우리의 신앙생활이 언제나 하나님 보시기에 합당한 것이 되기를 간절히 소망합니다.

묵상 질문: 나는 하나님이 받으실 만한 예배를 드리고 있는가?

오늘의 기도: 하나님 아버지, 우리가 드리는 예배가 껍데기만 남은 형식적인 예배가 아니라 하나님께서 받으실 만한 온전한 예배가 되게 하옵소서. 세상의 방식과 욕심을 따르지 않게 하시고, 오직 하나님의 말씀에 순종하게 하옵소서. 이제부터 성령의 이끄심에 따라 늘 겸손하고 바른 모습으로 살아가게 하옵소서. 예수님의 이름으로 기도합니다. 아멘.

스데반의 순교

읽을 말씀: 사도행전 7:51-60

새길 말씀: [59]그들이 돌로 스데반을 치니 스데반이 부르짖어 이르되 주 예수여 내 영혼을 받으시옵소서 하고 [60]무릎을 꿇고 크게 불러 이르되 주여 이 죄를 그들에게 돌리지 마옵소서 이 말을 하고 자니라(행 7:59-60).

스데반의 설교는 이스라엘의 조상 아브라함 이야기로 시작하여 요셉과 모세 이야기를 거쳐서 불순종으로 점철된 이스라엘 백성의 역사로 나아갔습니다. 그러더니 스데반을 재판하기 위하여 열린 산헤드린의 허위의식을 고발하는 내용으로 끝납니다. 스데반은 그들이 사람의 생명을 살리는 일에 사용해야 할 율법을 오히려 정적을 제거하는 무기로 삼았음을 지적합니다. 그리고 하나님께 예배드리는 장소인 성전을 오히려 권력의 도구로 변질시켜 버렸다고 강력하게 비판합니다.

성령을 거스르는 자

산헤드린 공회원이 볼 때는 이와 같은 스데반의 말이 '적반하장'(賊反荷杖)처럼 들릴지 모릅니다. 그렇지만 스데반이 볼 때는 자신이 산헤드린 재판정에 서게 된 것이 오히려 '적반하장'이었습니다. 그가 그렇게 판단하는 이유가 무엇일까요?

> **목이 곧고 마음과 귀에 할례를 받지 못한 사람들아 너희도 너희 조상과 같이 항상 성령을 거스르는도다**(행 7:51).

스데반은 그 자리에 모인 사람들을 향하여 '너희는 목이 곧은 사람들!'(You stiff-necked people! NIV)이라고 선언합니다. '목이 뻣뻣하다'라는 것은 '고집이 세고'(stubborn) 절대로 자기주장을 굽히지 않는 '옹고집을 가진 사람'(hardheaded people, MSG)이라는 뜻입니다. 하나님의 뜻을 위해서, 이 세상을 구원하기 위해서 그런다면 얼마나 좋겠습니까. 문제는 자기의 기득권을 유지하기 위해서 그런다는 것입니다.

이런 사람은 절대로 다른 사람들의 말을 귀담아듣지 않습니다. 심지어 하나님의 말씀도 듣지 않습니다. 그래서 스데반은 그들을 향하여 '너희는 마음과 귀에 할례를 받지 못한 사람들'(Your hearts and ears are still uncircumcised. NIV)이라고 말합니다. 이 부분을 메시지성경은 "여러분의 마음은 딱딱하게 굳어 있고, 여러분의 귀는 꽉 막혀 있습니다!"라고 표현합니다.

"말이 씨앗이 된다"라는 속담이 있습니다. 말한 것이 실제로 이루어질 가능성이 크므로 말조심해야 한다는 교훈을 담고 있습니다. 그러나 말이 씨앗이 되지 않는 사람도 있습니다. 마음이 딱딱하게 굳어 있는 사람입니다. 이런 사람에게는 씨알도 먹히지 않습니다. 말이 마음속으로 파고 들어갈 수 없는데 무슨 변화가 나타나겠습니까? 귀가 꽉 막혀 있으니 어떤 소리가 들리겠습니까? 지금 산헤드린의 상태가 그렇습니다. 하나님의 백성이라는 자부심이 있지만, 실제로는 하나님의 말씀이 그들의 삶을 변화시킬 수 없는 상태입니다.

계속해서 스데반은 그들이 자기 조상들처럼 언제나 "성령을 거스른다"(You always resist the Holy Spirit! NIV)고 선언합니다. 메시지성경은 이를 "성령을 고의로 무시한다"(deliberately ignore the Holy Spirit)라고 표현합니다. 성령의 감동을 의도적으로 외면하고 거부하며 따르지 않는다는 것입니다. CEV성경은 아예 "성령과 늘 싸운다"(You are always fighting against the Holy Spirit)고 표현합니다. 하나님의 백성이라고 하면서 실제로는 하나님의 영과 싸우고 있다는 겁니다. 왜 그러는 것일까요? 자신의 기득권을 포기하지 않으려고 그럽니다.

그것은 이스라엘 백성의 조상 때부터 전통적으로 내려오던 아주 못된 고질적인 습관이었습니다. 요셉을 죽이려고 하고 결국 노예로 팔아넘긴 장본인은 그의 형제들이었습니다. 이집트에서 모세를 거부하고 배신한 사람도 히브리 동족이었습니다. 하나님과 계약을 맺은 지 얼마 지나지 않아 시내 산으로 올라간 모세의 생사를 확인할 수 없다면서 금송아지를 만들어 섬기던 사람들도 이스라엘 백성이었습니다.

성령의 역사를 의도적으로 외면하고 저항한 사람들은 이방인이 아닙니다. 먼저 하나님께 부름을 받은 하나님의 백성입니다. 그 못된 버릇이 지금도 고스란히 남아서 유대인을 대표하는 산헤드린 공회원에게서도 그대로 발견되고 있는 것입니다.

**너회 조상들이 선지자들 중의 누구를 박해하지 아니하였느냐 의인이 오시리라 예고
한 자들을 그들이 죽였고 이제 너회는 그 의인을 잡아 준 자요 살인한 자가 되나니**
(행 7:52).

스데반은 이스라엘의 조상들이 박해하지 않은 선지자들은 한 사람도
없다고 선언합니다. 물론 스데반이 언급하는 '선지자들'은 '거짓 선지자'가
아니라 '참 선지자들'입니다. 거짓 선지자들은 사람들의 귀에 달콤한 이야기
만 골라서 했기 때문에 오히려 사람들에게 인기가 많았습니다. 그러나 참
선지자들은 그들의 허위의식을 들추어내고 하나님의 뜻을 선포했기 때문에
사람들이 싫어했던 것입니다.
예수님도 똑같은 말씀을 하신 적이 있습니다.

**²²인자로 말미암아 사람들이 너회를 미워하며 멀리하고 욕하고 너회 이름을 악하다
하여 버릴 때에는 너회에게 복이 있도다 ²³그날에 기뻐하고 뛰놀라 하늘에서 너회
상이 큼이라 그들의 조상들이 선지자들에게 이와 같이 하였느니라(눅 6:22-23).**

하나님의 말씀을 대언하는 참 선지자들은 어쩌면 그렇게 박해를 받아야
하는 운명인지도 모릅니다. 스데반은 그들의 조상들이 '의인이 오시리라
예고한 자들'을 죽였다고 말합니다. 여기에서 '의인'은 바로 예수 그리스도를
가리킵니다. 그 의인이 오신다고 말하는 사람은 누구든지 죽였다는 것입니다.
그리고 실제로 그 의인이 오셨을 때 이번에는 그들이 예수님을 잡아 죽였습니
다. '그 아버지에 그 아들', '그 조상에 그 후손'이라고, 그들은 그렇게 하나님의
역사를 거스르는 못된 가문의 전통을 이은 자들이 되었던 것입니다.

율법을 모독하는 자

이제 스데반 설교의 결론에 다다랐습니다. 스데반은 산헤드린 공회원을 향하여 마지막으로 강력한 메시지를 선포합니다.

너희는 천사가 전한 율법을 받고도 지키지 아니하였도다 하니라(행 7:53).

이스라엘 백성은 하나님의 율법을 받고도 지키지 않는 사람들이라는 것입니다. 이것은 사실 스데반이 산헤드린 법정에 기소된 죄목입니다. '율법을 거슬러 말하기를 마지아니하는 자'이며, 그래서 '모세와 하나님을 모독하는 자'라고 말입니다. 그러나 스데반은 오히려 자기를 기소하는 자들을 향하여 "너희가 율법은 받았으면서도 그 율법을 지키지 않는 자들이다!"라고 선언합니다. 이 부분을 메시지성경은 다음과 같이 표현합니다.

천사들이 선물 포장까지 해서 하나님의 율법을 전해주었건만, 여러분은 그것을 함부로 써 버렸습니다!(행 7:53, 메시지)

하나님의 율법은 이스라엘 백성에게 주신 하나님의 특별한 선물입니다. 얼마든지 다른 민족에게 주실 수도 있었는데, 그러지 않고 이스라엘을 굳이 선택하셔서 주셨기 때문입니다. 그래서 이스라엘이 하나님의 선택을 받은 '선민'(選民)이 된 것입니다. 그렇다면 선민으로서 이스라엘 백성은 마땅히 하나님이 포장하여 주신 선물을 귀하게 여기고 잘 지켜야 합니다. 그러나 그것을 함부로 써버렸습니다.

하나님의 율법을 받았다고 하더라도 그것에 복종하지 않는다면 율법을 함부로 폐기 처분하는 것과 마찬가지입니다. 말씀을 '들음'(聽)은 곧 그 말씀에 '순종함'(從)을 의미합니다. 말씀을 청종하지 않는 것은 단지 한 귀로 들어가서 다른 귀로 흘려버리는 정도가 아니라 아예 그 말씀을 쓰레기로 취급하는 것과 같습니다. 그러면서도 스스로 하나님의 선민이라고 으스대면서 이방인을 함부로 판단하고 정죄하고 있으니, 어떻게 하나님으로부터 책망을 받지 않겠습니까?

하나님의 말씀에 청종하지 않으면 그 말씀을 쓰레기로 취급하는 것과 다르지 않다는 스데반의 지적은 오늘날 우리 그리스도인에게도 매우 무겁게 다가옵니다. 우리는 하나님의 말씀을 얼마나 소중히 여기고 있는지 돌아보아야 합니다. 아무튼 스데반의 이 마지막 선언은 산헤드린 공회원과 당국자들의 증오심에 불을 지르고 말았습니다. 율법을 모독하고 하나님을 모독하는 사람은 스데반 자신이 아니라 그를 고소한 사람이요 그를 재판하는 산헤드린 공회원이라고 하니 그들이 가만히 있겠습니까?

산헤드린의 분노

스데반 설교는 아브라함부터 시작하여 이스라엘의 역사를 쭉 더듬어 살펴보는 것이었습니다. 그런 종류의 설교는 대개 지루하게 느껴지기 마련입니다. 그런데 그 자리에 있던 사람들의 격한 반응을 보면 스데반의 설교가 그렇게 지루하지는 않았던 모양입니다. 스데반이 선포한 말씀은 좌우에 날 선 칼이 되어 듣는 사람들의 마음을 아프게 찔렀던 것입니다.

그들이 이 말을 듣고 마음에 찔려 그를 향하여 이를 갈거늘(행 7:54).

오순절 성령강림 당일에 베드로의 설교를 들었던 사람들도 '마음에 찔리는' 똑같은 경험을 했습니다. 그때 사람들이 물었지요. "우리가 어떻게 해야 할까요?"(행 2:37) 그때 베드로는 "회개하고 예수 이름으로 세례를 받고 죄 사함을 받으라"(행 2:38)고 권면했습니다. 그들은 베드로의 말에 따라서 회개하고 세례를 받았고, 그래서 예루살렘교회가 탄생하게 되었습니다. 마음에 찔림을 받는다면 그렇게 회개하면 됩니다. 그러면 얼마든지 구원받을 수 있습니다.

그러나 스데반의 설교를 듣고 있던 사람들은 그렇게 하지 않았습니다. 산헤드린 공회원이라는 자존심이 그것을 용납하지 않았던 것일까요? 그들은 오히려 스데반을 향하여 이를 갈았습니다. 이 부분을 메시지성경은 "그 말을 듣고 있던 사람들이 난폭해지더니, 야유와 휘파람과 욕설을 퍼붓는 폭도로 변했다"라고 표현합니다. 하나님의 말씀을 듣고 마음에 찔림을 받고 회개하면 누구나 구원받은 하나님의 백성이 될 수 있습니다. 그러나 회개하지 않으면 진리를 방해하고 박해하는 폭도가 될 수밖에 없습니다.

> 55스데반이 성령 충만하여 하늘을 우러러 주목하여 하나님의 영광과 및 예수께서 하나님 우편에 서신 것을 보고 56말하되 보라 하늘이 열리고 인자가 하나님 우편에 서신 것을 보노라 한대(행 7:55-56).

사람들이 야유와 욕설을 퍼붓는 폭도로 변하는 와중에서도 스데반은 "성령 충만하여 하늘을 우러러 하나님의 영광과 예수 그리스도를 주목하여 보았다"고 합니다. 성령 충만한 스데반의 눈에는 폭도들이 보이지 않았습니다. 그의 눈에는 하나님만 보였습니다. 성령 충만한 사람들은 언제나 그렇습니다. 어떤 상황에서도 하나님을 바라봅니다. 만일 사람들의 반응이나 반대에 예민한 우리 자신을 발견한다면, 성령의 다스림을 온전히 받지 못하고 있다는 증거로 생각해야 합니다.

아무튼 스데반의 입에서는 자기도 모르는 사이에 감탄사가 터져 나왔습니다. "아! 하늘이 활짝 열리고 인자가 하나님 곁에 서 계신 것이 보입니다!" 이 감탄사는 산헤드린 공회원의 타오르는 증오심에 기름을 끼얹는 결정적인 말이 되고 말았습니다.

그들은 "큰 소리를 지르며 귀를 막았다"라고 합니다. 스데반의 말이 그들의 마음을 계속 찔러댔기 때문입니다. 마음에 찔림이 된다는 것은 양심의 가책을 받는다는 뜻입니다. 그러면 어떻게 해야 할까요? 빨리 회개하면 됩니다. 그러나 사람들은 그러지 않습니다. 오히려 바른말을 하는 사람의 입을 틀어 막아버립니다. 우리는 여기에서 구원받는 사람과 구원받지 못하는 사람의 차이를 발견합니다.

당시의 산헤드린은 사람을 죽일 수 있는 권한을 가지지 못했습니다. 따라서 스데반을 돌로 쳐서 죽이는 것은 정식 재판으로 집행하는 '사형'(死刑)이 아니라 폭도들에 의하여 자행되는 '사형'(私刑), 즉 '린치'(lynch)였습니다. 그러나 사사로운 린치를 자행하면서도 그들은 마치 정당한 사형을 집행하는 것처럼 절차를 밟습니다. 가장 먼저 돌을 던지는 '증인들'을 세운 것입니다. 이에 대한 율법의 규정이 신명기 17장에 나옵니다.

지 말 것이며 [7]이런 자를 죽이기 위하여는 증인이 먼저 그에게 손을 댄 후에 뭇 백성이 손을 댈지니라 너는 이와 같이 하여 너희 중에서 악을 제할지니라(신 17:6-7).

당시 로마의 법은 사형(私刑)을 하지 못하도록 금하고 있었습니다. 그런데 그들은 로마의 법을 지키지 않았습니다. 그렇다고 해서 하나님이 정해 놓으신 율법을 지킨 것도 아닙니다. 그 증인들이 모두 돈을 받고 거짓말로 증언한 사람들이라는 사실을 우리는 잘 압니다(행 6:11, 13). 짜놓은 각본에 따라 거짓 증인들이 먼저 돌로 친 후에 사람들은 스데반을 돌로 쳐서 죽이는 일에 모두 합세했습니다. 이렇게 함으로써 그들이야말로 율법을 지키지 않는 자요 율법을 모독하는 자라는 사실을 스스로 증명했던 것입니다.

이 장면에서 우리의 눈길을 끄는 것은, 증인들이 옷을 벗어 '사울'이라는 청년의 발 앞에 두었다는 대목입니다. 사울은 왜 그 자리에 동석하게 되었을까요? 그것은 스데반이 찾아가서 논쟁을 벌인 '자유민들의 회당'에 사울이 출석하고 있었기 때문이라고 앞에서 설명했습니다(행 6:9). 그뿐만이 아닙니다. 증인들이 옷을 사울의 발 앞에 두었다는 것은, 사울이 스데반의 처형에 어떤 식으로든 깊숙이 개입했다는 의미입니다. 이제부터 그리스도인에 대한 본격적인 박해가 시작될 것이며, 사울이 그 전면에 나서게 될 것을 예고하는 장면입니다.

용서와 신뢰

드디어 스데반은 마지막 순간을 맞이하게 됩니다.

[59]그들이 돌로 스데반을 치니 스데반이 부르짖어 이르되 주 예수여 내 영혼을 받으시

옵소서 하고 60무릎을 꿇고 크게 불러 이르되 주여 이 죄를 그들에게 돌리지 마옵소
서 이 말을 하고 자니라(행 7:59-60).

스데반이 남긴 최후의 말들은 예수님이 십자가에서 남기신 말씀들과
아주 비슷합니다.

34이에 예수께서 이르시되 아버지 저들을 사하여 주옵소서. 자기들이 하는 것을 알지
못함이니이다 하시더라… 46예수께서 큰 소리로 불러 이르시되 아버지 내 영혼을 아
버지 손에 부탁하나이다 하고 이 말씀을 하신 후 숨지시니라(눅 23:34, 46).

예수님의 가상칠언(架上七言) 중에서 이 두 가지 말씀은 다른 복음서에는
나오지 않습니다. 모두 사도행전의 전편인 누가복음에만 기록되어 있습니다.
이는 우연의 일치가 아닙니다. 두 책이 모두 같은 저자인 누가에 의해서
기록되었기 때문입니다. 순서는 바뀌었지만, 내용은 대동소이합니다. 사도
바울이 예수님과 가장 비슷하게 산 사람이라면, 스데반은 예수님과 가장
비슷하게 죽은 사람입니다. 예수님이 그랬던 것처럼, 스데반은 자신을 죽이는
사람을 용서하는 말과 하나님께 자기 영혼을 위탁하는 말을 마지막으로
남겼습니다.

스데반이 만일 '자유인의 회당'으로 찾아가 논쟁하지 않았다면 어떻게
되었을까요? 아마도 이렇게 돌에 맞아 죽는 일은 없었을 것입니다. 그러니
어떤 의미에서는 자업자득이라 말할 수 있습니다. 물론 복음에 대한 스데반의
열정을 충분히 이해하지만, 굳이 그렇게 논쟁을 벌여야 했을까 싶습니다.
왜냐하면 논쟁으로는 결코 사람의 마음을 얻을 수 없기 때문입니다.

그렇지만 산헤드린 법정에서 스데반은 담대하게 하나님의 말씀을 선포했

습니다. 마지막 순간에는 하나님을 신뢰하고 사람을 용서하는 가장 숭고한 민음의 모습을 우리에게 보여주었습니다. 앞으로 살펴보겠지만 스데반의 순교로 시작된 그리스도인에 대한 박해는 오히려 예루살렘교회가 증인 공동체로서 땅끝으로 나아가는 동기로 작용했습니다. 그러니 무슨 일이든 어느 한 장면으로 섣불리 판단할 것이 아닙니다.

오늘 말씀을 묵상하면서 우리 자신에게 이런 질문을 하게 됩니다. 인생의 마지막 순간에 우리는 과연 어떤 모습을 남기게 될까요? 사람을 '저주'하고 하나님을 '부인'하게 될까요? 아니면 사람을 '용서'하고 하나님을 '신뢰'하게 될까요? 어떤 모습이든 어느 날 갑작스럽게 마음먹고 연출할 수 있는 일은 아닙니다. 평상시에 살아온 모습 그대로 마지막 순간에 자연스럽게 우리 몸에 배어져 나타나는 것입니다. 매일 같이 사람을 용서하고 하나님을 신뢰하면서 사노라면, 우리도 언젠가 예수님처럼 스데반처럼 그렇게 우리의 인생을 마무리하게 될 것입니다.

묵상 질문: 나는 사람을 용서하고 하나님을 신뢰하고 있는가?

오늘의 기도: 하나님 아버지, 우리에게 성령 충만함을 주셔서 어떤 상황에서도 하나님을 바라보게 하옵소서. 우리의 마음과 귀가 열려 언제나 하나님의 말씀을 듣고 순종하게 하옵소서. 우리의 인생 마지막 순간까지 사람을 용서하며 하나님을 신뢰하며 살아가게 하옵소서. 예수님의 이름으로 기도합니다. 아멘.

박해자 사울의 등장

읽을 말씀: 사도행전 8:1-3
새길 말씀: 사울이 교회를 잔멸할새 각 집에 들어가 남녀를 끌어다가 옥에 넘기니라 (행
8:3).

지금까지 우리는 스데반에 관한 이야기를 살펴보았습니다. 그러면서 그가 얼마나 성령과 지혜가 충만한 사람이었는지 또한 그가 얼마나 담대하게 예수 그리스도의 복음을 증언했는지 알게 되었습니다. 특히 마지막 순간에 그를 박해하는 사람들을 용서하고 끝까지 하나님을 신뢰하며 당당하게 죽음을 맞이하는 그의 모습은 마치 예수님의 마지막 모습을 보는 듯했습니다. 스데반이 그렇게 신앙을 지키다가 죽음으로써 기독교는 '순교'라는 이름의 새로운 역사를 쓰게 되었습니다.

그런데 스데반에게 아무리 '최초의 순교자'라는 명예가 주어진다고 하더라도, 그의 죽음은 예루살렘교회에 큰 충격과 슬픔을 안겨준 비극적인 사건이었습니다. 그것이 신호탄이 되어 교회를 향한 박해가 본격적으로 시작될 게 뻔한 일입니다. 이제 겨우 발돋움하려고 하는 증인 공동체의 운명은

과연 어떻게 되는 걸까요? 그들은 예루살렘을 넘어서서 온 유대와 사마리아와 땅끝까지 이르러 주님의 증인이 되어야 합니다. 그 위대한 꿈을 제대로 펼쳐보지도 못한 채 그냥 이대로 역사에서 사라지는 것일까요?

아닙니다. 하나님의 일하심은 우리의 상상을 훌쩍 뛰어넘습니다. 하나님의 생각은 우리의 좁은 소견으로는 감히 짐작할 수조차 없습니다. 하나님은 얼마든지 '위기'를 '기회'로 바꾸실 수 있습니다. 필요하다면 '박해자'를 '전도자'로 바꾸어 사용하십니다. 주님이 보내주신 보혜사 성령이 증인 공동체의 사명을 감당하도록 인도해 가실 것입니다. 그러니 이제부터 우리는 하나님께서 어떻게 일하실는지 오히려 큰 기대를 품고 지켜보아야 합니다.

바울이라 하는 사울

그리스도인에 대한 산헤드린의 박해를 실행하겠다고 자청하여 나선 한 사람이 있었습니다. 그는 '바울'이라 하는 '사울'이었습니다. 오늘 본문은 사울의 등장을 이렇게 묘사합니다.

사울은 그가 죽임당함을 마땅히 여기더라…(행 8:1a).

사울은 스데반이 투석형을 받아 죽임을 당하는 것을 보고 "마땅히 여겼다"라고 합니다. 대부분의 영어 성경은 '찬성했다' 또는 '동의했다'라는 뜻의 'approved'를 사용합니다. 이 단어는 단순히 허락을 의미하는 정도가 아니라 '마음속으로 기뻐하며 적극적으로 찬성했다'라는 뉘앙스입니다. 그러니까 사울은 스데반의 처형을 지극히 정당한 일로 생각했던 것입니다.

스데반을 돌로 치기 전에 증인들은 옷을 벗어 사울의 발 앞에 두었습니다

(행 7:58). 그것은 사울이 스데반의 처형에 어떤 식으로든 연루되어 있다는 사실을 암시합니다. 물론 직접 돌을 들어 죽인 것은 아니지만, 그렇다고 단순한 구경꾼으로 그 자리에 있었던 것도 아니었습니다. 여기에는 스데반이 '자유민들의 회당'에 와서 논쟁을 벌였을 때부터 사울이 품었던 개인적인 악감정이 작용하고 있는 것으로 보입니다.

이 대목에서 우리는 스데반과 사울이 각각 어느 지역 출신이었는지 한번 살펴볼 필요가 있습니다. 그러면 그들이 논쟁에서 왜 서로 대적이 되어야 했는지 이해하는 데 도움이 될 것입니다.

사울은 '길리기아 지방의 다소' 출신이었습니다(행 22:3). 이곳은 현재의 튀르키예 동남부 지역에 있는 제법 큰 도시입니다. 당시 길리기아에는 디아스포라 유대인이 많이 살고 있었습니다. 사울의 아버지는 다소에 자리 잡고 사업에 성공하여 스스로 '자유민'의 지위를 획득한 사람입니다. 그래서 사울은 태어날 때부터 로마의 시민권을 가지고 있었습니다(행 22:28). 그런 아버지 밑에서 성장하다가 예루살렘으로 유학을 와서 당시에 가장 유명한 랍비였던 가말리엘 밑에서 수학하던 중이었습니다.

사울은 빌립보교회에 보낸 편지에서 자신의 배경을 이렇게 소개합니다.

> 5나는 팔일 만에 할례를 받고 이스라엘 족속이요 베냐민 지파요 히브리인 중의 히브리인이요 율법으로는 바리새인이요 6열심으로는 교회를 박해하고 율법의 의로는 흠이 없는 자라(빌 3:5-6).

그는 단순한 유대인이 아니라 아주 '열심 있는 바리새인'이었습니다. 그 열심이 얼마나 대단했던지 교회를 박해할 정도였다고 스스로 고백합니다. 그는 율법을 지키는 일에 관해서는 그 누구에게도 뒤지지 않을 만큼 자신감이 있었습니다. 따라서 사울은 구별된 자(the separated one)라는 뜻의 '바리새파'(the Pharisees)에 가장 잘 어울리는 전형적인 인물이라 할 수 있습니다.

대부분의 디아스포라 유대인이 그러하듯이, 그는 어렸을 때부터 두 개의 이름을 가지고 있었습니다. '사울'(Saul)이라는 히브리식 이름과 '파울루스'(Paulus)라는 로마식 이름입니다. 이스라엘의 초대 왕과 같은 사울이 본명(本名)이었고, '작다'(small)라는 뜻의 라틴어 파울루스는 아명(兒名)으로 보입니다. 정통 유대인으로서 자의식이 분명해지면서 그는 주로 사울이라는 이름을 사용하다가, 회심한 후에 '바울'을 더 선호하게 되었습니다.

여기에는 하나님의 은혜 앞에서 자신이 '지극히 작은 자보다 더 작은 자'(엡 3:8)라는 깨달음을 얻게 된 것이 '바울'이란 이름을 더 좋아하게 된 개인적인 동기가 되었을 것으로 보입니다. 누가는 처음에는 '사울'이라는 이름만 사용하다가(행 7-12장) 본격적으로 이방인 선교가 시작되는 구브로에서 '바울이라고 하는 사울'(행 13:9)로 언급하더니 그 이후로는 오직 '바울'이라는 이름만 사용합니다.

그렇다면 스데반은 어디 출신이었을까요? 성경은 그의 출신 지역을 분명하게 밝히지는 않습니다. 그가 일찍 순교하지 않았다면 사울보다 더 많은 정보를 얻을 수 있었을지도 모릅니다. 한 가지 단서는 스데반이 회심하기 전에 '자유민의 회당'에 출석하고 있었다는 사실입니다. 그래서 그들에게 복음을 전하려고 찾아갔다가 그만 논쟁에 휘말리게 되었던 것입니다. 따라서 스데반 역시 자유민들의 회당에 출석하던 여느 사람들과 출신 지역이 같았을 것입니다. 그 회당의 구성원들은 크게 두 그룹으로 나뉘어 있었는데, 구레네인과 알렉산드리아인은 현재 아프리카 지역에 해당하고, 길리기아와 아시아 지방에서 온 사람들은 현재 튀르키예 지역에 해당합니다(행 6:9).

두 그룹은 '자유민'이라는 공통점으로 인해 같은 회당에 출석하고 있었지만, 신학적으로는 상당한 차이가 있었습니다. 전자는 유대인 철학자 필로

(Philo)의 영향을 받아 유대교와 그리스 철학을 융합하려고 했고, 그에 따라서 영적이고 비유적인 율법 해석을 강조했습니다. 그에 비해서 후자는 전통적인 유대교의 문자적인 율법 해석을 유지하려는 경향이 아주 강했습니다. 철저한 바리새인으로 교육을 받았던 사울의 성향이 그것을 잘 드러냅니다.

따라서 스데반은 아마도 개방적이고 영적인 율법의 해석에 익숙했던 알렉산드리아 출신이었을 것으로 보입니다. 예수님의 복음을 수월하게 받아들인 것도 바로 그 때문이었습니다. 그렇다면 스데반이 자유민의 회당을 찾아가서 복음을 전했을 때 가장 적극적으로 반대하고 나섰던 그룹은 길리기아와 아시아 지방 출신들이었을 것입니다. 바로 그 중심에 사울이 있었던 것입니다.

그러나 사울은 스데반의 지혜를 당해낼 수가 없었습니다(행 6:10). 본래 다른 사람에게 지기 싫어하던 성격의 사울은 자존심에 큰 상처를 입었을 것이 분명합니다. 그런 개인적인 악감정이 스데반의 처형에 대한 적극적인 찬성으로 표출되었고, 내친김에 아예 그리스도인에 대한 박해자로 스스로 자리매김하게 되었던 것이지요.

큰 박해의 시작

아무튼 스데반이 순교하던 그날부터 예루살렘교회를 향한 큰 박해가 시작되었습니다.

> 1... 그날에 예루살렘에 있는 교회에 큰 박해가 있어 사도 외에는 다 유대와 사마리아 모든 땅으로 흩어지니라 2경건한 사람들이 스데반을 장사하고 위하여 크게 울더라(행 8:1b-2).

여기에서 '그날에'는 어느 한순간을 의미하는 말이 아닙니다. 다시 말해서 그날 하루에만 박해가 있었다는 뜻이 아니라 그때부터 큰 박해가 시작되었다는 뜻입니다. 스데반은 산헤드린 공회에 의해서 공식적으로 정죄 받고 처형되었습니다. 따라서 나머지 그리스도인에 대한 박해도 이미 암묵적으로 허락되었다고 보아야 합니다.

이때 사도를 제외하고는 다 유대와 사마리아 모든 땅으로 흩어졌다고 합니다. 여기에서 우리는 두 가지 사실에 주목하게 됩니다. 하나는 '유대와 사마리아 모든 땅'을 한 묶음으로 표현하고 있다는 것입니다. 우리가 앞에서 살펴본 것처럼 복음이 확장되는 동선은 '예루살렘'에서 시작하여 '온 유대와 사마리아'를 거쳐서 '땅끝'으로 나아가는 것입니다(행 1:8). 그러니까 누가는 스데반의 순교를 통해서 시작된 박해가 예루살렘교회 성도들로 하여금 오히려 땅끝을 향해 나아가게 하는 데 긍정적인 동기로 작용하고 있다는 점을 강조합니다.

다른 하나는 바로 이때 사도들은 흩어지지 않고 예루살렘에 계속 남아 있었다는 사실입니다. 그 이유가 무엇일까요? 어떤 사람은 예루살렘교회를 끝까지 지키려는 책임감으로 설명하려고 합니다. 신자들은 흩어졌지만, 누군가는 남아서 교회의 영적인 권위를 유지하면서 중심을 잡아야 할 필요성이 있었다는 것입니다. 그러나 다른 성도들이 이미 '유대와 사마리아'로 흩어져서 땅끝을 향해 움직이기 시작했다는 점에서 그것은 궁색한 변명처럼 들립니다. 엄밀하게 말하면 가장 먼저 솔선수범하여 땅끝으로 나가야 할 사람은 바로 사도들입니다. 그렇게 하려고 주님이 그들을 '사도'(使徒), 즉 '보냄을 받은 무리'로 선택하셨기 때문입니다.

그러면 사도들이 예루살렘에 남아 있었던 이유를 어떻게 설명할 수 있을까요? 먼저 이렇게 질문해 보면 좋겠습니다. 이때 일어난 박해가 만일 사도들을 직접 겨냥한 것이었다면 과연 어떤 일이 벌어졌을까요? 그런데도 사도들이 끝까지 예루살렘에 남아 있었을까요? 물론 그러지는 못했을 것입니다. 그들 역시 예루살렘을 떠나지 않을 수 없었을 것입니다. 따라서 이번 박해의 직접적인 대상은 사도들이 아니었다고 보아야 합니다. 그렇다면 누가 이번 박해의 주요 대상이 되었을까요?

이 대목에서 우리는 예루살렘교회 안에 두 그룹이 존재하고 있었다는 사실을 상기할 필요가 있습니다. 바로 '헬라파 유대인'과 '히브리파 유대인'입니다(행 6:1). 물론 과부의 구제에 대한 오해와 갈등은 평신도 지도자를 세움으로써 완전히 해소한 상태였습니다. 그러나 그렇다고 해서 예루살렘교회 안에 두 그룹이 없어진 것은 아닙니다.

게다가 이번 박해의 직접적인 원인을 제공한 사람은 스데반입니다. 헬라파 유대인의 지도자로 선출된 일곱 명의 집사 중의 하나입니다. 그가 헬라파 유대인들로 구성된 '자유민의 공회'로 가서 일으킨 논쟁으로 인해 순교와 박해가 생겨난 것입니다. 따라서 이번 박해는 스데반과 같은 헬라파 유대인 출신 그리스도인을 주요 대상으로 삼아 진행되었다고 보는 것이 합리적인 추론입니다. 그리고 예루살렘에 남아 있던 사도들은 단지 열두 명이 아니라 상당수의 히브리파 유대인 출신 그리스도인을 포함하고 있다고 보아야 합니다.

그러면 스데반을 장사한 '경건한 사람들'이 누구인지 분명해집니다. 오순절 성령강림 사건이 일어났을 때 세계 각지에 흩어져 있던 디아스포라 유대인이 예루살렘으로 순례하러 왔습니다. 그들을 가리켜서 누가는 '경건한 유대인들'이라고 했습니다(행 2:5). 그렇다면 스데반을 장사한 '경건한 사람들'은 디아스포라 유대인 중에서 그리스도인이 되었던 사람들을 가리키는 말이 될 것입니다.

박해자 사울

이와 같은 배경을 이해하고 나면, 왜 이 대목에서 사울이 그리스도인을 박해하는 사람으로 등장하게 되었는지 설명할 수 있습니다.

사울이 교회를 잔멸할새 각 집에 들어가 남녀를 끌어다가 옥에 넘기니라(행 8:3).

여기에서 '잔멸'(殘滅)이란 남김없이 파괴한다는 뜻입니다. 사울은 그리스도인을 집요하게 색출하여 뿌리를 뽑기 위해서 집마다 다 뒤졌습니다. 그리고 남자든 여자든 끌어다가 감옥에 넘겼습니다. 물론 이때 사울이 목표로 삼고 있는 사람들은 헬라파 유대인 출신 그리스도인입니다. 사울 자신이 디아스포라 유대인이었기에 그들이 예루살렘에서 주로 어디에 살고 있는지 잘 알고 있었을 것입니다. 또한 그들 중에서 그리스도인을 골라내는 것은 사실상 식은 죽 먹기입니다. 왜냐하면 그들은 날마다 집에서 떡을 떼며 음식을 먹었기 때문입니다(행 2:46). 그와 같은 새로운 문화는 사람들의 눈에 금방 띄게 마련입니다.

그런데 누가 사울에게 그렇게 할 수 있는 사법적인 권한을 주었는지가 궁금해집니다. 그에게 무슨 권위가 있었기에 갑자기 그리스도인을 체포하는 일을 할 수 있었던 것일까요? 앞에서 사울이 '자유민들의 회당'에서 스데반과 논쟁을 벌인 이야기를 했습니다. 그때 입은 자존심의 상처가 동기가 되어 그리스도인에 대한 박해에 나서게 되었을 것이라고 했습니다.

그러나 그와 같은 개인적인 감정만으로 실제로 누군가를 체포하거나 린치를 가하는 일을 할 수는 없습니다. 당시 사울은 '청년'이었습니다(행 7:58). 기껏해야 20대 중반의 나이입니다. 게다가 헬라파 유대인 출신의 바리새인이었습니다. 산헤드린의 실세였던 대제사장이나 사두개인들과는 아무런 연결점이 없는 신출내기입니다. 그런 사람에게 산헤드린 공회가 그리스도인을 박해할 사법권을 부여할 리가 없습니다. 그런데 어찌 된 일인지 사울은 그리스도인을 박해하는 일에 공식적인 지도자 역할을 맡게 되었던 것입니다. 그것을 어떻게 설명할 수 있을까요?

사도행전 9장을 읽어보면 사울이 다메섹 여러 회당으로 가져갈 공문을 대제사장에게 요청하는 대목이 나옵니다.

> [1]사울이 주의 제자들에 대하여 여전히 위협과 살기가 등등하여 대제사장에게 가서 [2]다메섹 여러 회당에 가져갈 공문을 청하니 이는 만일 그 도를 따르는 사람을 만나면 남녀를 막론하고 결박하여 예루살렘으로 잡아오려 함이라(행 9:1-2).

사울은 당시의 대제사장이었던 가야바에게 직접 요청하여 공문을 받아냅니다. 대제사장은 산헤드린 공회의 수장이었고, 유대교의 모든 법적인 권위를 가지고 있었습니다. 그러니까 사울은 산헤드린과 종교 지도자들의 공식적인 승인을 받아 기독교에 대한 박해를 실행했다는 뜻이 됩니다. 어떻게 그럴 수 있었을까요? 그에게 무슨 대단한 배경이라도 있었던 것일까요?

아닙니다. 그것은 전적으로 사울의 개인적인 출세욕이 만들어 낸 작품입니다. 스데반의 처형을 보면서 사울은 유대교 안에서 출세할 기회를 발견했던 것입니다. 그는 예루살렘 성전 중심의 산헤드린에서 사두개파가 절대적인 권력을 가지고 있다는 사실을 이미 파악하고 있었습니다. 바리새파 출신으로서 유대교 안에서 출세하려면, 일단 사두개파 지도부에 자신의 가치를 증명해야 합니다. 그렇게 하려면 사두개파가 원하는 일을 나서서 하면 됩니다. 이때 그들의 당면 관심사는 부활을 주장하는 그리스도인을 제거하는 것입니다.

물론 그렇게 하려면 자기 손에 피를 묻혀야 합니다. 그럼에도 사울은 출세를 위해서 그 일을 하겠다고 자원하여 나선 것입니다. 아마도 헬라파 유대인 출신 그리스도인을 제거하는 데 자신이 최적임자라고 설득했을 것입니다. 그래서 대제사장이 사울에게 전권을 맡겼고, 사울은 유대교에서 자신의 영향력을 확대하는 좋은 기회를 얻게 되었던 것입니다. 사두개파로서는 손 안 대고 코를 푸는 격이고, 사울로서는 상에서 떨어지는 떡고물을 먹게 되었으니 서로 손해 보지 않는 거래였습니다.

이처럼 그리스도인의 박해에는 사울의 출세욕이 한몫했습니다. 출세하려면 눈에 띄는 공적을 세워야 하고, 그러기 위해서 잔인해지기로 한 것입니다. 성공 지향적인 사람들은 대부분 이처럼 수단을 정당화하는 함정에 빠집니다. "모로 가도 서울만 가면 된다"라는 식입니다. 문제는 사울이 율법 준수에 대한 열정이 탁월한 사람이었다는 사실입니다. 그런데도 유대교에서 인정받고 성공한 사람이 되기 위해서 그는 다른 사람을 죽이는 일에 열정을 품었던 것입니다.

그것은 당시의 유대교가 이미 사람을 살리는 생명의 종교가 아니었다는 방증이기도 합니다. 그들에게 신앙생활이란 단지 돈 벌고 출세하는 수단이었을 뿐입니다. 스데반이 지적한 것처럼 그들은 율법을 받았으면서도 율법을 지키지 않는 자들이었습니다(행 7:53). 그들이야말로 율법을 모독하고 하나님을 모독하는 사람들이었습니다. 사울은 그런 패역한 세대에서 성공하기 위해서 하나님에 대한 신앙의 이름으로 그리스도인을 박해하는 일에 자청하여 나선 것입니다.

아마도 이때 사울은 출세를 위한 절호의 기회를 잡았다고 생각했을 것입니다. 그런데 그는 하나님의 계획을 알지 못했습니다. 이제 곧 하나님께서 역사하셔서 '박해자 사울'을 '전도자 바울'로 만드실 것을 몰랐습니다. 그가 조만간 하나님 나라의 복음을 받아들이게 될 것도, 이방인의 사도가 되어 복음을 들고 땅끝까지 가게 될 것도, 결국 그 자신이 스데반처럼 순교자가 될 것도 몰랐습니다.

그렇습니다. 우리의 인생에 하나님을 포함하기 전까지 실제로 우리 자신에 대해서 아는 게 아무것도 없습니다. 따라서 하나님의 은혜를 맛보기 전까지는 제대로 사는 것이 아닙니다. 어떤 식으로든 하나님께 쓰임 받는 사람이 진정으로 출세한 사람입니다.

묵상 질문: 나의 신앙적인 열정은 과연 어떤 동기에서 시작되었는가?

오늘의 기도: 하나님 아버지, 우리에게 성령과 지혜를 충만하게 부어주옵소서. 하나님의 은혜를 맛보아 알게 하옵소서. 우리 삶의 위기를 기회로 바꾸시는 하나님을 신뢰하게 하시며, 어떤 상황에서도 믿음을 지키게 하옵소서. 여전히 부족한 모습이지만, 우리의 인생도 주님께 쓰임 받는 귀한 도구가 되게 하옵소서. 예수님의 이름으로 기도합니다. 아멘.

사마리아에 전해진 복음

읽을 말씀: 사도행전 8:4-13

새길 말씀: 4그 흩어진 사람들이 두루 다니며 복음의 말씀을 전할새 5빌립이 사마리아 성에 내려가 그리스도를 백성에게 전파하니(행 8:4-5).

주님의 '제자 공동체'는 오순절 성령강림 사건으로 '증인 공동체'가 되었고, 삶을 진동하게 하는 두 번째 성령강림 사건으로 '생활 공동체'로 변화되었습니다. 그러는 동안 공동체의 규모는 점점 더 커졌습니다. 물론 사도들이 감옥에 갇히기도 하고 재판을 받는 어려움도 있었습니다. 유대 당국자의 위협도 점점 더 거세졌습니다. 그렇지만 그들은 굴하지 않고 자신의 정체성을 지켜왔습니다. 그러던 중에 스데반이 순교하는 사건이 발생한 것입니다.

박해의 결과

그로 인해서 상황이 급변했습니다. 예루살렘교회를 향한 산헤드린 공회의 조직적인 박해가 시작되었습니다. 사울이 그 일에 직접 자원하여 나섰고,

그는 특히 헬라파 유대인 출신의 그리스도인을 체포하는 데 혁혁한 성과를 거두었습니다. 나중에 사도 바울이 이때 일을 회상하면서 다음과 같이 말했습니다.

[4]내가 이 도를 박해하여 사람을 죽이기까지 하고 남녀를 결박하여 옥에 넘겼노니 [5]이에 대제사장과 모든 장로들이 내 증인이라…(행 22:4-5a).

우리가 살펴본 대로 사울은 스데반의 투석형에 찬성하기는 했지만 직접 죽이지는 않았습니다. 그렇다면 그가 직접 죽이기까지 했던 다른 사람이 있었다는 뜻입니다. 실제로 그는 아그립바왕에게 "예루살렘에서 많은 성도를 옥에 가두며 또 죽일 때 찬성표를 던졌다"(행 26:10)라고 솔직하게 털어놓았습니다. 그러니까 예루살렘교회를 향한 사울의 박해는 우리가 알고 있는 것보다 훨씬 더 강도 높고 철저하게 진행되었던 것입니다.

사울이 박해의 대상으로 삼았던 사람들은 디아스포라 유대인이었습니다. 대부분은 오순절 순례를 위해서 예루살렘에 왔다가 성령강림 사건을 목격하고 기독교 신앙을 갖게 된 사람들입니다. 그들은 예루살렘교회가 탄생하고 성장하는 과정에 줄곧 동참해 왔습니다. 그들 중의 일곱 명은 평신도 지도자로 선출되어 사도들과 함께 교회를 섬기기도 했습니다. 그러나 사울의 박해가 본격화되면서 더 이상 예루살렘에 남아 있을 수 없게 되었습니다. 이때 대부분은 본래 살던 곳으로 되돌아갔지만, 더러는 '유대와 사마리아'로 흩어졌습니다.

… 그날에 예루살렘에 있는 교회에 큰 박해가 있어 사도 외에는 다 유대와 사마리아 모든 땅으로 흩어지니라(행 8:1b).

그런데 왜 하필 '유대와 사마리아'일까요? 그곳은 예수님이 승천하기 직전에 제자들에 주신 명령에 나옵니다. '예루살렘'에서 시작하여 '온 유대와 사마리아'를 거쳐서 '땅끝'까지 이어지는 복음 전파의 동선입니다(행 1:8). 다시 말해서 그동안 예루살렘에서 주님의 증인이 되는 것에만 머물던 그리스도인들이 이제는 유대와 사마리아에서도 증인이 되기 시작했다는 뜻입니다. 바로 이때부터 본격적으로 땅끝 선교의 물꼬가 터지게 되었다고 누가는 기록하고 있는 것입니다.

그 흩어진 사람들이 두루 다니며 복음의 말씀을 전할새(행 8:4).

여기에서 우리는 박해로 인해 '흩어진 사람들'이 단순하게 목숨 건지겠다고 도망친 것이 아니라는 사실을 거듭 확인하게 됩니다. 그들은 '두루 다니며' 복음의 말씀을 전했습니다. 이 부분을 메시지성경은 이렇게 풀이합니다. "본거지를 떠날 수밖에 없게 되자, 예수를 따르는 모든 이들은 선교사가 되었다. 어디로 흩어지든지, 그들은 예수에 대한 메시지를 전했다."

"강제로 떠날 수밖에 없게 되자, 그들은 선교사가 되었다"(Forced to leave home base, the followers of Jesus all became missionaries. MSG)라는 표현이 아주 인상적입니다. 살던 곳에서 떠날 수밖에 없는 상황이 되었다면, 그것은 다른 곳에 가서 선교사가 되라는 하나님의 이끄심입니다. 무슨 선교 훈련을 특별히 받아야만 선교사가 되는 것은 아닙니다. 선교사는 '예수에 대한 메시지를 전하는 사람'입니다. 박해로 인해 예루살렘교회에서 흩어진 성도들은 그 결과 어디에서든 복음을 전하는 선교사가 되었던 것입니다.

빌립의 선교

누가는 그중에서 대표적인 한 사람의 이야기를 소개합니다. 그는 '스데반'과 함께 예루살렘교회 평신도 지도자로 선택되었던 '빌립'입니다.

5빌립이 사마리아 성에 내려가 그리스도를 백성에게 전파하니 6무리가 빌립의 말을 듣고 행하는 표적도 보고 한마음으로 그가 하는 말을 따르더라(행 8:5-6).

여기에 등장하는 '빌립 집사'(Philip the Evangelist)는 '빌립 사도'(Philip the Apostle)와는 다른 사람입니다. 빌립 사도는 오늘날 튀르키예의 히에라폴리스에서 복음을 전하다가 순교했습니다. 빌립 집사는 그와 동명이인(同名異人)입니다. 그런데 누가는 왜 하필 빌립을 소개할까요? 왜냐하면 그는 예루살렘과 유대의 경계를 뛰어넘는 이방 선교의 선구자였기 때문입니다. 물론 사마리아는 엄밀하게 말해서 '이방'이 아닙니다. 그 뿌리를 거슬러 올라가면 여느 이스라엘 사람과 다를 바가 없습니다. 단지 다른 인종과 피가 섞였을 뿐입니다.

그들은 사실 이스라엘의 전통적인 신앙을 이어왔습니다. 그들은 여호와 하나님을 섬겼고, 안식일을 지키고 할례를 행했습니다. 그들이 예배하는 거룩한 산은 그리심산이었고, 유대교 경전 중에서 오로지 모세 오경(토라, Torah)만을 받아들였습니다. 그러나 유대인은 그들을 '사마리아인'이라고 부르면서 같은 이스라엘 사람으로 인정하지 않았습니다. 오히려 이방인보다 그들을 더 싫어했습니다. 그 뿌리는 정치적, 종교적 분열의 아주 오래된 역사로 거슬러 올라갑니다.

그런데 빌립은 왜 사마리아를 그의 선교지로 선택했을까요? 그럴 만한 특별한 이유가 잘 보이지 않습니다. 사도행전 21장을 보면 바울이 3차 선교 여행을 마치고 예루살렘으로 돌아오던 길에 '가이사랴'(Caesarea)에 있는 '전도자 빌립'의 집을 방문하는 이야기가 나옵니다(행 21:8). 이 빌립이 바로 일곱 집사 중의 하나였던 바로 그 빌립이었습니다. 그곳에 정착하여 살았지만, 가이사랴는 빌립의 고향이 아니었습니다.

앞으로 살펴보겠지만 그는 사마리아 사역을 마친 후에 성령의 이끄심에 따라서 가사(Gaza)로 내려갑니다. 거기에서 에디오피아 내시에게 복음을 전한 후에(행 8:26-39) 아소도(Azotus)와 여러 성을 거쳐서 가이사랴에 도착합니다(행 8:40). 거기에서 20년 이상 거주하며 사역하다가 마침내 사도 바울을 만나게 된 것입니다. '박해자 사울'을 피해서 예루살렘을 떠났던 빌립이 오랜 세월이 흐른 후에 '전도자 바울'을 만나게 된 것입니다. 그때 그들이 무슨 이야기를 나누었을지 무척 궁금합니다.

우리는 빌립의 출신 배경을 알지 못합니다. 한 가지 분명한 것은 그가 헬라파 유대인 출신 그리스도인이었다는 사실입니다. 그는 오로지 성령의 이끄심에 따라서 땅끝으로 나아갔을 뿐입니다. 사마리아 선교는 땅끝 선교의 출발이 되었습니다. 그런데 그가 사마리아를 선택한 것이 아닙니다. 아니, 아무도 사마리아를 선택하지 않았습니다. 그만큼 사마리아의 경계를 넘어서 는 것은 유대인에게 힘든 일이었습니다. 그래서 성령이 빌립을 선택하여 그 경계를 넘게 하셨던 것입니다. '사도행전'이 '성령행전'인 이유입니다.

아무튼 빌립은 사마리아에서 예수 그리스도를 전했습니다. 그리고 표적을 행하기도 했습니다. 그 표적으로 인하여 사람들은 "한마음으로 그가 하는 말을 따랐다"라고 합니다. 이 부분을 메시지성경은 "하나님께서 행하시는 확실한 표적을 보고서, 그들은 그의 말을 한마디도 놓치지 않았다"라고 풀이합니다. 말씀의 능력이 표적을 일으키고, 표적이 또한 말씀에 집중하게 하는 선순환과 상승의 역사가 나타나게 된 것입니다.

[7]많은 사람에게 붙었던 더러운 귀신들이 크게 소리를 지르며 나가고 또 많은 중풍병 자와 못 걷는 사람이 나으니 [8]그 성에 큰 기쁨이 있더라(행 8:7-8).

'더러운 귀신들'이 최악의 영적인 질병이라면, '중풍과 못 걷는 것'은 최악의 육체적인 질병을 의미합니다. 여기 사마리아 지역에서도 가장 절망적인 문제와 씨름하고 있던 사람들이 예수 그리스도의 이름의 능력으로 모두 고침을 받고 치유되는 놀라운 역사가 나타나게 된 것입니다.

사실 사마리아에서 복음을 전하려고 마음먹었을 때 빌립은 걱정이 많았을 것입니다. 그런데 복음을 받아들이는 사마리아인의 반응은 뜻밖에도 호의적이었습니다. 빌립이 전한 복음을 통하여 구원과 회복의 역사가 나타나게 되자, 그것을 목격한 사람들에게 '큰 기쁨'이 있었습니다. 물론 복음을 전하는 빌립에게도 '큰 기쁨'이 되었을 것입니다.

하나님 나라의 복음은 누구에게나 기쁜 소식이 될 수 있습니다. 우리의 선입관을 걷어내고 누구에게든 단순히 복음을 전하기만 하면 됩니다. 그러면 얼마든지 구원받는 사람이 생겨납니다.

마술사 시몬

알고 보니 사마리아인이 예수 그리스도의 복음에 폭발적인 반응을 보이게 된 데는 특별한 이유가 있었습니다. 지금까지 그들에게 영향을 끼쳐 왔던 사이비 종교인이 있었는데, 빌립은 그와 전혀 다른 모습을 보였기 때문입니다. 그 사이비 종교인은 바로 '마술사 시몬'(Simon Magus)이었습니다.

그 성에 시몬이라 하는 사람이 전부터 있어 마술을 행하여 사마리아 백성을 놀라게 하며 자칭 큰 자라 하니(행 8:9).

빌립이 사마리아 성에 오기 전에 시몬이라는 사람이 먼저 그곳에 자리 잡고 있었습니다. 그는 '마술'을 행하여 사람들을 놀라게 하면서 스스로 '큰 자'로 행세하고 있었다고 합니다. 지금도 많은 사람들이 마술(magic)을 신기하게 여기고 재미있어하지만, 그게 속임수라는 것을 모르는 사람은 없습니다. 그러나 당시 사마리아 사람들은 마술을 속임수로 생각하지 않았습니다. 그래서 더욱 쉽게 속아 넘어갔을 것입니다.

실제로 시몬이 행하던 마술(魔術)은 단순한 눈속임이 아니라 마귀, 악령, 귀신의 힘을 이용하여 점을 치거나 초자연적인 힘을 보여주는 것이었습니다. 이는 주로 잡신을 믿는 사람들이 하는 행위로서 하나님이 가르쳐주신 율법에는 아주 엄격하게 금지되어 있었습니다. 그 이야기가 신명기 18장에 자세히 기록되어 있습니다.

9네 하나님 여호와께서 네게 주시는 땅에 들어가거든 너는 그 민족들의 가증한 행위를 본받지 말 것이니 10그의 아들이나 딸을 불 가운데로 지나게 하는 자나 점쟁이나 길흉을 말하는 자나 요술하는 자나 무당이나 11진언자나 신접자나 박수나 초혼자를 너희 가운데에 용납하지 말라 12이런 일을 행하는 모든 자를 여호와께서 가증히 여기시나니 이런 가증한 일로 말미암아 네 하나님 여호와께서 그들을 네 앞에서 쫓아내시느니라(신 18:9-12).

'점쟁이'(sorcery), '길흉을 말하는 것'(fortunetelling)이나 '요술하는 것'(witchery)이나 '무당'이나 '진언자'(casts spells)나 '신접자'나 '박수'나 '초혼자'(talk with spirits of the dead)는 모두 귀신의 힘을 빌려서 하는 일들입니다.

그와 같은 가나안 땅 원주민의 풍속을 따르지 말아야 한다고 하나님은 분명히 경고하셨습니다. 나아가 그런 일을 하는 사람은 아주 엄격하게 다스려야 한다고 하시면서, 반드시 돌로 쳐서 죽여야 한다고 명령하셨습니다(레 20:27).

그러나 이스라엘 백성은 '우상숭배'와 함께 이와 같은 '마술'을 완전히 제거하지 못했습니다. 그래서 가나안 족속들을 쫓아내신 것처럼, 이스라엘 백성도 하나님의 심판을 받게 되었던 것입니다. 사마리아인은 북이스라엘의 후예로서 표면상으로는 지금까지 여호와 하나님을 믿어 왔습니다. 그럼에도 그들은 시몬과 같은 사람의 마술에 속고 있었던 것입니다.

아무튼 시몬은 사마리아 사람들에게 아주 인기가 높았습니다.

¹⁰낮은 사람부터 높은 사람까지 다 따르며 이르되 이 사람은 크다 일컫는 하나님의 능력이라 하더라 ¹¹오랫동안 그 마술에 놀랐으므로 그들이 따르더니(행 8:10-11).

사마리아인은 어린아이부터 노인까지 모두 시몬을 따랐습니다. 왜냐하면 사람들은 그에게 '하나님의 능력'(the Great Power of God), 즉 '초능력'이 있는 줄 알았기 때문입니다. 앞 절에서 시몬은 자칭 '큰 자'(someone great)로 행세했는데, 그것은 스스로 '메시아'라고 주장하는 호칭이었습니다. 사람들은 시몬이 정말 그런 사람인 줄 알았습니다. 그의 마술에 감쪽같이 속고 있었던 것입니다.

시몬의 속셈

그러나 빌립을 통해서 예수 그리스도의 복음이 그곳에 들어간 후에 상황이 완전히 달라졌습니다.

12빌립이 하나님 나라와 및 예수 그리스도의 이름에 관하여 전도함을 그들이 믿고 남녀가 다 세례를 받으니 13시몬도 믿고 세례를 받은 후에 전심으로 빌립을 따라다니며 그 나타나는 표적과 큰 능력을 보고 놀라니라(행 8:12-13).

빌립은 사마리아인들에게 진짜 메시아이신 예수 그리스도와 하나님의 나라를 전파했습니다. 그러자 사람들은 시몬의 마술에서 돌아서서 세례를 받고 예수님을 믿기 시작했습니다. 심지어 시몬까지도 믿고 세례를 받게 되었습니다. 하긴 동네 사람들이 모두 예수를 영접하고 믿는데, 그라고 별수 있었겠습니까? 그런데 시몬은 정말 그동안의 거짓된 삶을 완전히 청산하고 진심으로 예수님을 믿게 된 것일까요?

표면적으로는 그런 것처럼 보입니다. 그는 분명히 믿었고, 세례도 받았습니다. 그리고 세례를 받는 순간부터 전심으로 빌립을 따라다녔다고 합니다. 마치 빌립을 그림자처럼 따라다녔던 것입니다. 게다가 빌립을 통해서 나타나는 표적과 큰 능력에 놀랐습니다. 그것은 자신이 사용하는 속임수와는 전혀 차원이 다른 것이었습니다. 여기까지 보면 시몬은 하나님의 능력 앞에 완전히 압도당한 것처럼 보입니다.

그러나 알고 보니 사실은 압도당한 게 아니었습니다. 오히려 자신의 이익을 위해서 이용해 먹을 또 다른 새로운 능력을 발견했을 뿐입니다. 실제로 시몬은 후에 기독교 신앙에 가장 강력한 걸림돌이 되었던 '영지주의'(Gnosticism)라는 이단의 창시자가 되었습니다. 여기에 보면 분명히 '믿고 세례를 받았다'라고 했는데, 어떻게 이단의 창시자가 될 수 있을까요? 얼마든지 그럴 수 있습니다.

한번 물어볼까요? 귀신이 예수님을 알아볼까요, 알아보지 못할까요? 그 대답이 마가복음에 나옵니다.

더러운 귀신들도 어느 때든지 예수를 보면 그 앞에 엎드려 부르짖어 이르되 당신은 하나님의 아들이니이다 하니(막 3:11).

귀신은 예수님을 귀신같이 알아봅니다. 그렇다면 귀신이 예수님을 믿을까요, 믿지 않을까요? 그 대답이 야고보서에 나옵니다.

네가 하나님은 한 분이신 줄을 믿느냐 잘하는도다 귀신들도 믿고 떠느니라(약 2:19).

귀신들도 예수님을 알아보고 믿습니다. 그러나 그 앞에 복종하지 않습니다. 오히려 대적합니다. 그러다가 망합니다.

시몬은 귀신의 힘을 빌려서 마술하던 사람이었습니다. 아무리 예수님을 믿고 세례를 받았다고 하더라도 옛날 버릇이 하루아침에 없어지지 않습니다. 게다가 그동안 마술을 통해 경제적인 수입을 만들어왔다면 더더욱 그럴 것입니다. 따라서 시몬은 지금까지 그가 이용해 먹던 귀신들보다 더 큰 신을 만났을 뿐, 그의 기본적인 태도는 바뀌지 않았습니다. 시몬의 속셈은 하나님을 이용해 먹으려는 것입니다. 그래서 빌립 곁을 떠나지 않았던 것입니다.

오늘 말씀을 묵상하면서 우리는 스스로에게 두 가지 질문을 해보아야 합니다. 우리는 과연 '사마리아라는 장벽'을 넘어서고 있습니까? 유대인과 사마리아인은 같은 민족이면서도 서로 적대적인 감정을 가지고 오랜 세월을 살아왔습니다. 그것은 한 민족이면서 남북으로 분단되어 적대적인 두 나라처럼 대치하고 있는 우리의 상황과 같습니다. 가깝기에 서로 원수가 되어 사는 것은 어디에서나 흔하게 찾아볼 수 있는 일입니다.

　우리는 그런 장벽을 넘어서야 합니다. 유대와 사마리아는 단순한 지리적인 구분이 아니라 네 편, 내 편으로 나누는 모든 분파와 장벽을 의미합니다. 우리가 하나님 나라의 복음을 땅끝까지 전하려면 그런 구분이 없어야 합니다. 그래서 우리에게 성령의 충만함이 필요한 것입니다.

　또한 우리에게는 과연 시몬의 모습이 없는지 질문해 보아야 합니다. 우리가 예수님을 믿는다고 하지만, 혹시라도 우리 안에 숨겨진 다른 속셈(hidden agenda)이 있는 것은 아닐까요? 우리는 정말 하나님의 뜻에 온전히 굴복하고 있는 것일까요? 세례받고 교회 다닌다고 해서 모두 그리스도인은 아닙니다. 주님 앞에 자기 뜻을 내려놓고 온전히 하나님의 뜻에 굴복하는 사람이 진정한 그리스도인입니다. 그래서 우리에게 성령의 충만함과 성령의 다스림이 필요한 것입니다.

묵상 질문: 나는 예수의 메시지를 전하는 선교사로 살고 있는가?

오늘의 기도: 하나님 아버지, 우리에게 주어진 모든 상황을 주님의 증인이 되는 기회로 삼게 하옵소서. 만일 우리가 살던 곳을 떠나게 되었다면, 다른 곳에 가서 선교사가 되라는 하나님의 이끄심임을 깨닫게 하옵소서. 그리고 때를 얻든지 못 얻든지, 복음을 전하는 통로로 쓰임 받는 인생이 되게 하옵소서. 예수님의 이름으로 기도합니다. 아멘.

사마리아 선교의 공과(功過)

읽을 말씀: 사도행전 8:14-25

새길 말씀: 14예루살렘에 있는 사도들이 사마리아도 하나님의 말씀을 받았다 함을 듣고 베드로와 요한을 보내매 15그들이 내려가서 그들을 위하여 성령 받기를 기도하니(행 8:14-15).

사마리아에 살던 마술사 시몬은 빌립의 전도를 통하여 예수 그리스도를 믿고 세례를 받았습니다. 그 후로 빌립을 따라다니며 그가 행하는 표적과 큰 능력을 직접 체험했습니다. 표면적으로는 예수님을 믿게 된 것 같았지만, 사실 내면적으로는 변한 게 하나도 없었습니다. 단지 과거에는 귀신의 힘을 이용하다가, 이제는 귀신보다 더 강력한 하나님의 능력을 이용해 먹을 생각을 하게 되었을 뿐입니다.

공동체의 공인

그러나 아직은 시몬의 감추어진 속셈을 알아차리는 사람이 아무도 없었습니다. 그러는 와중에 사마리아도 예수님의 복음을 받아들였다는 소식이 예루살렘교회의 사도들에게 전해졌습니다.

"사마리아도 하나님의 말씀을 받았다"라는 소식을 전해 듣고 사도들은 깜짝 놀랐습니다. 그 즉시 그게 사실인지 아닌지 확인하기 위해서 베드로와 요한을 사마리아로 내려보냈습니다. 그런데 사마리아 사람들이 예수님을 영접했다는 소식이 그렇게 놀랄 만한 일인가요? 누구라도 예수님을 믿을 수 있는 것 아닌가요?

여기에서 우리는 예루살렘에 있는 사도들이 사마리아에서 그런 일을 벌어지리라고는 전혀 기대하지 않았다는 사실을 알게 됩니다. 그 이유가 무엇일까요? 그들은 '온 유대와 사마리아'에서 증인이 되어야 한다는 주님의 말씀을 제대로 이해하지 못했던 것입니다. 사실 빌립이 사마리아에 오게 된 것은 사도들의 가르침이나 지시가 있었기 때문이 아닙니다. 단지 성령의 이끄심에 따라 이곳까지 왔을 뿐입니다.

그러나 어찌 되었든 베드로와 요한이 사마리아에 내려간 것은 사도들 자신들을 위해서도 사마리아 사람들을 위해서도 참 잘한 일이었습니다. 왜냐하면 사도들은 자신의 눈으로 하나님께서 하신 일을 직접 확인함으로써 사마리아에 대한 잘못된 선입관을 바로잡을 수 있었고, 예수님을 믿게 된 사마리아 사람들은 예루살렘교회의 성도들과 똑같은 증인 공동체의 성도들이라는 사실을 공인받을 수 있게 되었기 때문입니다.

사도들은 사마리아 사람 중에 아직 한 사람도 성령을 받은 일이 없었다는 사실을 알고 그들에게 안수합니다. 그러자 그들도 성령을 받게 되었습니다. 예루살렘에서 일어났던 성령강림 사건이 사마리아에서도 똑같이 일어나게 되었던 것입니다. 말하자면 세 번째 성령강림 사건이 사마리아 사람들에게 일어난 것입니다.

여기에서 우리는 신앙생활에 매우 중요한 진리를 발견하게 됩니다. 그것은 "주 예수의 이름으로 세례를 받았다"라는 것이 전부가 아니라는 사실입니다. 반드시 성령을 받아야 합니다. 성령의 다스림과 인도하심을 받아들여야 합니다. 그래야 제대로 된 신앙생활을 할 수 있습니다. 그래서 예수님이 니고데모에게 이렇게 말씀하셨습니다.

… 진실로 진실로 네게 이르노니 사람이 물과 성령으로 나지 아니하면 하나님의 나라에 들어갈 수 없느니라(요 3:5).

'물로 태어나는 것'은 '물세례'를 의미하고, '성령으로 태어나는 것'은 '성령세례'를 의미합니다. 물로 세례를 받음으로 교회에 입교하여 정식 교인이 될 수 있을지는 모르지만, 그것이 전부는 아닙니다. 진정한 변화와 회복의 역사는 성령의 임재를 직접 체험함으로써 성령의 다스림을 따라 살아가기 시작할 때 일어나는 것입니다. 성령강림은 모든 성도가 필수적으로 체험해야 하는 사건입니다.

시몬의 속셈

성령의 임재는 가짜와 진짜를 구분하여 드러냅니다. 사마리아의 성령강림 사건을 통해서 시몬의 감추어진 속셈이 드러나게 되었습니다.

18시몬이 사도들의 안수로 성령 받는 것을 보고 돈을 드려 19이르되 이 권능을 내게도 주어 누구든지 내가 안수하는 사람은 성령을 받게 하여 주소서 하니(행 8:18-19).

시몬은 본래 겉과 속이 다른 사람이었습니다. 예수를 믿고 세례를 받기는 했지만, 그의 삶은 과거와 전혀 달라지지 않았습니다. 성령강림의 역사가 일어나는 대목에서 그 사실을 확인하게 됩니다. 시몬은 사도들의 안수로 사람들이 성령을 받는 것을 보고 그 능력을 돈으로 사려고 했습니다. 자신이 성령 받을 생각은 하지 않고, 다른 사람에게 안수함으로 성령을 받게 하는 능력을 소유하고 싶어 했던 것입니다.

예수를 믿기 전에 시몬은 귀신의 영을 이용하여 사람들을 속여먹던 마술사(sorcery)였습니다. 예수를 믿은 후에도 그 못된 버릇은 여전히 남아 있었습니다. 그러다가 사도들이 안수할 때 성령이 임하는 것을 보고서, 성령을 이용하여 사람들에게 자신의 영향을 행사하려는 욕망을 드러낸 것입니다. 게다가 시몬은 돈을 주고 그 능력을 살 수 있을 것이라고까지 생각하고 있습니다.

바로 여기에서부터 '성직 매매'라는 뜻의 영어 단어 '시모니'(Simony)라는 말이 생겨났습니다. 마치 시몬(Simon)이 돈을 주고 '성령의 능력'을 사려고 했던 것처럼, 그 후에 많은 사람들이 '성직이라는 권력'을 돈으로 주고 사려고 했기 때문입니다. 중세 가톨릭교회에서는 주교직이나 교황직까지도 돈으로 사고파는 일이 종종 벌어졌고, 이것이 종교개혁의 주요 원인 중 하나가 되었습니다. 그런데 오늘날의 개신교회가 이와 같은 '성직 매매'에서 자유롭지 못한 현실을 목격합니다. 그와 같은 '성직 매매'에 대해서 하나님은 과연 어떻게 판단하실까요?

> 20베드로가 이르되 네가 하나님의 선물을 돈 주고 살 줄로 생각하였으니 네 은과 네가 함께 망할지어다 21하나님 앞에서 네 마음이 바르지 못하니 이 도에는 네가 관계도 없고 분깃 될 것도 없느니라 22그러므로 너의 이 악함을 회개하고 주께 기도하라. 혹 마음에 품은 것을 사하여 주시리라 23내가 보니 너는 악독이 가득하며 불의에 매인 바 되었도다(행 8:20-23).

성령은 하나님께서 주시는 선물입니다. 선물은 본래 받는 사람이 선택할 수 있는 게 아닙니다. 누가 선물을 주면 그냥 수동적으로 받을 뿐입니다. 게다가 성령의 능력은 돈으로 살 수 있는 것이 아닙니다. 성령이 선물이라는 이야기는, 그 소유권이 여전히 하나님에게 있다는 뜻입니다. 돈을 주고 사면 소유권이 이전됩니다. 성령의 능력은 그렇게 사고팔고 하는 성질의 것이 아닙니다. 성령을 선물로 받아들이는 사람은 성령의 인도하심과 다스림에 온전히 순종하여 따르게 되어 있습니다.

베드로는 시몬에게 단호하게 선언합니다. "네 은과 네가 함께 망할지어다!" 이 부분을 메시지성경은 직설적으로 이렇게 표현합니다. "네 돈과 함께 너도 지옥으로 떨어져라!"(To hell with your money! And you along with it. MSG). 그 뒤에 계속해서 이렇게 되어 있습니다. "흥정하고 뇌물을 바쳐서는 하나님께서 하시는 일에 절대로 참여할 수 없다"(You'll never be part of what God is doing by striking bargains and offering bribes. MSG).

세상에서 사용하던 못된 버릇처럼 교회에서도 하나님을 흥정의 대상으로 생각하거나 돈벌이에 이용해 먹으려고 하는 사람들이 더러 있습니다. 그런 사람들은 빨리 회개하고 용서해달라고 기도해야 합니다. 회개하지 않으면 정말 큰일 납니다. 그러나 베드로가 보니 시몬은 '악독이 가득하며 불의에 매인 바 된 사람'이었습니다. 이 부분을 메시지성경은 "내가 보니, 이것은 당신의 고질적인 습관이오. 당신한테서 돈을 탐하는 냄새가 진동하오"(I can see this is an old habit with you; you reek with money-lust. MSG)라고 표현합니다. 돈을 탐하는 습관은 웬만해서는 고쳐지지 않습니다. 그래서 '고질적'이라고 표현하는 것입니다.

물론 베드로의 책망과 심판의 경고를 듣자, 시몬은 즉시 태도를 바꿉니다.

시몬이 대답하여 이르되 나를 위하여 주께 기도하여 말한 것이 하나도 내게 임하지 않게 하소서 하니라(행 8:24).

아마도 베드로의 말에 겁을 먹은 것처럼 보입니다. "그런 일이 내게 일어나지 않도록 나를 위해 기도해 달라"고 말하니 말입니다. 그러나 여기에서도 그의 진정성을 찾을 수 없습니다. 진정한 회개는 "내가 잘못했습니다"라고 말하는 것에서부터 출발합니다. 단지 벌받는 것이 두려워서 그것을 피해 보려고 하는 비굴한 태도는 결코 회개가 아닙니다. 그런 의미에서 베드로는 시몬을 아주 정확하게 보았습니다. 그의 고질적인 못된 습관은 절대로 고쳐지지 않습니다.

시몬의 영지주의

앞에서 언급한 대로 시몬은 초대교회에 가장 큰 악영향을 끼친 '영지주의'(Gnosticism)라는 이단 사상의 창시자가 되었습니다. '영지'(Gnosis)는 헬라어로 '지식'을 의미합니다. 그러니까 특별한 '영적인 지식'을 통해서 구원을 얻는다고 주장하는 사상입니다. 그리고 그 지식은 오직 선택된 소수만 알 수 있다고 여겼습니다. 물론 시몬은 자신이 그 소수의 정점에 있다고 생각했습니다. 그는 예수를 믿고 세례를 받기는 했지만, 처음부터 잘못된 동기를 가지고 신앙생활을 시작했습니다. 그러더니 결국은 '종교 사업가'로 전락하고 말았습니다. 자신의 사사로운 욕심을 채우기 위해서 하나님을 이용하려고 하는 사람은 결국 하나님을 대적하는 자가 되고 마는 것입니다.

그런데 시몬이 어떻게 사마리아에서 영지주의라는 이단 사조를 만들 수 있었을까 궁금해집니다. 그가 그렇게 이단의 괴수가 되기까지 왜 교회는 아무것도 하지 않았던 것일까요? 그러고 보니 시몬을 통제하거나 바른 방향으로 인도할 지도자가 사마리아에 없었습니다. 물론 베드로가 그를 심하게 책망하기는 했지만, 그런 후에 예루살렘으로 돌아갔습니다(25절). 아마도 시몬의 그럴듯한 연기에 속지 않았을까 싶습니다. 게다가 사마리아에 복음을 전했던 빌립 역시 그곳에 남아 있지 않았습니다(26-40절). 그는 성령의 이끄심에 따라서 계속해서 땅끝으로 나아갔습니다.

그러는 동안 사마리아에 만들어진 교회 성도들의 영적인 형편을 살피고 다스릴 만한 목회자가 자생적으로 세워지지 않았습니다. 그 빈 자리를 시몬이 다시 차지하게 된 것이지요. 시몬은 빌립을 통해서 예수를 믿고 세례를 받기 전까지 마술을 이용해서 사마리아 사람들에게 막강한 영향을 끼치던 사람이었습니다. 물론 사마리아 사람들이 예수 그리스도의 복음을 받아들이기는 했지만, 시몬의 영향력에서 완전히 자유롭지는 못했던 것으로 보입니다.

그리고 시몬은 그의 오랜 경험을 통해서 어떻게 해야 사람들을 속여서 자신에게 복종하게 할 수 있는지 이미 잘 알고 있던 사람이었습니다.

그러니까 사마리아 지역에 탄생한 믿음의 공동체를 올바르게 이끌어 갈 영적인 지도력이 없었다는 사실이, 결국 시몬이라는 영지주의 이단의 창시자가 등장하는 것을 막지 못했다고 해도 결코 지나친 말이 아닙니다. 예수님을 믿고 복음을 받아들이는 것이 전부가 아닙니다. 그것은 구원의 시작일 뿐입니다. 계속해서 바르게 양육되어야 구원의 완성을 향해 나아갈 수 있습니다. 만일 시몬의 비뚤어진 자세를 교정해 줄 만한 강력한 지도자가 사마리아에 상주했더라면 그 이후의 기독교 역사가 다르게 기록되었을 것입니다.

그런 의미에서 사도 바울이 고린도교회에 보낸 편지에서 남긴 말이 우리에게 큰 울림으로 다가옵니다.

> ⁶나는 심었고 아볼로는 물을 주었으되 오직 하나님께서 자라나게 하셨나니 ⁷그런즉 심는 이나 물 주는 이는 아무것도 아니로되 오직 자라나게 하시는 이는 하나님뿐이니라(고전 3:6-7).

누가 심었고 누가 물을 주었든지 간에, 그 씨앗을 자라게 하시는 분은 하나님이십니다. 그렇지만 그와 동시에 복음의 씨앗을 뿌리는 사람이 꼭 필요합니다. 뿌리고 심는다고 전부는 아니지요. 물 주는 사람도 있어야 합니다. 심은 사람이 물까지 준다면 금상첨화겠지만, 반드시 같은 사람일 필요는 없습니다. 누군가 심으면 누군가 물을 주면 됩니다. 그러나 각각의 사역을 담당하는 사람이 꼭 있어야 합니다. 하나님은 그런 사람들을 통해서 잘 자라게 하시는 것입니다.

사마리아의 경우에 복음을 심은 사람은 빌립이었습니다. 성령의 임재를 체험하게 만든 사람은 베드로와 요한이었습니다. 그런데 그 이후에 계속 물을 주고 잘 가꾸어 가는 사람이 보이지 않았습니다. 그와 같은 영적 지도력의 공백이 결국 영지주의라는 이단의 창시자 시몬을 등장하게 했던 것입니다. 과거의 못된 버릇처럼 자신의 사사로운 이익을 위해서 얼마든지 신앙의 내용을 조작할 기회를 그에게 제공했던 것입니다.

그런 의미에서 빌립은 '전도자'이기는 했지만 '양육자'는 아니었습니다. 만일 베드로와 요한이 사마리아에서 장기적으로 목회를 했었더라면, 기독교 역사가 새롭게 쓰이게 되었을 것입니다. 지역 교회의 목회자(local church pastors)가 얼마나 중요한지 다시 한번 되새기게 하는 장면입니다.

선교의 지평

아무튼 베드로와 요한은 이제 다시 예루살렘으로 돌아가게 되었습니다. 그러나 그냥 돌아가지는 않았습니다.

두 사도가 주의 말씀을 증언하여 말한 후 예루살렘으로 돌아갈새 사마리아인의 여러 마을에서 복음을 전하니라(행 8:25).

베드로와 요한 두 사도가 사마리아 방문을 마친 후에 예루살렘으로 돌아갈 때 그냥 가지 않고 "사마리아인의 여러 마을에서 복음을 전했다"라고 합니다. 이것은 사마리아 선교에 대한 그들의 태도에 본질적인 변화가 일어났다는 뜻입니다. 사실 지금까지 사도 중에 그 누구도 사마리아 선교를 생각하거나 시도해 본 사람이 없었습니다. 유대인과 사마리아인 사이의 해묵은 감정을 생각해 보면 충분히 이해할 수 있습니다. 그러나 그것은 예수님의 지상 명령을 제대로 이해하지 못했다는 뜻이기도 합니다.

그런데 빌립에 의해서 사마리아 선교의 물꼬가 터진 후에 그 현장을 직접 목격하면서 사도들의 태도가 완전히 달라졌던 것입니다. 그들은 예루살렘으로 돌아가는 길목에 있던 사마리아인의 마을들을 그냥 지나치지 않았습니다. 옛날 같으면 무심하게 빨리 지나쳐 버렸을 텐데, 이제는 마을마다 들어가서 예수 그리스도의 복음을 전하게 된 것입니다.

무엇이 달라진 것일까요? 그동안 사도들은 사마리아에 대한 잘못된 선입관을 가지고 있었습니다. 그로 인해서 보이지 않던 사람이 이제는 보이기 시작했고, 사마리아인들 또한 복음이 필요한 사람이라는 사실을 비로소 깨닫게 된 것입니다. 이 또한 성령의 역사입니다. '유대'만큼이나 '사마리아'에서도 증인이 될 수 있도록 성령이 인도하셨습니다. 그리고 그렇게 '땅끝'을 향해 나아갈 수 있게 되었던 것입니다.

사도들이 '사마리아'를 품기 전까지는 '땅끝'으로 나아갈 수 없었듯이, 우리도 '땅끝'으로 나아가기 위해서는 필연적으로 우리의 사마리아인 '북한'을 품어야 합니다. 땅끝 선교는 유대와 함께 사마리아를 품고 그곳에서 증인이 될 때 꿈꿀 수 있는 것입니다. 우리에게 주어진 선교의 지평이 무엇인지 또한 그곳에서 어떻게 선교할 수 있을지 성령의 도움을 간구해야 하겠습니다.

묵상 질문: 땅끝으로 가기 위해서 내가 품어야 할 사마리아는 어디인가?

오늘의 기도: 하나님 아버지, 우리에게 영적인 민감함을 더하여 주셔서 성령의 인도하심에 즉시 순종하여 반응할 수 있게 하옵소서. 우리가 가진 고정 관념의 경계를 넘어서게 하시고 성령이 이끄시는 대로 새로운 선교의 지평을 향해 나아가게 하옵소서. 그리하여 우리의 사마리아를 먼저 땅끝

으로 품게 하시고 그곳에서 주님의 증인이 되게 하옵소서. 예수님의 이름
으로 기도합니다. 아멘.

에디오피아 선교 이야기

읽을 말씀: 사도행전 8:26-40

새길 말씀: [27]일어나 가서 보니 에디오피아 사람 곧 에디오피아 여왕 간다게의 모든 국고를 맡은 관리인 내시가 예배하러 예루살렘에 왔다가 [28]돌아가는데 수레를 타고 선지자 이사야의 글을 읽더라(행 8:27-28).

빌립은 사마리아의 경계를 넘어 예수 그리스도의 복음을 전한 최초의 전도자가 되었습니다. 그리고 그의 선교는 대단한 성공을 거두었습니다. 그 지역을 주름잡던 마술사 시몬까지도 빌립에게 세례를 받게 되었으니 말입니다. 물론 시몬은 '영지주의'를 창시한 이단자가 되고 말았지만, 그렇다고 빌립의 사역을 평가절하할 수는 없습니다. 빌립의 사마리아 선교는 예루살렘에 머물고 있던 사도들을 직접 내려오게 했고, 그들의 안수를 통해서 사마리아인들도 성령을 받게 되었습니다. 그렇게 사도들이 '온 유대와 사마리아'를 품게 만드는 일에 빌립은 일등 공신이 되었던 것입니다.

광야 길로 이끄심

사람들은 대개 자신이 성공한 곳에 머물고 싶어 합니다. 그러나 빌립은 사마리아에서 둥지를 틀지 않았습니다. 그 이유가 무엇이었을까요?

주의 사자가 빌립에게 말하여 이르되 일어나서 남쪽으로 향하여 예루살렘에서 가사로 내려가는 길까지 가라 하니 그 길은 광야라(행 8:26).

빌립이 사마리아를 떠나게 된 것은 성령의 이끄심 때문이었습니다. '주의 사자'(an angel of the Lord)가 빌립에게 나타나서 예루살렘에서 가사로 내려가는 길까지 가라고 명령한 것입니다. '가사'는 현재 팔레스타인 사람들이 거주하는 '가자'(Gaza)를 가리킵니다. 예루살렘에서 남서쪽의 지중해 해변에 있는 도시입니다. 게다가 거기로 내려가는 길은 '광야'라고 했습니다. 광야에는 사람이 살지 않습니다. 빌립은 사마리아에서 한창 성공을 거두고 있었는데, 하나님은 그를 광야로 내려가라고 하신 것입니다.

우리의 눈에 하나님의 선교가 비효율적이요 비경제적으로 보일 때가 있습니다. 우리 생각에는 빌립이 사마리아에 남아서 계속 복음을 전하는 것이 훨씬 더 많은 성과를 거두게 될 것처럼 보입니다. 그러나 하나님은 빌립을 광야로 데려가셨습니다. 거기에는 우리가 알지 못하는 하나님의 위대한 계획이 있었습니다. 아무도 없는 그곳 광야 길에서 빌립이 꼭 만나야 할 사람이 있었던 것입니다. 그가 누구였을까요?

27일어나 가서 보니 에디오피아 사람 곧 에디오피아 여왕 간다게의 모든 국고를 맡은 관리인 내시가 예배하러 예루살렘에 왔다가 28돌아가는데 수레를 타고 선지자

이사야의 글을 읽더라(행 8:27-28).

빌립이 광야 길에서 만나야 했던 사람은 '에디오피아 사람 내시'(an Ethiopian eunuch)였습니다. 에디오피아는 아프리카의 나일강 상류에 있는 나라로 당시에는 제법 잘 살았습니다. 이 사람은 '에디오피아 여왕 간다게의 모든 국고를 맡은 관리'였다고 합니다. '간다게'(Kandake)는 사람 이름이 아니라 이집트의 '파라오'나 로마의 '가이사'처럼 에디오피아 여왕을 가리키는 호칭이었습니다. '국고를 맡은 관리'라고 하니까 오늘날의 재정부 장관쯤 되는 것으로 보입니다.

그런데 그가 아프리카에서부터 이곳 예루살렘까지 왜 찾아왔는지 그 이유가 궁금합니다. 뜻밖에도 그는 예배하러 예루살렘에 왔다가 돌아가는 길이었습니다. 그것만 보아도 그가 유대교에 대한 신실한 믿음을 가지고 있었다는 사실을 알 수 있습니다. 수레를 타고 고국으로 돌아가는 길에서도 그의 손에는 이사야 선지자의 글이 들려 있었고, 그 말씀을 열심히 읽고 있을 정도였습니다. 말씀을 사모하는 그의 열정을 느낄 수 있는 대목입니다.

여기에서 우리는 중요한 교훈을 깨닫게 됩니다. 성령의 인도하심이 때로 우리가 이해할 수 없는 방식으로 진행된다고 하더라도, 거기에는 반드시 하나님의 계획과 섭리가 있다는 사실입니다. 우리에게는 멀리 돌아가는 것 같아도 그것이 결국은 지름길이며, 우리에게는 손해 보는 것처럼 보여도 그것이 결국은 모든 것이 합력하여 선을 이루는 하나님의 섭리입니다. 그 사실을 안다면, 우리는 성령이 어디로 인도하시든지 순종할 수 있을 것입니다.

여호와이레 하나님

잘나가던 사마리아 선교를 접게 하시고, 이렇게 스쳐 지나가는 사람이 하나도 없는 한적하고 외진 곳으로 내려가게 하신 하나님의 뜻이 무엇일까? 빌립은 아마도 궁금했을 것입니다. 거기에서 우연히 에디오피아 고위 관리를 만났지만, 빌립의 눈에는 그저 피부 색깔이 검은 한 외국인이 수레를 타고 두루마리 책을 읽고 있는 모습이었습니다. 바로 이때, 빌립이 해야 할 일을 성령이 직접 알려주셨습니다.

> [29]성령이 빌립더러 이르시되 이 수레로 가까이 나아가라 하시거늘 [30]빌립이 달려가서 선지자 이사야의 글 읽는 것을 듣고 말하되 읽는 것을 깨닫느냐 [31]대답하되 지도해 주는 사람이 없으니 어찌 깨달을 수 있느냐 하고 빌립을 청하여 수레에 올라 같이 앉으라 하니라(행 8:29-31).

성령은 빌립에게 "이 수레로 가까이 가라"고 하셨습니다. "바로 이 사람이 네가 만나야 할 사람이다"라는 뜻입니다. 이 사람을 만나게 하려고 여기까지 오게 하신 것입니다. 그런데 생면부지의 사람에게, 그것도 피부 색깔이 확연히 다른 외국인에게 다가가서 마차에 올라타는 일이 과연 가능할까요? 그 사람이 어떻게 받아들일지 또한 말이나 제대로 통할지 걱정스러운 일이 아닐 수 없습니다.

그러나 빌립은 주저하지 않고 마차를 따라잡기 위하여 달려갔습니다. 가까이 가서 들으니까 선지자 이사야의 글을 읽고 있는 것입니다. 그때 대화의 문을 여는 말이 떠올랐습니다. "읽는 것을 깨닫느냐?" 즉, "읽는 것이 잘 이해가 됩니까?"라는 질문이었습니다. 때마침 그 사람은 도무지 이해되지 않는 말씀을 읽고 있었습니다. 누군가의 설명과 도움이 필요하다고 느끼고 있던 차에 빌립이 말을 걸어왔던 것입니다. 그렇게 빌립은 수레에 올라타게 되었고, 말씀을 풀어 설명할 기회를 얻게 되었습니다.

이 말씀을 묵상하면서 문득 아브라함이 이삭을 바치기 위하여 떠나던 장면이 연상되었습니다. 아브라함이 모리아산으로 떠날 때, 다른 한편으로 하나님은 숫양을 준비시켜 그 산으로 오게 하셨습니다. 그것으로부터 '여호와이레'라는 신앙고백이 나오게 되었지요. 빌립의 이야기도 마찬가지입니다. 하나님께서 빌립에게 사막의 길로 내려가라고 하셨을 때, 다른 한편으로는 에디오피아 사람을 준비하고 계셨습니다. 때마침 이사야 말씀을 읽게 하셨고, 그의 마음에 궁금증을 불러일으켰습니다. 바로 그때 하나님은 빌립을 등장시키셨던 것입니다.

사람들은 '하나님의 섭리'라는 말보다 '우연의 일치'라는 말을 더 신뢰합니다. 어쩌다 보니까 우연히 그렇게 되었다는 식이지요. 정말 그럴까요? 하나님은 참으로 세밀하신 분이십니다. 그냥 우연히 어떤 일이 벌어지도록 그렇게 내버려두지 않으십니다. 세상일도 그런데, 하물며 하나님께서 택하여 세운 종들을 통해서 하나님의 일을 하실 때 "되면 좋고, 아니면 말고" 하는 식으로 그냥 무책임하게 내버려두겠습니까?

우리가 믿는 하나님은 '여호와이레' 하나님이십니다. 필요한 모든 일을 준비해 놓고 하라고 명령하십니다. 우리가 하나님의 말씀을 절대 신뢰하고 따라야 하는 이유가 바로 여기에 있습니다. 하나님이 우리에게 심어놓으신 꿈은 하나님이 정해 놓으신 때에 반드시 이루어집니다. 인간적인 생각으로 '과연 될 것인가?' 저울질한다면, 그것은 믿음이 없다는 증거입니다. 끝까지 신뢰하며 하나님의 꿈을 붙잡으면 언젠가 하나님이 친히 이루시는 것을 보게 됩니다.

이사야의 글

이때 에디오피아 관리가 읽던 성경 구절은 이사야의 글이었습니다.

[32]읽는 성경 구절은 이것이니 일렀으되 그가 도살자에게로 가는 양과 같이 끌려갔고 털 깎는 자 앞에 있는 어린 양이 조용함과 같이 그의 입을 열지 아니하였도다 [33]그가 굴욕을 당했을 때 공정한 재판도 받지 못하였으니 누가 그의 세대를 말하리요 그의 생명이 땅에서 빼앗김이로다…(행 8:32-33).

이 말씀은 이른바 '고난받는 종'의 일부분(사 53:7-8)입니다. 우리는 이 말씀이 하나님의 아들 예수 그리스도의 고난과 죽으심으로 인류를 구원하시기 위한 하나님의 계획을 미리 알려주시는 말씀이라는 것을 잘 알고 있습니다. 그러나 예수를 그리스도로 고백하지 않는 유대인에게 이 말씀은 영원히 풀리지 않는 수수께끼입니다. 유대교에 심취해 있던 에디오피아 관리가 하필이면 이 말씀을 읽고 있었던 것입니다.

그러나 이 사람이 갑작스럽게 이사야의 글을 펴서 읽지는 않았을 것입니다. 아마도 오래전부터 그 말씀을 묵상했었고, 예루살렘의 순례 기간에 여러 사람에게 그 말씀의 뜻을 물어보았을 것입니다. 그러나 확실하고 분명한 대답을 얻지 못하고 귀국하던 길이었을 것입니다. 그는 궁금증이 생기면 풀지 않고서는 못 견디는 그런 성격의 사람이 아니었을까 싶습니다. 그러니까 그 말씀을 계속 붙들고 있었던 것이지요.

"말씀을 사모한다"라는 말은 바로 이런 태도를 가리킵니다. 해석이 될 때까지 붙잡고 묵상하는 것 말입니다. 물론 성경의 모든 말씀을 우리가 다 이해할 수는 없습니다. 그래서 성경 통독을 하다가 이해할 수 없는 부분이 나오면 그냥 넘어가는 게 좋습니다. 그러나 반드시 밑줄을 쳐놓고 다음에 다시 읽게 될 기회가 올 때 조금 더 깊이 묵상하는 습관을 지녀야 합니다. 그러다 보면 언젠가, 누군가의 도움을 통해서 그 말씀의 의미를 깨달을 때가 반드시 옵니다.

에디오피아 관리에게는 지금이 바로 그 순간이었습니다. 하나님께서 그의 사모하는 마음을 헤아리고 궁금증을 풀어주려고 빌립을 준비해 놓으셨던 것입니다. 그리고 그를 통해서 에디오피아 선교의 문이 열리게 되었습니다. 에디오피아 관리는 자신이 씨름하고 있던 수수께끼 같은 말씀을 해석해달라고 빌립에게 부탁합니다.

> 34그 내시가 빌립에게 말하되 청컨대 내가 묻노니 선지자가 이 말한 것이 누구를 가리킴이냐 자기를 가리킴이냐 타인을 가리킴이냐 35빌립이 입을 열어 이 글에서 시작하여 예수를 가르쳐 복음을 전하니(행 8:34-35).

그가 궁금해하던 부분은 이사야가 예언한 '고난받는 종'이 과연 자기 자신을 가리키는 것인지, 다른 사람이라면 누구를 가리키는 것인지 하는 문제였습니다. 그 당시까지 수많은 사람들이 이사야의 예언을 읽어왔지만, 아무도 그 예언을 '메시아 예언'이라고 생각하지 않았습니다. 그들이 기대하던 메시아는 그렇게 힘없이 얻어터지는 유약한 존재가 아니었기 때문입니다. 그들은 이 세상의 모든 왕권을 무릎 꿇리고 그 위에 군림하는 강력한 메시아를 기대했습니다. 그러니 말씀을 보기는 보아도 그 의미를 깨닫지 못했던 것입니다.

에디오피아 관리도 마찬가지였습니다. 예루살렘 순례의 길 내내 아무도 그에게 속 시원한 대답을 주지 못했습니다. 갈증을 해결하지 못한 채 순례를 마치고 돌아가던 길에 빌립을 만나게 된 것입니다. 빌립은 그 대답을 알고 있었습니다. 바로 예수 그리스도였습니다. 예수님의 십자가 사건을 대입해 보면 이사야의 예언은 그대로 맞아떨어지게 되어 있습니다. 빌립은 그것을 이야기하면서 예수 그리스도의 복음을 전했습니다.

그렇습니다. 풀리지 않는 말씀을 여는 열쇠는 오직 예수 그리스도입니다. 성경에는 예수 그리스도를 대입하기 전까지는 도무지 풀리지 않는 수수께끼 같은 말씀이 참 많습니다. 이사야의 예언도 그중의 하나입니다. 말씀뿐만 아니라 인생의 모든 문제와 갈증의 해답은 예수 그리스도입니다. 예수 그리스도를 만나기 전까지 갈증은 계속될 수밖에 없습니다. 목마르다고 아무것이나 마시면 안 됩니다. 그러면 더 큰 갈증을 느끼게 됩니다. 인생의 갈증은 오직 생명수인 예수님을 마셔야 해결됩니다(요 4:14).

세례를 베풀다

에디오피아 관리는 예수 그리스도를 알게 됨으로써 오래된 숙제를 해결했을 뿐만 아니라 인생의 문제도 해결하게 되었습니다. 그 감격이 얼마나 컸던지 그는 당장에 세례받고 기독교로 개종합니다.

36길 가다가 물 있는 곳에 이르러 그 내시가 말하되 보라 물이 있으니 내가 세례를 받음에 무슨 거리낌이 있느냐… 38이에 명하여 수레를 멈추고 빌립과 내시가 둘 다 물에 내려가 빌립이 세례를 베풀고 39둘이 물에서 올라올새 주의 영이 빌립을 이끌어 간지라 내시는 기쁘게 길을 가므로 그를 다시 보지 못하니라(행 8:36, 38-39).

쇠뿔도 단김에 빼랬다고, 길가에 있는 물을 만나게 되자 빌립에게 "내가 세례를 받음에 무슨 거리낌이 있느냐" 하면서 세례를 요청했습니다. 이 부분을 NIV성경은 "내가 세례를 받는 길에 무슨 걸림돌이 있습니까?"(What can stand in the way of my being baptized? NIV)라고 표현합니다. 어떤 사본에는 이 질문 뒤에 빌립이 "온 마음으로 믿는다면, 당신은 세례를 받을 수 있습니다"(You can, if you believe with all your heart)라고 했고, 내시는 "나는 예수 그리스도가 하나님의 아들이심을 믿습니다"(I believe that Jesus Christ is the Son of God)라고 대답했다고 기록합니다. 이것은 나중에 교회에서 세례 문답할 때 사용하던 공식 어구였는데, 사본에 덧붙여진 것이 아닐까 싶습니다.

아무튼 세례를 받고 교회의 신도가 되는 일에 다른 조건은 필요 없습니다. 예수 그리스도가 하나님의 아들이심을 믿기만 하면 됩니다. 하나님 나라에 들어가는 것도 마찬가지입니다. 돈으로도, 힘으로도, 지식으로도 하나님 나라에 들어갈 수 없습니다. 오직 예수 그리스도를 믿는 믿음으로 갈 수 있습니다. 예수 그리스도는 인생의 모든 문제를 해결할 수 있는 열쇠인 동시에, 천국의 문을 여는 열쇠이기도 합니다.

빌립은 내시의 믿음을 확인하자 함께 물에 들어가 세례를 베풀었습니다. 그리고 물에서 올라올 때, 하나님의 영이 갑자기 빌립을 데려가셨습니다. 마치 엠마오로 내려가던 두 제자가 부활하신 예수님과 식탁을 나누던 장면과 흡사합니다. 떡을 떼어 주실 때에 눈이 밝아졌지만, 곧 예수님은 사라지고 그들에게 보이지 않았다고 하는 사건 말입니다(눅 24:30-31). 내시도 세례를 받고 영안이 밝아졌는데, 그에게 세례를 베푼 빌립은 성령이 데려가심으로 다시는 볼 수 없었던 것입니다.

그다음 말씀이 중요합니다. "내시는 기쁘게 길을 가므로 그를 다시 보지 못하니라." 이 부분은 사실 "내시는 그를 다시 보지 못했지만, 기쁘게 그의 길을 갔다"라고 번역하는 것이 더 자연스럽습니다. 그래서 메시지성경은 "그 후로 내시는 빌립을 보지 못했다. 그러나 그는 개의치 않았다. 그는

애초에 얻으려던 것을 얻었고, 더없이 행복한 마음으로 길을 갈 수 있었다"라
고 풀이합니다.

여기에서 우리는 매우 중요한 신앙적인 교훈을 얻습니다. 에디오피아
내시에게 빌립은 은인입니다. 그의 오래된 숙제에 해답을 주었고, 그의 인생에
새로운 지평을 열어주었습니다. 그러나 그는 빌립이 보이지 않는다고 해서
그를 찾아다니지 않았습니다. 그가 평생 따를 분은 빌립이 아니라 예수
그리스도이시기 때문입니다.

빌립은 내시에게 예수 그리스도를 소개하고 만나게 해준 것으로 자기
역할을 충분히 다했습니다. 그것은 분명 훌륭한 일입니다. 그렇지만 그렇다고
해서 상대방에게 평생 은인 대접을 요구하면 안 됩니다. 빌립도 떠나야
할 때 떠나야 하고, 내시도 가야 할 길을 가야 합니다. 그것이 서로에게
유익이 됩니다. 그래서 성령님이 빌립을 다른 곳으로 데려가신 것입니다.
빌립의 나머지 행적은 40절에 기록되어 있습니다.

> **빌립은 아소도에 나타나 여러 성을 지나다니며 복음을 전하고 가이사랴에 이르니라**
>
> (행 8:40).

'아소도'(Azotos)는 구약 시대부터 존재하던 블레셋의 다섯 거점 도시
중의 하나였던 '아스돗'(Ashdod)을 가리킵니다(수 11:22). 빌립은 내시와 함께
가사로 거의 다 내려갔다가 지중해 해안 길을 따라서 북쪽으로 올라갔던 것
같습니다. 아소도와 욥바를 거쳐서 가이사랴에 다다르게 되었고, 그곳에 장기간
거주하면서 선교했던 것입니다. 오랜 세월이 흐른 후에 사도 바울이 빌립의
집을 방문했을 때, 그의 네 딸이 모두 성령의 충만함으로 예언하는 사람이
되었습니다(행 21:9). 빌립은 그렇게 믿음의 대를 훌륭하게 이어갔던 것입니다.

성령의 인도함을 따라 살아가는 사람은 어디에서나 증인이 됩니다. 성령은 빌립을 사람이 거의 다니지 않는 광야 길로 인도하셨지만, 그곳에서 에디오피아 관리를 만나게 하셨습니다. 그리고 그 관리에게 전해진 예수 그리스도의 복음으로 인해 결국 에디오피아는 복음화되어 주후 330년쯤에 기독교 국가가 됩니다. 아르메니아에 이어서 세계에서 두 번째로 기독교를 국가로 받아들인 나라가 되었고, 지금까지도 그 역사를 이어오고 있습니다.

12세기 말에 랄리벨라 왕이 에디오피아에 두 번째 예루살렘을 세우겠다는 비전을 품고 바위산을 파서 만든 열한 개의 랄리벨라 암굴 교회(Lalibela Rock-hewn Churches)가 그들의 뿌리 깊은 신앙 전통을 증명합니다. 지금도 전체 인구의 60% 이상이 기독교인(에디오피아 정교회)입니다. 그 복음의 물꼬를 튼 사람이 바로 빌립이었던 것입니다. 아니, 그것은 전적으로 성령의 역사입니다. 성령이 에디오피아 땅끝에서 온 사람을 빌립에게 붙여주신 것입니다. 빌립은 성령의 이끄심에 순종했을 뿐입니다.

하나님은 지금도 우리를 그렇게 인도하십니다. 우리는 그저 순종하여 따르기만 하면 됩니다. 그러면 우리를 땅끝으로 가게 하시든지, 아니면 땅끝에서 온 사람을 만나게 하시든지, 어떤 식으로든 주님의 증인이 되게 하실 것입니다.

묵상 질문: 나는 성령의 이끄심에 온전히 순종하여 따를 수 있는가?

오늘의 기도: 하나님 아버지, 오늘도 우리를 통하여 하나님의 거룩하신 뜻을 이루시옵소서. 언제나 성령의 이끄심에 순종하게 하옵소서. 그리하여 누군가에게 여호와이레의 통로가 되게 하시고, 우리에게 허락하신 땅끝에서 주님의 증인이 되는 놀라운 은혜를 맛보게 하옵소서. 예수님의 이름으로 기도합니다. 아멘.

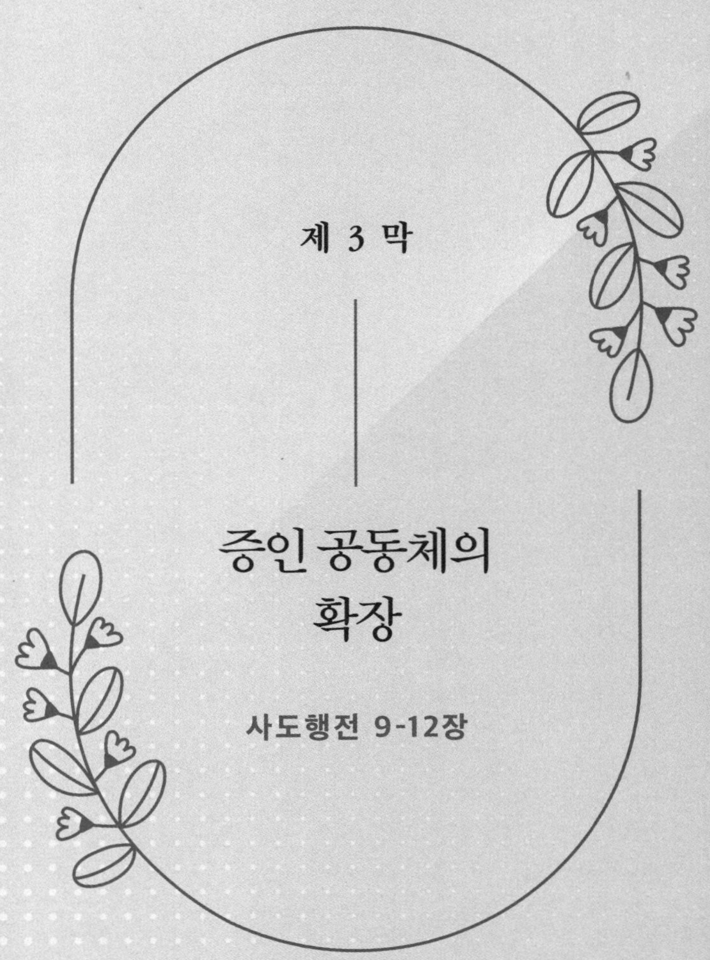

제 3 막

증인 공동체의 확장

사도행전 9-12장

사울의 굴복 (1)

지금 우리는 사도행전의 전반부인 '하나님 나라의 증인'(1-12장)을 3막으로 나누어 묵상하고 있습니다. 제1막은 '증인 공동체의 탄생'(1-4장)이었습니다. 오순절 성령강림 사건으로 '제자 공동체'가 '증인 공동체'로 탄생하게 되었고, 삶을 진동하게 하는 두 번째 성령강림 사건으로 '증인 공동체'가 '생활 공동체'로 변화되는 모습을 살펴보았습니다.

제2막은 '증인 공동체의 위기'(5-8장)였습니다. 과부 구제 문제로 불거진 공동체 내부적인 위기가 있었지만 지혜롭게 잘 극복했고, 외부적인 박해의 위협에도 잘 견뎌왔습니다. 그러다가 스데반의 순교로 촉발된 산헤드린의 대대적인 박해로 인해서 많은 성도가 예루살렘을 떠나야 했습니다. 그렇지만 오히려 유대와 사마리아로 흩어져서 복음을 전하는 기회가 되었지요.

이제 제3막 '증인 공동체의 확장'(9-12장)에 다다랐습니다. 하나님 나라의 복음이 본격적으로 땅끝을 향해 나아가는 이야기입니다. 누가는 바로 이 대목에서부터 사도 바울에 초점을 맞추기 시작합니다. 그는 스데반이 순교하는 현장에서 최초로 목격되었습니다(행 7:58). 처음에는 그리스도인을 잔멸하는 '박해자'로 등장했지만, 이제 곧 하나님 나라 복음을 땅끝으로 전하는 '전도자'로 바뀌게 될 것입니다. 그리고 마침내 복음을 위해 생명을 바친 '순교자'로 그의 생애를 마치게 될 것입니다.

회심 혹은 굴복

오늘은 사울이 예수님 앞에 굴복하는 장면을 살펴보려고 합니다. 대개는 이 장면을 '사울의 회심' 또는 '사울의 회개'라는 말로 표현합니다. 그런데 사울이 하나님을 믿지 않는 사람이었다면 그 말이 맞을 것입니다. 그러나 그는 본래 하나님을 믿던 사람이었습니다. 단지 하나님을 이용하여 유대교 안에서 출세하려고 했을 뿐입니다. 그런 인생에 나타난 급진적인 변화를 담아내려면 '회심'보다는 '굴복'이라는 말이 더 적절하다고 봅니다. 사울이 자신의 숨겨진 속셈(hidden agenda)을 내려놓고 하나님의 계획을 받아들이고 예수 그리스도의 사랑과 은혜의 능력에 완전하게 항복하게 되었다는 의미입니다.

본문으로 들어가기 전에 우선 사울에 대한 정보를 한번 정리해 볼 필요가 있겠습니다. 그는 길리기아 다소에서 태어난 디아스포라 유대인이었습니다(행 21:39). 그는 이스라엘 족속의 베냐민 지파 출신이었고, 그것을 매우 자랑스럽게 생각했습니다(고후 11:22; 빌 3:4-6). 동시에 그는 태어나면서부터 로마의 시민이었습니다(행 22:28). 아마도 사울의 아버지가 돈을 내고 '자유민'

의 지위를 획득하였던 것으로 보입니다.

'사울'이 예수를 만난 후에 '바울'로 개명한 것으로 생각하는 사람이 많지만, 사실은 사울과 바울 모두 어렸을 때부터 사용하던 이름이었습니다. 사울(Saul)은 히브리어 본명(本名)이었고, 바울(Paulus)은 라틴어 아명(兒名)이었습니다. 그러다가 예루살렘에 유학을 와서 지낼 때는 주로 히브리식 이름을 사용했고, 그 후에 예수님을 만나고 이방인의 사도로 부름을 받은 후에는 라틴어 이름을 선호하게 되었던 것입니다.

따라서 그는 히브리어와 아람어는 물론이고 당시의 국제 통용어였던 헬라어를 아주 능숙하게 사용했습니다. 게다가 로마 시민권자로서 라틴어로도 기본적인 소통이 가능한 수준이었습니다. 이러한 언어 능력 덕분에 그는 유대인과 이방인 세계를 연결하는 사도로서 완벽하게 준비가 된 인물이었습니다.

그의 집은 경제적으로 제법 넉넉했습니다. 그래서 예루살렘에 있는 랍비 학교로 유학을 올 수 있었습니다. 당시 예루살렘에서 가장 이름난 학자는 가말리엘이었고, 사울은 그에게서 '율법의 엄한 교훈'을 받았습니다(행 22:3). 그는 예루살렘에 있는 '자유민의 회당'에 출석하고 있었고, 같은 회당에 다니던 스데반과 논쟁이 벌어졌을 때 적극적인 반대자로 참여했습니다. 스데반이 재판을 받고 투석형의 처벌을 받는 모습을 마땅하게 생각했을 뿐만 아니라(행 8:1), 오히려 그것을 기회 삼아서 유대교에서 출세하려고 그리스도인에 대한 박해에 적극적으로 나서게 되었습니다.

오늘 본문은 사도행전 8장 3절에 이어서 읽어야 자연스럽게 연결됩니다.

8:3사울이 교회를 잔멸할새 각 집에 들어가 남녀를 끌어다가 옥에 넘기니라… 9:1사울이 주의 제자들에 대하여 여전히 위협과 살기가 등등하여 대제사장에게 가서 2다

메섹 여러 회당에 가져갈 공문을 청하니 이는 만일 그 도를 따르는 사람을 만나면 남녀를 막론하고 결박하여 예루살렘으로 잡아오려 함이라(행 8:3; 9:1-2).

예루살렘에 있는 헬라파 유대인 그리스도인을 잡아들이는 것에 만족하지 못한 사울이 이제는 멀리 다메섹까지 가서 그리스도인을 체포하여 오려고 나서게 되었다는 이야기입니다. 누가는 그 중간에 빌립의 선교 이야기를 삽입하고 있는데, 그것은 아마도 두 사건에 어느 정도 시차가 있었기 때문으로 보입니다. 그 막간을 이용하여 빌립의 사마리아 선교와 에디오피아 선교 이야기를 기록한 것입니다.

사울의 공명심

그런데 사울은 왜 다메섹까지 원정 박해를 떠날 생각을 하게 되었던 것일까요? 어쩌면 예루살렘에는 더 이상 체포할 사람들이 남아 있지 않을 수도 있습니다. 아니면 모두 꼭꼭 숨어 있어서 찾아내기 힘들었을 수도 있습니다. 그러나 가장 설득력 있는 설명은 자기 이름을 널리 알리려고 하는 사울의 공명심(功名心)입니다.

본래 사울은 무슨 일이든지 일등을 해야만 직성이 풀리는 성격이었습니다. 그리스도인에 대한 박해자가 된 것도 스데반과의 논쟁에서 패배한 것에 대한 악감정이 동기가 되었습니다. 사울은 이왕에 박해자로 나섰으니 최고의 성적을 올려야 한다고 생각했습니다. 그래야 산헤드린의 실세인 사두개파에게 인정받을 수 있고 유대교 안에서 자신의 입지를 튼튼히 할 수 있기 때문입니다.

다른 사람과의 경쟁에서 이길 방법은 남들이 하지 않는 일을 선도적으로 하는 것입니다. 박해를 피해 사방으로 흩어진 그리스도인을 찾아가서 체포해 오는 일은 당시 유대교 지도자 중에 그 누구도 생각하지 못한 일이었습니다. 그것을 해내겠다고 나선 것입니다. 사울은 대제사장에게 가서 디아스포라 유대인이 가장 많이 살던 도시 중의 하나였던 다메섹의 회당으로 가져갈 '공문', 즉 '체포 영장'을 달라고 요청했습니다. 거기에서 예수를 따르는 사람들을 찾으면 체포해서 예루살렘으로 데려오겠다는 것입니다.

이와 같은 사울의 계획은 산헤드린 공회 지도자들, 특히 사두개파의 주목을 받기에 충분했습니다. 지금까지 그런 대담한 제안을 하는 사람은 아무도 없었기 때문입니다. 대제사장은 흔쾌히 사울에게 체포 영장을 발부해 주었습니다. 이제 사울의 계획대로 일이 진행되기만 한다면 자신의 신앙적인 열심을 확실하게 증명할 수 있을 것입니다. 그러면 그는 유대교에서 가장 영향력 있는 떠오르는 별로 발돋움하게 될 것입니다.

예루살렘에서 다메섹까지는 약 250km나 되었습니다. 당시로는 쉽지 않은 여행길이었습니다. 노새를 타고 실히 닷새는 가야 할 먼 길이었습니다. 그렇지만 사울은 힘들다 하지 않고 신나게 다메섹을 향하여 떠났습니다. 사울은 지금 무엇을 위해서 그런 열심을 품고 있습니까? 그리스도인을 체포하여 넘김으로써 유대교에서 성공하기 위해서입니다. 다른 사람을 박해하고 죽임으로써 스스로 높아지겠다는 것입니다. 겉으로는 하나님에 대한 신앙으로 그럴듯하게 포장하고 있지만, 속으로는 하나님과 전혀 상관없는 사사로운 욕망을 불태우고 있었던 것입니다.

사울의 목적은 하나님의 뜻을 이루는 게 아닙니다. 오히려 하나님을 자신의 개인적인 욕망을 달성하기 위한 수단으로 이용하려고 합니다. 그런 점에서 그는 성령의 능력을 돈으로 사려고 했던 사마리아의 마술사 시몬과 조금도 다르지 않습니다. 시몬은 돈을 주고 산 성령의 능력으로 자신의 영향력을 확대하려고 했고, 사울은 체포한 그리스도인들의 머리 숫자로 산헤드린이 보장해 주는 출세의 자리를 차지하려고 했을 뿐입니다.

어찌 되었든 사울은 하나님을 믿는 사람이었습니다. 물론 믿음의 본질에서 한참 벗어난 것이긴 했지만, 그는 여전히 하나님에 대한 신앙적인 열정을 앞세우고 있었습니다. 따라서 지금 그에게 정말 필요한 것은 회개하고서 하나님을 믿는 게 아니라 지금까지 하나님을 믿어 왔던 그의 방식을 송두리째 바꾸는 것입니다. 하나님을 수단이 아니라 목적으로 받아들이고, 그 앞에 완전히 항복해야 합니다. 그런 의미에서 그에게는 '회심'이 아니라 '굴복'이 필요했던 것입니다.

이와 같은 사울의 이야기는 사실 다른 사람의 이야기가 아닙니다. 바로 우리 자신의 이야기입니다. 우리에게 필요한 것은 하나님의 뜻 앞에 완전히 항복하는 것입니다. 더 이상 내가 존재하지 않고, 내 계획이나 내 목적이 따로 존재하지 않는 것입니다. 따라서 갈라디아 교회에 보낸 편지에서 밝힌 바울의 고백을 마음 깊이 새겨야 합니다.

내가 그리스도와 함께 십자가에 못 박혔나니 그런즉 이제는 내가 사는 것이 아니요 오직 내 안에 그리스도께서 사시는 것이라(갈 2:20).

하나님께 온전히 굴복하기 전까지 우리는 하나님을 이용하는 사람이 될 수밖에 없습니다.

다메섹 사건

사울은 대제사장으로부터 필요한 공문을 획득한 후에 곧장 다메섹으로 출발하였습니다. 그러나 그가 세운 계획과 꿈은 하나님의 개입으로 말미암아 엉뚱한 방향으로 흘러가고 말았습니다. 하나님께서 다메섹 도상에서 그를 굴복시켰던 것입니다.

> 3사울이 길을 가다가 다메섹에 가까이 이르더니 홀연히 하늘로부터 빛이 그를 둘러 비추는지라 4땅에 엎드러져 들으매 소리가 있어 이르시되 사울아 사울아 네가 어찌하여 나를 박해하느냐 하시거늘 5대답하되 주여 누구시니이까 이르시되 나는 네가 박해하는 예수라 6너는 일어나 시내로 들어가라 네가 행할 것을 네게 이를 자가 있느니라 하시니 7같이 가던 사람들은 소리만 듣고 아무도 보지 못하여 말을 못하고 서 있더라(행 9:3-7).

다메섹은 예루살렘 북쪽으로 올라가서 갈릴리를 지나 헐몬산을 넘어서 펼쳐지는 너른 평원에 있었습니다. 어느덧 다메섹 가까이에 이르렀을 때, 사울의 인생을 송두리째 흔들어 놓은 놀라운 사건이 벌어졌습니다. 갑자기 하늘에서부터 빛이 내려오는데, 그 빛이 얼마나 강력했던지 그는 그만 땅에 풀썩 쓰러지고 말았던 것입니다. 그리고 하늘에서 소리가 들려왔습니다. "사울아, 사울아, 네가 어찌하여 나를 박해하느냐?"

누가는 이와 같은 다메섹 사건에 대한 사울의 증언을 사도행전에 두 번 더 기록합니다. 오늘 본문과 비교해 보면 이때의 상황을 조금 더 자세히 알 수 있습니다.

> 6가는 중 다메섹에 가까이 갔을 때에 오정쯤 되어 홀연히 하늘로부터 큰 빛이 나를 둘러 비치매 7내가 땅에 엎드러져 들으니 소리 있어 이르되 사울아 사울아 네가 왜 나를 박해하느냐 하시거늘 8내가 대답하되 주님 누구시니이까 하니 이르시되 나는 네가 박해하는 나사렛 예수라 하시더라 9나와 함께 있는 사람들이 빛은 보면서도

나에게 말씀하시는 이의 소리는 듣지 못하더라(행 22:6-9).

사울이라 하는 바울(이하 바울)이 3차 선교여행을 마치고 예루살렘에서 체포되었을 때, 자기를 죽이려고 소요를 일으키던 군중에게 증언한 내용입니다. 여기에서 우리는 다메섹 사건이 벌어진 시각이 '오정쯤', 즉 '낮 12시'경이라는 사실을 알게 됩니다. 바울과 동행하던 사람들이 있었고, 그들은 빛은 보았으나 소리는 듣지 못했다고 합니다. 이것은 "소리만 듣고 아무것도 보지 못했다"라는 오늘 본문의 기록과 정반대입니다.

그러나 사도행전 9장은 누가가 정리한 내용이고, 22장은 바울 자신의 입으로 증언한 내용입니다. 따라서 이 부분에 대해서는 바울의 증언이 더욱 정확하지 않을까 싶습니다. 무엇이 되었든지, 바울과 동행하던 사람들은 지금 바울에게 어떤 일이 벌어지고 있는지 전혀 알아차리지 못했다는 사실은 달라지지 않습니다. 다메섹 사건은 오직 바울 혼자서 개인적으로 경험한 일이었습니다.

사도행전 26장에서도 바울은 다메섹 사건을 다음과 같이 이야기합니다.

12그 일로 대제사장들의 권한 위임을 받고 다메섹으로 갔나이다 13왕이여 정오가 되어 길에서 보니 하늘로부터 해보다 더 밝은 빛이 나와 내 동행들을 둘러 비추는지라 14우리가 다 땅에 엎드러지매 내가 소리를 들으니 히브리 말로 이르되 사울아 사울아 네가 어찌하여 나를 박해하느냐 가시채를 뒷발질하기가 네게 고생이니라 15내가 대답하되 주님 누구시나이까 주께서 이르시되 나는 네가 박해하는 예수라(행 26:12-15).

이 이야기는 아그립바왕(Herod Agrippa Ⅱ) 앞에서 재판을 받을 때 증언한 내용입니다. 여기에서는 '해보다 더 밝은 빛'에 의해서 동행하던 사람들이 모두 땅에 엎드러진 것으로 되어 있습니다. 그리고 바울은 히브리 말로 예수님이 하시는 말씀을 듣게 됩니다. 함께 엎드러진 동행들이 예수님의 음성을 들었는지는 언급하지 않지만, 22장에서 바울이 말한 것과 크게 다르지 않습니다. 그러니까 동행하던 사람들이 엎드러지기는 했지만 음성을 듣지는 못했고, 따라서 바울에게 어떤 일이 벌어졌는지 그 의미를 아무도 파악하지 못했던 것입니다.

예수님의 음성

이 세 가지 본문을 통해서 우리는 예수님이 바울에게 하신 말씀이 정확하게 일치하고 있다는 사실을 확인할 수 있습니다. "어찌하여 나를 박해하느냐? … 나는 네가 박해하는 예수다"(Why do you persecute me? … I am Jesus, whom you are persecuting. NIV). 이것이 바울을 굴복시킨 결정적인 말씀입니다. 바울은 지금 다메섹으로 피신해 있던 그리스도인을 박해하기 위하여 가는 중입니다. 그런데 예수님은 바울이 주님을 박해한다고 말합니다. 다시 말해서 그리스도인과 예수님을 동격으로 놓고 말씀하시는 것입니다.

눈이 멀 정도로 강한 빛도 그렇고, 하늘에서 들리는 음성을 듣게 된 것도 바울에게는 충격적인 일이었을 것입니다. 그렇지만 그에게 가장 충격적이었던 것은 하늘에서 들리는 음성의 주인공이 분명히 십자가에서 죽은 줄로만 알고 있었던 예수님의 음성이라는 사실이었습니다. 게다가 박해당하는 그리스도인과 예수님을 동일시하고 있다는 사실은 그의 입을 완전히 닫아 버리게 했습니다.

바로 이 대목에서 바울은 그가 박해하던 그리스도인이 누구를 믿는지 또한 그들이 왜 믿는지 그 이유를 분명히 알게 되었습니다. 그리스도인이 믿는 믿음의 대상은 죽음에서 부활하신 예수 그리스도이십니다. 그리고 예수님은 그리스도인이 박해당하는 것을 자신이 박해당하는 것으로 받아들이실 만큼 그들을 아끼고 사랑하시는 분입니다. 바로 그 이유로 그들은 죽음의 위협을 무릅쓰고 예수를 믿고 있었던 것입니다.

바울은 신적인 존재에 대해서 지금까지 단 한 번도 그와 같은 친밀함과 뜨거움의 인격적인 관계로 생각한 적도 없고, 실제로 느껴본 적도 없었습니다. 단지 율법의 철저한 준수를 통하여 공적을 많이 쌓아서 성공하는 출세의 수단으로 생각했을 뿐입니다. 그리스도인의 박해자로 자청해 나선 것도 율법에 대한 순수한 열정 때문이라기보다는 그것이 성공의 지름길이라고 여겼기 때문이었습니다. 그런데 박해당하는 그리스도인과 자신을 동일시하여 품어주시는 인격적인 사랑의 주님을 만나게 된 것입니다.

그것이 얼마나 충격적이었던지 한동안 그는 아무 말도 하지 못하고 지내야 했습니다.

> **8사울이 땅에서 일어나 눈은 떴으나 아무 것도 보지 못하고 사람의 손에 끌려 다메섹으로 들어가서 9사흘 동안 보지 못하고 먹지도 마시지도 아니하니라**(행 9:8-9).

바울이 경험한 것은 강한 빛을 보고 음성을 들은 것이 전부입니다. 그러나 그것은 지금까지 그가 경영해 오던 인생을 '전면 중단'시키기에 충분했습니다. 물론 갑작스럽게 시력을 잃었기 때문에 다른 사람의 도움이 필요하기도 했지만, 난생처음으로 자기 인생의 주인이 자신이 아니라는 사실을 깨닫게 되었습니다.

그는 다메섹으로 들어가서 사흘 동안 보지도 못하고, 먹지도, 마시지도 않고 지냈습니다. 시력을 잃은 것은 물론 강한 빛의 충격 때문이었지만,

금식하게 된 것은 바울 자신의 선택이었습니다. 칠흑 같은 암흑 속에서 또한 침묵과 금식 속에서 그는 지금까지 달려온 자신의 인생을 멈추고 세밀하게 점검하는 시간을 가지게 되었던 것입니다. 그 침묵의 시간을 통해서 바울은 자신을 향한 하나님의 뜻을 비로소 깨닫게 됩니다.

열심히 달리는 것만이 잘하는 일이 아닙니다. 왜 달리는지, 어디를 향하고 있는지를 점검하는 시간이 꼭 필요합니다. 그것을 위해서 하나님은 때때로 우리를 강제로 멈추게 하십니다. 그때 침묵하고 금식하며 하나님 안에서 자신의 인생을 점검하고 새롭게 다듬어야 합니다. '위기'는 위험한(危) 기회(機)입니다. 하나님이 우리를 복된 삶으로 인도하시는 절호의 기회입니다. 하나님을 향한 믿음이 인생의 위기를 구원의 기회로 바꿀 수 있습니다.

묵상 질문: 나는 하나님과의 친밀한 관계를 경험한 적이 있는가?

오늘의 기도: 하나님 아버지, 우리의 신앙적인 열정이 하나님의 뜻을 이루기 위한 열정이 되게 하옵소서. 사람을 죽이는 열심이 아니라 사람을 살리는 열심을 품게 하옵소서. 하나님이 우리 인생의 주인이심을 고백하게 하시고, 언제나 그 뜻 앞에 굴복하게 하옵소서. 예수님의 이름으로 기도합니다. 아멘.

사울의 굴복 (2)

읽을 말씀: 사도행전 9:10-19a

새길 말씀: 15주께서 이르시되 가라 이 사람은 내 이름을 이방인과 임금들과 이스라엘 자손들에게 전하기 위하여 택한 나의 그릇이라 16그가 내 이름을 위하여 얼마나 고난을 받아야 할 것을 내가 그에게 보이리라…(행 9:15-16).

다메섹으로 가던 길목에서 사울은 해보다 더 밝은 빛이 하늘로부터 쏟아지는 것을 보았고, 그 빛 앞에 고꾸라졌습니다. 그리고 눈이 멀어버렸습니다. 그러고 나니까 바울 스스로 할 수 있는 일이 아무것도 없었습니다. 그는 평생 처음으로 다른 사람들의 손에 이끌려 다메섹으로 들어갔습니다. 그동안 자신의 인생에 대해서 그렇게 자신만만하던 사울은 그만 풀이 죽어 아무것도 먹지 않고 아무 말도 하지 않으면서 사흘을 지냈습니다. 그러면서 그는 무슨 생각을 했을까요?

사울의 침묵

　사울은 먼저 자신의 인생에 대해서 생각했을 것입니다. 당시 로마의 시민권을 가지고 태어난 유대인은 그리 많지 않았습니다. 그는 경제적으로 부유한 아버지를 둔 덕분에 어렸을 때부터 예루살렘에 유학하러 올 수 있었습니다. 당대 최고의 율법학자 가말리엘 밑에서 배울 만큼 그에게는 총명한 머리가 있었습니다. 율법에 대한 지식과 열정에 있어서는 그 누구에게도 지지 않을 자신감이 있었습니다.

　그의 인생에 있어서 주인은 바로 자기 자신이었습니다. 실제로 지금까지 무슨 일이든 자기 마음먹은 대로 다 이루어졌습니다. 지금 다메섹으로 가는 일도 그중의 하나였습니다. 이번에 다메섹에서 단지 몇 명이라도 그리스도인을 체포하여 예루살렘으로 돌아가게 된다면, 그는 산헤드린의 주목을 받는 사람이 될 것입니다. 그러면 그가 계획했던 대로 유대교 안에서 인정받고 성공하는 인생의 목표를 이루게 될 것입니다.

　모든 일이 생각대로 순조롭게 잘 진행되고 있었는데, 전혀 예상하지 못했던 강한 빛으로 인해 그만 눈이 멀고 말았던 것입니다. 그러자 마치 바닷가에 쌓은 모래성이 파도에 속절없이 무너지듯이 사울의 인생은 순식간에 무너지고 말았습니다. ‘나는 도대체 누구인가? 나는 지금 무엇을 하려고 여기에 왔는가? 내게 왜 이런 일이 벌어지고 있는가? 평생 이렇게 앞을 보지 못하고 살아야 한다면 나는 과연 무엇을 할 수 있을 것인가?’ 아무리 생각하고 또 생각해 보아도 자기 안에서는 그 어떤 답을 찾을 수 없었습니다. 자기중심적인 인생이 다다르게 될 결론은 바로 이와 같은 허무입니다.

　사울은 또한 하나님에 대해서 생각했을 것입니다. 지금까지 그가 믿어 왔던 하나님은 인격적인 분이 아니었습니다. 유대교를 통해서 배운 하나님은 단지 율법의 무거운 짐을 인간에게 지우고 그것을 지키는 자에게는 복을, 지키지 않는 자에게는 벌을 내리는 무서운 분이었습니다. 그 안에서 출세하는 방법은 오직 율법 준수에 대한 자신의 열심을 증명하는 것밖에 없었습니다. 한편으로는 하나님의 요구 사항을 적당히 들어주면서, 그 대신 하나님으로부터 가능한 한 많이 얻어내는 것이 신앙생활의 목적이라고 생각했습니다.

그런데 다메섹으로 가던 길에서 죽음에서 부활하신 예수님으로부터 신비하고도 강력한 음성을 듣게 된 것입니다. "사울아, 사울아, 네가 어찌하여 나를 박해하느냐? 나는 네가 박해하는 예수다." 사울은 지금 그리스도인을 체포하러 가는 중입니다. 그런데 예수님은 사울이 예수님을 체포하려 하고 예수님을 박해하고 있다고 말씀하십니다. 그리스도인과 자신을 동일시 하시는 그분 앞에서 사울은 큰 충격을 받을 수밖에 없었습니다.

그러면서 사울은 인간을 그토록 사랑하시는 하나님, 인간과 인격적인 친밀한 관계를 맺고 싶어 하시는 신적인 존재에 대한 새로운 가능성을 처음으로 생각하기 시작했습니다. '그런 분이 내가 믿는 하나님이라면 얼마나 좋을까? 나를 너무나도 사랑하셔서 내가 당하는 이 어려움과 고통을 마치 당신이 당하는 것으로 여기는 그런 하나님을 섬길 수 있다면 얼마나 좋을까?' 사흘 동안 금식하며 침묵하며 기도하는 가운데 사울은 마침내 하나님 앞에 완전히 굴복하게 되었던 것입니다.

다메섹의 제자

사울이 그러고 있는 동안 하나님은 다메섹에 살고 있던 아나니아라는 제자를 준비하고 계셨습니다.

10그때에 다메섹에 아나니아라 하는 제자가 있더니 주께서 환상 중에 불러 이르시되 아나니아야 하시거늘 대답하되 주여 내가 여기 있나이다 하니 11주께서 이르시되 일어나 직가라 하는 거리로 가서 유다의 집에서 다소 사람 사울이라 하는 사람을 찾으라 그가 기도하는 중이니라 12그가 아나니아라 하는 사람이 들어와서 자기에게 안수하여 다시 보게 하는 것을 보았느니라 하시거늘(행 9:10-12).

'다메섹에 살던 아나니아'는 사도행전 5장에 언급된 '예루살렘의 아나니아'와 다른 사람입니다. 그런데 아나니아는 언제부터 이곳 다메섹에서 살고 있었을까 궁금해집니다. 스데반의 순교 이후에 온 것일까요, 아니면 그 이전부터 살고 있었을까요? 먼 훗날 바울이 예루살렘에서 체포되었을 때, 아나니아를 가리켜서 '율법에 따라 경건한 사람으로 거기 사는 모든 유대인에게 칭찬받던 자'(행 22:12)로 묘사합니다. 그 이야기는 아나니아가 이미 오래전부터 다메섹에 살면서 지역사회에서 인정받고 있던 인물이었다는 뜻입니다. 그러니까 그는 예루살렘에서 벌어진 박해를 피해서 이제 막 도망 온 사람은 아니었던 것입니다.

게다가 누가는 아나니아를 '제자'라고 소개합니다. '제자'는 신앙적으로 성숙하고 공동체 내에서 신뢰받는 사람에게 붙이는 호칭입니다. 그러니까 다메섹 지역에 이미 그리스도인의 신앙 공동체가 형성되어 있었고, 아나니아는 아마도 그 공동체를 대표하는 인물이었을 것으로 보입니다. 물론 스데반의 순교 이후에 그곳으로 피신 온 사람들도 있었겠지만, 사울이 그리스도인을 체포하기 위하여 굳이 다메섹을 목표로 삼았던 이유는 그곳에 제법 큰 그리스도인의 공동체가 있었기 때문입니다.

아무튼 하나님은 '환상 중에'(in a vision) 아나니아를 불러서 말씀하셨습니다. 그가 기도하는 중이었던 모양입니다. 하나님의 지시는 매우 구체적이었습니다. 사울이 지금 어디에 머물고 있는지 가르쳐주십니다. '직가'(直街, Straight Street)라고 하는 거리의 '유다 집'에서 '다소 사람 사울'을 찾아서 만나라고 지시하십니다. 그러면서 지금 사울이 환상 중에 보고 있는 또 다른 환상에 대해서 말씀하십니다. 이른바 '이중 환상'입니다.

여기에서 우리는 '여호와이레 하나님'을 새삼 확인할 수 있습니다. 하나님이 한 사람의 인생에 개입하실 때 아무런 계획 없이 즉흥적으로 일하지 않으십니다. 하나님에게는 그 사람을 향한 마스터플랜이 있습니다. 다메섹 도상에서 강한 빛으로 사울의 눈을 멀게 하기 전부터 하나님은 그를 이방의 사도로 불러내려는 계획을 세우고 계셨습니다. 그러니까 사울이 자기 발로 걸어서 다메섹으로 온 것이 아니라 하나님께서 그를 다메섹으로 불러내신 것입니다. 그와 같은 하나님의 뜻을 알리기 위해서 지금 아나니아를 사울에게 보내시려는 것입니다.

사울이 기도 중에 보고 있던 환상은 아나니아라는 사람이 와서 자기에게 안수하여 눈을 뜨게 하는 장면이었습니다. 그러니까 하나님이 아나니아와 대화하는 바로 그 순간, 사울은 조만간 자신에게 일어날 일들을 보고 있었던 것입니다. 그것은 단순하게 그가 조만간 시력을 회복하게 될 것이라는 예고가 아닙니다. 그에게 일어나고 있는 이 모든 일들이 하나님의 섭리와 계획 가운데서 진행되고 있다는 사실을 알려주는 것이었습니다.

바로 여기에 우리의 희망이 있습니다. 만일 우리에게 일어난 일들이 재수 나빠서 또는 재수 좋아서 어쩌다가 일어난 일이라고 생각한다면, 우리에게 아무런 희망이 생기지 않습니다. 그러나 우리를 사랑하시는 하나님께서 우리를 구원하시고 우리를 통하여 당신의 놀라운 계획을 이루시려고 한다고 믿는다면, 우리의 인생에 대한 태도가 달라질 수밖에 없습니다. 그러면 시력을 잃었다고 절망하지 않습니다. 사업이 어려워진다고 놀라지 않습니다. 건강을 잃었다고 낙심하지 않습니다. 우리를 향하신 하나님의 결론은 구원이요 회복이요 영생이요 하나님 나라이기 때문입니다.

아나니아의 항의

그러나 아나니아는 하나님의 계획에 대해서 선뜻 동의할 수 없었습니다. 그가 아무리 그리스도의 제자요 신실한 기도의 사람이요 다메섹 신앙 공동체를 이끌어 가는 지도자라고 하더라도, 하나님께 굴복하는 것은 결코 쉬운 일이 아니었습니다.

> 13아나니아가 대답하되 주여 이 사람에 대하여 내가 여러 사람에게 듣사온즉 그가 예루살렘에서 주의 성도에게 적지 않은 해를 끼쳤다 하더니 14여기서도 주의 이름을 부르는 모든 사람을 결박할 권한을 대제사장들에게서 받았나이다 하거늘(행 9:13-14).

우리말 성경에는 "아나니아가 대답했다"라고 하지만, 그냥 고분고분 대답한 것은 아닙니다. 메시지성경은 "아나니아가 항의했다"(Ananias protested. MSG)라고 표현합니다. 그의 항의는 정당했습니다. 아나니아는 사울이 어떤 사람인지 잘 알고 있었습니다. 그가 예루살렘교회의 성도들에게 얼마나 많은 해악을 끼쳤는지도 알고 있었고, 대제사장이 발부한 체포 영장을 가지고 다메섹에 왔다는 것도 알고 있었습니다. 그런 사람에게 어떻게 그냥 함부로 접근할 수 있겠습니까?

아나니아가 도무지 이해할 수 없었던 것은 그런 사람을 하나님께서 사용하시겠다는 말씀입니다. 여기에서 직설적으로 표현하지는 않지만, 그는 우회적으로 주님의 보내심을 거절하고 있었던 것입니다. 그렇습니다. '여호와

이레 하나님'에 대한 확신이 없으면 그 누구도 하나님의 말씀에 순종하지 못하게 됩니다. 하나님의 말씀보다 세상 사람들의 말을 더욱 신뢰하게 됩니다. 특별히 어떤 사람에 대해서 평가할 때, 하나님의 시선에서 보지 않고 다른 사람들의 시선에 편승하여 쉽게 판단하고 결론을 내리곤 합니다.

그런데 정말 중요한 것은 세상 사람들의 평가가 아닙니다. 하나님께서 그를 통하여 어떤 일을 이루실지가 더 중요합니다. 나를 구원하신 하나님께서 또한 그를 구원하시기 위한 계획을 세우고 계시고, 그것을 이루기 위해서 나를 사용하시겠다고 하신다면, 즉시 순종하여 따라야 합니다. 왜냐하면 하나님께서 나를 구원하시기 위하여 이미 누군가를 사용하셨기 때문입니다. 다시 말해서 그 사람이 하나님의 말씀에 순종했기 때문에 내가 구원받은 것입니다. 우리는 그렇게 누군가에게 복음의 통로가 되기 위하여 하나님의 부르심을 받은 사람들입니다. 그것이 이 세상을 구원하시는 하나님의 방법이라는 걸 안다면 우리는 하나님의 말씀에 순종할 수밖에 없는 것입니다.

아무튼 하나님 앞에 굴복하는 것은 그리스도인을 박해하던 사울에게만 어려운 일이 아니었습니다. 그리스도의 제자였고 기도의 종이었던 아나니아에게도 역시 어려운 일이었습니다. 그것은 우리에게도 역시 마찬가지입니다. 이제 막 신앙생활을 시작한 사람이든지 아니면 오랫동안 해온 사람이든지, 평신도든지 아니면 목회자이든지, 누구나 하나님의 뜻 앞에 온전히 굴복하기란 쉽지 않습니다. 그러나 자신의 선입관을 내려놓고, 자기의 계획을 내려놓고, 자기의 경험이나 감정을 내려놓고 하나님의 뜻에 온전히 순종하는 그런 사람들을 통해서 하나님은 이 세상을 구원해 나가십니다. 문제는 우리의 생각이나 의지로 하나님께 굴복할 수 없다는 사실입니다. 성령의 다스림이 우리에게 절대적으로 필요한 이유입니다.

이방인의 사도

아나니아의 항의에 대해서 주님은 "네 말이 옳다"라고 하거나 "얼마든지 그렇게 생각할 수도 있겠다"라고 하지 않으십니다. 무조건 "가라!"고 명령하십니다.

메시지성경은 "이유를 묻지 말고 가거라!"(Don't argue. Go!)라고 풀이합니다. 하나님은 인간의 생각을 조금도 존중하지 않는 막무가내 독재자이신가요? 물론 아닙니다. 그러나 하나님의 뜻에 대해서 이러쿵저러쿵 논쟁하려고 덤벼드는 것은 주님을 따르는 그리스도인으로서 올바른 믿음의 자세가 아닙니다.

하나님께 굴복하지 않으면 계속해서 하나님과 논쟁(argue)하게 된다는 사실을 기억해 두십시오. 그런데 말이 좋아 '논쟁'이지, 사실은 '말싸움'입니다. 하나님을 믿는다고 하면서 실제로는 사사건건 하나님과 말싸움하는 사람이 참 많습니다. 그러나 일단 하나님께 굴복하고 나면 싸울 일이 없습니다. 주님이 "가라" 하시면 그냥 가는 것이지, 거기에 가타부타 다른 말을 붙이지 않습니다. 믿음은 결국 순종입니다. 어떤 이유로든 하나님의 말씀에 불순종한다면 그것이 바로 불신앙입니다. 아나니아는 결국 순종했습니다. 무엇 때문에 순종하게 되었을까요? 사울에 대한 주님의 말씀 때문입니다.

첫 번째로 주님은 사울을 가리켜서 "이 사람은 내가 택한 나의 그릇이

다"(This man is my chosen instrument. NIV)라고 말씀하십니다. 무엇을 위한 '도구'입니까? '주님의 이름을 이방인들과 임금들과 이스라엘 자손에게 전하기 위한'(to proclaim my name to the Gentiles and their kings and to the people of Israel, NIV) 도구입니다. 여기에서 순서를 눈여겨보십시오. 이방인들(the Gentiles)이 제일 먼저입니다. 그다음이 이방인들의 왕들(their kings)입니다. 그리고 제일 마지막이 '이스라엘 자손'(the people of Israel)입니다.

하나님의 뜻은 분명합니다. 우선 이방인들에게 복음이 전해져야 합니다. 그것이 승천하시기 직전에 제자들에게 남기신 '증인 명령'의 내용입니다. 예루살렘과 온 유대와 사마리아를 거쳐서 땅끝까지 증인 되라는 말씀 말입니다(행 1:8). 그럴 때 결과적으로 이스라엘 자손도 구원받게 될 것입니다. 그러나 당시에 아무도 이방인에게 복음을 전할 생각을 하지 못하고 있었습니다. 그런데 여기에서 주님은 분명히 말씀하십니다. 사울을 이방인 선교를 위한 도구로 사용하시겠다고 말입니다.

'나의 그릇'을 메시지성경은 '나의 개인적인 대리인'(my personal representative)이라고 풀이합니다. 주님을 대신하여 파송된 대사와 같이 사울을 사용하시겠다는 말씀입니다. 이 말씀을 통해서 아나니아는 주님의 선택이 즉흥적인 것이 아니라는 사실을 깨닫게 되었습니다. 오래전부터 신중하게 계획된 하나님의 섭리 속에서 이루어지는 일이라는 사실을 알게 되면서, 아나니아는 자기 생각이나 판단을 더는 주장할 수 없게 되었던 것입니다.

아나니아가 주님께 굴복하게 된 또 다른 말씀은 '사울이 받을 고난'에 대한 언급이었습니다. 예수님을 전하기 위하여 그가 당할 혹독한 고난이 있다는 것을 주님은 말씀하셨습니다. 그렇습니다. 주님의 증인이 되는 일은 영광의 길이 아닙니다. 십자가의 길이요 고난의 길입니다. 그렇다면 사울이 예수님을 믿게 되었다고 해서 아나니아가 손해 볼 일이 하나도 없지 않겠습니까?

오늘날 교회마다 먼저 믿었다고 하는 사람들이 텃세를 부리는 모습을 종종 목격합니다. 그 이유가 무엇일까요? 나중 된 자가 자기보다 앞서는 꼴을 보고 싶지 않기 때문입니다. 자신의 기득권을 내려놓기 싫은 까닭입니다. 그러나 주님을 따르는 길이 십자가의 길이라면 이야기가 달라집니다. 영광의 길이 아니라 혹독한 고난을 받아야 하는 길이라면, 그것을 자청하여 나서는 사람들에게 텃세를 부릴 이유가 없습니다. 오히려 따뜻한 동지 의식과 전우애를 느껴야 마땅한 일이지요.

사울의 회복

아무튼 아나니아는 두말하지 않고 주님의 말씀을 따릅니다. 그렇게 아나니아도 주님께 굴복한 것입니다.

17아나니아가 떠나 그 집에 들어가서 그에게 안수하여 이르되 형제 사울아 주 곧 네가 오는 길에서 나타나셨던 예수께서 나를 보내어 너로 다시 보게 하시고 성령으로 충만하게 하신다 하니 18즉시 사울의 눈에서 비늘 같은 것이 벗어져 다시 보게 된지라 일어나 세례를 받고 19음식을 먹으매 강건하여지니라…(행 9:17-19a).

아나니아는 사울을 찾아가서 그에게 안수하며 주님께서 자신을 보내셨음을 밝힙니다. 이미 살펴본 것처럼 사울은 환상 중에 아나니아라는 사람이 와서 안수하여 자신의 눈을 뜨게 할 것을 알고 있었습니다. 만일 아무런 예고 없이 이런 일들이 벌어졌다면, 사울은 그것을 선뜻 받아들이려고 하지 않았을 것입니다. 그러나 말씀하시고 이루시는 주님의 능력을 직접 체험하면서, 그는 두말하지 않고 주님 앞에 굴복했던 것입니다.

아나니아의 말이 떨어지기가 무섭게 사울의 눈에서 '비늘 같은 것'(something like scales)이 벗어지고 시력을 회복하게 되었습니다. 그리고 세례를 받고 음식을 먹기 시작하여 건강을 되찾았습니다. 여기에서 사울의 눈에서 벗겨진 것은 '비늘 같은 것'이지 진짜 '비늘'이 아닙니다. 이 비늘은 과거에 육신의 눈을 뜨기는 했지만, 사실은 볼 것을 보지 못하는 영적인 시각장애인이었음을 상징합니다. 그의 눈을 덮고 있던 '비늘 같은 것'이 벗겨짐으로써 비로소 새로운 세상을 볼 수 있게 되었던 것입니다.

'비늘 같은 것'이 벗겨지자마자 사울은 곧 일어나 '세례'를 받습니다. 이 장면이 무척 흥미롭습니다. 본래 세례가 이전의 삶은 죽어버리고 새로운 삶으로 태어나는 것을 의미하기 때문입니다. 하나님께 굴복하여 거듭나게 되면, 세상을 보는 관점이 달라지고, 삶의 목적이 달라집니다. 사람을 대하는 태도가 달라지고, 좋아하는 일이나 관심이 달라집니다. 그런데 예수 믿는다고 하면서 옛날의 삶과 달라지는 모습이 하나도 없다면, 그것은 아직도 비늘이 벗겨지지 않았다는 뜻입니다.

우리는 하나님께 온전히 굴복했습니까? 하나님의 뜻에 순종하기로 했습니까? 아니면 여전히 하나님과 싸우는 중입니까? 아니면 하나님의 뜻을 받아들이지 않으려고 요리조리 도망 다니고 있습니까? 그렇다면 이 시간 우리의 눈에 세상의 비늘 같은 것이 아직도 남아 있는 것은 아닌지 점검해 보아야 합니다. 그리고 그것이 완전히 벗겨져서 마땅히 보아야 할 것을 보면서 살아가도록 성령의 도우심을 간구해야 하겠습니다.

묵상 질문: 나는 하나님께 굴복했는가, 아니면 여전히 하나님과 싸우고 있는가?

오늘의 기도: 하나님 아버지, 우리의 눈에 아직도 세상의 비늘이 남아 있다면, 이 시간 그것을 벗겨 주옵소서. 바울처럼 주님의 음성 앞에 온전히 굴

복하게 하시고, 새로운 시선으로 세상을 바라보며 주님의 뜻을 따르게 하
옵소서. 그렇게 우리에게 주어진 남은 시간 동안 하나님 나라의 증인으로
살아가게 하옵소서. 예수님의 이름으로 기도합니다. 아멘.

사울의 행적

읽을 말씀: 사도행전 9:19b-31

새길 말씀: 26사울이 예루살렘에 가서 제자들을 사귀고자 하나 다 두려워하여 그가 제자 됨을 믿지 아니하니 27바나바가 데리고 사도들에게 가서 그가 길에서 어떻게 주를 보았는지와 주께서 그에게 말씀하신 일과 다메섹에서 그가 어떻게 예수의 이름으로 담대히 말하였는지를 전하니라(행 9:26-27).

하나님께서 사울의 인생을 바꾸어놓은 데 걸린 시간은 겨우 사흘이었습니다. 사람들은 "공든 탑이 무너지랴?"라고 말하지만, 사람이 쌓은 것은 무엇이든 또한 얼마든지 무너집니다. 하나님과 상관없이 이룬 성공을 자랑하지 말아야 할 이유가 바로 여기에 있습니다. 그동안 사울이 자신을 위하여 쌓아온 공든 탑은 무너졌지만, 그것은 역설적으로 그에게 큰 복이 되었습니다. 이제부터 하나님 나라의 증인으로 쓰임 받게 되었기 때문입니다.

사울의 변신

사울이 '박해자'에서 '전도자'로 변신하는 데 그리 많은 시간이 필요하지 않았습니다.

사울이 예수님을 믿게 되었다는 소식은 다메섹에 있던 그리스도인들에게 즉시 알려졌습니다. 본문은 "사울이 그 제자들과 함께 며칠 있었다"라고 합니다. 메시지성경은 "사울은 다마스쿠스에 있는 형제들과 며칠을 보내며 친해졌다"라고 풀이합니다. 그들은 본래 사울이 체포하려고 했던 사람들입니다. 그런데 그들과 오히려 친하게 되었습니다. 박해하려고 왔던 사람들을 오히려 사랑하게 된 것입니다. 누구 때문입니까? 바로 예수님 때문입니다.

그런데 사울은 믿음의 형제들과 교제하는 데 그리 많은 시간을 사용하지는 않았습니다. 그는 즉시로 각 회당에서 예수가 하나님의 아들이심을 전파했던 것입니다. 다메섹에는 디아스포라 유대인들이 많이 살았기에 유대인 회당도 여럿 있었습니다. 그 회당들을 모두 찾아다니면서 예수 그리스도의 복음을 전했던 것입니다. 이에 대한 메시지성경의 풀이가 재미있습니다.

예수님을 믿게 된 사람이 가장 먼저 해야 할 일이 무엇일까요? 그것은

'예수가 하나님의 아들이심을 전하는 것'입니다. 사울은 '한시도 허비하지 않고' 곧바로 이 일을 시작합니다. 복음을 전하는 일에는 자격증이 필요 없습니다. 구원받은 확신과 간증이 있으면 얼마든지 할 수 있습니다. 예루살렘에서 스데반이 그랬던 것처럼, 사울은 다메섹의 회당들을 찾아다니면서 복음을 전했습니다. 유대인들은 이와 같은 사울의 갑작스러운 변신에 당황하지 않을 수 없었습니다.

듣는 사람이 다 놀라 말하되 이 사람이 예루살렘에서 이 이름을 부르는 사람을 멸하려던 자가 아니냐 여기 온 것도 그들을 결박하여 대제사장들에게 끌어가고자 함이 아니냐 하더라(행 9:21).

사울이 각 회당에 나타나서 예수님의 이름을 선포하자, "듣는 사람이 다 놀랐다"라고 합니다. 메시지성경은 "사람들은 예기치 못한 그의 말에 놀라서, 그를 믿어야 할지 분간이 서지 않았다"(They were caught off guard by this and, not at all sure they could trust him. MSG)라고 번역합니다. 마치 권투 선수가 가드를 내린 채 무차별 공격을 받듯이, 그들은 사울이 선포하는 예수님의 이름으로 인해 큰 충격을 받게 되었던 것입니다.

사실 그들은 사울의 입에서 그런 말을 듣게 될 것이라고는 꿈에도 생각하지 못했습니다. 그도 그럴 것이 사울은 이미 예루살렘에서 그리스도인을 체포하여 박해하는 일에 혁혁한 공을 세운 사람이었습니다. 여기 다메섹에 온 것도 같은 이유 때문입니다. 살기등등하여 다메섹에 온 사울이 하루아침에 그리스도인으로 바뀌어 예수의 이름을 높이게 될 것을 예상한 사람은 아무도 없었습니다. 사울은 사람들의 반응과 상관없이 더욱 담대하게 복음을 증언했습니다.

사울은 힘을 더 얻어 예수를 그리스도라 증언하여 다메섹에 사는 유대인들을 당혹하게 하니라(행 9:22).

이 부분을 메시지성경으로 읽으면 "그러나 그들의 의심에도 불구하고 사울은 한순간도 주춤하지 않았다. 오히려 그는 더욱 힘을 얻어, 반대 세력을 정면 돌파해 갔다"라고 풀이합니다. '한순간도 주춤하지 않을 정도'로 사울은 예수 그리스도에 대한 확고한 믿음을 가지고 있었던 것입니다. 이와 같은 사울의 변신은 다메섹에 살고 있던 디아스포라 유대인들을 어리둥절하게 만들기에 충분했습니다.

따지고 보면 사울은 이제 겨우 사흘 된 그리스도인이었습니다. "네가 알면 얼마나 안다고 그래?"라는 핀잔을 들을 만합니다. 게다가 조금 전까지만 해도 그리스도인을 적극적으로 박해하던 장본인이었습니다. 그 증언의 진정성과 신빙성을 의심할 만한 치명적인 결격사유를 가진 사람입니다. 그러나 사울은 더욱 힘을 얻어서 예수님이 그리스도라는 사실을 증명했습니다. 그만큼 그에게는 흔들리지 않는 확실한 체험이 있었던 것입니다.

'체험 있는 신앙'의 중요성은 아무리 강조해도 절대로 지나치지 않습니다. 물론 반드시 어떤 신비한 영적인 현상을 체험해야 하는 것은 아닙니다. 단지 하나님의 은혜를 확신할 수 있는 어떤 계기가 있었거나 기도의 응답을 받은 체험이 있었다면, 얼마든지 그것을 통해서 예수 그리스도의 복음을 담대하게 증언할 수 있습니다. 그러나 그런 체험이 전혀 없는 사람은 예수가 하나님의 아들이심을 담대하게 증언할 수 없습니다.

아라비아 행적

사울이 체험한 일련의 사건들을 고려하면 복음을 전하는 그의 열정을 얼마든지 이해할 수 있습니다. 그렇지만 스데반이 예루살렘에서 그랬던 것처럼, 이번에는 사울이 다메섹에서 많은 유대인을 적으로 만들어 버리고 말았습니다.

'여러 날'이 지났을 때, 유대인들은 사울을 배신자로 판단하고 제거하려고 음모를 꾸몄습니다. 그러나 여기에서 '여러 날'은 그냥 '며칠'(many days) 정도가 아니라 '몇 년'(many years)을 의미합니다. 메시지성경은 이 부분을 '긴 시간이 흐른 후에'(After this had gone on quite a long time, MSG)라고 번역합니다. 사울이 다메섹의 회당을 찾아다니면서 복음을 전한 지 제법 오랜 시간이 흘렀다는 이야기입니다.

그것을 어떻게 알 수 있을까요? 사울 암살 음모를 알고 나서 그를 피신시킨 사람들이 '그의 제자들'(his disciples)이라고 하는 대목입니다. 이제 겨우 며칠이 지났다면, 어떻게 사울을 따르는 제자들이 생길 수 있었겠습니까? 따라서 22절과 23절 사이에 꽤 오랜 공백이 있었다고 보아야 합니다. 그 기간에 사울은 어디에서 무얼 하며 지냈을까요? 갈라디아서에 그 답이 나옵니다.

[17]또 나보다 먼저 사도 된 자들을 만나려고 예루살렘으로 가지 아나하고 아라비아로 갔다가 다시 다메섹으로 돌아갔노라 [18]그 후 삼 년 만에 내가 게바를 방문하려고 예루살렘에 올라가서 그와 함께 십오 일을 머무는 동안(갈 1:17-18).

사울은 이때 곧장 예루살렘으로 가지 않고 아라비아로 갔다가 다시 다메섹으로 돌아갔다고 합니다. '아라비아'는 다메섹의 동남쪽에 있는 사막 또는 광야를 가리킵니다. 사울은 왜 이때 아라비아 광야로 내려가야 했을까요? 바로 초창기 다메섹 선교의 실패 때문이었습니다. 그가 예수님을 영접한 감격과 열정으로 담대히 복음을 증언하기는 했지만, 그것을 받아주는 사람이 아무도 없었던 것입니다.

다메섹에 있는 그리스도인의 공동체는 사울을 새로운 동지로 받아들이는 일에 주저했습니다. 게다가 사울의 갑작스러운 배신에 분노한 유대교의 옛 동료들은 그가 예루살렘에서 스데반이나 헬라파 유대인 출신 그리스도인에게 행했던 것과 똑같은 난폭한 수법으로 그를 대했습니다. 당시 유대인들이 그리스도인을 다룰 때 가장 흔하게 사용한 방법은 죽지 않을 만큼 매를 때리는 것이었습니다. 사울은 고린도교회에 보낸 편지에서 복음을 전하다가 받은 여러 가지 어려움에 대해서 자세히 밝힙니다.

[24]유대인들에게 사십에서 하나 감한 매를 다섯 번 맞았으며 [25]세 번 태장으로 맞고 한 번 돌로 맞고…(고후 11:24-25).

'사십에 하나 감한 매'는 율법의 규정에 따라서 죽기 직전까지 때리는 태형(笞刑)을 말합니다(신 25:1-3). 주로 가죽 채찍을 사용하는데, 사울은 그것을 다섯 번이나 맞았다고 합니다. '태장'(笞杖)은 막대기(rod)로 때리는 로마의 형벌입니다. 사울은 그것을 세 번이나 맞았다고 하는데, 실제로 빌립보에서 로마 군인들에게 태장을 맞았습니다(행 16:23). 그리고 한 번 돌로 맞았다고 하는데, 사울은 첫 번째 선교여행을 하던 중에 루스드라에서 돌에 맞아 거의 죽을 뻔했습니다(행 14:19).

그런데 유대인에게 다섯 번이나 태형을 맞은 이야기는 성경 그 어디에도 나오지 않습니다. 따라서 이 부분에 대해서는 우리의 상상력을 동원해서 살펴보아야 하는데, 여러 가지 상황으로 미루어보아 사울이 다메섹에 있을 때가 가장 가능성이 높습니다. 스데반이 전에 출석하던 '자유민의 회당'에 가서 전도하다가 돌에 맞아 죽게 된 것을 생각해 보면, 사울이 스데반과 똑같은 일을 하다가 이곳 다메섹에서 과거의 동료 유대인들에 의해서 처음으로 '사십에 하나 감한 매'를 맞았다고 생각하는 것은 결코 무리한 억측이 아닐 것입니다.

아무튼 이때 사울은 구사일생으로 목숨을 건지고 나서 곧바로 아라비아 광야로 내려갔을 것으로 보입니다. 마치 모세가 이집트에서 실패를 경험하고 미디안 광야로 내려갔듯이, 사울 또한 아라비아 광야로 내려가서 묵상과 기도의 훈련을 받으며 지냈던 것이지요. 사도 바울이 갈라디아서에서 언급한 '3년'은 대부분 아라비아 광야에서 보낸 시간을 의미한다고 봅니다. 그러다가 다시 다메섹으로 돌아왔던 것입니다.

3년 전과 비교해서 사울은 더욱 사명에 투철해졌고 또한 하나님의 지혜로 더욱 단단히 무장되었을 것입니다. 그렇게 다메섹에서 지내는 동안 자연스럽게 사울을 따르는 제자들도 생겨난 것입니다. 그러자 이번에는 태형 정도가 아니라 아예 그를 암살하려고 하는 음모가 유대인들 사이에 진행되었고, 그것을 알게 된 제자들의 도움으로 광주리를 타고 가까스로 다메섹에서 탈출하게 되었던 것이지요.

예루살렘 행적

사울은 그 길로 곧장 예루살렘을 향해 올라갔습니다.

²⁶사울이 예루살렘에 가서 제자들을 사귀고자 하나 다 두려워하여 그가 제자됨을 믿지 아니하니 ²⁷바나바가 데리고 사도들에게 가서 그가 길에서 어떻게 주를 보았는지와 주께서 그에게 말씀하신 일과 다메섹에서 그가 어떻게 예수의 이름으로 담대히 말하였는지를 전하니라(행 9:26-27).

사울이 예루살렘에 간 이유를 누가는 '제자들을 사귀고자 함'이라고 기록합니다. 이 부분을 NIV성경은 '제자들 무리에 끼려고 했다'(he tried to join the disciples)라고 표현합니다. 그러나 제자들은 그를 두려워했습니다. 사울이 독실한 그리스도인으로 바뀌었다는 사실을 믿는 사람은 아무도 없었습니다. 사울이 예수님을 영접한 지 어느덧 3년이라는 시간이 흘렀지만, 그는 여전히 예루살렘교회의 기피 대상 1호였던 것입니다.

이때 사울과 제자들 사이에 다리를 놓아준 한 사람이 등장합니다. 바로 '바나바'였습니다. 그런데 바나바가 어떻게 사울을 알았고 또한 그의 진심을 믿게 되었을까 궁금해집니다. 개인적인 무슨 인연이 있었기에 바나바는 사울 편에 서서 마치 그의 대변인이 된 것처럼 발 벗고 나서서 그를 다른 사도들에게 열심히 소개하게 되었을까요?

아마도 디아스포라 유대인이라는 공통점이 그들 사이에 대화를 가능하게 했을 것으로 추측할 수 있습니다. 사울은 길리기아 다소(Tarsus) 출신이고, 바나바는 지중해 가운데에 있는 구브로(Cyprus)섬 출신입니다. 그들은 모두 고향을 떠나서 예루살렘에 와서 지냈습니다. 물론 바나바가 먼저 예수님을 믿고 그리스도인이 되었지만, 그들에게는 헬라파 유대인이라는 공통점이 있었습니다. 그것이 속 깊은 대화를 가능하게 하지 않았을까 싶습니다.

일단 대화를 시작하면 서로의 진심을 파악할 기회도 생기는 법입니다. 바나바는 사울과 대화하는 가운데 그가 어떻게 예수님을 만나게 되었는지, 간증을 직접 듣게 되었을 것입니다. 그리고 사울의 등에 남겨진 태장의 흔적을 확인하면서 그의 말이 진심이라는 확신을 갖게 되었던 것입니다. 사울은 자신의 등에 남아 있는 상처 자국을 가리켜서 '예수의 흔적'(갈 6:17)이라고 표현합니다. 그 흔적은 결코 인위적으로 연출할 수 없는 것입니다.

아무튼 바나바는 사울의 변화를 진심으로 받아들였고, 사울 편에 서기로 했습니다. 그래서 그가 다메섹 도상에서 어떻게 예수님을 만나게 되었는지 또한 예수님이 그에게 어떤 말씀을 하셨는지, 다메섹에서 그가 어떻게 목숨을 걸고 예수의 이름을 담대히 전했는지, 그로 인해서 어떤 어려움을 겪었는지 사도들에게 자세하게 말해주었습니다. 그와 같은 바나바의 헌신적인 노력으로 드디어 사울은 예루살렘교회의 제자들과 교제를 나눌 수 있게 되었습니다.

> ²⁸사울이 제자들과 함께 있어 예루살렘에 출입하며 ²⁹또 주 예수의 이름으로 담대히 말하고 헬라파 유대인들과 함께 말하며 변론하니 그 사람들이 죽이려고 힘쓰거늘 ³⁰형제들이 알고 가이사랴로 데리고 내려가서 다소로 보내니라(행 9:28-30).

메시지성경은 "그 후로 사울은 그들 가운데 하나로 받아들여져, 아무 의혹도 사지 않고 예루살렘에 드나들었다"라고 풀이합니다. 그러나 사울에 대한 의구심이 완전히 해소된 것은 아니었습니다. 갈라디아서에 보면 바나바의 도움으로 예루살렘교회에 소개되기는 했지만, 사울이 거기에서 지내던 15일 동안 만난 사람은 '게바', 즉 '베드로'와 '주의 형제 야고보'가 전부였습니다(갈 1:18-20). 나머지 다른 사도들은 아예 만나보지도 못했습니다.

그 이유가 무엇이었을까요? 그것은 과거 '박해자'의 전력 때문이 아니라 좌충우돌하면서 계속해서 문제를 만들어 내는 '전도자'의 설익은 행동 때문이었습니다. 다메섹에서도 그러더니, 예루살렘에서도 복음 전파에 대한 지나친 열정을 주체하지 못해서 '헬라파 유대인들과의 변론'과 충돌을 만들어 내었던 것입니다.

스데반의 순교 이야기를 통해서 살펴봤지만 '논쟁', 즉 '말싸움'을 통해서 영혼을 얻을 수는 없습니다. 오히려 불필요한 적을 만들어 낼 뿐입니다. 사울이 예루살렘에서 한 일이 바로 그것이었습니다. 헬라파 유대인들과 변론하면서 많은 적을 만들었고, 지난번 스데반을 제거할 때와 똑같은 음모가 진행되는 것을 알고서 예루살렘교회의 형제들이 사울을 그의 고향 다소로 내려가게 했던 것입니다.

> 그리하여 온 유대와 갈릴리와 사마리아 교회가 평안하여 든든히 서가고 주를 경외함과 성령의 위로로 진행하여 수가 더 많아지니라(행 9:31).

사울의 예루살렘 방문 후에 박해가 수그러들었고, 교회는 한동안 평안하게 지내며 성장하였습니다. 그러나 이번에는 '예루살렘' 교회가 아니라 '온 유대'와 '갈릴리'와 '사마리아'의 교회들이 그렇게 되었다고 합니다. 다시 말해서 스데반의 순교를 통해서 시작된 박해가 교회의 위축이나 쇠퇴로 이어지지 않고, 오히려 사방으로 흩어진 그리스도인들로 말미암아 곳곳에 교회가 세워지고 부흥하는 놀라운 결과로 나타난 것이지요.

여기에서 우리는 교회에 대한 박해가 오히려 교회의 확장과 부흥을 만들어 낸 역설을 확인하게 됩니다. 바로 이것이 사람의 부족함과 실수를 축복의 통로로 사용하시는 하나님의 은혜입니다. 복음 전파에 대한 스데반과 사울의 열정을 충분히 이해할 수 있지만, 그것은 하나님 나라의 복음을 전하는 일에 있어서 그리 효과적인 방법은 아니었습니다. 그러나 거기에 하나님의 은혜가 더해짐으로써 사람의 부족함과 실수는 감추어지고 오히려 교회가 부흥하는 역사가 드러나게 된 것입니다.

오늘 말씀을 통해서 '땅끝 선교'는 성령의 권능으로 이루어지는 것이지, 인간의 완벽함이나 헌신을 통해서 이루어지는 것이 아니라는 사실을 새삼 깨닫게 됩니다. 따라서 우리가 어떻게든 주님께 쓰임 받는 사람이 된다는 것이 중요합니다. 부족하지만 우리의 삶을 내어드리고 우리의 시간과 물질을 드려서, 하나님의 인도하심에 따라서 순종해 나가는 것이 중요합니다. 그러다 보면 비록 우리의 실수와 잘못이 있을지라도, 그것을 모두 덮어버리고도 남는 하나님의 은혜로 말미암아 말씀이 더욱더 풍성해지고 날마다 구원받는 사람들이 더해지는 부흥의 역사가 나타나게 되는 것입니다.

묵상 질문: 나는 지금까지 몇 사람에게 복음을 전해보았는가?

오늘의 기도: 하나님 아버지, 우리의 부족함과 실수마저도 은혜로 덮어주시는 주님을 신뢰합니다. 필요하다면 '박해자'를 '전도자'로 바꾸어 사용하시는 하나님, 우리의 인생도 그렇게 주님의 손길로 빚으셔서 복음을 전하는 통로로 마음껏 사용하옵소서. 하나님 나라의 증인으로 쓰임 받을 수 있도록 우리의 삶을 온전히 주님께 드리게 하옵소서. 예수님의 이름으로 기도합니다. 아멘.

베드로의 치유 사역

읽을 말씀: 사도행전 9:32-42

새길 말씀: 베드로가 사람을 다 내보내고 무릎을 꿇고 기도하고 돌이켜 시체를 향하여

이르되 다비다야 일어나라 하니 그가 눈을 떠 베드로를 보고 일어나 앉는지라

(행 9:40).

지난 시간에 우리는 사울이 '박해자'에서 '전도자'로 변신하기는 했지만, 그 어디에서도 환영받지 못하고 결국 고향 다소로 내려가게 되었다는 이야기를 살펴보았습니다. 그러고 나서 누가는 그동안 잠시 침묵하고 있던 베드로 이야기로 다시 돌아갑니다. 지난번에 누가가 베드로에 대해서 마지막으로 언급했던 부분을 다시 읽어보겠습니다.

두 사도가 주의 말씀을 증언하여 말한 후 예루살렘으로 돌아갈새 사마리아인의 여러 마을에서 복음을 전하니라(행 8:25).

빌립이 사마리아에서 펼친 선교의 결과를 확인하기 위해서 베드로와

요한이 직접 사마리아로 내려갔었지요. 가서 보니까 사마리아 사람들이 세례를 받기는 했지만 아직은 성령을 받지 못한 것을 알게 됩니다. 그래서 그들에게 안수했더니 그제야 성령을 받게 되었지요. 그 후에 베드로와 요한은 예루살렘으로 곧바로 돌아가지 않고 사마리아인의 여러 마을에서 복음을 전했다는 이야기입니다. 베드로와 요한이 예루살렘과 유다의 경계를 넘어서 사마리아를 품게 된 이유를 설명해 주는 본문이었습니다.

베드로의 룻다 선교

그러고 나서 오늘 본문으로 넘어오면 베드로가 룻다를 방문하는 이야기가 이어집니다.

그때에 베드로가 사방으로 두루 다니다가 룻다에 사는 성도들에게도 내려갔더니(행 9:32).

어떤 사람은 이 본문이 본래 사도행전 12장의 '야고보의 순교와 베드로의 투옥 이야기'(행 12:1-19) 뒤에 와야 한다고 주장합니다. 왜냐하면 베드로가 투옥되었다가 기적적으로 풀려난 이후 더 이상 예루살렘에 머물 수 없었기 때문입니다. 따라서 그런 상황이 "사방으로 두루 다니게 되었다"라고 하는 말에 더 잘 어울린다는 것이지요.

그러나 그것은 지나치게 자의적인 해석입니다. 베드로가 룻다와 욥바를 거쳐서 가이사랴로 내려가는 이야기는 오히려 지난 시간에 묵상한 31절 말씀에 이어진다고 보는 것이 훨씬 더 합리적입니다.

그리하여 온 유대와 갈릴리와 사마리아 교회가 평안하여 든든히 서 가고 주를 경외함과 성령의 위로로 진행하여 수가 더 많아지니라(행 9:31).

스데반 집사의 순교로 시작된 유대교의 박해가 도리어 사방으로 흩어진 그리스도인들에 의해서 곳곳에 교회가 세워진 결과를 가져왔다는 말씀이었습니다. 그런 후에 베드로가 '사방으로' 다니게 된 것이지요. 그것은 베드로가 어떤 분명한 목적을 가지고 의도적으로 계획한 일정이었습니다. 다시 말해서 '온 유대와 갈릴리와 사마리아' 지역에 세워진 교회를 직접 순회하면서 방문하는 사역을 진행했던 것입니다.

그러니까 예루살렘교회에 할 일이 없어서 간 것이 아닙니다. 또는 예루살렘에 계속 있다가는 체포될 것이 뻔하기에 이리저리 도망 다닌 것도 아닙니다. '룻다'(Lydda)에 내려간 것은 그곳에 사는 '성도들'(saints)을 방문하기 위해서였습니다. 그래서 이 부분을 메시지성경은 "베드로가 모든 교회를 방문하는 사명으로 길을 떠났다"(Peter went off on a mission to visit all the churches. MSG)라고 풀이합니다.

룻다는 예루살렘에서 서쪽으로 직선거리에 있는 지중해 해안의 '욥바'(Joppa)라는 항구 도시로 가기 위해서 지나야 하는 작은 마을입니다. 그곳에도 흩어진 그리스도인들이 세운 교회가 있었던 것입니다. 베드로는 마치 빌립이 선교했던 사마리아에 내려가서 그들의 부족한 부분을 채웠듯이, 다른 지역에 새롭게 세워진 교회의 형편을 돌보기 위해서 찾아다니던 상황이었습니다.

애니아의 치유

그곳에서 베드로는 '애니아'(Aeneas)라 하는 중풍 병자를 만나게 됩니다.

33거기서 애니아라 하는 사람을 만나매 그는 중풍병으로 침상 위에 누운 지 여덟 해라 34베드로가 이르되 애니아야 예수 그리스도께서 너를 낫게 하시니 일어나 네 자리를 정돈하라 한 대 곧 일어나니(행 9:33-34).

'중풍 병'이 아주 고약한 이유는 마비증세로 말미암아 자기 몸을 스스로 가눌 수 없게 된다는 것입니다. 그래서 증세가 심하면 반드시 누군가의 도움을 받아야만 생활할 수 있습니다. 시간이 지나면 호전된다는 확실한 보장이 있다면 그래도 참을 만합니다. 그러나 점점 더 악화하지만 않아도 다행으로 생각해야 하는 고질병입니다. 룻다에 살던 애니아라 하는 사람도 침상에 누워서 지낸 지 8년이 되었다고 합니다. 당사자도 그렇지만, 가족들의 불편함은 말로 다할 수 없었을 것입니다. 그런데 베드로가 말씀 한마디로 그를 고치는 놀라운 이적을 행했던 것입니다.

애니아가 그리스도인이었는지는 알 수 없습니다. 그러나 베드로는 그에게 예수 그리스도의 이름을 분명히 전했습니다. "예수 그리스도께서 너를 낫게 하시니 일어나 네 자리를 정돈하라!"(Jesus Christ heals you. Get up and roll up your mat. NIV) 지금까지 베드로는 이와 같은 놀라운 이적을 여러 번 행했지만, '예수 그리스도'의 이름을 빠뜨린 적이 단 한 번도 없었습니다. 다시 말해서 병을 고치는 것은 오로지 예수님이 주시는 능력이라는 사실을 분명히 했던 것입니다.

그렇습니다. 병의 치유는 하나님께서 하시는 일입니다. 의사가 살을 찢고

암 덩어리를 제거하는 수술을 할 수는 있습니다. 그러나 치유와 회복은 언제나 하나님 몫입니다. 살과 살이 서로 붙어서 아무는 것은 하나님께서 만들어 놓으신 섭리 속에서 일어나는 일입니다. 의학은 단지 하나님의 섭리를 활용할 뿐입니다. 자연적이든 초자연적이든, 모든 치유는 하나님께서 행하시는 역사라는 사실을 우리는 기억해야 합니다.

아무튼 "예수 그리스도께서 너를 낫게 하신다"는 베드로의 말을 듣자마자 애니아는 벌떡 일어났습니다. 마치 베데스다 연못에서 38년 된 병자에게 예수님이 "일어나 네 자리를 들고 걸어가라" 하시니 "곧 나아서 자리를 들고 걸어갔다"(요 5:8)라고 한 것처럼, 애니아도 즉시 일어나게 되었던 것입니다. 이것은 사람의 상식으로는 도무지 설명할 수 없는 하나님의 치유 사건입니다. 그 사건이 어떤 결과를 가져왔을까요?

룻다와 사론에 사는 사람들이 다 그를 보고 주께로 돌아오니라(행 9:35).

여기에서 '사론'(Sharon)은 룻다의 북쪽으로 지중해 연안을 따라서 남북으로 넓게 펼쳐진 평원(plain)의 이름입니다. 그 지역에 피는 아름다운 백합화(Lily)를 가리켜서 '샤론의 수선화'라고 표현하지요(아 2:1). 그 넓은 지역에 살던 사람들이 애니아가 치유되는 일을 보고 모두 "주께로 돌아왔다"고 합니다. 사마리아에서와 마찬가지로 베드로의 사역은 그들의 부족한 부분을 채우고 더욱 풍성하게 하는 결과를 가져왔던 것입니다.

"주께로 돌아왔다"(They turned to the Lord. NIV)라는 것은 "주님을 따르는 자가 되었다"(They became followers of the Lord. CEV)라는 뜻입니다. 메시지 성경은 "하나님께서 자기들 가운데 살아 역사하신다는 사실에 눈을 뜨게 되었다"(They woke up to the fact that God was alive and active among them.

MSG)라는 설명을 붙입니다. 초자연적인 치유 사건은 사람들에게 하나님만이 살아계신 유일한 진짜 하나님이라는 사실에 '눈을 뜨게' 합니다. 그런 의미어서 영적으로 눈이 멀어있는 사람을 치유하기 위해서 때로는 초자연적인 하나님의 능력이 나타날 필요가 있습니다.

다비다의 죽음

사람들은 감기를 고치는 것보다 중풍 병을 고치는 것을 더욱 힘들고 대단한 일로 생각합니다. 그러나 하나님께는 감기를 고치는 것이든, 중풍 병을 고치는 것이든, 아니면 말기 암을 고치는 것이든 하나도 다르지 않습니다. 자연적이든 초자연적이든, 모든 치유는 하나님께서 행하시는 역사입니다. 하나님 편에서 볼 때는 신기하거나 특별한 일이 아닙니다.

하나님은 천지를 창조하신 분입니다. 인간을 설계하고 흙을 빚어서 직접 만드신 창조주이십니다. 마음만 먹는다면 이 세상에 못 고치실 질병이 없습니다. 죽은 사람을 다시 살려내는 것도 마찬가지입니다. 베드로를 통해서 보여주신 치유 이적의 결정판, '다비다 부활 사건'이 계속 이어집니다.

> 36욥바에 다비다라 하는 여제자가 있으니 그 이름을 번역하면 도르가라 선행과 구제하는 일이 심히 많더니 37그 때에 병들어 죽으매 시체를 씻어 다락에 누이니라(행 9:36-37).

베드로가 룻다에 머물러 있는 동안, 거기서 그리 멀지 않은 이웃 동네인 욥바에 살고 있던 한 여제자가 병들어 죽었습니다. 그녀의 이름은 히브리어로 '다비다'(Tabitha)였고, 헬라어로는 '도르가'(Dorcas)였습니다. 본문은 이 사람을 가리켜서 '여제자'라고 번역하고 있습니다. 실제로 헬라어 원문을 읽어 보면 '마데테스'(mathetes)의 여성형 '마데트리아'(mathetria)로 되어 있습니다. 이 단어는 신약성경 전체에서 오직 여기에만 등장합니다. 즉, '다비다'는 '여제자'로 불리는 유일한 인물이었던 것입니다.

그러나 '여제자'는 사실 어폐(語弊)가 있는 말입니다. 주님을 따르는데 왜 성(性)의 구분이 필요하겠습니까? 그래서인지 대부분의 영어 성경은 그냥 단순하게 '한 제자'(a disciple)라고 번역합니다. 다시 말해서 도르가는 예수님을 믿고 따르던 여러 '제자' 중의 하나이지, 굳이 '여제자'로 부를 필요는 없다는 뜻입니다.

이처럼 여성을 강조하는 용어들은 사실상 가부장적인 문화의 산물입니다. 우리가 아무 생각 없이 사용하는 '여목사' 또는 '여장로'도 마찬가지입니다. 물론 아직은 여성 직분자가 그리 많지 않기 때문에 권익 보호의 차원에서 그런 구분이 필요하다고 생각할지는 모릅니다. 그렇지만 그런 용어들은 하루빨리 교회 안에서 사라져야 한다고 봅니다. 여성이기에 특별하게 구분해 야 한다는 사고방식은 사실상 성차별을 인정하는 것이나 다르지 않기 때문입 니다.

아무튼 다비다는 욥바의 그리스도인 공동체에서 아주 유명한 사람이었습 니다. 그녀의 '선행과 구제하는 일'(doing good and helping the poor) 때문이었 습니다. 특히 뒷부분을 계속 읽어보면 다비다는 '과부들'을 돌보는 일에 매우 헌신적이었습니다(39절). 어쩌면 다비다 자신이 과부였는지도 모릅니다. 그와 같은 선행으로 사람들에게 칭찬을 듣던 다비다가 병들어 죽었으니, 많은 사람이 그 죽음을 더욱 안타까워하며 슬퍼하였을 것입니다.

다비다의 부활

그런데 이들은 단지 가만히 앉아서 슬퍼하지만은 않았습니다.

³⁸룻다가 욥바에서 가까운지라 제자들이 베드로가 거기 있음을 듣고 두 사람을 보내어 지체 말고 와 달라고 간청하여 ³⁹베드로가 일어나 그들과 함께 가서 이르매 그들이 데리고 다락방에 올라가니 모든 과부가 베드로 곁에 서서 울며 도르가가 그들과 함께 있을 때에 지은 속옷과 겉옷을 다 내보이거늘(행 9:38-39).

욥바에 있던 그리스도인들은 베드로가 가까운 마을 룻다에 머물고 있다는 사실을 잘 알고 있었습니다. 중풍 병으로 8년 동안 침상에 누워있던 애니아를 고쳐준 소문이 이미 주변에 두루 퍼졌기 때문입니다. 그들은 급하게 룻다로 사람을 보내어 베드로를 모셔 오게 했습니다. 그런데 이 대목을 이해하기가 쉽지 않습니다.

우리가 알고 있는 상식으로 유대인들의 장례 풍습은 당일에 장사를 지내는 것입니다. 도르가는 이미 확실하게 죽었습니다. 그 시신에 염을 하는 작업도 마쳤습니다. 그런데 관습대로라면 그 즉시 장사를 지내야 하는데, 그러지 않고 사람을 보내어 베드로를 급히 오게 했던 것입니다. 왜 그랬을까요? 두 가지의 가능성을 생각해 볼 수 있습니다.

그 하나는 도르가가 갑작스럽게 병이 들었고 또한 갑작스럽게 죽게 되었을 가능성입니다. 도르가가 아직 사경을 헤매는 동안 사람을 보내서 베드로에게 도움을 청했을지도 모릅니다. 그러나 베드로가 도착해서 보니 도르가는 이미 죽었고 그 시신에 염을 하는 작업도 마쳐진 상태였던 것이지요.

다른 하나는 베드로를 통해서 다시 살아나는 부활의 이적이 나타날지도 모른다고 기대했을 가능성입니다. 베드로를 급하게 청한 것은 장례식을 치러달라고 부탁하기 위해서가 아닙니다. 도르가가 죽었지만, 만일 하나님께서 원하시고 또한 역사하신다면 얼마든지 다시 살아날 수 있다는 믿음이 있었기 때문입니다. 그만큼 그들은 도르가의 헌신을 아쉬워했고, 그의 죽음을 안타까워했던 것입니다.

베드로가 현장에 도착해서 시신이 안치된 다락방에 올라갔을 때, 모든 과부가 도르가에게 받은 속옷과 겉옷을 보여주며 울었습니다. 그들이 얼마나 도르가를 사랑했는지 또한 얼마나 존경하고 있었는지를 여실히 보여주는 장면입니다. 베드로를 통해서 도르가가 부활할 수 있기를 간절히 소망하고 있었다고 생각하는 이유입니다.

이 장면을 보면서 우리는 성공한 인생의 기준에 대해서 한번 곱씹어보게 됩니다. 우리의 인생이 성공적이었는지, 아닌지를 과연 무엇으로 측정할 수 있을까요? 만일 우리가 생애를 마쳤을 때 사람들이 우리의 빈자리를 너무나 아쉬워한다면, 바로 그것이 성공한 인생의 증거가 아닐까요? 한 걸음 더 나아가서 사람들이 우리의 부활을 간절히 소망한다면, 그야말로 진짜 성공한 신앙인이라고 말할 수 있을 것입니다.

> 40베드로가 사람을 다 내보내고 무릎을 꿇고 기도하고 돌이켜 시체를 향하여 이르되 다비다야 일어나라 하니 그가 눈을 떠 베드로를 보고 일어나 앉는지라 41베드로가 손을 내밀어 일으키고 성도들과 과부들을 불러 들여 그가 살아난 것을 보이니 42온 욥바 사람이 알고 많은 사람이 주를 믿더라(행 9:40-42).

베드로는 전에 다비다를 만나본 적이 없었습니다. 그러나 다비다가 만들어 준 속옷과 겉옷을 보여주며 슬퍼하는 과부들의 모습을 통해서 다비다가 어떤 사람이었는지 알 수 있었습니다. 그리고 그들의 간절함이 베드로에게 고스란히 전해졌습니다. 그는 사람들을 다 내보내고 하나님께 무릎을 꿇고 기도했습니다. 지금까지 베드로가 치유의 이적을 보일 때와는 사뭇 다른 모습입니다. 그만큼 베드로에게도 간절함이 있었다는 뜻입니다.

그러고 나서 베드로는 시신을 향하여 명령합니다. "다비다야, 일어나라!" 그랬더니 놀라운 일이 벌어졌습니다. 분명히 죽었던 다비다가 눈을 뜨더니 정말로 일어나 앉는 것입니다. 이것은 이적 중의 이적입니다. 상식으로는 도무지 설명할 수 없는 엄청난 사건이 벌어진 것입니다. 그러나 앞에서 언급했듯이 하나님께는 감기를 낮게 하는 것이든, 죽은 사람을 다시 살아나게 하는 것이든 크게 다르지 않습니다. 하나님 안에서는 불가능이 없습니다.

여하튼 다비다의 부활 사건은 주변 사람들에게 큰 충격을 주었습니다. 본문은 '온 욥바 사람들'이 이를 알게 되었고, 주님을 믿게 된 사람들이 '많이' 생겨났다고 합니다. 그런데 여기에서 우리는 욥바의 많은 사람들이 주님을 믿게 되었지만, 그 모든 사람이 주님을 믿게 된 것은 아니라는 사실을 발견합니다. 죽었던 사람이 부활한다고 해도 믿지 않을 사람들은 여전히 믿지 않습니다.

그것은 예수님이 '부자와 거지 나사로의 비유'에서 말씀하신 그대로입니다.

> 30… 아버지 아브라함이여 만일 죽은 자에게서 그들에게 가는 자가 있으면 회개하리이다 31이르되 모세와 선지자들에게 듣지 아니하면 비록 죽은 자 가운데서 살아나는 자가 있을지라도 권함을 받지 아니하리라…(눅 16:30-31).

죽은 사람이 다시 살아나는 이적을 보여준다고 해서 모두 믿게 되는 것은 아닙니다. 오로지 믿을 사람만 믿습니다. 그래서 주님은 "보지 못하고 믿는 자들은 복되도다"(요 20:29)라고 말씀하신 것입니다. 확실한 증거를 보여주지 않아도 하나님을 믿을 수 있는 사람이 정말 복 있는 사람입니다. 우리가 바로 그런 믿음의 사람이 되기를 간절히 소망합니다.

묵상 질문: 나는 죽은 자의 부활을 확실히 믿는가?

오늘의 기도: 하나님 아버지, 베드로처럼 우리도 주님의 이름으로 치유하고 살리는 사역에 쓰임 받게 하옵소서. 다비다처럼 우리도 선행과 섬김으로 주님의 사랑을 드러내는 삶이 되게 하옵소서. 우리의 눈에 확실한 증거를 보여주시지 않아도 언제나 하나님을 신뢰하며 살아가는 믿음의 사람이 되게 하옵소서. 예수님의 이름으로 기도합니다. 아멘.

두 개의 환상 이야기

읽을 말씀: 사도행전 9:43-10:23a

새길 말씀: [17]베드로가 본 바 환상이 무슨 뜻인지 속으로 의아해 하더니 마침 고넬료가
보낸 사람들이 시몬의 집을 찾아 문 밖에 서서 [18]불러 묻되 베드로라 하는
시몬이 여기 유숙하느냐 하거늘(행 10:17-18).

베드로는 지금 예루살렘 이외의 지역에 세워진 교회들을 순회 방문하고 있습니다. 그러던 중에 룻다와 욥바에서 각각 중풍 병자를 고치고 죽은 사람을 살리는 이적을 보임으로써 더욱 많은 사람들이 주님께 돌아오게 되었습니다. 그러나 베드로의 사역은 아직도 유대인이라는 한계를 벗어나지 못하고 있었습니다. 그러다가 사도행전 10장에 들어와서 새로운 전기를 맞이하게 됩니다.

고넬료의 환상

우리는 이방인 선교를 이야기하면 우선 안디옥교회나 바울의 사역을

떠올리지만, 최초의 이방인 선교는 사실 베드로에 의해서 이루어졌습니다. 물론 베드로가 처음부터 의도한 것은 아닙니다. 그 일은 성령의 계획과 섭리 속에서 이루어졌습니다. 그래서 '사도행전'이라고 쓰고 '성령행전'이라고 읽는 것입니다. 베드로가 아직 욥바에 머물고 있었을 때입니다.

'다비다 부활 사건'으로 많은 사람들이 주를 믿게 되자, 베드로는 그들을 양육하기 위하여 욥바에 한동안 머물게 되었습니다. 그가 머물던 곳은 '무두장이 시몬'의 집이었습니다. '무두장이'(皮匠, a tanner)는 짐승의 가죽을 가공하여 가죽 제품으로 만드는 사람입니다. 가죽을 다루는 과정에서 짐승의 피와 시체를 만져야 했기 때문에 유대인은 불결하고 천한 직업으로 여겼습니다.

그런데 베드로가 무두장이 시몬의 집에 머무름으로써 유대교 율법의 정결 규례에서 점차 벗어나고 있다는 것을 보여줍니다. 그렇게 이방 선교의 문이 열릴 준비가 되었던 것입니다. 아마도 무두장이 시몬은 욥바의 그리스도인 공동체에서 중요한 역할을 하고 있었고, 그의 집을 모임 장소로 개방했던 것으로 보입니다. 베드로가 유대인 그리스도인을 돌보는 사역에 집중하고 있을 때, 하나님은 또 다른 계획을 진행하고 계셨습니다.

가이사랴(Caesarea Maritima)는 헤롯 대왕이 로마 황제 아우구스투스를 기념해서 건설한 인공 항구 도시입니다. 이곳은 갈릴리 북쪽의 가이사랴 빌립보(Caesarea Philippi)와는 구별되는 '해안의 가이사랴'입니다. 팔레스타인 지역을 관할하는 로마 총독과 로마군 수비대가 이곳에 상주하고 있었습니다. '이탈리아 부대'(Italian Cohort)는 6천 명으로 구성된 군단(Legion)의 하부 조직입니다. 한 군단은 열 개의 '코호트'(Cohort)라는 조직으로 나누어지고, 한 코호트는 여섯 개의 '백인대'(Century)로 나누어집니다. 그중에서 첫 번째 백부장이 선임자가 되어 그 코호트를 지휘했습니다.

당시 팔레스타인에는 정규 로마 군단이 상시로 주둔하지는 않았습니다. 가장 가까운 군단은 북쪽의 시리아 지역에 있었습니다. 그래서 팔레스타인에서 어떤 군사적인 문제가 발생할 때만 그 군단이 총출동하곤 했습니다. 평상시에는 한 코호트가 팔레스타인 지역의 치안을 책임지고 있었는데, 가이사랴에 주둔하는 이탈리아 부대가 바로 그 코호트였던 것입니다.

'이탈리아'라는 이름으로 보아 이탈리아 본토 출신 로마 시민권자로 구성된 정예 부대일 가능성이 큽니다. 고넬료(Cornelius)는 여섯 명의 백부장 중의 한 사람이었습니다. 그는 점령군 장교로 그곳에 왔지만, 여타 점령군들과 같지 않았습니다. 우선 고넬료의 가족과 친척들이 가이사랴에 살고 있었던 사실(행 10:2, 24)로 미루어, 그가 조만간 은퇴하여 그곳에 계속해서 거주할 계획이 있었던 것으로 보입니다.

또한 그는 "경건하여 온 집안과 더불어 하나님을 경외했다"고 합니다. 여기에서 '하나님을 경외하는 자'(God fearer)라는 말은 할례를 받고 개종하지는 않았지만, 회당 예배에 꾸준히 참석하며 하나님을 섬기는 경건한 이방인을 가리키는 용어입니다. 실제로 그는 백성을 많이 구제하는 사람이었고, 규칙적으로 하나님께 기도하던 사람이었습니다. 그러니까 웬만한 유대인보다 더욱 신실하게 하나님을 섬기는 사람이라고 할 수 있습니다.

하나님은 고넬료를 하나님 나라의 복음을 받아들인, 그래서 성령과 세례를 받는 최초의 이방인으로 부르려고 계획하셨습니다.

경건한 유대인은 하루에 세 번씩 예루살렘을 향해 기도했습니다. '제9시'(오후 3시)도 그중의 하나였습니다. 고넬료는 기도하는 중에 하나님의 사자가 나타나는 환상을 보게 되었습니다. 천사는 그에게 먼저 "기도와 구제가 하나님 앞에 상달되었다"라고 말합니다. 구약 시대부터 '기도'와 '구제'는 하나님께 드려지는 예배의 중요한 두 요소로 간주해 왔습니다.

십일조 예물은 과부와 고아와 나그네를 위해서 사용되도록 했고(신 26:12 이하), 바울은 빌립보교회를 통하여 받은 물질을 '하나님께서 받으실 만한 향기로운 제물'이라고 표현합니다(빌 4:18). 우리가 예배할 때마다 드리는 예물이 구제를 위해서 사용될 때, 우리의 기도 또한 하나님께서 받으실 만한 제물이 될 수 있는 것입니다. 그런 의미에서 고넬료는 진실한 예배자였습니다.

천사는 베드로가 머무는 집을 가르쳐주면서 그를 청하라고 명령합니다. 그러자 고넬료는 주저하지 않고 즉시 천사의 명령에 순종합니다(행 10:7-8). 그의 부하 중에 역시 '경건한 사람'이 있었습니다. 그를 책임자로 세우고 하인 둘을 붙여서 환상을 자세히 설명한 후에 욥바로 보냈습니다.

베드로의 환상

이번에는 베드로에게 나타나셔서 고넬료를 만날 준비를 시키셨습니다.

이튿날 그들이 길을 가다가 그 성에 가까이 갔을 그 때에 베드로가 기도하려고 지붕에 올라가니 그 시각은 제 육시더라(행 10:9).

고넬료가 보낸 세 사람이 욥바를 향하여 출발했고, 그 성에 가까이 다가왔을 때, 마침 베드로는 기도하는 시간이 되어 지붕에 올라갔습니다. 베드로는 고넬료와 마찬가지로 기도의 사람이었습니다. 기도는 본래 내 소원을 하나님께 일방적으로 아뢰는 통로가 아니라 하나님의 뜻을 묻고 그 뜻에 굴복하는 행위입니다. 비록 베드로가 유대인의 고정 관념을 완전히 벗어나지는 못했지만, 기도의 사람이었기에 하나님의 뜻에 굴복할 기회가 있었습니다.

10그가 시장하여 먹고자 하매 사람들이 준비할 때에 황홀한 중에 11하늘이 열리며 한 그릇이 내려오는 것을 보니 큰 보자기 같고 네 귀를 메어 땅에 드리웠더라 12그 안에는 땅에 있는 각종 네 발 가진 짐승과 기는 것과 공중에 나는 것들이 있더라(행 10:10-12).

마침 점심시간이었기에 시장기를 느끼고 있었는데, 하늘에서 음식물을 담은 그릇이 내려오는 환상을 보게 되었던 것입니다. 문제는 그 내용물입니다. 그 속에는 각종 '네 발 가진 짐승'과 '기는 것'과 '공중에 나는 것들'이 담겨 있었습니다. 메시지성경은 "온갖 잡다한 짐승이며 파충류(reptile)며 새들이 그 안에 있었다"라고 번역합니다.

유대인들은 먹는 것에 대해서 매우 까다로운 기준을 가지고 있습니다. 다른 사람들은 별별 것을 다 먹어도 아무 상관 없지만, 유대인들은 먹을 수 있는 것과 먹을 수 없는 것의 구분이 분명했습니다. 하늘에서 내려온 그릇 속에는 율법이 정해 놓은 기준으로는 먹을 수 없는 부정한 것들이 잔뜩 들어있었습니다.

하늘에서 소리가 들려왔습니다. "베드로야, 일어나 잡아먹어라." 베드로는 단박에 주님의 음성이라는 사실을 알아차렸습니다. 그렇다면 어떻게 해야 합니까? 주님의 말씀이라면 죽는시늉이라도 해야 할 베드로입니다. 그러나 먹는 것에 관해서는 그럴 수가 없었습니다. 베드로는 대답합니다. "주여, 그럴 수 없나이다. 속되고 깨끗하지 아니한 것을 내가 결코 먹지 아니하였나이다."

'속되고 깨끗하지 아니한 것'은 '부정한 짐승'을 의미합니다. 구약의 율법에 따르면 부정한 짐승은 먹을 수 없게 되어 있습니다. 레위기 11장에 그 내용이 자세히 기록되어 있는데, 짐승 중 굽이 갈라져 쪽발이 되고 새김질하는 것은 먹을 수 있지만, 그렇지 않은 것은 부정하기 때문에 식용으로 사용할 수 없습니다. 그러니까 낙타나 토끼, 돼지는 부정한 짐승입니다. 거기에다가 땅에 기어다니는 길짐승, 즉 뱀이나 도마뱀과 같은 파충류도 부정한 짐승입니다. 베드로는 율법에 근거하여 주님의 명령을 거절하고 있는 것입니다.

메시지성경은 "저는 코셔(kosher)가 아닌 음식은 먹어본 적이 없습니다”(I've never so much as tasted food that wasn't kosher. MSG)라고 표현합니다. '코셔'는 율법의 규정에 따라 유대인이 먹을 수 있는 정결한 음식 규칙을 말합니다. 예를 들어서 짐승을 잡을 때도 유대식 도축법인 '쉐히타'(Shechita)에 따라 고통 없이 즉사시키는 방식으로 잡아야 하고, 고기의 피는 완전히 제거해야 합니다. 지금도 경건한 유대인들은 코셔 인증마크(OU)가 찍히지 않은 음식은 아예 사서 먹지 않습니다.

율법을 따르는 유대인의 열정은 정말 대단합니다. 문제는 율법이 하나님보다 앞서있다는 사실입니다. 그게 바로 율법주의의 함정입니다. 그들이 율법을 중요하게 여기는 이유는 하나님이 주신 것이기 때문입니다. 그런데 율법을 지키기 위해서 새로운 하나님의 명령을 거부하고 있는 것입니다. 법이란 언제나 상황적입니다. 그 법이 꼭 필요했던 상황이 있었습니다. 그러나 상황이 달라진다면 법의 적용도 달라질 수밖에 없는 일입니다.

부정한 짐승에 대한 율법 규정은 '광야'라는 생존의 환경과 '우상숭배'라는 제의적 상황 속에서 주어진 것입니다. 환경과 상황이 달라지면, 그에 따라서 적용도 역시 달라져야 합니다. 그러나 율법주의라는 형식에 매여 있는 유대인에게는 불가능한 이야기입니다. 아무리 하나님이라도 그들의 옹고집을 바꿀 수가 없습니다. 베드로에게도 바로 그런 옹고집이 있었던 것입니다.

> 15또 두 번째 소리가 있으되 하나님께서 깨끗하게 하신 것을 네가 속되다 하지 말라 하더라 16이런 일이 세 번 있은 후 그 그릇이 곧 하늘로 올려져 가니라(행 10:15-16).

두 번째 음성은 베드로의 옹고집에 직격탄을 날렸습니다. "하나님께서 깨끗하게 하신 것을 네가 속되다 하지 말라." 그동안 아무리 부정한 짐승으로 생각해 왔다고 하더라도 하나님은 얼마든지 그것을 정결하게 바꾸실 수 있습니다. 그래서 하나님이십니다. 그런데 거기에 대해서 "절대로 안 된다"라고 하면, 그것이야말로 율법에 대한 열정을 앞세워 하나님을 부정하는 이율배반입니다.

이 부분을 메시지성경은 "하나님이 괜찮다고 하시면 괜찮은 것이다"(If God says it's okay, it's okay. MSG)라고 표현합니다. 그렇습니다. 하나님이 괜찮다고 하는데, 굳이 그렇지 않다고 고집한다면 어떻게 되겠습니까? 이런 환상을 베드로에게 세 번씩이나 보여주셨다고 합니다. 그것은 베드로가 끝까지 자신의 고집을 꺾으려고 하지 않았다는 뜻입니다. 실제로 고넬료가 보낸 사람들을 만나기 전까지 베드로는 환상의 의미를 깨닫지 못했습니다.

베드로의 굴복

베드로와 고넬료의 만남이 성사될 수 있었던 가장 중요한 요인은 그들이 모두 '기도의 사람'이었다는 사실입니다. 기도하는 중에 그들은 하나님께서 보여주시는 환상을 보게 되었습니다. 인간적인 부족함과 한계가 있다고 하더라도 하나님은 기도하는 사람을 사용하셔서 당신의 계획을 이루어 가십니다.

> [17]베드로가 본 바 환상이 무슨 뜻인지 속으로 의아해하더니 마침 고넬료가 보낸 사람들이 시몬의 집을 찾아 문밖에 서서 [18]불러 물되 베드로라 하는 시몬이 여기 유숙하느냐 하거늘(행 10:17-18).

베드로는 세 번씩이나 같은 환상을 보면서 "하나님께서 깨끗하게 하신 것을 네가 속되다 하지 말라"는 주님의 음성을 들었지만, 그것이 무슨 뜻인지 확실하게 깨닫지 못하고 있었습니다. 본문은 "속으로 의아해했다"라고 표현합니다. 이 부분을 메시지성경은 "어리둥절하여 그 모든 것이 무슨 뜻인지 생각하며 앉아 있었다"(As Peter, puzzled, sat there trying to figure out what it all meant, MSG)라고 풀이합니다.

바로 그때 고넬료가 보낸 사람이 나타난 것입니다. 그러지 않았다면 베드로는 자신이 본 환상을 끝까지 받아들이지 않았을 것입니다.

> 19베드로가 그 환상에 대하여 생각할 때에 성령께서 그에게 말씀하시되 두 사람이 너를 찾으니 20일어나 내려가 의심하지 말고 함께 가라 내가 그들을 보내었느니라 하시니(행 10:19-20).

베드로는 환상에 대하여 생각하느라 자기를 찾는 말을 듣지 못했습니다. 그때 성령께서 베드로에게 말씀하셨습니다. "두 사람이 너를 찾으니 일어나 내려가 의심하지 말고 함께 가라." 그러면서 성령 자신이 직접 보낸 사람이니 의심하지 말고 가라고 하십니다. 이제 환상의 의미가 분명하게 드러났습니다. 그들은 모두 이방인들이었습니다. 그들과 함께 이방인 고넬료의 집에 가서 복음을 전해야 합니다. 그렇게 하도록 보자기에 싸인 그릇 환상을 보여주신 것입니다.

> 21베드로가 내려가 그 사람들을 보고 이르되 내가 곧 너희가 찾는 사람인데 너희가 무슨 일로 왔느냐 22그들이 대답하되 백부장 고넬료는 의인이요 하나님을 경외하는 사람이라 유대 온 족속이 칭찬하더니 그가 거룩한 천사의 지시를 받아 당신을 그 집으로 청하여 말을 들으려 하느니라 한대 23베드로가 불러들여 유숙하게 하니라…

(행 10:21-23a).

　고넬료가 보낸 사람들은 베드로를 만나자마자 자신들이 그를 찾아온 용무를 서둘러서 말합니다. 두 가지 내용입니다. 고넬료가 어떤 사람인지에 대한 것과 고넬료가 본 환상에 따라 베드로를 초청한다는 것입니다.

　고넬료를 소개하는 내용은 그에 대한 칭찬 일색입니다. 고넬료는 '의인'이요 '하나님을 경외하는 사람'이요 또한 유대 온 족속에게 '칭찬받는 사람'이라는 겁니다. 모두 과장이 아닌 사실입니다. 그들은 있는 그대로 표현하고 있습니다. 아랫사람에게 이와 같은 존경과 신뢰를 받는 고넬료는 참으로 행복한 사람입니다. 뿌린 대로 거두고 있는 것입니다.

　그들은 고넬료가 보았던 환상을 이야기하면서 베드로를 고넬료의 집으로 초청하고 있습니다. 그러나 유대인이 이방인과 교제하는 것은 율법에 어긋나는 일이었습니다(28절). 그것은 베드로도 알고 있었고, 베드로를 초청하는 사람들도 알고 있었습니다. 그럼에도 그들은 간절히 초청합니다. 그들은 베드로가 그들의 초청을 거절할 것이라는 생각을 조금도 하지 않습니다. 그들은 고넬료만큼이나 고넬료가 본 환상을 확신하고 있었던 것입니다.

　이때 베드로는 가타부타 대답하지 않습니다. 그러나 그의 행동이 더 많은 말을 하고 있습니다. "베드로가 불러들여 유숙하게 하니라." 베드로는 이방인들을 집안으로 불러들여 편히 쉬게 했던 것입니다. 아마도 이미 날이 저물었기 때문이었던 것으로 보입니다. 베드로의 행동은 그들의 초청을 받아들여 그다음 날 함께 출발하겠다는 뜻이었습니다. 그리고 실제로 그렇게 했습니다.

　그러나 말 없는 행동은 여전히 그 일을 쉽게 받아들이지 못하는 베드로의 마음을 또한 반영하고 있습니다. 아직은 주저하고 있지만, 그는 결국 하나님의 뜻을 받아들이기로 합니다. 앞에서 사울만큼이나 아나니아도 하나님의 뜻에 굴복하는 일이 쉽지 않았다는 것을 살펴보았습니다. 지금 베드로도 마찬가지입니다. 완전히 이해한 것은 아니지만, 결국 그는 하나님의 뜻에 굴복합니다.

우리도 마찬가지입니다. 하나님의 뜻을 이해할 수 없을 때가 있습니다. 도무지 받아들일 수 없는 일들도 있습니다. 그러나 하나님의 생각은 언제나 우리보다 앞서가신다는 사실을 인정해야 합니다. 우리가 이해해야만 굴복할 수 있는 것은 아닙니다. 오히려 굴복할 때 온전히 이해하게 됩니다. 그것이 바로 믿음의 신비입니다. 베드로는 하나님의 뜻에 굴복했고, 그렇게 이방인을 향한 구원의 문이 활짝 열리게 되었습니다.

묵상 질문: 나는 이해해야 믿는 사람인가?

오늘의 기도: 하나님 아버지, 우리의 고정 관념과 편견을 내려놓고 주님의 뜻 앞에 겸손히 굴복하게 하옵소서. 우리가 이해할 수 없는 것일지라도 하나님의 이끄심에 순종하여 따르게 하옵소서. 그리하여 이 세상을 구원하는 하나님의 일하심에 쓰임 받는 복된 인생이 되게 하옵소서. 예수님의 이름으로 기도합니다. 아멘.

베드로의 증언 (1)

읽을 말씀: 사도행전 10:23b-35

새길 말씀: 34베드로가 입을 열어 말하되 내가 참으로 하나님은 사람의 외모를 보지 아니하시고 35각 나라 중 하나님을 경외하며 의를 행하는 사람은 다 받으시는 줄 깨달았도다(행 10:34-35).

베드로는 자기의 신념과 다른 하나님의 뜻 앞에 결국 굴복했습니다. 미리 준비되지 않은 상태에서 갑작스러운 이방인 불청객들의 방문을 받게 되었다면, 베드로는 아마 그들의 말을 들어보지 않고 그냥 돌려보냈을지도 모릅니다. 그러나 환상을 통해서 예고된 일이었기에, 비록 선뜻 동의하지는 못했을지라도 적어도 자기 생각을 고집하지는 않았던 것입니다.

고넬료와의 만남

아무튼 베드로는 이방인 방문객들을 집안으로 불러들여 쉬게 했고, 그 이튿날 그들과 함께 가이사랴로 출발했습니다.

23... 이튿날 일어나 그들과 함께 갈새 욥바에서 온 어떤 형제들도 함께 가니라 24이튿날 가이사랴에 들어가니 고넬료가 그의 친척과 가까운 친구들을 모아 기다리더니(행 10:23b-24).

이때 '욥바에서 온 어떤 형제들'(some of the believers from Joppa)도 함께 갔다고 합니다. 그런데 지금 베드로가 욥바에 머물던 것을 생각하면, '욥바에서 온'보다는 '욥바에 있던'이라고 표현하는 것이 더 자연스럽습니다. 중요한 것은 이때 베드로 혼자서 가이사랴로 가지 않았다는 사실입니다. 욥바의 형제들은 모두 유대인들이었을 것입니다. 이제 그들은 가이사랴에서 벌어질 역사적인 사건의 증인이 될 것입니다.

가이사랴까지의 여행은 꼬박 하루하고 반나절이 걸렸습니다. 그날 아침에 출발했는데 이튿날 오후 3시쯤에 도착했기 때문입니다. 베드로를 만났을 때 고넬료는 자신이 환상을 본 것이 그로부터 '나흘 전' 이맘때였다고 말합니다(30절). 가이사랴에서 욥바까지 오고 가는 시간을 생각해 보면, 고넬료는 환상을 보자마자 지체하지 않고 곧바로 베드로에게 사람을 보냈다는 계산이 나옵니다.

그런 후에 고넬료는 그의 친척(his relatives)과 가까운 친구들을 모아서 베드로를 기다리기 시작했습니다. 베드로가 자신의 초청을 받아서 올 것을 조금도 의심하지 않았다는 뜻입니다. 게다가 베드로와의 만남은 자신에게뿐만 아니라 가까운 가족, 친구들에게도 매우 중요한 사건이 될 것을 기대하고 있었습니다. 그래서 언제 올지도 모르는 베드로를 학수고대하며 기다리고 있었던 것입니다. 고넬료의 믿음이 정말 대단하다는 생각이 듭니다. 베드로를 맞이하는 자리에서 보인 행동을 통해 우리는 이때 고넬료가 어떤 심정이었는지 알 수 있습니다.

²⁵**마침 베드로가 들어올 때에 고넬료가 맞아 발 앞에 엎드리어 절하니** ²⁶**베드로가 일으켜 이르되 일어서라 나도 사람이라 하고**(행 10:25-26).

고넬료는 베드로가 들어오는 것을 보고 "그 발 앞에 엎드리어 절했다"고 합니다. NIV성경은 "경외심으로 그의 발에 엎드렸다"(He fell at his feet in reverence. NIV)라고 번역합니다. 메시지성경은 아예 "얼굴을 땅에 대고 경배했다"(He was down on his face worshiping him! MSG)라고 합니다. 그러니까 고넬료는 베드로를 그냥 '사람'이 아니라 마치 '하나님'을 대신하는 인물처럼 여겼던 것입니다.

고넬료는 로마 제국 점령군의 고위 장교입니다. 그리고 베드로는 일개 식민지 백성입니다. 그런 현실적인 관계를 생각해 볼 때, 고넬료의 행동은 아주 이례적인 것입니다. 베드로 자신도 이런 대접을 받게 될 줄은 상상하지 못했던 것 같습니다. 그래서 그는 당황하여 고넬료를 일으키며 "나도 당신과 다르지 않은 사람입니다"(I'm a man and only a man, no different from you. MSG) 말했던 것입니다.

다른 사람 앞에 엎드려 절한다는 것은 우리 민족에게는 일상적인 자연스러운 인사법이지만, 당시 팔레스타인에서는 신적인 존재 앞에서나 하는 특별한 행동입니다. 그런 인사를 받게 되었으니, 베드로가 당황하는 게 당연합니다. 여기에서 우리는 고넬료가 베드로와의 만남에 특별한 기대를 걸고 있었다는 사실을 알 수 있습니다.

민족주의의 장벽

고넬료는 베드로를 집 안으로 안내하여 들어가서 거기 모여 있던 사람들을 일일이 소개했습니다. 이때 베드로는 내심 놀랐을 것입니다. 거기에는 고넬료의 가족들, 친척들 그리고 가까운 친구들이 모두 모여 있었기 때문입니다. 그렇게 많은 이방인의 환영을 받으리라고는 상상도 하지 못했을 것입니다.

> ²⁷더불어 말하며 들어가 여러 사람이 모인 것을 보고 ²⁸이르되 유대인으로서 이방인과 교제하며 가까이 하는 것이 위법인 줄은 너희도 알거니와 하나님께서 내게 지시하사 아무도 속되다 하거나 깨끗하지 않다 하지 말라 하시기로 ²⁹부름을 사양하지 아니하고 왔노라 묻노니 무슨 일로 나를 불렀느냐(행 10:27-29).

베드로는 이러한 만남이 아주 이례적인 일이라는 것을 말합니다. "유대인으로서 이방인과 교제하며 가까이하는 것이 위법인 줄은 너희도 알거니와…." 유대인이 이방인들과 함께 식사하거나 친교를 나누는 일을 하지 않는다는 것은 이방인들도 잘 알고 있는 유대인의 배타적인 풍습입니다. 그럼에도 이렇게 만나게 된 것은 '법을 어기는' 아주 위험하고 특별한 경우라는 것을 먼저 밝히고 있는 것입니다.

사실 이것이 지금까지 베드로가 가지고 살아오던 고정 관념이었습니다. 한번 생각해 보십시오. 베드로는 주님의 명령에 따라서 땅끝으로 가서 주님의 증인이 되어야 할 사람입니다. 그런데 이방인과 만나서 교제해서는 안 된다고 생각하고 있습니다. 그러면서 어떻게 땅끝까지 가서 복음을 전할 수 있다는 말입니까? 하나님 나라의 증인이 되려면 그 장벽을 넘어서야 합니다. 그래서 성령 하나님께서 베드로와 고넬료의 만남을 주선하셨던 것입니다.

베드로도 스스로 고백합니다. 고넬료의 초청을 받아들여 여기에 온 이유는 하나님께서 지시하셨기 때문이라고 합니다. 그러면서 "아무도 속되다 하거나 깨끗하지 않다 말하지 말라"고 하는 하나님의 말씀을 들었다고 합니다.

그러니까 자신이 가진 고정 관념을 하나님께서 깨주셨기 때문에 이 자리까지 올 수 있었노라 솔직하게 고백하고 있는 것입니다.

이 부분에 대한 메시지성경의 풀이가 우리의 시선을 끕니다. "어느 민족도 다른 민족보다 더 나을 게 없다는 것을 하나님이 보여주셨습니다"(God has just shown me that no race is better than any other. MSG). 베드로는 그가 본 환상의 의미를 정확하게 파악했습니다. 그것은 하나님 앞에 특별한 민족이 없다는 메시지입니다. 그래서 '아무것도 묻지 않고'(no questions asked) 순순히 따라왔다는 것입니다.

"어느 민족도 다른 민족보다 나을 게 없다"라는 명제는 사실상 유대인의 배타적인 선민사상을 포기하는 선언입니다. 유대인은 하나님께서 그들을 장자 민족으로 선택하셨다는 자부심으로 살아왔습니다. 만일 그와 같은 자부심이 없었다면, 거의 2천 년 동안 나라를 잃어버리고 세계 각국에 흩어져 살면서도 그렇게 민족의 정체성을 지키며 생존할 수 없었을 것입니다. 그들이 아직도 예수 그리스도를 메시아로 인정하지 못하는 가장 중요한 이유도 바로 그 때문입니다.

이 대목에서 우리는 민족주의와 기독교 신앙의 관계에 대해서 한번 생각해 보아야 합니다. 자기 민족에 대한 자부심이 필요합니다. 그러나 그 자부심이 배타적인 민족 우월주의로 발전하거나 다른 민족을 무조건 깎아내리는 방식으로 표현된다면, 그것은 아주 잘못된 일입니다. 한 걸음 더 나아가서 우리 그리스도인은 '민족주의'의 가치보다 인류를 구원하시려는 '하나님 나라'의 가치를 더 높이 생각하는 사람입니다.

그런데 나라가 망하면 교회도 문 닫는 줄 아는 분들이 생각보다 많습니다. 그래서 애국심을 기독교 신앙보다 더 앞세웁니다. 조심해야 합니다. 나라는 망해도 기독교 신앙은 망하지 않습니다. 오히려 바른 신앙이 세워져야 비뚤어진 애국심이나 국수주의(國粹主義)의 폐해를 막을 수 있습니다. 나치 정권하의 독일을 보십시오. 그들이 비뚤어진 민족주의를 앞세워 무슨 일을 했습니까? 만일 그때 교회들이 기독교의 정신을 앞세우고 강력하게 저항했다면, 세계대전과 유대인 학살이라는 인류의 비극을 막을 수 있었을 것입니다.

이 세상에 더 나은 민족은 없습니다. 어느 민족도 다른 민족보다 특별히 더 나을 게 없습니다. 하나님께서는 모든 민족, 모든 사람을 구원하고 싶어 하십니다. 그 일을 위해서 이스라엘을 먼저 선택하셨을 뿐입니다. 그 사명을 감당하지는 않으면서 장자의 권리를 주장한다면, 그보다 어리석은 일은 없습니다. '먼저 믿는 자'가 된 것은 특권이 아니라 책임입니다. 우리가 받은 복음을 누군가에게 흘러가도록 해야 할 책임입니다.

고넬료의 기대

예수 그리스도의 복음이 땅끝으로 나아가기 위해서 넘어야 했던 가장 큰 장애가 바로 유대인의 선민사상이었습니다. 베드로는 하나님께서 보여주신 환상을 통해서 어느 민족도 다른 민족보다 나을 것이 없으며, 모든 민족을 구원하시려는 하나님의 뜻을 깨닫게 되었다고 먼저 고넬료에게 고백했습니다. 그리고 자신을 초청한 이유를 묻습니다. 그에 대해서 고넬료는 다음과 같이 대답합니다.

> [30]고넬료가 이르되 내가 나흘 전 이맘때까지 내 집에서 제 구 시 기도를 하는데 갑자기 한 사람이 빛난 옷을 입고 내 앞에 서서 [31]말하되 고넬료야 하나님이 네 기도를 들으시고 네 구제를 기억하셨으니 [32]사람을 욥바에 보내어 베드로라 하는 시몬을 청하라 그가 바닷가 무두장이 시몬의 집에 유숙하느니라 하시기로 [33]내가 곧 당신에게 사람을 보내었는데 오셨으니 잘하였나이다…(행 10:30-33a).

고넬료는 그가 본 환상에 대해서 베드로에게 다시 한번 자세하게 설명합니다. 여기에서 천사가 고넬료에게 말한 "하나님이 네 기도를 들으시고 네 구제를 기억하셨다"라는 부분을 메시지성경은 "하나님께서 네가 드리는 매일의 기도와, 이웃을 돌보는 네 행실을 보시고 너를 주목하셨다"(Your daily prayers and neighborly acts have brought you to God's attention. MSG)로 번역합니다.

하나님은 그 많은 이방인 중에 왜 고넬료를 지명하셔서 베드로와 만나게 하셨을까요? 물론 그것은 하나님의 절대주권이지만, 고넬료가 '하나님의 주목'을 끌게 된 이유가 있었습니다. 그것은 '매일의 기도'와 '이웃을 돌보는 행실'입니다. 즉, '신앙'과 '생활'의 일치입니다. 그것이 하나님의 시선을 고넬료에게 집중하게 한 이유였던 것입니다. 오늘날에도 하나님은 믿는 대로 살아가는 사람, 신앙과 생활의 일치를 보이는 사람에게 주목하십니다. 그런 사람들을 통해서 하나님은 그들이 감히 상상하지 못할 놀라운 일들을 이루십니다.

고넬료에게는 베드로와의 만남은 하나님께서 특별히 허락하신 선물이요 은혜라는 믿음이 있었습니다. 고넬료의 믿음은 이렇게 표현됩니다.

> … 이제 우리는 주께서 당신에게 명하신 모든 것을 듣고자 하여 다 하나님 앞에 있나이다(행 10:33b).

NIV성경은 "지금 우리는 하나님의 임재 앞에 있습니다"(Now we are all here in the presence of God.)라고 번역합니다. 물론 베드로를 하나님으로 여긴다는 뜻은 아닙니다. 그러나 지금부터 그들이 베드로에게서 듣게 될 말씀은 모두 하나님께서 주시는 말씀이니, 곧 하나님의 임재 앞에 서 있는 것과 마찬가지라는 뜻입니다.

여기에서 우리는 하나님의 말씀을 사모하는 고넬료의 간절한 마음을 알 수 있습니다. 이것이 바로 진정한 예배자의 마음입니다. 설교는 설교자의 말을 듣는 것이 아니라 하나님의 말씀을 듣는 것입니다. 설교자 앞에 서 있는 것이 아니라 하나님의 임재 앞에 서 있는 것입니다. 이것은 말씀을 전하는 설교자도, 말씀을 듣는 예배자도 모두 절대로 잊어서는 안 될 진리입니다.

편애하지 않는 하나님

고넬료의 기대에 찬 고백에 베드로는 크게 감동하지 않을 수 없었습니다. 고넬료의 집에 모인 사람들의 준비된 마음을 통해 베드로는 자신이 왜 가이사랴의 이방인 집에 초청되어 와야 했는지 그 이유를 분명히 깨닫게 되었습니다.

> ³⁴베드로가 입을 열어 말하되 내가 참으로 하나님은 사람의 외모를 보지 아니하시고 ³⁵각 나라 중 하나님을 경외하며 의를 행하는 사람은 다 받으시는 줄 깨달았도다(행 10:34-35).

메시지성경은 "그분의 복된 소식을 전하는 베드로의 가슴은 터질 듯했다"라고 표현합니다. 고넬료의 사모하는 말과 거기에 모인 사람들의 진지한 표정을 통해서 하나님이 베드로를 그 자리에 보내신 이유를 알게 되었기 때문입니다. 베드로는 가슴이 벅차올라 그들에게 자신이 깨닫게 된 두 가지 사실을 이야기합니다. 하나는 "하나님은 사람의 외모를 보지 않으신다는 것"이고, 다른 하나는 "하나님을 경외하며 의를 행하는 사람이라면 어느 나라 어느 민족 출신이든 모두 받으신다는 것"입니다.

"하나님은 사람의 외모를 보지 않으신다"라는 말씀을 NIV성경은 "하나님은 편애하지 않는다"(God does not show favoritism. NIV)라고 표현합니다. 한쪽을 더 좋아하면 다른 쪽은 소홀해질 수밖에 없습니다. 그것이 바로 차별입니다. 그래서 '편애'(favoritism)를 '차별'이라고도 번역합니다. 베드로는 선언합니다. "하나님께는 편애도, 차별도 없으시다는 것을 이제야 비로소 깨달았다"고 말입니다.

그렇습니다. 하나님은 누구도 차별하지 않으십니다. 이스라엘 백성들을 선택하신 것은 '편애'가 아니라 '사랑'과 '은혜'입니다. 다른 민족에게도 똑같은 사랑과 은혜를 베푸시기 위해서 먼저 선택하신 통로입니다. 구원에 관한 한 그 누구도 하나님의 편애나 차별을 받지 않습니다. 이것은 베드로의 두 번째 깨달음으로 자연스럽게 연결됩니다. "하나님은 그를 경외하며 의를 행하는 사람이라면 누구나 다 받으신다"라는 사실입니다.

이 부분을 메시지성경은 "여러분이 누구이며 어디 출신인지는 하나도 중요하지 않습니다. 여러분이 하나님을 원하고 그분의 말씀대로 행할 각오가 되어 있다면, 문을 열려 있습니다"(It makes no difference who you are or where you're from - if you want God and are ready to do as he says, the door is open. MSG)라고 표현합니다. 무슨 문이 열려 있다는 것입니까? '구원의 문'이 열려 있다는 것입니다. 어느 민족이든지, 어느 지역 출신이든지 상관없이 하나님을 원하고 그 말씀대로 살아갈 각오가 되어 있다면, 그 누구에게나 구원의 문이 활짝 열려 있다는 것입니다.

이것이 바로 예수 그리스도의 복음입니다. 복음 앞에 그 누구도 차별 대우 받지 않습니다. 예수를 그리스도로 영접하고 믿기만 하면, 누구든지 하나님의 사랑을 받는 하나님의 자녀로 회복될 수 있습니다. 민족이나 피부 색깔이나 성(性)이나 출신지나 사회적 신분이나 그 어떤 이유로도 편애를 받거나 차별을 받지 않습니다. 이것이 온 인류를 구원하시는 하나님의 뜻이요, 그렇기에 기쁜 소식인 것입니다.

그러나 문은 열려 있지만, 모든 사람이 그 문을 통해서 구원받는 자리로 들어오지는 않는다는 사실도 알아야 합니다. 처음부터 하나님께서 그들을 차별하셨기 때문이 아니라 그들 스스로 문밖에 있기로 선택했기 때문에 구원받지 못하는 그런 사람들이 참 많다는 것입니다. 구원의 문은 단 하나밖에 없습니다. 오직 예수 그리스도이십니다.

요한복음 14장에서 예수께서 말씀하셨습니다. "나로 말미암지 않고는 아버지께로 올 자가 없느니라"(요 14:6). 또한 요한복음 10장에서도 이렇게 말씀하셨습니다. "내가 문이니 누구든지 나로 말미암아 들어가면 구원을 받고 또는 들어가며 나오며 꼴을 얻으리라"(요 10:9).

구원의 문은 지금도 누구에게나 열려 있습니다. 하나님은 편애하지 않으십니다. 하나님은 구원받을 사람들을 미리 정해 놓고 그들에게만 기회를 주는 그런 분이 아닙니다. 단지 스스로 다른 길을 선택하여 구원의 기회를 놓치는 사람들이 있을 뿐입니다. 먼저 구원받은 사람으로서 우리가 해야 할 일은 누군가에게 하나님 나라의 복음이 흘러갈 수 있도록 통로가 되는 것입니다.

묵상 질문: 나는 하나님의 편애를 기대하지는 않는가?

오늘의 기도: 하나님 아버지, 이 세상의 모든 민족을 구원하고 싶어 하시는 하나님의 마음을 깨닫게 하시니 감사합니다. 우리의 모든 고정 관념과 편견을 내려놓게 하시고, 열린 마음으로 주님의 뜻에 순종하게 하옵소서. 구원의 문이 모든 이에게 열려 있음을 믿게 하시고, 그 기쁜 소식을 땅끝까지 전하게 하옵소서. 예수님의 이름으로 기도합니다. 아멘.

베드로의 증언 (2)

읽을 말씀: 사도행전 10:36-43

새길 말씀: [39]우리는 유대인의 땅과 예루살렘에서 그가 행하신 모든 일에 증인이라 그를 그들이 나무에 달아 죽였으나 [40]하나님이 사흘 만에 다시 살리사 나타내시되 (행 10:39-40).

이방인 고넬료의 집에 초청받아 가기 전까지만 해도 베드로가 깨닫지 못했던 진리가 있었습니다. 하나님은 그 누구도 차별하지 않으신다는 사실 그리고 누구든지 예수 그리스도의 복음을 받아들이기만 하면 구원의 문을 열고 들어갈 수 있다는 사실입니다. 지금까지 베드로는 하나님께서 특별히 유대인들을 선택하셨다고 생각했습니다. 그래서 예수 그리스도의 복음을 유대인들에게만 전했던 것입니다.

그러나 복음 앞에 그 누구도 차별받지 않는다는 진리에 비로소 눈을 뜨고 나서, 베드로는 예수 그리스도의 복음을 고넬료와 그 집에 모인 이방인 청중들에게 담대히 전하기 시작했습니다. 오늘 우리가 묵상할 내용입니다. 이 말씀은 이방인을 위한 복음의 요약 설교라고 할 수 있습니다.

공생애 사역

베드로는 먼저 예수님의 공생애 사역을 풀어서 설명하기 시작합니다.

> [36]만유의 주 되신 예수 그리스도로 말미암아 화평의 복음을 전하사 이스라엘 자손들에게 보내신 말씀 [37]곧 요한이 그 세례를 반포한 후에 갈릴리에서 시작하여 온 유대에 두루 전파된 그것을 너희도 알거니와(행 10:36-37).

우리말로는 잘 드러나지 않지만, 이 문장의 주어와 주동사는 제일 마지막 부분에 나오는 '너희도 알거니와'(You know)입니다. 36절은 "이스라엘 자손들에게 보내신 말씀을 너희가 안다"(You know the message God sent to the people of Israel.... NIV)이고, 37절은 "온 유대에 두루 전파된 그것을 너희가 안다"(You know what has happened throughout the province of Judea.... NIV)입니다. 그러니까 36절은 '복음의 메시지'에 대한 이야기이고, 37절은 '나사렛 예수의 행적'에 대한 이야기입니다.

우리가 예수님의 공생애 사역을 이야기하려면 이 두 가지를 포함해야 합니다. 즉, '예수님이 어떤 메시지를 전파하셨는지'와 '예수님이 어떤 일들을 행하셨는지'를 함께 다루어야 합니다. 예수님은 '말씀'과 '행함'을 통해서 복음을 선포하셨기 때문입니다. 아니, 보다 더 정확하게 표현하면 예수님은 말씀하신 그대로 사셨습니다.

주님은 "인자가 온 것은 섬김을 받으려 함이 아니라 도리어 섬기려 하기 위함이라"(마 20:28) 말씀하시고, 실제로 제자들의 발을 씻으시는 섬김의 본을 보여주셨습니다(요 13:15). 주님은 "사람이 친구를 위하여 자기 목숨을 버리면 이보다 더 큰 사랑이 없나니 너희는 내가 명하는 대로 행하면 곧 나의 친구라"(요 15:14-15) 말씀하시고, 실제로 제자들을 위해서 십자가에서 목숨을 버리셨습니다.

행함이 따르지 않는 복음은 복음이 아닙니다. '화평의 복음'(the good news of peace)은 '화평에 대해서 말하는 복음'이 아니라 '화평을 만드는 복음'입니다. 팔복에서 주님은 '화평을 말하는 자'(one who speaks of peace)가 아니라 '화평을 만드는 자'(peace-maker)가 복이 있다고 말씀하셨습니다(마 5:9). 화평을 말하기는 쉽지만, 실제로 그렇게 만들기는 쉬운 일이 아닙니다. 자기를 희생하고 헌신해야 하기 때문입니다. 예수님은 그러셨습니다. 그래서 복음이 되셨고, 만유의 주(the Lord of all)가 되셨던 것입니다.

예수 그리스도의 복음은 세례 요한에게 세례를 받으신 후에 갈릴리에서부터 시작하여 온 유대에 두루 전파되었습니다. 예수님에 대한 소문은 인근 지역에 사는 이방인들에게도 널리 알려졌기 때문에 아마도 고넬료 일행이 그 소문을 들어봤을 것입니다. 그러나 진짜 이야기는 이제부터입니다. 예수님께 일어난 모든 일을 가장 가까이에서 목격한 사람인 베드로의 증언이기 때문입니다.

> 하나님이 나사렛 예수에게 성령과 능력을 기름 붓듯 하셨으매 그가 두루 다니시며 선한 일을 행하시고 마귀에게 눌린 모든 사람을 고치셨으니 이는 하나님이 함께 하셨음이라(행 10:38).

여기에서 베드로는 예수님의 공생애를 이야기할 때 빼먹으면 안 될 두 가지를 말하고 있습니다. 그 하나는 "하나님이 예수님에게 성령과 능력을 기름 붓듯 하셨다"라는 것입니다. 물론 예수님이 세례 요한에게 세례를 받으실 때 비둘기 모양의 성령이 임했습니다. 그러나 예수님에게 성령이 임하신 것은 성령강림 사건 때에 120명의 제자에게 임한 것과 같은 의미는 아닙니다. 예수님은 성령이 임하실 때 하나님의 음성을 통해서 자신이 하나님의 아들이라는 사실을 확인했습니다.

> 21… 세례를 받으시고 기도하실 때에 하늘이 열리며 22성령이 비둘기 같은 형체로 그의 위에 강림하시더니 하늘로부터 소리가 나기를 너는 내 사랑하는 아들이라 내가 너를 기뻐하노라 하시니라(눅 3:21-22).

예수님이 하나님의 아들로서의 자기 정체성을 확인하는 순간입니다. 이것은 성령의 부으심으로 이루어진 일입니다. 그것이 전부가 아닙니다. 성령의 기름 부으심으로 예수님은 자신에게 주어진 사명을 확인하게 되었습니다.

> 18주의 성령이 내게 임하셨으니 이는 가난한 자에게 복음을 전하게 하시려고 내게 기름을 부으시고 나를 보내사 포로 된 자에게 자유를, 눈 먼 자에게 다시 보게 함을 전파하며 눌린 자를 자유롭게 하고 19주의 은혜의 해를 전파하게 하려 하심이라… (눅 4:18-19).

예수님이 자신의 고향인 나사렛 회당에서 이사야 61장의 말씀을 인용하시면서 설교하신 내용입니다. 이 말씀을 통해서 하나님의 아들로서 자기에게 주어진 사명이 무엇인지 선포하셨습니다. 예수님이 이 사명을 깨닫게 된 것은 바로 성령강림을 체험할 때였습니다. 베드로는 하나님께서 예수님에게 성령을 부으심으로 예수 그리스도의 복음이 시작되었다고 이야기합니다.

또 다른 하나는 '예수님이 행하신 선한 일과 병을 고쳐주신 일'입니다.

메시지성경은 "사람들을 도우시고, 마귀에게 짓눌린 모든 사람을 고쳐주셨다"(helping people and healing everyone who was beaten down by the Devil)라고 표현합니다. '구원'의 다른 말은 '해방'입니다. 악한 세력으로부터 자유를 얻는 것입니다. 예수님이 나사렛 회당에서 인용하신 이사야 61장에 그 구체적인 내용이 나와 있습니다. 예수님은 인간을 모든 묶임에서 해방하기 위한 사명을 받으셨고, 실제로 그렇게 하셨습니다.

베드로는 그 뒤에 아주 중요한 말을 덧붙입니다. "이는 하나님이 함께하셨음이라." 천사 가브리엘을 통해서 요셉에게 수태고지를 하실 때 "그의 이름은 임마누엘이라 하리라"(마 1:23)고 말씀하셨습니다. '임마누엘'은 "하나님이 우리와 함께 계신다"라는 뜻입니다. '예수'라는 이름은 "하나님은 구원자이시다"라는 뜻입니다. 두 이름을 합하면, "하나님이 함께하셔서 구원하신다"는 뜻이 됩니다. 그래서 예수님을 통해서 그렇게 많은 치유와 이적과 구원의 사건이 나타났던 것입니다.

지금도 예수 그리스도를 믿고 따르는 사람들에게는 같은 구원의 역사가 나타납니다. 예수 그리스도의 이름에 능력이 있기 때문입니다. 베드로도 그 이름의 능력으로 앉은뱅이를 일으키고 죽은 사람을 살려냈습니다. 그러나 예수님은 질병의 치유보다 더 근본적이고 중요한 구원의 역사를 이루셨습니다. 바로 죄에서 자유를 얻어 하나님의 자녀로 회복되는 구원입니다. 그 일을 이루기 위해서 모든 사람의 죄를 대신 지시고 십자가에 달려 죽으셔야 했던 것입니다.

십자가 사건

예수님을 믿으려면 그가 공생애 기간에 어떤 사역을 했는지를 알아야 합니다. 지금까지 베드로가 증언해 온 내용입니다. 그러나 그게 전부는 아닙니다. 예수 그리스도 복음의 가장 중요한 내용은 예수님의 죽으심과 부활입니다. 바로 이때 그 모든 일을 직접 목격한 베드로와 같은 증인이 필요합니다.

베드로는 예수님이 십자가에서 죽으신 일과 하나님께서 사흘 만에 다시 살리신 일을 직접 목격하고 체험한 '증인'이라는 사실을 힘주어 말합니다. 예수 그리스도의 복음을 이야기할 때 반드시 언급되어야 할 핵심 중의 핵심 메시지는 바로 십자가 사건입니다. 예수님이 십자가에 달려 죽으셨다는 것과 사흘 만에 부활하셨다는 것을 빼놓고 복음을 이야기할 수는 없습니다. 인간에게 최악인 죽음을 정복하고 이기신 것, 그것이 바로 복음의 핵심입니다.

베드로가 예루살렘의 실로암 못이나 솔로몬 행각에서 유대인들에게 설교할 때는 "너희가 십자가에 못 박은 이 예수를 하나님이 주와 그리스도가 되게 하셨다"(행 2:36; 3:15)라는 식으로 표현함으로써 그들의 회개를 촉구하는 메시지를 선포했습니다. 그러나 고넬료를 비롯한 이방인들에게는 그런 식으로 이야기할 필요가 없습니다. 단순하게 죽음 권세를 이기신 예수 그리스도의 능력을 드러내어 말하면 그것으로 충분합니다.

베드로는 부활하신 예수님이 친히 몸을 나타내신 일들을 증언합니다.

그러나 부활하신 예수님이 모든 백성에게 나타나신 것은 아니라고 말합니다. 오직 '미리 택하신 증인들'(witnesses whom God had already chosen)에게만 나타나셨다는 것입니다. 여기에서 미리 택하신 증인들은 베드로를 비롯한 사도들을 가리키는 말입니다.

그런데 이 말을 오해하지 마십시오. 부활하신 주님을 직접 목격한 일은 아무에게나 주어지는 것이 아니라 '몇몇 특별한 사람에게만 주어지는 배타적인 특권'이라고 주장하는 것처럼 생각하면 안 됩니다. 여기에서 우리가 주목해야 할 단어는 '증인'(witnesses)입니다. 증인은 어떤 사건이나 이야기를 직접 목격하거나 들은 사람을 말합니다.

베드로에게 예수님은 어떤 책에서 읽은 인물이 아닙니다. 또는 다른 사람을 통해서 들은 인물도 아닙니다. 그분은 분명히 죽으셨다가 다시 살아나신 주님이십니다. 베드로는 공생애 기간에 주님과 함께 지냈고, 주님이 죽으시는 모습도 보았고, 부활하신 주님을 직접 만나보았습니다. 그래서 확신 있게 주님의 죽으심과 부활을 증언하는 증인이 되었다는 점을 강조하는 것입니다.

부활하신 주님께서 베드로에게 증언하라고 명령하신 것이 있다고 말합니다.

> 42우리에게 명하사 백성에게 전도하되 하나님이 살아 있는 자와 죽은 자의 재판장으로 정하신 자가 곧 이 사람인 것을 증언하게 하셨고 43그에 대하여 모든 선지자도 증언하되 그를 믿는 사람들이 다 그의 이름을 힘입어 죄 사함을 받는다 하였느니라 (행 10:42-43).

두 가지입니다. 그 하나는 하나님이 살아 있는 자와 죽은 자의 재판장으로 정하신 자가 곧 예수님이라는 사실입니다(42절). 메시지성경은 "하나님께서 산 자와 죽은 자의 심판자로 정하신 이가 바로 예수이심을 엄숙히 선포하는 일을 우리에게 맡기셨다"라고 풀이합니다. '심판자'이든 '재판장'이든, 모두 영어로는 '저지'(Judge)입니다. 예수님이 그리스도요 메시아로서 마지막 때 각 사람의 최종 목적지, 즉 천국행과 지옥행을 판단하고 결정할 저지라는 사실을 증언하라는 명령을 받았다는 것입니다.

다른 하나는 그를 믿는 사람들이 다 그의 이름을 힘입어 죄 사함을 받는다는 사실입니다(43절). 예수 그리스도를 영접하여 믿는 사람은 누구든지 죄에서 용서함을 받고 영생과 구원에 이를 수 있다는 것입니다. 그러니까 예수 그리스도는 심판자(Judge)이시며 동시에 구원자(Savior)라는 사실을 증언하라고 명령받은 것입니다. 예수님은 믿지 않는 자들에게는 심판자로 나타나겠지만, 믿는 자들에게는 구원자로 나타나십니다. 여기에는 민족이나 피부색이나 가진 재산이나 지식의 차이는 작용하지 않습니다. 심판과 구원을 결정하는 기준은 누구에게나 똑같이 적용됩니다.

예수님은 니고데모와의 대화에서 이미 이 복음의 메시지를 말씀하셨습니다. 성경 중의 성경이라고 하는 요한복음 3장 16절 말씀입니다.

하나님이 세상을 이처럼 사랑하사 독생자를 주셨으니 이는 그를 믿는 자마다 멸망하지 않고 영생을 얻게 하려 하심이라(요 3:16).

예수님은 하나님의 독생자이십니다. 그를 믿으면 '누구든지' 영생을 얻습니다. 예수님이 십자가에 죽으신 것은 하나님이 세상을 이처럼 사랑하신다는 사실을 보여주기 위해서였습니다. 그러나 죽음에서 부활하신 것은 예수님을 믿기만 하면 누구든지 멸망하지 않고 영생을 얻는다는 것을 확증하기 위해서였습니다. 이 복음은 세상 모든 사람에게 주어졌습니다. 유대인이든 이방인이든 이 복음을 믿기만 하면, 누구나 구원받은 하나님의 자녀가 될 수 있는 것입니다.

이것이 바로 예수 그리스도 복음의 결론입니다. 하나님의 아들 예수 그리스도를 영접하여 믿고 죄 사함을 받고 영생을 얻으라는 것입니다. 우리를 구원하기 위하여 독생자를 보내주시고 십자가에 아낌없이 내어주신 하나님의 사랑을 믿고 받아들이기만 하면 영원한 생명을 주시려는 것이 바로 하나님의 구원 계획입니다. 당시 유대교의 가르침처럼 착한 일을 많이 하거나 어떤 공적을 쌓음으로써가 아니라 오직 믿음으로써 구원받게 하시려는 것입니다. 그래서 복음입니다. 그러지 않았다면 인간은 지키고 또 지켜도 평생 다 지킬 수 없는 율법의 노예가 되고 말았을 것입니다.

만일 하나님께서 오늘 누군가에게 예수 그리스도의 복음을 전할 기회를 주신다면, 더도 덜도 말고 베드로가 고넬료의 집에서 선포한 바로 이 복음의 내용을 전하기만 하면 됩니다. 그러기 위해서는 우선 이 내용을 충분히 알고 있어야 합니다. 아니, 그저 누군가에게 들은 이야기가 아니라 우리 자신이 체험하여 아는 이야기가 되어야 합니다. 그래야 예수 그리스도의 복음을 전하는 증인이 될 수 있습니다.

묵상 질문: 나는 복음의 핵심적인 내용을 설명할 수 있는가?

오늘의 기도: 하나님 아버지, 아무도 차별하지 않으시고 모든 사람에게 복음을 주신 은혜를 감사드립니다. 그 복음을 믿음으로 우리가 구원받았사오니, 이제부터 우리도 입술과 삶으로 복음을 증언하는 참된 증인이 되게 하옵소서. 때를 얻든지 못 얻든지 복음을 전하는 우리의 나머지 생애가 되게 하옵소서. 예수님의 이름으로 기도합니다. 아멘.

성령세례와 물세례

읽을 말씀: 사도행전 10:44-48

새길 말씀: 이에 베드로가 이르되 이 사람들이 우리와 같이 성령을 받았으니 누가 능히 물로 세례 베풂을 금하리요 하고 명하여 예수 그리스도의 이름으로 세례를 베풀라 하니라…(행 10:47-48a).

베드로가 이방인 고넬료 집에 가게 된 것은 그 자신이 계획한 일이 아니었습니다. 그것은 전적으로 하나님의 예비하심과 인도하심이었습니다. 가서 보니 고넬료를 비롯한 그의 가족들과 친척들 그리고 가까운 친구들이 모두 모여서 베드로를 통해서 듣게 될 하나님의 말씀을 기대하며 기다리고 있었습니다. 베드로는 그들에게 예수 그리스도의 복음을 증언했습니다. 예수님께서 성령의 기름 부음을 통해 공생애를 시작하신 일부터 시작하여 십자가에 못 박혀 죽으심과 부활 그리고 죄 사함과 영생에 이르기까지 중요한 핵심적인 메시지를 전했습니다.

이방인의 성령세례

그러는 동안 놀라운 일이 일어났습니다. 말씀을 듣고 있던 사람들이 모두 성령을 받게 되었던 것입니다.

베드로가 이 말을 할 때에 성령이 말씀 듣는 모든 사람에게 내려오시니(행 10:44).

여기에서 우리의 시선을 끄는 것은 언제 성령이 임하는가 하는 것입니다. 본문은 "베드로가 이 말을 할 때에 성령이 말씀 듣는 모든 사람에게 내려오셨다"라고 기록합니다. 이게 무슨 뜻입니까? 베드로가 예수 그리스도의 복음에 대한 증언을 '마친 후'가 아니라 '아직도 이 말을 할 때'(While Peter was still speaking these words, NIV)입니다. 베드로가 아직 말을 다 끝마치지도 않았는데, 그 메시지를 듣고 있던 모든 사람에게 갑작스럽게 성령이 임하셨던 것입니다.

이것은 오순절 성령강림 사건 당일에 예루살렘에서 베드로가 설교하던 장면과 비교해 보면 아주 대조적입니다. 그때 사람들은 베드로가 전하던 예수 그리스도의 복음을 듣고 마음에 찔림을 받았습니다. 그래서 "형제들아, 우리가 어찌할꼬?" 하고 물었습니다. 그때 베드로가 뭐라고 대답했습니까?

38베드로가 이르되 너희가 회개하여 각각 예수 그리스도의 이름으로 세례를 받고 죄 사함을 받으라 그리하면 성령의 선물을 받으리니 39이 약속은 너희와 너희 자녀와 모든 먼데 사람 곧 주 우리 하나님이 얼마든지 부르시는 자들에게 하신 것이라…(행 2:38-39).

여기에 보면 '회개'가 먼저이고, 그다음이 '세례'를 받는 것이고, 제일 마지막이 '성령'의 선물을 받는 것입니다. 실제로 오순절 성령강림 사건 당일에 3천 명의 유대인이 회개하고 세례를 받아 예루살렘교회의 신도가 되었습니다(행 2:41). 그렇지만 성령의 선물을 받게 된 것은 그로부터 한참 뒤의 일이었습니다(행 4:31). 그러나 고넬료 집에서는 순서가 거꾸로입니다. '성령강림'이 먼저이고(행 10:44) 그 후에 '세례'를 받습니다(행 10:48). 그리고 '회개'에 대한 언급은 한참 뒤에나 등장합니다(행 11:18).

그러니까 가이사랴의 이방인들에게는 예루살렘의 유대인들이 밟은 순서에 따라서 성령이 임한 게 아닌 셈입니다. 그렇습니다. 성령이 임하는 데 정해진 순서가 있는 것은 아닙니다. 예루살렘의 유대인들처럼 '물세례'를 먼저 받든지, 아니면 가이사랴의 이방인들처럼 '성령세례'를 먼저 받든지 아무튼 죄 사함의 은총을 힘입어 모두 구원받는 하나님의 자녀가 될 수 있는 것입니다.

예수님은 니고데모에게 "사람이 물과 성령으로 나지 아니하면 하나님의 나라에 들어갈 수 없다"(요 3:5)라고 말씀하셨습니다. 여기에서 '물'은 물세례를 의미하고, '성령'은 성령세례를 의미합니다. 주님은 '물과 성령으로', 즉 물세례와 성령세례가 모두 필요하다고 말씀하셨습니다. 물세례를 받은 사람은 성령세례를 사모해야 하고, 성령세례를 받은 사람은 반드시 물세례를 통해서 믿음의 공동체인 교회에 들어와서 신앙생활을 해야 하는 것입니다.

이방인의 물세례

고넬료의 집에 모여 있던 이방인들에게 성령이 임하는 것을 직접 목격한 증인들이 있었습니다.

⁴⁵베드로와 함께 온 할례받은 신자들이 이방인들에게도 성령 부어 주심으로 말미암아 놀라니 ⁴⁶이는 방언을 말하며 하나님 높임을 들음이러라(행 10:45-46).

그들은 베드로와 함께 온 '할례받은 신자들'(the circumcised believers)입니다. 베드로가 고넬료의 초청을 받아 욥바를 떠날 때 거기에 있던 몇몇 형제들이 베드로와 동행하는데(행 10:23), 바로 그들을 가리키는 말입니다. 누가는 그들을 그냥 '유대인 형제들'이라고 하지 않고 '할례받은 신자들'이라고 표현합니다. 그렇게 언급하는 이유가 있습니다. 그것은 할례받은 유대인으로서 그들이 가지고 있던 이방인에 대한 선입관을 강조하기 위해서였습니다.

한번 생각해 보십시오. 이방인들에게 성령이 부어지는 것이 무슨 놀랄 일입니까? 그들도 얼마든지 예수 그리스도를 믿고 하나님의 자녀가 될 수 있습니다. 문제는 당시의 유대인들은 그렇게 생각하지 않았다는 사실입니다. 그들은 이방인들이 구원을 받으려면 먼저 할례를 받고 유대인으로 개종해야 한다고 생각했습니다. 그러고 나서 예수님을 믿고 그리스도인이 될 수 있다는 것입니다. 그런데 고넬료의 집에 있던 이방인들이 그런 절차를 밟지 않고도 성령의 선물을 받게 되는 것을 보니, 그만 놀라게 된 것입니다.

이러한 유대인의 선입관이 오늘날의 기독교에도 여전히 존재한다는 사실을 아십니까? 우리 자신도 알지 못하는 사이에 그리스도인으로 인정받기 위한 또한 성령의 선물을 받기 위한 조건들을 자꾸 만들고 있습니다. 그중의 하나가 바로 세례받은 사람들만 성찬에 참여할 수 있게 하는 규정입니다. 성찬은 하나님의 은혜를 경험하는 통로입니다. 그것에 무슨 자격이나 차별 조항을 두는 것이 과연 옳은 일일까요? 하나님은 인간이 정해 놓은 방식이나 절차를 통하지 않고도 얼마든지 일하실 수 있습니다. 혹시라도 우리 자신이 하나님의 은혜를 가로막는 걸림돌이 되고 있지 않은지 늘 조심스럽게 살펴보아야 하는 것입니다.

베드로와 함께 왔던 욥바의 형제들이 놀라기는 했지만, 이방인들에게 성령이 임하셨다는 사실을 부정할 수는 없었습니다. 왜냐하면 그들이 '방언을 말하며 하나님을 높이는 것'을 들었기 때문입니다. 마가의 다락방에 모였던 120명의 제자에게 성령이 임하셨을 때, 그들은 모두 방언으로 말하기 시작했습니다. 그 자리에 베드로도 있었습니다. 그 자신도 방언의 은사를 받았고, 그것으로 담대하게 예수 그리스도의 복음을 전했습니다.

그런데 지금 고넬료의 집에서 똑같은 일이 벌어지고 있는 것입니다. 그러니 지금 그 자리에 성령이 역사하고 계시다는 사실은 부정할 수 없는 일입니다. 방언은 성령의 임재에 동반되는 은사입니다. 물론 지금 우리가 말하는 방언과 이 당시의 방언이 같은 종류는 아닙니다만, 어떤 것이 되었든지 방언은 성령이 임하셨다는 것을 보여주는 가장 좋은 증거입니다. 물론 방언은 '하나님 높임'을 위해서 사용되어야 합니다. 방언은 자신을 드러내어 자랑하는 도구가 아니라 하나님을 높이고 찬양하는 일을 위해서 사용되어야 하는 은사입니다.

그러자 베드로는 망설이지 않고 그들에게 세례를 베풀었습니다.

> [47]이에 베드로가 이르되 이 사람들이 우리와 같이 성령을 받았으니 누가 능히 물로 세례 베풂을 금하리요 하고 [48]명하여 예수 그리스도의 이름으로 세례를 베풀라 하니라 그들이 베드로에게 며칠 더 머물기를 청하니라(행 10:47-48).

본문은 베드로가 독백한 것처럼 번역되어 있지만, 사실은 세례를 베풀기 위한 예식에 따라서 문답하는 말들입니다. 이것을 메시지성경은 다음과 같이 잘 표현하고 있습니다.

47그러자 베드로가 말했다. '이 벗들에게 물로 세례를 주는 데 이의가 있습니까? 이들도 우리와 똑같은 성령을 받았습니다.' 아무런 이의가 없자, 48그는 그들에게 명하여 예수 그리스도의 이름으로 세례를 받게 했다(행 10:47-48a, 메시지).

그러니까 그 자리에 있던 다른 유대인 그리스도인에게 고넬료 집안의 이방인들에게 세례를 주어도 '가'(可)한지 묻고 있는 장면입니다. 세례는 그리스도의 몸인 교회에 입교하는 절차입니다. 그들을 한 형제요 자매로 받아들일 것인지 먼저 믿는 자들에게 반드시 물어보아야 합니다. 그것은 '허락'의 차원이 아니라 '책임'과 '돌봄'의 차원에서 필요한 절차입니다. 그들을 믿음의 형제로 받아들여 양육할 책임을 지겠다고 약속하는 것이지요. 그래서 지금도 우리는 세례를 베풀 때 반드시 공개적으로 행하고 또한 먼저 믿는 성도들의 서약과 환영을 받게 하는 것입니다.

베드로가 각 지역에 세워진 교회를 방문하기 위하여 예루살렘을 떠날 때만 해도 그가 가이사랴의 고넬료 집을 방문하게 될 것이고, 결국 이방인들에게 세례를 베풀게 될 것이라고는 전혀 생각하지 못했습니다. 그러나 하나님은 이미 이와 같은 계획을 세우고 계셨습니다. 주님은 예루살렘과 온 유대와 사마리아와 땅끝까지 이르러 증인이 되라고 명령하시고 그냥 멀리서 구경하면서 지켜보지 않으셨습니다. 실제로 그것이 이루어지도록 때마다 일마다 간섭하시고 일하셨던 것입니다. 그래서 '사도행전'이 아니라 '성령행전'입니다.

우리 교회가 이곳에 세워진 것도 하나님의 섭리와 예비하심으로 이루어진 것임을 믿습니다. 그리고 하나님께서 우리가 상상하지 못하는 구원의 계획을 준비하고 계시고 또한 실제로 그것을 이루실 것을 확신합니다. 때로 하나님은 우리가 생각하는 방식을 훌쩍 뛰어넘어 우리를 깜짝 놀라게 하십니다. 절대로 구원받을 수 없을 것 같은 사람에게도 성령을 부어 주시고 땅끝까지 복음이 전해지는 통로로 사용하십니다. 우리가 바로 그렇게 구원받은 사람들입니다.

공동체적 성령 체험

지금까지 묵상해 온 사도행전 말씀 속에서 성령강림 사건이 몇 번이나 일어났는지 혹시 기억하십니까? 모두 다섯 번입니다. 그중에서 아나니아의 안수를 통해서 사울이 성령을 받게 되는 개인적인 성령 체험 사건(행 9:17-18)을 제외하고, 여러 명이 공동체적으로 함께 성령 체험을 하는 사건은 모두 네 번입니다. 그중의 두 번은 예루살렘에서 일어났고, 나머지 두 번은 사마리아와 가이사랴에서 일어났습니다. 그 사건들을 정리해 보면, 아주 흥미로운 사실을 발견하게 됩니다.

최초의 성령 체험 사건은 오순절에 마가의 다락방에서 일어났습니다.

> [1]오순절 날이 이미 이르매 그들이 다같이 한 곳에 모였더니 [2]홀연히 하늘로부터 급하고 강한 바람 같은 소리가 있어 그들이 앉은 온 집에 가득하며 [3]마치 불의 혀처럼 갈라지는 것들이 그들에게 보여 각 사람 위에 하나씩 임하여 있더니 [4]그들이 다 성령의 충만함을 받고 성령이 말하게 하심을 따라 다른 언어들로 말하기를 시작하니라 (행 2:1-4).

이때 모인 사람들은 모두 120명이었습니다(행 1:15). 물론 그들이 아무것도 하지 않고 가만히 있었는데 성령이 임한 것은 아닙니다. 그들은 "오로지 기도에 힘썼다"(행 1:14)라고 누가는 분명히 기록합니다. 무엇을 위해서 기도했을까요? 주님이 승천하시기 전에 말씀하신 '아버지가 약속하신 것'(행 1:4)을 달라고 기도했습니다. 그러다가 그 자리에 모인 모든 제자가 단체로 성령을 받게 되었던 것입니다.

성령이 임재하는 현상은 급하고 강한 바람 소리가 들리고 불의 혀처럼 갈라지는 모습이 각 사람의 머리에 내려오는 것이었습니다. 그리고 그 결과 그들은 지금까지 한 번도 배워본 적이 없는 외국어를 말하게 되었습니다. 그러자 즉시 밖으로 나가서 성령이 말하게 하심을 따라 각각 다른 언어로 예수 그리스도의 복음을 전하게 되었습니다. 그렇게 '제자 공동체'가 '증인 공동체'로 변화되었던 것입니다.

두 번째 성령 체험 사건은 베드로와 요한이 산헤드린 재판을 받고 풀려난 뒤였습니다.

> 29주여 이제도 그들의 위협함을 굽어 보사옵고 또 종들로 하여금 담대히 하나님의 말씀을 전하게 하여 주시오며 30손을 내밀어 병을 낫게 하사옵고 표적과 기사가 거룩한 종 예수의 이름으로 이루어지게 하옵소서 하더라 31빌기를 다하매 모인 곳이 진동하더니 무리가 다 성령이 충만하여 담대히 하나님의 말씀을 전하니라(행 4:29-31).

이때 제자 공동체의 숫자는 한자리에 모일 수 있는 정도가 아니었습니다. 그래서 가정에서 소그룹 단위로 모여서 베드로가 일러준 기도 제목에 따라서 동시에 한마음으로 기도했습니다. 산헤드린의 위협이 점점 커지고 있는 현실에서 뒤로 물러서지 않고 담대히 하나님의 말씀을 전하게 해달라고 기도했습니다. 그랬더니 그들이 모인 곳에 성령이 임하는데, 이번에는 진동하는 현상이 동시다발적으로 나타났습니다.

그 진동은 단순한 '물리적인 흔들림' 현상이 아니었습니다. 그것은 성도들의 삶을 흔들어 급진적인 변화를 만들어 내는 하나님의 역사였습니다. 물론 그들은 성령 충만함을 받고 역시 담대히 하나님의 말씀을 전하게 되었습니다. 그러나 그보다 더 놀라운 일이 벌어졌습니다. 공동체 안에서 자기의 재물을 조금이라도 자기 소유라고 주장하는 사람이 하나도 없게 된 것입니다(행 4:32). 그렇게 '증인 공동체'가 '생활 공동체'로 변화되었습니다.

세 번째 성령 체험 사건은 베드로와 요한이 사마리아 사람들에게 안수할 때였습니다.

> ¹⁴예루살렘에 있는 사도들이 사마리아도 하나님의 말씀을 받았다 함을 듣고 베드로와 요한을 보내매 ¹⁵그들이 내려가서 그들을 위하여 성령 받기를 기도하니 ¹⁶이는 아직 한 사람에게도 성령 내리신 일이 없고 오직 주 예수의 이름으로 세례만 받을 뿐이니라 ¹⁷이에 두 사도가 그들에게 안수하매 성령을 받는지라(행 8:14-17).

빌립의 선교를 통해서 사마리아 사람들이 뜻밖에도 예수님의 복음을 받아들이고 세례를 받았다는 소식을 듣고서, 베드로와 요한이 직접 현장을 확인하려고 내려왔습니다. 그리고 실제로 사마리아 사람들이 예수님을 믿게 되었다는 사실을 확인한 후에 두 사도는 그들이 성령 받기를 위해서 기도했고, 실제로 모두 성령을 받게 되었습니다. 예루살렘 밖에서 일어난 최초의 성령 체험 사건입니다.

여기에서 특이한 점은 두 사도가 그들에게 '안수'했다는 사실입니다. 예루살렘교회에서는 그냥 열심히 기도하는 중에 성령 체험을 했는데, 왜 사마리아 사람들에게는 안수가 필요했을까요? 안수를 통해서 사도에게 있는 어떤 능력이 나타난 것일까요? 물론 아닙니다. 그것은 예수님을 믿게 된 사마리아 사람들도 예루살렘교회의 성도들과 똑같은 그리스도인이라는 사실을 공적으로 인정하는 상징적인 행동이었습니다. 그렇게 공동체적인 성령 체험을 통해서 사마리아 사람들도 같은 믿음의 공동체 안으로 들어오게 되었던 것입니다.

네 번째 성령 체험 사건은 고넬료 집에 모인 이방인들에게 일어났습니다.

베드로가 이 말을 할 때에 성령이 말씀 듣는 모든 사람에게 내려오시니(행 10:44).

이번에는 그들이 열심히 기도한 것도 아니고, 사도들이 안수한 것도 아니었습니다. 단지 베드로가 예수 그리스도의 복음에 대해서 증언했을 뿐입니다. 그 말씀에 집중하고 있는 도중에, 베드로가 말을 채 끝내기도 전에 메시지를 듣고 있던 모든 사람에게 초자연적인 방법으로 갑작스럽게 성령이 임하더니 그들도 방언을 말하기 시작했던 것입니다.

베드로는 이 모든 성령 체험의 현장에 있었습니다. 이번에도 분명히 성령강림의 역사라는 사실을 그는 부인할 수 없었습니다. 그래서 그들에게 즉시 세례를 베풀었습니다. 그렇게 예루살렘교회의 성도들과 사마리아의 성도들과 함께 고넬료의 집에 모였던 이방인들도 그리스도인으로 인정받게 되었던 것입니다. 물세례가 교회의 공인 절차라면, 성령세례는 하나님께서 공인해 주시는 절차라고 할 수 있습니다.

따라서 우리가 땅끝으로 나아가서 주님의 증인이 되는 과정에서 성령세례는 선택이 아니라 필수입니다. 개인적인 성령 체험도 물론 필요하지만, 그보다는 공동체적인 성령 체험 사건이 더욱 필요합니다. 그래야 공동체의 신앙 체질이 한꺼번에 바뀔 수 있습니다. 오늘 우리에게도 공동체적인 성령 체험 사건이 나타나기를 간절히 소망합니다.

묵상 질문: 나는 성령의 임재를 간구한 적이 있는가?

오늘의 기도: 하나님 아버지, 우리에게 물세례와 성령세례를 통해 하나님의 자녀가 되게 하신 은혜를 진심으로 감사드립니다. 우리 교회 공동체 위에도 성령의 충만함이 임하게 하옵소서. 그리하여 우리 모두 복음의 통로로 쓰임 받는 증인 공동체가 되게 하옵소서. 예수님의 이름으로 기도합니다. 아멘.

이방인 선교의 갈등

읽을 말씀: 사도행전 11:1-18

새길 말씀: [16]내가 주의 말씀에 요한은 물로 세례를 베풀었으나 너희는 성령으로 세례를 받으리라 하신 것이 생각났노라 [17]그런즉 하나님이 우리가 주 예수 그리스도를 믿을 때에 주신 것과 같은 선물을 그들에게도 주셨으니 내가 누구이기에 하나님을 능히 막겠느냐 하더라(행 11:16-17).

베드로가 고넬료의 집에 가서 복음을 전하고, 그 자리에 있던 이방인들에게 세례를 베풀었다는 소식이 곧바로 예루살렘교회에 전해졌습니다. 그리고 그것은 유대인으로만 구성되어 있던 예루살렘교회에 큰 논란을 일으킨 '사건'이 되었습니다. 그들은 베드로가 이방인의 집으로 가서 식사하며 교제를 나누었다는 사실보다 이방인들에게 세례를 베풀었다는 사실에 더욱 예민한 반응을 보였습니다. 왜냐하면 세례는 교회의 정식 구성원으로 받아들이는 절차이기 때문입니다. 그때까지는 이방인을 받아들이는 문제에 대해서 교회가 공식적으로 결정한 일이 없었습니다. 그래서 우선 진상을 파악하기 위해 베드로를 예루살렘으로 소환했습니다.

예루살렘교회로 올라간 베드로는 할례파 유대인들의 집중적인 비난을 받게 되었습니다.

> ¹유대에 있는 사도들과 형제들이 이방인들도 하나님의 말씀을 받았다 함을 들었더니 ²베드로가 예루살렘에 올라갔을 때에 할례자들이 비난하여 ³이르되 네가 무할례자의 집에 들어가 함께 먹었다 하니(행 11:1-3).

베드로가 여러 지역에 세워진 교회를 순회 방문하려는 계획을 세웠을 때, 그것은 사실 베드로 개인의 결정이 아니었습니다. 예루살렘교회의 공식적인 허락이 있었습니다. 따라서 그동안 베드로의 사역은 수시로 예루살렘교회에 보고되었습니다. 그들은 룻다에서 벌어진 '애니아 치유 사건'이나 욥바에서 벌어진 '다비다 부활 사건'을 이미 다 알고 있었습니다. 마찬가지로 베드로가 가이사랴로 올라가서 이방인들과 교제를 나누고 세례를 주었다는 이야기도 유대에 있는 사도들과 형제들에게 곧바로 전달되었습니다.

그들은 "이방인들도 하나님의 말씀을 받았다"(the Gentiles also had received the word of God. NIV)는 소식에 민감한 반응을 보였습니다. 그런데 이 말은 단순히 이방인들이 '복음'을 받아들여 예수님을 믿게 되었다는 의미가 아닙니다. 메시지성경이 그 의미를 아주 정확하게 짚어서 풀어줍니다. "유대인이 아닌 외부인이 이제 안에 들어왔다는 소식을 들었다"(They heard that the non-Jewish outsider were now in). '유대인이 아닌 사람'(non-Jewish)은 이방인을 가리키는 말입니다. 그동안 그들은 '아웃사이더', 즉 교회 밖에 있던 사람이었습니다. 그런데 이제는 그들이 '물세례'를 통해서 정식 구성원이 되어 교회 안으로 들어왔다는 이야기입니다.

얼마 전에 빌립을 통해 사마리아 사람들도 세례를 받았습니다(행 8:12). 그리고 베드로와 요한이 와서 확인하고 안수하여 성령까지 받았습니다(행 8:15). 그렇게 사마리아 형제들도 믿음의 공동체 안으로 들어왔습니다. 그때는 문제를 제기한 사람이 아무도 없었습니다. 그렇다면 이번에 고넬료와 그의 가족들이 세례를 받은 것이 왜 문제가 될까요? 그 이유는 하나입니다. 그들은 할례를 받지 않은 이방인이었기 때문입니다. 사마리아인은 유대인과 앙숙이기는 했지만, 그들 역시 할례를 받았습니다. 그래서 크게 문제 삼지 않았던 것입니다.

그러니까 유대인 형제들이 문제 삼은 것은 베드로가 자신들의 의견을 물어보지도 않고 함부로 할례를 받지 않은 이방인들에게 세례를 주어 교회의 정식 구성원으로 받아들인 결정을 한 것이었습니다. 그들이 바로 '할례파'(the circumcision party)였습니다. 이 할례파는 이방인들에게 예수 그리스도의 복음을 전하기 전에 먼저 할례를 요구해야 한다고 주장하던 바로 그 사람들입니다(골 3:11, 딛 1:10).

사실 얼마 전까지만 해도 베드로 역시 그들의 입장과 크게 다르지 않았습니다. 만일 성령의 인도하심에 따라 베드로가 고넬료를 만나지 않았더라면, 계속해서 그런 생각을 가지고 있었을지도 모릅니다. 그러나 하나님이 베드로의 생각을 바꾸어주셨습니다. 이방인도 얼마든지 성령을 받을 수 있다는 사실을 보여주셨고, 이방인을 구원하고 싶어 하시는 하나님의 마음을 확실하게 깨닫게 해주셨던 것입니다.

할례파는 베드로가 왜 그렇게 할 수밖에 없었는지 이유를 알지 못했습니다. 그래서 베드로를 보자마자 대뜸 목청을 높여서 비난하여 말합니다. "네가 어찌하여 무할례자의 집에 들어가 함께 먹게 되었는가?" 메시지성경은 더욱 실감 나게 표현합니다. "당신이 그 무리와 어깨를 맞대고 금지된 음식을 먹으며 우리 이름에 먹칠을 하다니 도대체 어찌 된 일입니까?"

단순하게 이방인과 밥 한 끼 같이 먹었다고 이렇게 비난하는 것은 아닙니다. 베드로가 이방인들을 믿음의 형제로 받아들였다는 사실을 비난하는 것입니다. 그 행동은 '우리 이름에 먹칠을 하는'(ruining our good name) 수치스러운 일이라는 것입니다. 여기에서 우리 이름은 '그리스도인'이 아닙니다. 하나님의 선민인 '유대인'의 이름입니다. 그러니까 이방인들이 교회 안으로 들어오면 '선민'이라는 이름에 먹칠하게 된다는 논리입니다.

그것은 예수님을 믿지 않는 전통적인 유대인에게는 아주 설득력 있는 주장일지 모르지만, 그리스도인과는 전혀 어울리지 않는 주장입니다. 독생자를 십자가에 내어주시면서까지 이 세상을 구원하시려는 하나님의 뜻을 제대로 이해하지 못한 것입니다. 게다가 예수님이 제자들에게 부탁하신 "땅끝까지 가서 내 증인이 돼라"는 명령을 오히려 전면적으로 거부하는 태도입니다.

한번 생각해 보십시오. 이방인을 품지 않으면서 '어떻게' 땅끝까지 갈 수 있다는 말이며 또한 이방인을 품지 않으려면 '왜' 굳이 땅끝까지 가야 한다는 말입니까? 만일 이방인이 구원을 받기 위해서 반드시 유대인이 되는 과정을 거쳐야 했다면, 예수님은 이렇게 명령하셨을 것입니다. "너희는 가서 모든 민족을 제자로 삼되, 먼저 할례부터 받게 해라. 그리고 나서 할례받은 사람들만 세례를 받게 해라!" 그러나 예수님은 그렇게 말씀하지 않으셨지요.

파당의 문제

이 대목에서 우리는 단순히 "이방인들을 믿음의 공동체로 받아들일 것인가?"에 대한 견해 차이보다 더욱 심각한 문제가 그 바탕에 깔려 있다는 사실을 알아차려야 합니다. 그것은 바로 '파당'(派黨)의 문제입니다. 파당이란 갈등과 분열을 조장하는 집단을 가리킵니다. 어떤 주장이나 이해관계가 같은 사람들끼리 파를 만들고 서로 대적하는 것입니다. 이것을 가리켜서 사도 바울은 '당 짓는 것'이라고 말하면서 '우상숭배'나 '주술'이나 '이단'과 똑같이 심각한 죄로 취급합니다(갈 5:20). 그것은 분명히 성령을 거스르는 일이고, 그 일을 하는 사람들은 결국 하나님의 나라를 유업으로 받지 못한다고 선언합니다(갈 5:21).

실제로 고린도교회가 '사색당파'로 분열되어 얼마나 많은 어려움을 겪었는지 우리는 잘 압니다. 그들은 '바울파'와 '아볼로파'와 '게바파'와 심지어 '그리스도파'를 만들어서 서로 싸웠습니다(고전 1:11-12). 교회 안에서 편을 만들고 세력 싸움을 벌이는 이러한 파당이 얼마나 많은 주님의 교회를 무너뜨려 왔는지 기독교 역사를 통해서 우리는 너무나 잘 알고 있습니다. 파당이 '박해'보다 더 심각하고 치명적인 문제입니다. 지금 그 문제가 예루살렘교회 안에 고개를 들고 있는 것입니다.

예루살렘교회는 이와 비슷한 파당의 위기를 넘은 적이 있습니다. 사도행전 6장에서 살펴본 과부의 구제로 인한 갈등이 그것입니다. 헬라파 유대인들이 자기의 과부들이 매일의 구제에서 소외되는 것에 대해 히브리파 유대인들을 원망하지 않았습니까? 그 이유의 정당성 여부를 떠나서 교회 안에서 파당이 생긴다는 것은 정말 심각한 문제입니다. 물론 그때 사도들은 일곱 집사를 세움으로써 문제를 슬기롭게 잘 해결했습니다. 그런데 이번에 또다시 파당의 문제가 불거지고 있는 것입니다.

여기에서 베드로를 비난하는 '할례파'는 갑자기 어디에서 생겨난 것일까 궁금해집니다. 그 실마리는 바로 '유대에 있는 사도들과 형제들'(The apostles and the believers throughout Judea..., NIV)이라는 표현에 들어 있습니다. 그들은 '예루살렘'이 아니라 '유대'에 있습니다. 스데반의 박해로 인해서 '유대와 사마리아 모든 땅으로 흩어졌던'(행 8:1) 장면을 떠올려 보십시오. 그때 실제로 사마리아로 간 사람은 빌립 한 사람이었습니다. 그렇다면 대부분은 유대 전역으로 흩어졌다고 보아야 합니다.

그들이 누구에게 복음을 전했을까요? 물론 유대 지역에 살던 유대인입니다. 대부분 유대교의 전통에 충실해 왔던 사람들입니다. 그들이 예수님을 믿고 교회의 구성원이 된 것입니다. 물론 그것은 분명히 좋은 일입니다. 그렇지만 그들의 목소리가 교회 안에 점점 더 많은 세력을 얻었다는 것이 문제입니다. 예루살렘 외의 유대 지역에 율법적인 전통을 강조하는 보수적인 유대 그리스도인 공동체가 형성되기 시작했던 것입니다. 이번에 이방인과 교제를 나누고 돌아온 베드로의 행보를 강하게 비판하고 나섰던 할례파는 바로 거기에 뿌리를 두고 있는 사람들이었습니다.

더욱 큰 문제는 여기에 '다른 사도들'도 가세하고 있다는 점입니다. 그들의 비판에 정치적인 냄새가 물씬 풍기는 이유입니다. 이방인들에 대한 편견을 앞세워서 베드로의 지도력을 흔들려고 하는 움직임이 느껴지지 않습니까? 아무리 옳은 주장이라고 하더라도 교회 안에서는 결코 파당을 만들면 안 됩니다. 하물며 주도권을 차지하려는 욕심과 하나님의 말씀에 대한 잘못된 생각으로 만들어진 파당이라면 더더욱 그렇습니다. 어떤 명분과 이유로든 교회 안에 파당이 만들어지는 순간, 믿음의 공동체는 악한 사탄의 먹잇감이 되고 말기 때문입니다.

베드로의 설명

이 이야기를 읽으면서 주님의 명령에 따라서 이방인을 품고 땅끝으로 나아가는 것이 힘들고 험한 길이었다는 사실을 알게 됩니다. 이 위기를 어떻게 극복할 수 있을까요? 다른 방법이 없습니다. 그냥 솔직하게 이야기하면 됩니다. 베드로는 자신이 이방인을 교회의 구성원으로 받아들일 수밖에 없었던 그간의 사정을 차분히 설명하기 시작합니다.

4베드로가 그들에게 이 일을 차례로 설명하여5이르되 내가 욥바 시에서 기도할 때에 황홀한 중에 환상을 보니 큰 보자기 같은 그릇이 네 귀에 매어 하늘로부터 내리어 내 앞에까지 드리워지거늘6이것을 주목하여 보니 땅에 네 발 가진 것과 들짐승과 기는 것과 공중에 나는 것들이 보이더라(행 11:4-6).

이 내용은 우리가 이미 살펴본 것이기에 여기에서 또다시 설명할 필요는 없습니다. 그런데 누가는 똑같은 이야기를, 그것도 조금 전에 이야기한 내용을 처음부터 끝까지 아주 자세하게 반복하여 기록합니다. 그만큼 중요하다는 뜻입니다. 베드로의 환상과 고넬료와의 만남 이야기는 예수 그리스도의 복음이 유대인의 민족주의와 선민사상이라는 장애물을 넘어서서 땅끝으로 나아가게 하는 물꼬를 튼 사건이 되었기 때문입니다.

만일 베드로에게 그와 같은 일이 벌어지지 않았더라면 어떻게 되었을까요? 후에 바울이 이방인의 사도로 나섰을 때, 그것을 가장 적극적으로 반대하고 나서서 교회의 분열을 일으키는 장본인이 되었을지도 모릅니다. 물론 지금 당장은 예루살렘교회 안에 할례파의 저항이 거세지만, 베드로가 직접 체험한 이방인 선교는 그 당파적 저항을 넘어서서 땅끝으로 나아가게 하는 원동력이 되었습니다. 그래서 베드로가 보았던 환상을 자세히 설명하고 있는 것입니다. 그들에게도 똑같은 체험이 필요했기 때문입니다.

그런데 베드로의 설명을 통해서 한 가지 새로운 사실을 발견하게 됩니다.

11마침 세 사람이 내가 유숙한 집 앞에 서있으니 가이사랴에서 내게로 보낸 사람이라

> ¹²성령이 내게 명하사 아무 의심 말고 함께 가라 하시매 이 여섯 형제도 나와 함께 가서 그 사람의 집에 들어가니(행 11:11-12).

여기에서 베드로가 고넬료 집으로 갈 때 동행했던 욥바의 '몇몇 형제들'(10:23)이 모두 '여섯 명'이었다는 사실을 알게 됩니다. 그리고 '이 여섯 형제'라고 하는 것으로 미루어, 그들 모두 지금 예루살렘교회에 와 있는 것으로 보입니다. 그러니까 베드로를 포함해서 모두 일곱 명의 유대인 그리스도인이 고넬료의 집에서 벌어진 성령강림 사건을 목격한 것입니다. 이 숫자는 매우 중요한 상징적인 의미가 있습니다.

이집트의 법에 따르면 어떤 사건의 완전한 증인 수는 일곱 명이었습니다. 로마법에도 유서를 쓰거나 계약서를 작성할 때 일곱 명의 인장이 필요했습니다. 그렇다면 베드로가 고넬료의 집에 갔을 때 '여섯 명'이 동행했다는 사실을 언급하는 이유가 무엇일까요? 그것은 마치 이렇게 말하는 것과 같습니다. "내가 지금 말하고 있는 것은 변명이 아니라 사실이다. 그 일에 대해 똑같이 말해줄 일곱 명의 증인이 있다." 베드로는 자기 혼자의 설명만으로는 힘에 부친다는 사실을 잘 알고 있었습니다. 그래서 욥바의 형제들과 함께 왔던 것입니다.

베드로는 고넬료의 집에서 벌어진 사건 중에서 결정적인 장면을 언급합니다.

> ¹⁵내가 말을 시작할 때에 성령이 그들에게 임하시기를 처음 우리에게 하신 것과 같이 하는지라 ¹⁶내가 주의 말씀에 요한은 물로 세례를 베풀었으나 너희는 성령으로 세례를 받으리라 하신 것이 생각났노라(행 11:15-16).

앞에서는 베드로의 말이 채 마치기도 전에 성령강림 사건이 일어났다고 했습니다(10:44). 그런데 베드로는 한술 더 떠서 "말을 시작할 때 성령이 그들에게 임했다"라고 합니다. 그러나 메시지성경의 풀이가 훨씬 더 자연스럽습니다. "그래서 나는 말을 시작했습니다. 그런데 대여섯 문장도 채 말하기 전에 성령이 그들에게 임하셨는데, 처음 우리에게 임하실 때와 같았습니다"(행 11:15).

여기에서 우리는 베드로의 설교가 훌륭했기 때문에 그 결과로 성령이 임한 것이 아니라는 사실을 알게 됩니다. 오히려 베드로의 설교는 불충분했지만, 성령께서 고넬료와 이방인들에게 '성령세례'를 허락해 주신 것입니다. 이것은 모든 설교자가 마음 깊이 새겨두어야 할 말씀입니다. 그들의 능력 있는 설교를 통해서 성도들이 성령의 임재와 기름 부음을 체험하게 되는 것이 아닙니다. 그것은 전적으로 성령의 주권적인 역사입니다.

또한 베드로는 이 사건을 통해서 성령세례에 대해서 확실하게 이해하게 되었다고 고백합니다. 그는 "주의 말씀에 요한은 물로 세례를 베풀었으나 너희는 성령으로 세례를 받으리라 하신 것이 생각났다"라고 말합니다. 그런데 예수님이 언제 이 말씀을 하셨습니까? 승천하기 바로 직전입니다(행 1:5). 이 말씀은 실제로 오순절에 마가의 다락방에서 이루어졌습니다. 그때는 그것이 성령세례였다는 사실을 몰랐다는 것입니다. 그런데 이번에 고넬료의 집에서 일어난 성령강림 사건을 통해서 비로소 알게 되었다는 베드로의 고백입니다.

베드로의 마지막 말이 지금까지의 모든 논쟁을 끝내버리는 결정타가 됩니다.

17그런즉 하나님이 우리가 주 예수 그리스도를 믿을 때에 주신 것과 같은 선물을 그

들에게도 주셨으니 내가 누구이기에 하나님을 능히 막겠느냐 하더라 [18]그들이 이 말을 듣고 잠잠하여 하나님께 영광을 돌려 이르되 그러면 하나님께서 이방인에게도 생명 얻는 회개를 주셨도다 하니라(행 11:17-18).

"내가 누구기에 하나님을 능히 막겠느냐?" 메시지성경의 풀이가 더욱 실감 납니다. "내가 어떻게 하나님에게 저항할 수 있었겠는가?"(How could I object to God? MSG) 정말 그렇습니다. 하나님의 역사를 거부할 수 있는 사람은 없습니다. 그리스도인이라면 하나님의 뜻 앞에 마땅히 굴복해야 합니다. 그러면 하나님의 뜻이 이루어집니다.

베드로를 비난했던 사람들은 이 말씀 앞에 침묵할 수밖에 없었습니다. 잠시 후에 그들은 하나님을 찬양하기 시작했습니다. "하나님께서 이방인에게도 생명 얻는 회개를 주셨도다!" 그 외에 다른 말이 필요 없습니다. 여기에서 '생명 얻는 회개를 주셨다'는 것은 '생명을 주시기 위하여 그들을 하나님께로 돌이키셨다'라는 뜻입니다. 이방인에게도 생명과 구원을 주시려고 하는 것이 하나님의 뜻이라는 사실을 교회가 공식적으로 인정하게 된 것입니다.

이 사건은 '이방인'을 선교의 대상으로 품고 '땅끝을 향하여' 나아갈 수 있게 했던 결정적인 전환점이 되었습니다. 물론 앞으로도 넘어야 할 장애가 많겠지만, 땅끝 선교로 나아가는 큰 방향은 바로 이때 정해졌습니다. 이 사건이 없었더라면, 복음이 바다와 대륙을 건너서 아시아의 변방에 살고 있는 우리에게까지 전해지지 못했을 것입니다.

우리는 땅끝을 향하여 복음이 전해지는 통로가 되도록 부름을 받았습니다. 따라서 어떤 이유로든 복음을 전할 대상을 제한하려고 하면 안 됩니다. 그러기 위해서는 하나님의 뜻에 온전히 굴복할 수 있어야 합니다. 그것도 몇몇 사람이 아니라 모든 성도가 함께 굴복해야 합니다. 그러지 않으면 선한 일을 한다고 하면서 교회 안에 편이 갈라지고 당파가 만들어집니다.

당파가 만들어지면 전도의 문이 닫히고, 결국에는 교회의 문이 닫히게 됩니다.

우리에게 그런 일이 생기면 절대로 안 될 것입니다. 주님이 다시 오실 그때까지 오로지 구원과 생명의 통로로 쓰임 받는 이 땅의 모든 교회와 성도가 되기를 간절히 소망합니다.

묵상 질문: 나는 하나님의 뜻 앞에 굴복하고 있는가?

오늘의 기도: 하나님 아버지, 이 세상의 모든 사람을 구원하시려는 하나님의 마음을 깨닫게 하시니 감사합니다. 우리가 어떤 이유로든 복음을 가로막는 자가 되지 않게 하시고 오히려 하나님의 뜻에 순종하며 땅끝을 향해 나아가는 자가 되게 하옵소서. 그리하여 우리 교회가 오로지 구원과 생명의 역사에 쓰임 받는 선교 공동체가 되게 하옵소서. 예수님의 이름으로 기도합니다. 아멘.

안디옥교회의 탄생

읽을 말씀: 사도행전 11:19-26

새길 말씀: 20그 중에 구브로와 구레네 몇 사람이 안디옥에 이르러 헬라인에게도 말하여 주 예수를 전파하니 21주의 손이 그들과 함께하시매 수많은 사람들이 믿고 주께 돌아오더라(행 11:20-21).

베드로가 이방인을 교회의 정식 구성원으로 받아들이고 땅끝 선교의 대상으로 품게 된 것은 전적으로 성령의 역사였습니다. 유대에 있던 믿음의 형제들이 처음에는 부정적인 반응을 보였지만, 결국에는 그것을 하나님의 역사로 인정하고 동의하게 된 것도 역시 성령의 역사였습니다. 그런 일이 벌어지는 동안, 하나님은 또 다른 곳에서 땅끝 선교를 위한 전진기지를 만들고 계셨습니다. 바로 '안디옥교회'입니다.

안디옥(Antioch of Syria)은 예루살렘에서 북쪽으로 약 500km 떨어진 곳에 있는 시리아 지방의 수도로서, 로마 제국의 여러 도시 중에서 로마와 알렉산드리아에 이어서 세 번째로 큰 도시였습니다. 여기에는 오래전부터 많은 디아스포라 유대인이 살고 있었고, 예루살렘교회가 박해를 받게 되었을 때 또한 많은 그리스도인이 이곳으로 피신해 왔습니다. 따라서 안디옥에 교회가 세워진 것은 아주 자연스러운 일입니다.

그러나 기독교 역사에서 안디옥교회가 가지고 있는 가장 특별한 의미는 땅끝 선교사를 파송한 최초의 교회라는 사실입니다. 그들의 후원을 받아 땅끝 선교에 나섰던 최초의 선교사들이 바로 바울과 바나바였습니다. 특히 사도 바울이 초대교회의 확장과 이방인 선교 사역에 끼친 영향에 대해서는 아무리 강조해도 지나치지 않습니다. 그를 발탁하고 세워서 선교사로 파송한 교회가 바로 안디옥교회였던 것입니다.

물론 바나바를 빼놓으면 안 됩니다. 그는 다소로 낙향해 있던 바울을 안디옥으로 데리고 와서 사역할 수 있도록 다리를 놓아준 사람입니다. 만일 바나바의 도움과 배려가 없었다면, 사도 바울은 기독교 역사에 등장하지 못했을 것입니다. 또한 안디옥교회가 없었다면, 바울은 믿음의 공동체 안에 받아들여질 기회도, 교회를 섬길 기회도 또한 복음의 전도자로서 이방인을 위한 사도가 될 기회도 가지지 못했을 것입니다. 그런 의미에서 바울은 바나바와 안디옥교회에 엄청나게 큰 빚을 지고 있다고 하겠습니다.

안디옥교회의 시작

안디옥교회가 어떻게 시작되었는지 오늘 본문을 통해 확인해 보겠습니다.

[19]그때에 스데반의 일로 일어난 환난으로 말미암아 흩어진 자들이 베니게와 구브로와 안디옥까지 이르러 유대인에게만 말씀을 전하는데 [20]그중에 구브로와 구레네 몇 사람이 안디옥에 이르러 헬라인에게도 말하여 주 예수를 전파하니 [21]주의 손이 그들과 함께하시매 수많은 사람들이 믿고 주께 돌아오더라(행 11:19-21).

스데반의 순교 이후에 그리스도인에 대한 본격적인 박해가 시작되었습니다. 그러자 예루살렘교회의 성도들은 박해를 피해서 사방으로 흩어지게 되었습니다. 물론 이때 직접적인 박해의 대상이 되었던 사람은 헬라파 유대인 출신 그리스도인이었습니다. 그들 대부분은 본래 살던 곳으로 되돌아갔고, 남은 사람들은 팔레스타인 땅을 떠나서 세계 각지로 흩어졌습니다.

오늘 본문에 보면 세 곳이 등장합니다. ‘베니게’(Phoenicia)는 갈릴리 북쪽 지중해 연안에 있는 도시입니다. ‘구브로’(Cyprus)는 지중해 가운데에 있는 섬입니다. ‘안디옥’(Antioch)은 베니게보다 훨씬 북쪽에 있습니다. 물론 다른 곳으로도 많이 흩어졌습니다. 사울이 원정 박해하러 갔던 ‘다메섹’(Damascus)도 그중의 하나입니다. 여하튼 박해를 피하여 여기저기 흩어지기는 했지만, 그리스도인들은 입 다물고 조용히 있지 않았습니다. 흩어진 곳에서 주님의 증인이 되었습니다.

그리스도인은 본래 그런 사람들입니다. 그러니까 예루살렘교회에 대한 박해가 오히려 교회를 사방으로 확산시키는 역할을 한 셈입니다. 문제는 이들이 오직 ‘유대인에게만’ 말씀을 전했다는 사실입니다. 그들은 이방인에게 복음을 전해야 한다고 생각하지 못했습니다. 이것에 대해서는 지난 시간에 자세히 살펴보았습니다. 유대인의 울타리를 넘어서지 못하는 것은 헬라파 출신 유대인이든 히브리파 출신 유대인이든, 모든 유대인 그리스도인에게서 발견되는 공통의 한계였습니다.

안디옥에 온 사람들도 마찬가지였습니다. 처음에 그들은 유대인에게만 말씀을 전했습니다. 그런데 나중에 구브로와 구레네 출신 몇 사람이 안디옥에 왔는데, 그들은 유대인뿐만 아니라 헬라인에게도 예수 그리스도의 복음을 전파하기 시작했습니다. 그것은 아주 이례적인 일이었습니다. 아마도 구브로나 구레네가 로마제국의 중요한 무역 중심지였고 다문화 공동체가 형성된 지역이었기에, 그곳 출신 유대인들은 아무 거리낌 없이 이방인에게 다가갈 수 있었던 것으로 보입니다.

그랬더니 뜻밖에도 놀라운 일이 벌어졌습니다. 안디옥에 살던 디아스포라 유대인에게 복음을 전했을 때와는 비교가 되지 않을 정도로 수많은 헬라인이 예수 그리스도를 열정적으로 받아들여 믿기 시작하면서 안디옥교회가 급성장하게 되었던 것입니다.

예루살렘교회의 반응

그러자 그 소문이 예루살렘교회까지 전해졌습니다.

예루살렘 교회가 이 사람들의 소문을 듣고 바나바를 안디옥까지 보내니(행 11:22).

그런데 이 시점이 참으로 공교롭습니다. 베드로의 이방인 선교와 관련하여 예루살렘교회에서 청문회가 열렸던 직후였기 때문입니다. 할례파의 문제 제기에 대해서 베드로는 그 모든 일에 개입하셨던 성령의 역사를 진솔하게 증언하였고, 그 결과 예루살렘교회는 이방인을 선교의 대상으로 품는 땅끝 선교의 정당성을 인정하고 공식적으로 수용하게 되었습니다. 그러자마자 안디옥에서 이방인 선교에 큰 성과를 거두고 있다는 소식이 들려온 것입니다.

이번에는 예루살렘교회가 발 빠르게 나섰습니다. 바나바를 안디옥으로 파송하여 직접 상황을 알아보게 했던 것입니다. 이때 베드로를 보내지 않고 왜 바나바를 보냈을까 그 이유가 궁금해집니다. 그것은 아마도 바나바가 구브로 출신 헬라파 유대인이었다는 점이 크게 작용했던 것으로 보입니다. 같은 구브로 출신들이 안디옥에 와서 헬라인에게 복음을 전했기 때문입니다. 게다가 바나바는 예루살렘교회에서 신뢰받는 지도자였고, 특히 헬라 문화권에 속한 인물이었습니다. 따라서 유대인 중심의 예루살렘교회와 이방인 중심의 안디옥교회의 다리를 놓을 수 있는 가장 적임자였던 것입니다.

우리는 이 모든 일에 '하나님의 때'(God's Timing)가 작동하고 있었음을 고백하지 않을 수 없습니다. 만일 베드로와 고넬료의 만남이 없었다면 어떻게 되었을까요? 예루살렘교회가 이방인 선교에 대한 문제를 공식적으로 정리하지 않았다면 또한 어떻게 되었을까요? 이방인이 대거 합류하여 만들어진 새로운 형태의 안디옥교회를 과연 형제 교회로 받아들일 수 있었을까요? 그러니 이 모든 것은 분명히 성령께서 하신 일입니다. 하나님이 이방 선교를 주도하셨고, 교회는 그 사실을 수용했던 것입니다. 우리가 '사도행전'이라고 쓰고 '성령행전'이라고 읽는 이유입니다.

아무튼 바나바는 예루살렘교회를 대표하여 안디옥교회를 시찰(視察)하기 위해 갔다가, 그곳에서 하나님의 놀라운 은혜를 확인하게 됩니다.

그가 이르러 하나님의 은혜를 보고 기뻐하여 모든 사람에게 굳건한 마음으로 주와 함께 머물러 있으라 권하니(행 11:23).

"하나님의 은혜를 보고 기뻐했다"라는 부분을 메시지성경은 "그 모든 일의 배후와 중심에 하나님이 계심을 보았다"(he saw that God was behind and in it all. MSG)라고 표현합니다. 이방인이 예수 그리스도를 믿고 주님께 돌아오게 된 일은 의심의 여지가 없이 하나님이 하신 일이었다는 고백입니다. 그러자 바나바는 "굳건한 마음으로 주와 함께 머물러 있으라" 권면합니다. 메시지성경은 "남은 평생 지금과 같이 살도록 권면했다"라고 풀이합니다.

그다음이 중요합니다. 바나바는 예루살렘으로 돌아가지 않고 아예 안디옥에 남아서 그들과 함께 지내기로 한 것입니다. 말하자면 안디옥교회를 섬기는 지역 교회 목회자(local church pastor)가 되기로 결심했던 것입니다. 바로 이때를 위해서 박해가 진행되는 동안 하나님께서 그를 예루살렘에 남겨두셨음을 깨닫게 되었던 것이지요. 아무튼 바나바가 안디옥교회에 남음으로써 지난번 사마리아 선교의 실수를 반복하지 않게 된 것이 정말 다행스러운 일입니다. 그 결과 안디옥교회는 더욱 크게 성장하고 부흥하여 마침내 땅끝 선교 전초기지의 역할을 감당할 수 있을 만큼 충분한 실력을 갖추게 되었던 것입니다.

바나바의 성품

안디옥교회의 성장과 부흥에는 물론 바나바의 지도력이 결정적인 역할을 했습니다. 누가가 바나바의 성품에 대한 설명을 덧붙이는 이유입니다.

> 바나바는 착한 사람이요 성령과 믿음이 충만한 사람이라 이에 큰 무리가 주께 더하여지더라(행 11:24).

여기에서 우리는 바나바의 세 가지 성품을 발견하게 됩니다. 바나바는 우선 '착한 사람'(good man)이었습니다. 이미 사도행전 4장에서 읽었듯이 바나바는 자신의 밭을 팔아서 그 값을 온전히 사도들에게 드림으로써 구제하는 일에 사용하게 했습니다. 누가 시켜서 한 일이 아니었습니다. 그저 어려운 사람들을 돕기 위해서 자신의 소유를 선뜻 내놓았을 뿐입니다. 그 자체가 바나바의 착한 성품을 잘 보여줍니다. 돈이 많다고 할 수 있는 일이 아닙니다. 본성이 착해야 그렇게 할 수 있습니다.

그다음에 바나바는 '성령이 충만한 사람'(full of the Holy Spirit)이었습니다. 성령이 충만한 사람이란 '성령의 다스림을 온전히 받아들인 사람'을 의미한다고 했습니다. 그런 사람에게는 아홉 가지 성령의 열매가 맺힙니다(갈 5:22-23). '성령의 은사'는 교회를 세워나가는 '사역'(work)을 위한 것이라면, '성령의 열매'는 그리스도인을 믿음의 사람으로 세워나가는 '삶'(life)을 위한 것입니다. 바나바는 하나님의 다스림을 온전히 받아들여서 성령의 아홉 가지 열매를 맺고 있던 사람이었습니다. 그를 통해서 믿는 자가 더해지는 것은 지극히 자연스러운 일입니다.

또한 바나바는 '믿음이 충만한 사람'이었습니다. CEV성경의 표현대로 하자면 '위대한 믿음의 사람'(man of great faith)입니다. 언젠가 제자들이 "믿음을 더해 달라"고 요구하자, 예수님은 "겨자씨 한 알만한 믿음으로 충분하다"라고 말씀하셨지요(눅 17:6). 그들에게 필요한 것은 더 큰 믿음이 아니라 이미 가지고 있는 믿음을 잘 활용하는 것입니다. 바나바가 가지고 있는 '위대한 믿음'의 내용 역시 예수 그리스도입니다. 자신의 의지나 능력에 대한 확신도 아니고, 어떤 일이 반드시 이루어질 것에 대한 확신도 아닙니다. 예수가 그리스도이시며, 오직 그를 믿음으로써 구원과 영생을 얻을 수 있다는 확신입니다. 그 믿음으로 안디옥교회를 섬겼던 것입니다.

이 세 가지 덕목은 따로 떼어놓을 수 없습니다. '착한 사람'은 '성령 충만한 사람'이요, 성령의 다스림을 온전히 받는 사람은 또한 '믿음이 충만한 사람'입니다. 그리고 예수를 그리스도로 고백하는 믿음을 가진 사람은 하나님의 은혜로 '착한 사람'이 됩니다. 이와 같은 거룩한 성품을 가진 목회자를 통해서 안디옥교회에 큰 무리가 더해지게 되었던 것입니다.

바나바의 사역 중에서 가장 칭찬을 받을 한 가지를 꼽으라고 한다면, 그것은 바로 바울과 동반하여 목회했다는 점입니다.

> 25바나바가 사울을 찾으러 다소에 가서 26만나매 안디옥에 데리고 와서 둘이 교회에 일 년간 모여 있어 큰 무리를 가르쳤고 제자들이 안디옥에서 비로소 그리스도인이라 일컬음을 받게 되었더라(행 11:25-26).

바나바가 바울을 가장 처음 만났던 곳은 예루살렘이었습니다. 바울이 아라비아 광야에서 3년을 지낸 후에 다메섹으로 왔다가 거기에서 살해의 위협을 피해 도망하여 예루살렘에 왔을 때였습니다. 그러니까 바나바가 안디옥에서 목회하고 있는 지금으로부터 7, 8년 전의 일입니다. 그때 바울은 '제자들을 사귀려고' 애썼지만 외면당했습니다(행 9:26). 그때 바울과 제자들 사이에 다리를 놓아준 사람이 바로 바나바였습니다(행 9:26-27).

바나바와 바울이 어떤 개인적인 친분이 있었던 것은 아닙니다. 바나바도 그때 처음으로 바울을 만났습니다. 그런데 어떻게 바나바는 바울을 믿게 되었을까요? 그들은 아마도 헬라파 유대인이라는 공통점으로 인해 마음 깊은 대화를 나누게 되었고, 그러는 가운데 바나바는 바울의 간증을 듣고 그의 등에 남겨진 태장의 흔적을 확인하면서 진심으로 그를 받아들이게 되었을 것이라고 했습니다.

그런데 오늘 본문에서 바나바의 성품을 확인하면서 또 다른 이유를 생각하게 됩니다. 바나바는 예수 그리스도의 은혜로 사람이 얼마든지 변할 수 있다는 사실을 체험적으로 알고 있던 사람이었습니다. 왜냐하면 자신도 그런 사람 중의 하나였기 때문입니다. 그의 성품은 타고난 것이 아니라 성령을 통해서 새롭게 빚어진 것입니다. 아마도 삶을 진동하는 성령의 역사가 그에게 그와 같은 급진적인 변화를 만들어 냈을 것입니다(행 4:31-32). 그래서 바나바는 바울을 조금도 의심하지 않았던 것입니다.

아무튼 바나바의 헌신적인 노력으로 바울은 예루살렘교회의 제자들과 교제를 나눌 수 있게 되었습니다. 그러나 바울이 헬라파 유대인들과 논쟁을 벌이면서 자꾸 문제를 만들어 내자, 결국 사도들은 반강제적으로 그를 고향 다소로 내려가게 했습니다(행 9:31). 만일 그렇게 하지 않았다면, 바울은 제2의 스데반이 되고 말았을 것입니다. 바울은 산헤드린의 신뢰와 기대를 저버린 배신자 중의 배신자였기 때문입니다.

바울이 낙향하고 나서 7, 8년의 세월이 흘러갔습니다. 그러는 동안 바울을 기억하는 사람은 아무도 없었습니다. 그렇지만 바나바는 그를 여전히 마음에 담아두고 있었습니다. 그러다가 바나바가 마침 안디옥교회를 섬기게 되자, 기다렸다는 듯이 직접 다소까지 내려가서 바울을 데리고 와서 안디옥교회에서 동반 목회를 하게 되었던 것입니다. 그러니까 바나바는 바울에게 은인 중의 은인입니다. 바나바의 도움과 배려가 아니었더라면, '이방인의 사도 바울'은 존재하지도 않았을 것입니다.

그리스도인의 정체성

바울을 목회의 동반 사역자로 세운 것은 바나바에게 결과적으로 탁월한 선택이 되었습니다. 안디옥교회에서 둘이 함께 사역하는 동안 교회는 더욱 부흥하게 되었던 것입니다. 그뿐만이 아닙니다. 안디옥에서 주님의 제자들은 '그리스도인'이라는 호칭을 얻게 되었습니다. 그런데 '그리스도인', 즉 '그리스도에게 속한 사람들'(Christianos)이라는 호칭은 사실 칭찬이 아니었습니다. 교회 밖에 있는 사람들이 안디옥교회 성도들을 향해서 "그리스도밖에 모르는 놈들!"이라고 비아냥거리는 말이었습니다. 우리말로 바꾸면 '예수쟁이'와 비슷한 욕입니다.

그럼에도 안디옥교회 성도들은 세상 사람들의 조롱을 자신의 정체성을 드러내는 말로 받아들였습니다. "그래, 맞아. 우리는 그리스도밖에 모르는 예수쟁이들이야!"라고 하면서 그 별명을 당당하게 받아들였던 것입니다. 여기에서 우리는 안디옥교회 성도들의 담대한 믿음을 확인하게 됩니다. 그들은 예수 그리스도의 복음을 부끄러워하지 않았던 것입니다. 바울은 나중에 로마교회에 보낸 편지에서 다음과 같이 쓰고 있습니다.

> 내가 복음을 부끄러워하지 아니하노니 이 복음은 모든 믿는 자에게 구원을 주시는 하나님의 능력이 됨이라 먼저는 유대인에게요 그리고 헬라인에게로다(롬 1:16).

진정한 그리스도인은 '복음을 부끄러워하지 않는 사람'입니다. 예수 그리스도의 이름을 감추거나 숨기지 않는 사람입니다. 설령 그것으로 인해 손해를 보고, 박해를 받게 되고, 심지어 죽임을 당하게 되더라도 절대로 복음을 부끄러워하지 않는 사람입니다. 그런데 우리는 어떻습니까? 우리는 그리스도인이라는 정체성을 감추고 살 때가 참 많습니다. 특히 교회와 그리스도인에 대해 무분별한 적대 감정을 드러내는 사람들 앞에서 당당하게 "나는 그리스도인입니다!"라고 말하는 것은 결코 쉬운 일이 아닙니다.

그러나 그것이 그리스도인입니다. 복음을 부끄러워하지 않는 사람이 진정한 그리스도인입니다. 안디옥교회 성도들은 세상 사람들의 조롱을 두려워하지 않았습니다. 그들이 믿고 있는 복음을 부끄러워하지 않았습니다.

그들을 통해서 본격적으로 땅끝 선교가 시작된 것은 지극히 자연스러운 일입니다. 우리가 몸담고 신앙생활 하는 교회가 안디옥교회처럼 땅끝 선교의 전진기지가 되기를 간절히 소망합니다.

묵상 질문: 나는 그리스도인이라는 사실을 당당히 드러내고 있는가?

오늘의 기도: 하나님 아버지, 우리가 주일에 교회에서만 그리스도인으로 살지 않게 하옵소서. 우리의 가정과 학교와 직장에서도 우리의 정체성을 드러내는 일을 부끄럽게 생각하지 않게 하옵소서. 그렇게 우리의 삶의 모든 현장에서 그리스도의 향기를 드러내며 살아가도록 성령 하나님 우리를 강하게 붙들어 주옵소서. 예수님의 이름으로 기도합니다. 아멘.

야고보의 순교

읽을 말씀: 사도행전 11:27-12:5

새길 말씀: [1]그때에 헤롯 왕이 손을 들어 교회 중에서 몇 사람을 해하려 하여 [2]요한의 형제 야고보를 칼로 죽이니(행 12:1-2).

지난 시간에 우리는 안디옥교회가 어떻게 시작되었는지, 바나바와 바울의 동반 목회 사역이 안디옥교회의 부흥에 어떤 역할을 했는지를 살펴보았습니다. 예루살렘교회가 스데반의 순교로 시작된 박해를 견디어내면서 점점 약해지는 동안, 안디옥교회는 헬라인에게 복음을 전하면서 오히려 더욱 크게 부흥했습니다. 물론 아직은 예루살렘교회가 모교회로서 영향력이 있었지만, 그 무게 중심이 안디옥교회로 점점 옮겨가는 형국이었습니다.

아가보의 예언

안디옥교회의 영향력이 대외적으로 드러나는 한 가지 계기가 있었습니다. 그것은 흉년으로 인해 곤란을 겪고 있던 유대 지방에 사는 믿음의 형제들을 위해서 안디옥교회가 큰 도움을 주었던 일입니다.

예루살렘에서 온 '선지자들'(prophets)이 안디옥교회를 방문한 일이 있었는데, 그중에서 '아가보'(Agabus)라는 사람이 성령의 감동으로 조만간 천하에 큰 흉년이 있을 것을 예언했다고 합니다.

문득 '선지자들'이 초대교회 안에서 어떤 역할을 하던 직책이었는지 궁금해집니다. 구약성경에는 선지자들의 활동에 대한 기록이 많이 있지만, 말라기 이후에는 침묵하고 있기 때문입니다. 신약성경, 특히 사도 바울의 편지에 의하면 '선지자'는 교회의 공식적인 직책이었음이 분명합니다. 바울은 고린도교회에 보낸 편지에서 성령의 은사를 설명하면서 교회의 직분을 이렇게 언급합니다.

여기 보면 '선지자'는 '사도' 다음에 있는 직책입니다. 누가는 안디옥교회에도 "선지자들과 교사들이 있었다"(행 13:1)라고 기록하면서 그중에 '바나바와 바울'의 이름도 언급합니다. 그런데 사람들은 '선지자'(先知者) 또는 '예언자'(豫言者)를 미래의 일을 말하는 사람이라고 오해합니다. 선지자를 무슨

'점쟁이'처럼 생각하곤 합니다. 오늘 본문에 등장하는 아가보 역시 장차 올 흉년을 예언하는 것으로 표현됩니다.

그러나 누누이 말했듯이 예언자는 본래 '대언자'(代言者)입니다. 이에 해당하는 헬라어 '프로페테스'(prophetes)는 '~대신'이라는 뜻의 프로(pro)와 '말하다'라는 뜻의 페미(phemi) 동사가 합성된 말입니다. 다시 말해서 미래의 일을 말하는 사람이 아니라 하나님의 말씀을 대신 전하는 사람입니다. 그 내용이 미래의 일이든 현재나 과거의 일이든지 하나님의 뜻을 분별하여 전해주는 사람이 바로 예언자입니다.

아가보가 예언한 내용도 장차 흉년이 올 것이라는 사실이 아니라 흉년을 당했을 때 안디옥교회가 예루살렘과 유대 지방에 있는 믿음의 지체들을 위해서 어떤 일들을 해야 할 것인지에 대한 권면의 말씀이었습니다. 물론 조금이라도 넉넉한 사람들이 궁핍을 당하는 사람들을 돕는 것이 인지상정입니다. 그런데 그와 같은 구제를 개인 차원이 아니라 교회적인 차원으로 할 수 있도록 미리 준비하라는 것이 아가보가 전해준 하나님의 말씀이었던 것입니다.

실제로 '글라우디오'(Claudius)황제 때 팔레스타인에 큰 흉년이 일어났습니다. 글라우디오는 주후 41년부터 54년까지 통치했던 로마의 황제였습니다. 1세기 유대인 역사가 요세푸스(Josephus)에 따르면 주후 46년경에 가장 심각한 흉년이 있었다고 합니다. 따라서 아가보의 예언은 그보다 적어도 몇 년 전에 있었을 것으로 추정할 수 있습니다.

최초의 연보

아무튼 안디옥교회 성도들은 아가보의 예언을 무겁게 받아들여 흉년에 대비하여 미리 헌금을 모았습니다. 그리고 실제로 그런 일이 벌어졌을 때 즉시 예루살렘과 유대에 있는 믿음의 형제들에게 도움을 줄 수 있었습니다.

²⁹제자들이 각각 그 힘대로 유대에 사는 형제들에게 부조를 보내기로 작정하고 ³⁰이를 실행하여 바나바와 사울의 손으로 장로들에게 보내니라(행 11:29-30).

현재 일어나고 있는 일이 아니라 장차 일어날지도 모르는 불확실한 일에 대해서 어떤 구체적인 행동을 취하기는 쉽지 않습니다. 그것도 구제 헌금을 모으는 일이라면 더더욱 그렇습니다. 그러나 안디옥교회 성도들은 기쁜 마음으로 각자의 형편에 따라 할 수 있는 만큼 '작정'하고 '실행'했습니다. 이것은 단순히 어려운 사람을 돕는다는 구제의 의미보다는 안디옥교회와 예루살렘교회가 그리스도 안에서 하나되는 연합의 의미가 담겨 있기 때문입니다.

또한 형제 교회를 도우려는 마음을 품게 되었다는 것은 안디옥교회 성도들의 믿음이 성숙했다는 의미요 또한 안디옥교회가 그만큼 성장했다는 의미이기도 합니다. 이 일은 교회의 무게 중심이 예루살렘에서 안디옥으로 이전하고 있다는 것을 보여주는 하나의 상징적인 사건이 되었습니다. 그리고 후에 안디옥교회가 땅끝 선교를 위한 최초로 선교사를 파송하는 교회가 됨으로써 무게 중심이 확실하게 옮겨졌음을 확인하게 될 것입니다.

바나바와 사울이 언제 구제 헌금을 전달했는지가 궁금합니다. 갈라디아교회에 보낸 편지에서 바울은 "십사 년 후에 내가 바나바와 함께 디도를 데리고 다시 예루살렘에 올라갔다"(갈 2:1)라고 합니다. 만일 '14년'이 바울의 회심(AD 33/34)을 기점으로 한다면, 구제 헌금을 전달하는 시기와 어느 정도 일치합니다. 그러나 바울의 첫 번째 예루살렘 방문(AD 36/37)을 기점으로 한다면, 사도행전 15장의 예루살렘 공의회(AD 49)에 참석한 것에 대한 설명이 됩니다. 무엇보다 구제 헌금을 전달했다는 직접적인 언급이 없다는 것이 문제입니다.

따라서 우리는 안디옥교회가 예루살렘교회에 구제 헌금을 언제 전달했는지 또 어떻게 전달했는지 알 수는 없습니다. 그러나 분명한 사실은 안디옥교회가 크게 성장하여 예루살렘교회와 유대 지방에 있는 여러 믿음의 형제를 도울 수 있는 능력을 갖추게 되었다는 것입니다. 믿음의 형제는 어려울 때 도울 수 있어야 합니다. 그것이 공교회(公敎會)의 바른 모습입니다.

세월이 흐르고 나서 사도 바울은 3차 선교여행 중에 또다시 예루살렘교회를 돕기 위한 헌금을 모으는 일을 추진합니다. 그것은 과거 안디옥교회에서 경험한 일을 반복한 것이었습니다. 바울은 어려움을 당한 예루살렘교회를 돕는 구제 헌금을 유대인-이방인 교회 간의 연합과 사랑의 일치를 위한 상징적인 사역으로 확신했습니다.

25그러나 이제는 내가 성도를 섬기는 일로 예루살렘에 가노니 26이는 마게도냐와 아가야 사람들이 예루살렘 성도 중 가난한 자들을 위하여 기쁘게 얼마를 연보하였음이라(롬 15:25-26).

여기에서 '연보'(捐補)라는 표현이 눈에 띕니다. 연보는 버릴 연(捐), 도울 보(補)를 써서 문자적으로는 '자기 것을 버려서 남을 도와준다'라는 뜻입니다. 예전에는 한국교회에서 '헌금'보다 '연보'라는 용어를 더 즐겨 사용했습니다. 하나님께 받은 은혜에 따라서 경제적으로 어려움을 겪는 다른 성도들을 자발적으로 돕는 '연보'는 지역과 문화와 민족을 초월한 신앙 공동체의 연합을 보여주는 가장 중요한 실천입니다.

그런데 요즘에는 '개교회주의'가 '공교회주의'를 앞서는 것처럼 보입니다. 자기 교회만 잘 되면 그만이라는 생각이 지배적입니다. 그것은 사실 "거룩한 공회를 믿는다"(I believe in the Holy Catholic Church)라는 사도신경의 고백을 거스르는 행동입니다. 공교회를 고백하는 사람들이 어떻게 교인 빼앗기 쟁탈전을 벌일 수 있으며, 다른 교회가 당하는 시련을 모른 척 외면할 수 있겠습니까? 그런 의미에서 공교회의 가치를 지켜나가기 위해서라도 모든 교회는 안디옥교회의 모범을 따라야 합니다.

헤롯의 박해

경제적인 문제로 힘겨워하던 예루살렘교회는 안디옥교회의 연보를 통해서 큰 위로와 힘을 얻었습니다. 그렇게 한고비를 넘기나 했는데, 이번에는 또 다른 박해가 시작되었습니다. 이른바 제2차 박해입니다. 제1차 박해는 스데반의 순교를 기회 삼아서 산헤드린 공회 특히 사두개파가 주도하여 헬라파 유대인 출신 그리스도인을 대상으로 행해진 것이었습니다. 그 선봉에 사울이 앞장섰지요. 그러나 이번에는 박해의 주체와 대상이 달랐습니다.

¹그때에 헤롯 왕이 손을 들어 교회 중에서 몇 사람을 해하려 하여 ²요한의 형제 야고보를 칼로 죽이니 ³유대인들이 이 일을 기뻐하는 것을 보고 베드로도 잡으려 할새 때는 무교절 기간이라 ⁴잡으매 옥에 가두어 군인 넷씩인 네 패에게 맡겨 지키고 유월절 후에 백성 앞에 끌어 내고자 하더라(행 12:1-4).

이번 박해의 주체는 '헤롯 왕'이었고, 그 대상은 교회 중에서 몇 사람, 즉 교회의 지도자들을 겨냥한 것이었습니다. 그런데 여기에 등장하는 헤롯

왕은 과연 누구일까요? 그는 왜 뜬금없이 이렇게 갑작스럽게 등장하여 교회를 박해하는 것일까요? 우선 이 사람이 누구인지부터 알아보아야 하겠습니다.

신약성경에 기록된 '헤롯'이 모두 똑같은 사람은 아닙니다. 첫 번째 구주 성탄절에 베들레헴 유아를 학살한 장본인은 헤롯 왕가를 시작한 '헤롯 대왕'(Herod the Great)이었습니다. 그는 주후 4년에 죽었는데, 그 후에는 그의 아들들이 분봉왕(分封王, Tetrarch) 형태로 팔레스타인을 나누어 통치했습니다. 헤롯 아켈라오(Archelaus)는 유대와 사마리아와 이두매(에돔) 지역을, 헤롯 안디바(Antipas)는 갈릴리와 베레아 지역을, 헤롯 빌립(Philip)은 요단강 동편의 이두래와 드라고닛 지역을 각각 다스렸습니다.

헤롯 대왕에게는 하스몬 왕가의 공주였던 마리암네 1세(Mariamne I)에게서 얻은 아리스토불루스(Aristobulus)라는 아들이 있었습니다. 그러나 헤롯 대왕에게 반역 혐의로 몰려서 어머니와 함께 처형되었습니다. 그가 죽기 전에 아들을 하나 남겼는데, 바로 오늘 본문에 나오는 '헤롯 아그립바 1세'(Herod Agrippa I)입니다. 아그립바 1세는 어렸을 때부터 로마로 보내져서 로마 황제의 자제들 틈에서 성장했는데, 앞에서 언급한 글라우디오황제가 바로 그의 친구였습니다. 그 후광에 힘입어 아그립바 1세는 유대 전체 지역의 통치권을 넘겨받아 공식적인 '왕'으로 부임하게 되었습니다.

할아버지 헤롯 대왕 이후에 처음으로 명실상부한 팔레스타인의 최고 통치자가 된 헤롯 아그립바 1세는 자기의 영향력을 확대하기 위해서 유대인들의 지지가 필요했습니다. 그래서 여느 유대인처럼 절기와 전통을 잘 따르면서 늘 성전에 나아가 제사를 드렸습니다. 그리고 성전 주변의 성벽을 확장하고 보수하면서 유대인의 환심을 끌어내는 데 성공했습니다. 그러던 중에 유대교 지도자들이 그리스도인을 미워한다는 사실을 알게 되었고, 그것을 이용해서 자신의 정치적인 인기를 높이려고 했습니다.

시범적으로 '요한의 형제 야고보'를 칼로 참수했더니, 유대인들이 아주 좋아하는 겁니다. 그러자 이번에는 베드로를 죽이기 위해서 체포하여 감금해 두었습니다. 그때가 마침 무교절이었는데, 무교절 일주일 동안은 아무런 재판이나 형 집행을 할 수 없었기 때문에 헤롯은 베드로를 가두어 놓고 무교절이 끝나기를 기다렸습니다. 그러니까 이번 박해는 전적으로 헤롯 아그립바 1세가 자신의 인기를 높이기 위한 정치적인 의도에서 비롯된 것이었습니다.

교회의 기도

야고보와 베드로를 죽이는 것은 최고 권력자인 헤롯 왕에게는 그저 장난스러운 일이었습니다. 그의 할아버지 헤롯 대왕은 베들레헴의 두 살 이하의 사내아이들을 한꺼번에 학살한 전력이 있습니다. 성경 고고학자 올브라이트(William F. Albright)는 이때 약 20명 안팎의 아이들이 죽었을 것으로 추정합니다. 헤롯 아켈라오는 자신의 권력을 유지하기 위하여 동족 유대인 3천 명을 학살했습니다. 그에 비하면 아그립바 1세가 그리스도인 한두 사람의 생명을 빼앗는 일은 아무 일도 아닙니다.

그렇지만 예루살렘교회에는 큰 충격이 아닐 수 없었습니다. 요한의 형제 야고보는 이미 순교했습니다. 예수님의 수제자이며 예루살렘교회 초대 담임자인 베드로는 지금 경비가 삼엄한 감옥에 갇혀서 죽기만을 기다리고 있습니다. 이럴 때 예루살렘교회의 성도들이 과연 무슨 일을 할 수 있었을까요?

이에 베드로는 옥에 갇혔고 교회는 그를 위하여 간절히 하나님께 기도하더라(행 12:5).

그렇습니다. 그들에게는 하나님께 기도하는 것밖에 없습니다. 어떤 사람들은 "기도한다고 무슨 소용이냐?"라고 말할 것입니다. "그런다고 뭐가 달라지겠느냐?"라고 할 것입니다. 물론 우리가 어떤 종류의 기도를 하든지 하나님께서 그것을 다 들어주실 의무는 없으십니다. 그러나 그렇다고 해서 기도할 필요가 없다고 말해서는 안 됩니다. 왜냐하면 기도는 적어도 두 가지 일을 하기 때문입니다.

첫 번째로 기도는 하나님께 가까이 나아가게 합니다. 기도는 유한한 인간을 무한하신 하나님께 접근시킵니다. 대화가 사람 사이를 연결하는 다리가 되는 것과 같이, 기도는 하나님과 사람 사이를 연결하는 다리가 됩니다. 사람들이 대화를 나눔으로써 서로 알게 되는 것 같이 기도를 통해서 우리는 하나님을 더욱 알게 됩니다. 기도하지 않으면 문제에 집중하게 되지만, 기도하게 되면 하나님에게 집중하게 됩니다. 그렇기에 우리는 어려운 일을 만날수록 더욱더 힘써서 하나님께 기도해야 하는 것입니다.

두 번째로 기도는 불가능한 일을 가능하게 하는 능력을 경험하게 합니다. 물론 우리가 소나무 뿌리를 뽑을 정도로 열심히 땀 흘려가며 기도했기 때문에 기적이 생기는 것은 아닙니다. 그러나 기도는 하나님의 능력에 접촉하는 통로입니다. 기도에는 반드시 결과가 있습니다. 기도에는 언제나 응답이 있습니다. 우리 주님도 언제나 아버지 하나님께 기도하신 후에 표적을 보이셨습니다. 우리가 간절히 기도했기 때문에 하나님께서 마지못해 들어주시는 것이 아니라 우리의 기도를 통로로 사용하여 하나님께서 놀라운 일을 이루시는 것입니다.

물론 우리가 기도하는 것이 우리가 원하는 시간과 방식대로 이루어지지 않을 수도 있습니다. 그러나 결과적으로 하나님은 우리에게 가장 좋은 것을 반드시 허락해 주십니다. 문제는 하나님께서 기도에 응답하셨을 때 우리가 과연 어떤 반응을 보일 것이냐입니다. 예루살렘교회 성도들은 베드로의 무사 귀환을 위해서 간절히 기도했습니다. 그리고 하나님께서 그들의 기도에 응답하셨습니다. 그때 그들은 과연 어떤 반응을 보였을까요? 다음 시간에 계속해서 살펴보겠습니다.

기도 생활은 신앙생활의 핵심적인 내용입니다. 그리스도인은 기도의 사람이어야 합니다. 특히 하나님 나라의 증인에게 기도 생활은 선택이 아니라 필수입니다. 오늘도 우리는 묶인 자, 갇힌 자, 고통당하는 자를 위해 하나님께 믿음으로 간구해야 합니다. 그럴 때 하나님께서 우리의 기도를 통로로 사용하셔서 놀라운 역사를 이루실 것입니다.

묵상 질문: 나는 기도의 능력을 체험한 적이 있는가?

오늘의 기도: 하나님 아버지, 어떤 종류의 박해가 닥쳐와서 우리의 신앙을 위협한다고 하더라도, 결코 믿음의 길에서 물러서지 않게 하옵소서. 오히려 더욱 담대하게 하나님을 신뢰하며 기도하게 하시고, 그 기도를 통해서 하나님의 살아계심과 능력을 체험할 수 있게 하옵소서. 예수님의 이름으로 기도합니다. 아멘.

베드로 탈옥 사건

읽을 말씀: 사도행전 12:6-19

새길 말씀: 11이에 베드로가 정신이 들어 이르되 내가 이제야 참으로 주께서 그의 천사를 보내어 나를 헤롯의 손과 유대 백성의 모든 기대에서 벗어나게 하신 줄 알겠노라 하여 12깨닫고 마가라 하는 요한의 어머니 마리아의 집에 가니 여러 사람이 거기에 모여 기도하고 있더라(행 12:11-12).

예루살렘교회의 지도자에 대한 박해는 헤롯 아그립바 1세가 유대인의 인기를 얻기 위해서 연출한 정치적인 장난이었습니다. 그 장난에 이미 요한의 형제 야고보는 순교 당했습니다. 그리고 베드로는 삼엄한 감옥에 갇혀서 죽기만을 기다렸습니다. 예루살렘교회의 성도들에게는 하나님께 기도하는 것밖에 할 수 있는 일이 없었습니다. 메시지성경은 이렇게 표현합니다.

베드로가 감옥에서 삼엄한 경비를 받고 있는 동안에, 교회는 그를 위해 더욱 맹렬히 기도했다(행 12:5, 메시지).

그렇습니다. 우리가 직면한 문제가 점점 더 심각해지고 어려워질수록 우리는 더욱 '맹렬하게'(most strenuously) 기도해야 합니다. 우리가 하나님께 기도할 수 없을 만큼 심각한 문제는 이 세상에 없습니다. 기도를 통해 극복할 수 없는 상황은 이 세상에 존재하지 않습니다. 왜냐하면 우리가 믿고 있는 하나님은 이 세상을 창조하고 섭리하며 다스리는 분이시기 때문입니다. 하나님은 그 어떤 문제보다 더 크고 위대하신 분입니다. 그러므로 우리는 하나님께 기도해야 합니다.

베드로의 단잠

예루살렘교회 성도들이 맹렬하게 기도하는 가운데 드디어 하나님께서 베드로를 탈옥시키기 위해 개입하기로 하셨습니다.

헤롯이 잡아내려고 하는 그 전날 밤에 베드로가 두 군인 틈에서 두 쇠사슬에 매여 누워 자는데 파수꾼들이 문밖에서 옥을 지키더니…(행 12:6).

베드로의 처형이 미뤄지고 있었던 이유는 무교절 절기 때문이었습니다. 이제 그 절기가 다 끝났습니다. 내일이면 형식적인 재판을 거쳐서 야고보처럼 참수될 예정입니다. 베드로는 자신의 운명이 어떻게 될 것인지 잘 알고 있었습니다. 그런데 감옥에 갇혀 있는 그의 모습을 한번 보십시오. 그는 태평하게 '누워서 자고' 있었습니다.

당시 베드로는 4인 1조의 군인들에 의해 삼엄하게 감시되고 있었습니다. 그는 '두 군인 틈에서 두 쇠사슬에 매여' 있었다고 합니다. 여기에서 우리말 '쇠사슬'로 번역된 헬라어가 바로 '할루시스'(halusis)입니다. 로마 군인들이 죄수를 감시할 때 손목에 채우던 짧은 쇠사슬을 의미합니다. 그것을 파수병의 손에 또한 연결해 두기 때문에 탈출이란 절대로 불가능한 상황입니다. 게다가 나머지 두 파수꾼은 '문밖에서' 감시하고 있었습니다. 그야말로 물 샐 틈도 없이 완벽하게 지키고 있었던 것입니다.

아마도 처형을 앞둔 죄수가 마지막으로 발악할지도 모르기 때문에 내려진 조치였을 것입니다. 생각해 보십시오. 딱딱하고 차가운 바닥에서 혼자서 잠을 자도 불편할 텐데, 양쪽에는 군인들이 쇠사슬로 묶어놓고 단단히 지키고 있으니 그 얼마나 불편한 잠자리였겠습니까? 게다가 내일이면 야고보처럼 처형될 운명입니다. 그런데도 베드로는 '누워서 쿨쿨 자고' 있었던 것입니다! 메시지성경은 아예 한술 더 떠서 이렇게 표현합니다.

> 그날 밤, 베드로는 양쪽에 한 명씩 두 병사 틈에 쇠사슬로 묶여 있으면서도, 아기처럼 잘 잤다(행 12:6, 메시지).

"Peter slept like a baby"(MSG).

베드로의 믿음과 그의 마음 상태를 이보다 더 잘 드러내는 표현은 아마 없을 것입니다. 베드로는 예수님이 잡히시던 밤에 그를 모른다고 극구 부인하던 바로 그 베드로가 아니었습니다. 자신의 처형을 앞둔 마지막 밤 감옥 속에서도 마치 황제의 침대에서 자는 것처럼 단잠을 잘 수 있을 만큼 베드로는 대단한 믿음을 가진 사람이 되었던 것입니다.

베드로의 믿음은 이런 것이었습니다. "내가 살아있음은 주님이 나를 살아있게 하심 때문이요, 주님이 나를 살아있게 하심은 내가 감당해야 할 사명이 있기 때문이다!" 정말 그렇습니다. 하나님이 우리에게 무언가 시키실 일이 있는 동안은 데려가지 않으십니다. 만일 하나님께서 우리를 데려가신다면, 그것은 우리가 주어진 사명을 완수했기 때문입니다. 그런 믿음이 우리에게 있다면 죽음을 두려워할 이유가 하나도 없는 것입니다.

베드로가 처형되기 전날 밤 감옥에서 아기처럼 태평하게 자는 모습에서, 우리는 생사를 넘어서서 하나님의 사명에 온전히 사로잡혀 있는 믿음의 사람을 보게 됩니다. 조그만 걱정거리에도 잠 못 이루면서 불면증에 시달리는 우리의 믿음 없는 모습과는 아주 대조적입니다. 우리는 언제나 베드로처럼 그런 믿음의 모습으로 살 수 있을까요?

베드로의 탈옥

군인들이 아무리 철저하게 지키고 감시한다고 하더라도 하나님은 얼마든지 베드로를 탈옥시키실 수 있습니다.

> 7홀연히 주의 사자가 나타나매 옥중에 광채가 빛나며 또 베드로의 옆구리를 쳐 깨워 이르되 급히 일어나라 하니 쇠사슬이 그 손에서 벗어지더라 8천사가 이르되 띠를 띠고 신을 신으라 하거늘 베드로가 그대로 하니 천사가 또 이르되 겉옷을 입고 따라오라 한대 9베드로가 나와서 따라갈새 천사가 하는 것이 생시인 줄 알지 못하고 환상을 보는가 하니라(행 12:7-9).

갑작스럽게 한 천사가 나타나고 감옥에 광채가 가득했습니다. 그 천사는 아이처럼 쿨쿨 자는 베드로의 옆구리를 흔들어 깨웠습니다. 그랬더니 손에서 쇠사슬이 벗어지는 것입니다. 바로 곁에 있던 군인들이 깨닫지 못하는 사이에 일어난 일입니다. 베드로는 천사가 시키는 대로 허리띠를 매고, 신발을 신고,

겉옷을 챙겨서 따라 나갔습니다. 그러나 베드로는 그것이 현실인지 깨닫지 못하고 꿈을 꾸고 있다고 생각했습니다.

만일 베드로가 그것이 현실인 줄 알았더라면 과연 어떻게 되었을까요? 아마도 그렇게 조용히 빠져나가지 못했을 것입니다.

> 10이에 첫째와 둘째 파수를 지나 시내로 통한 쇠문에 이르니 문이 저절로 열리는지라 나와서 한 거리를 지나매 천사가 곧 떠나더라 11이에 베드로가 정신이 들어 이르되 내가 이제야 참으로 주께서 그의 천사를 보내어 나를 헤롯의 손과 유대 백성의 모든 기대에서 벗어나게 하신 줄 알겠노라 하여(행 12:10-11).

쇠사슬이 풀리고 감방에서 나왔다고 전부가 아니었습니다. 그 감옥은 이중, 삼중의 보안장치가 되어 있었습니다. 그러나 사람들이 아무리 철저하게 감시하고 지킨다고 해도 하나님의 능력으로 뚫지 못할 감옥은 없습니다. 천사는 베드로를 데리고 정면 돌파하여 나왔습니다. 첫째 경비병을 지나고, 둘째 경비병을 지나서, 밖으로 나가는 마지막 철문에 이르렀습니다. 그랬더니 마치 자동문이 열리듯 무거운 철문이 저절로 활짝 열렸던 것입니다. 밖으로 나가 거리를 하나 지나가자, 천사가 홀연히 사라졌습니다. 그제야 베드로는 이것이 꿈이 아니라 실제로 벌어진 일이라는 사실을 깨닫게 되었습니다.

이 말씀을 묵상하다가 오래전에 읽었던 『하늘에 속한 사람』이라는 책에서 만난 중국의 '윈' 형제 이야기가 생각났습니다. 그가 중국 공안에 의해 극심한 고문을 받고 감옥에 갇혀 있다가 탈출한 이야기를 간증하고 있는데, 베드로의 탈옥 이야기와 너무나 흡사합니다. 그냥 감옥 정문을 통해서 걸어 나왔는데, 아무도 막는 사람이 없었답니다. 마치 그들의 눈을 가려놓은 것처럼 윈 형제가 감옥 밖으로 나가는 것을 알아차리지 못했다는 것입니다. 정말 믿기 힘든 일입니다. 그렇지만 베드로에게 실제로 일어난 일이라면 윈 형제에게도 얼마든지 일어날 수 있습니다.

마가의 다락방

베드로의 탈옥은 인간의 상식으로는 도무지 설명할 수 없는 일입니다. 철통같이 지키던 군인들을 따돌린 것도 그렇고, 무거운 철문이 마치 자동문처럼 열린 것도 그렇고, 인간으로는 흉내 낼 수 없는 일들입니다. 그것은 모두 하나님께서 하신 일입니다. 마지막 순간에 하나님께서 극적으로 베드로를 구원해 내신 것입니다. 그런데 하나님이 왜 그를 구원하셨습니까? 베드로에게는 아직 감당해야 할 사명이 있었기 때문입니다. 예수님이 예언하신 것처럼, 언젠가 베드로에게도 순교의 십자가를 질 때가 반드시 올 것입니다(요 21:18). 그렇지만 아직은 아닙니다.

베드로는 이처럼 '하나님의 때'에 대한 강한 믿음을 가지고 있었습니다. 그래서 마지막 밤이 될지도 모르는 상황에서 아기처럼 편안하게 단잠을 잘 수 있었던 것입니다. 그런데 베드로가 기적적으로 탈옥하게 된 것은 그의 믿음 때문이었을까요? 아니면 베드로를 위해서 간절히 기도하던 예루살렘교회 성도들의 믿음 때문이었을까요? 그다음에 이어지는 이야기를 읽어보면, 그와 같은 인간적인 요인(human factor) 때문이 아니라는 사실을 알게 됩니다.

> 깨닫고 마가라 하는 요한의 어머니 마리아의 집에 가니 여러 사람이 거기에 모여 기도하고 있더라(행 12:12).

감옥에서 나온 베드로는 곧장 '마가라 하는 요한의 어머니 마리아의 집'으로 갔습니다. 그곳은 예수님이 유월절 최후의 만찬을 나누신 다락방이 있던 장소로서(눅 22:7-23), 나중에는 예루살렘교회의 본거지가 되었습니다. 오순절 성령강림 사건이 일어났을 때도 이곳에 120명의 제자가 모여서 열심히 기도하던 중에 모두 성령세례를 받고 방언의 은사를 받았지요(행 1:12-14; 2:1-4).

'마가라 하는 요한'은 후에 마가복음을 쓴 '마가'인데, 바나바의 조카라는 인연으로 바울의 첫 번째 선교여행에 동행하였다가 도중에 낙오한 장본인입니다. 마가의 집이 예루살렘교회의 본거지가 된 것에는 그곳을 모임 장소로 제공했던 마가의 어머니 마리아의 헌신이 결정적인 역할을 했습니다. 그러니까 우리가 흔히 말하는 '예루살렘교회'는 마가의 다락방을 주요한 모임 장소로 사용하였던 것입니다. 베드로가 탈옥한 후에 이곳을 찾은 것은 지극히 자연스러운 일이었습니다.

마가의 다락방에서 예루살렘교회의 나머지 성도들은 베드로를 위해서 기도하고 있었습니다. 동이 트면 베드로의 재판과 처형이 집행될 것을 모두 알고 있었던 터라 그들은 더욱 맹렬하게 하나님께 간구하고 있었던 것입니다. 문제는 베드로의 구원을 위해서 기도는 하고 있었지만, 실제로 그것이 이루어지리라고는 아무도 기대하지 않았다는 사실입니다.

> 13베드로가 대문을 두드린대 로데라 하는 여자아이가 영접하러 나왔다가 14베드로의 음성인 줄 알고 기뻐하여 문을 미처 열지 못하고 달려 들어가 말하되 베드로가 대문 밖에 섰더라 하니 15그들이 말하되 네가 미쳤다 하나 여자아이는 힘써 말하되 참말이라 하니 그들이 말하되 그러면 그의 천사라 하더라(행 12:13-15).

베드로가 문을 두드렸을 때 '로데'(Rhoda)라는 여자아이가 영접하러 나왔다가 베드로의 음성을 알아차렸습니다. 뜻밖의 일에 너무나 흥분한 나머지 베드로에게 문을 열어줄 생각도 하지 못하고 안으로 달려 들어가서 베드로가 왔다는 사실을 모두에게 알렸습니다. 그러나 사람들은 아무도 그녀의 말을 믿으려고 하지 않았습니다. 장난으로 간주하여 그 아이의 말을 무시해 버렸던 것입니다.

그들은 심지어 "네가 미쳤다!"라고 하면서 몰아붙였습니다. "어떻게 그런 일이 일어날 수 있겠느냐?"라는 뜻입니다. 그런데 그들이 지금 마가의 다락방에 모여 무얼 하고 있었습니까? 기도하고 있었습니다. 누구를 위해서 기도하고 있었습니까? 베드로를 위해서였습니다. 베드로가 어떻게 되기를 기도했습니까? 무사히 풀려나기를 기도했습니다. 그렇다면 베드로가 지금 대문 밖에 서 있다는 말을 어떻게 받아들여야 합니까? 그들이 정말 믿음으로 기도했다면 그 아이의 말을 사실로 받아들여야 합니다.

그러나 그들은 그러지 않았습니다. 상식적으로 이루어질 수 없는 말을 한다고, "네가 미쳤다"라고 하면서 무시했습니다. 그 이야기는 그들이 밤새도록 열심히 기도는 했지만, 믿지 않고 기도했다는 뜻입니다. 기도하기는 했지만, 믿음 없는 기도를 한 것입니다. 로데는 자기의 뜻을 굽히지 않았습니다. 그녀는 베드로의 음성을 분명히 들었기 때문에 확신이 있었습니다. 그러자 사람들은 단정 지어 말합니다. "그렇다면 너는 베드로의 천사를 본 것이 틀림없어!" 실제 베드로를 본 것이 아니라 '헛것'을 보았다는 뜻입니다. 만일 베드로가 계속해서 문을 두드리지 않고 다른 곳으로 가버렸다면, 그들은 자신의 기도가 응답되었다는 사실을 확인하지 못했을 것입니다.

믿음 없는 기도

그렇다면 베드로가 기적적으로 탈옥하게 된 것은 예루살렘교회 성도들의 믿음 때문일까요? 그들의 간절한 기도에 대한 하나님의 응답일까요? 그들이 밤새워 철야 기도한 것은 틀림없는 사실입니다. 그것도 아주 '맹렬하게' 기도했습니다. 그러나 그들의 기도는 '믿음 없는 기도'였습니다. 그러면 하나님은 왜 그들의 기도에 응답하신 것일까요? 그것이 바로 하나님의 은혜입니다.

이런 이야기가 있습니다. 어느 농촌 마을에 작은 교회가 있었습니다. 그해 가뭄이 심해서 도무지 농사를 지을 수 없을 정도가 되자, 어느 주일 아침부터 모여서 하루 종일 하나님께 비를 내려달라고 기도하기로 했습니다. 모든 성도가 모여서 열심히 기도했습니다. 그해 농사를 망치면 당장에 굶어 죽을 수밖에 없는 절박한 상황이었기에 모두 간절한 마음으로 기도했습니다.

늦은 오후가 되었는데, 정말 놀라운 일이 벌어졌습니다. 갑자기 천둥이 치고 비가 후드득후드득 떨어지기 시작하더니, 굵은 장대비가 쏟아지는 것입니다. 하나님께서 그들의 기도에 응답하신 것입니다. 그런데 문제가 생겼습니다. 집에 돌아가야 하는데 아무도 우산을 가져오지 않은 겁니다. 그때 한 여자아이가 우산을 펼쳐 들고 가면서 이렇게 말하더랍니다. "비를 내려달라고 기도하면서, 그래 우산도 가져오지 않으셨어요?" 믿지 않는 기도, 믿음 없는 기도에도 응답해 주시는 것이 바로 하나님의 은혜입니다.

16베드로가 문 두드리기를 그치지 아니하니 그들이 문을 열어 베드로를 보고 놀라는 지라 17베드로가 그들에게 손짓하여 조용하게 하고 주께서 자기를 이끌어 옥에서 나오게 하던 일을 말하고 또 야고보와 형제들에게 이 말을 전하라 하고 떠나 다른 곳으로 가나라(행 12:16-17).

베드로가 끈질기게 문을 두드리자, 마침내 사람들이 문을 열어 진짜 베드로가 기적적으로 탈옥해서 그 자리에 와 있다는 사실을 확인하게 되었습니다. 모두 깜짝 놀랄 수밖에 없었겠지요. 베드로는 그들을 진정시키고, 어떻게 하나님께서 자기를 감옥에서 빼내 주셨는지 자세하게 설명해 주었습니다. 그리고 "야고보와 형제들에게 이 일을 알리라" 부탁하고 다른 곳으로 떠납니다. 여기에 등장하는 '야고보'는 예수님의 친형제 중의 하나인 야고보(James the brother of Jesus)를 말합니다.

이때 이미 야고보는 베드로와 함께 예루살렘의 지도자로 활동하고 있었습니다. 그런데 어찌 된 일인지 오늘 본문에는 등장하지 않습니다. 그 이유가 궁금합니다. 물론 예루살렘교회의 지도자로서 해야 할 다른 사역이 많이 있었을 것입니다. 그렇지만 지금 베드로의 안위를 걱정하며 절박한 마음으로 함께 모여 기도하는 자리에 참여하는 것보다 더 중요한 다른 사역이 있을까 싶습니다. 혹시라도 베드로의 뒤를 이어 자신에게 닥쳐올 위험을 피하려고 어딘가에 숨어 있었던 것은 아닐까요?

그러고 보니까 그 자리에 야고보만 없었던 것이 아닙니다. 다른 '형제들'도 없었습니다. 여기에서 형제들이란 예루살렘교회의 지도자를 가리키는 말입니다. 그렇게 본다면 더욱 심각한 문제입니다. 마가의 다락방에서 베드로를 위해서 기도하던 사람들은 일반 평신도였다는 뜻이기 때문입니다. 베드로는 '야고보와 형제들'을 콕 집어서 이 말을 전하라고 부탁합니다. 아마도 이번에 일어난 헤롯의 박해가 교회의 지도자급 인물에 집중되었기 때문에 안전을 위해 흩어져 있었던 것으로 보입니다.

그렇다면 베드로가 기적적으로 풀려났다는 이야기는 그들에게 어떤 메시지가 되었을까요? 그것은 하나님에 대한 믿음을 새롭게 일깨우는 메시지가 되었을 것입니다. 하나님이 여전히 일하고 계시니 결코 두려워하거나 위축되지 말고 계속해서 주어진 사명을 감당하라는 격려의 메시지가 되었을 것입니다. 베드로는 그 말을 남기고 다른 곳으로 갑니다. 목숨을 구하기 위해서 몸을 일단 피하고 본 것이 아닙니다. 그에게 주어진 사명을 감당하기 위하여 간 것입니다.

하나님은 우리의 믿음 없는 기도에도 응답하십니다. 우리의 몸 사리는 모습에도 실망하지 않으십니다. 우리가 계속해서 믿음의 길을 걷기를 기대하십니다. 그러니 우리의 비겁하고 연약한 모습에 스스로 낙심하거나 자책할 필요가 없습니다. 다시 일어서서 주님이 맡겨 주신 사명을 감당하면 됩니다. 지금부터라도 '생명보다 소중한 사명'에 붙들려 살아가면 됩니다.

묵상 질문: 나는 믿음 없는 내 모습에 실망한 적은 없는가?

오늘의 기도: 하나님 아버지, 연약하고 믿음 없는 우리의 기도에도 응답하시는 은혜에 감사드립니다. 현실적인 두려움으로 인해서 더러 숨어 지낼 때도 있지만, 여전히 일하시는 주님을 믿고 다시 일어서게 하옵소서. 이제는 생명보다 소중한 사명에 붙들려 담대히 살아가게 하옵소서. 예수님의 이름으로 기도합니다. 아멘.

증인 공동체의 생명력

읽을 말씀: 사도행전 12:20-25

새길 말씀: 23헤롯이 영광을 하나님께로 돌리지 아니하므로 주의 사자가 곧 치니 벌레에게 먹혀 죽으니라 24하나님의 말씀은 흥왕하여 더하더라(행 12:23-24).

지난 시간에 우리는 믿음 없는 기도에도 응답해 주시는 하나님의 은혜에 대해서 생각해 보았습니다. 예루살렘교회 성도들은 베드로가 처형되지 않게 해달라고 기도했습니다. 그렇지만 정작 베드로가 기적적으로 감옥에서 나오자, 그 사실을 믿으려고 하지 않았습니다. 기도는 맹렬하게 했지만, 실제로는 믿음이 없었던 것이지요. 그러면서 우리도 그들과 별로 다르지 않다는 생각에 다다르게 되었습니다. 지금까지 우리가 받은 기도의 응답은 사실상 하나님의 은혜였던 것입니다.

군인들의 처벌

베드로의 기적적인 탈옥 사건은 예루살렘교회 성도들에게 큰 기쁨이 되었지만, 그를 지키던 군인들에게는 큰 재앙이 되었습니다.

동이 트자 감옥에서는 난리가 났습니다. 오늘 재판받고 처형되기로 예정되어 있던 베드로가 감쪽같이 사라졌기 때문입니다. 헤롯은 베드로를 찾아오라고 야단을 쳤지만, 군인들은 베드로의 행적도 사라진 이유도 말하지 못했습니다. 그러자 헤롯은 그들을 심문하고 사형에 처하라고 명령합니다.

당시 로마의 법에는 감옥에 잡아 가둬둔 죄인이 도주하는 일이 발생하면 그를 지키던 군인들이 책임을 지고 대신 죽임을 당하게 되어 있었습니다. 바울과 실라가 빌립보 감옥에 갇혔을 때 지진이 나서 옥문이 열리자, 죄수들이 도망한 줄 생각하고 간수가 스스로 목숨을 끊으려고 했던 것도 바로 그 때문이었습니다(행 16:27). 그때 바울이 나서서 만류했고, 결국 그 간수는 예수님을 믿고 온 가족이 함께 세례를 받았지요.

그런데 베드로를 지키고 있던 군인들의 처지에서 생각해 보면 억울합니다. 그들의 실수나 태만으로 베드로가 탈옥했다면 물론 책임을 지는 것이 당연합니다. 그러나 그들은 자기에게 주어진 일을 성실하게 감당했을 뿐입니다. 하나님이 초자연적으로 개입하시는 것을 그 누가 감히 막을 수 있겠습니까? 실제로 그들에게 어떤 처벌이 내려졌는지 우리는 알 길이 없습니다. 그러나 헤롯의 명령이 그대로 실행되어 베드로의 탈옥에 대한 책임을 지고 죽임을 당했다면, 그들로서는 참으로 억울한 일이 아닐 수 없습니다.

그렇지만 분명히 알아야 합니다. 그것이 바로 패역한 세대에서 사는 사람들의 마지막 결말입니다. 악한 정권이나 지도자에게 충성하다가는 결국 그렇게 되고 맙니다. 그러나 생명을 주시는 주님에게 충성하면 죽어도 다시 살아날 수 있습니다. 따라서 우리가 지금 누구를 주인으로 섬기며 충성하고 있는지 정직하게 물어야 합니다. 그리고 우리가 마땅히 서 있어야 할 자리를 분명히 해 두어야 합니다.

아무튼 헤롯은 군인들을 심문하고 죽이라고 명령하고는 곧장 유대를 떠나서 가이사랴로 내려가서 거기에 머물렀다고 합니다. 가이사랴(Caesarea Maritima)에는 팔레스타인을 다스리던 로마 총독의 거주지도 있었고, 헤롯 대왕이 직접 건설한 궁전도 있었습니다. 헤롯 아그립바 1세가 그동안 예루살렘에 와서 지낸 것은 어떤 특별한 목적을 이루기 위한 것이었을 뿐, 그곳에 계속 머물 계획은 없었던 것으로 보입니다.

야고보를 죽임으로써 유대인들에게 인기를 얻었으니, 그만하면 어느 정도 목적을 달성했다고 생각했던 것일까요? 아니면 베드로를 죽임으로써 더 큰 인기를 얻을 줄로 기대했는데, 자신의 계획대로 진행되지 않자 그만 흥미를 잃어버렸던 것일까요? 헤롯은 아무 일도 없었다는 듯이 그냥 훌쩍 가이사랴로 돌아갔습니다. 그가 그리스도인에 대한 박해를 장난처럼 여겼다고 평가하는 이유입니다. 그에게는 그리 심각하고 중요한 문제가 아니었던 것입니다.

헤롯의 죽음

헤롯이 예루살렘에서 한 일이 무엇입니까? 야고보를 죽이고 베드로를 죽이려다가 그를 지키던 군인들에게 책임을 물어 죽인 게 전부였습니다. 다른 사람의 생명을 그렇게 하찮게 여기는 사람을 하나님께서 그냥 두실리가 없습니다. 헤롯은 결국 자기의 무덤을 스스로 파고 맙니다.

> 헤롯이 두로와 시돈 사람들을 대단히 노여워하니 그들의 지방이 왕국에서 나는 양식
> 을 먹는 까닭에 한마음으로 그에게 나아와 왕의 침소 맡은 신하 블라스도를 설득하
> 여 화목하기를 청한지라(행 12:20).

두로(Tyre)와 시돈(Sidon)은 가이사랴 북쪽 지중해 연안에 있는 베니게의 도시로 지금의 레바논 지역에 해당합니다. 여기에서 누가는 헤롯이 어떤 이유로 두로와 시돈 사람들을 미워하게 되었는지 자세하게 설명하지 않습니다. 아마도 헤롯이 그들에게 어떤 정치적인 영향력을 행사하려고 했는데 그것에 잘 협조하지 않자, 그에 대한 보복으로 식량 공급을 제한하거나 끊으려고 했던 것으로 보입니다.

그러자 두로와 시돈 사람들은 헤롯의 오른팔 격이었던 블라스도(Blastus)에게 접근했습니다. 본문에는 '왕의 침소 맡은 신하'로 소개되는데, 이는 '왕의 시종장'(the king's chamberlain)을 의미합니다. 블라스도는 단순한 하인이 아니라 왕의 사적인 공간과 일정을 주관하고 때로는 정치적인 중개 역할까지 맡는 고위직 비서였습니다. 그를 설득하려면 아마도 꽤 많은 뇌물을 주어야 했을 것입니다. 그렇게 헤롯과 관계를 회복할 수 있는 특별한 자리를 만들었던 것입니다.

그다음 이야기는 헤롯이 두로와 시돈의 대표단을 맞이하던 자리에서 일어난 일입니다.

> [21]헤롯이 날을 택하여 왕복을 입고 단상에 앉아 백성에게 연설하니 [22]백성들이 크게
> 부르되 이것은 신의 소리요 사람의 소리가 아니라 하거늘 [23]헤롯이 영광을 하나님께

여기에 등장하는 '백성들'은 두로와 시돈에서 파송한 대표단을 가리킵니다. 지금 헤롯이 '갑'이라면 그들은 '을'이었습니다. 어떻게 해서든지 헤롯의 환심을 사야 할 필요가 있었습니다. 헤롯은 화려하게 옷을 차려입고 두로와 시돈의 대표단을 맞는 자리에서 일장 연설했습니다. 그러자 그들은 입을 맞춘 듯이 "이것은 신의 소리요, 사람의 소리가 아니라!"고 하면서 아첨했습니다.

메시지성경은 이렇게 풀이합니다. "사람들은 마치 연극을 하듯 열광적으로 외쳤다. '이건 사람의 목소리가 아니야! 신의 목소리야!'"(The people played their part to the hilt and shouted like actors in a play, 'That's the voice of a god! Not a man!' MSG)

누가 보아도 그냥 헤롯이 듣기 좋아하라고 말한 것임을 금방 알아차릴 수 있습니다. 그런데 헤롯은 이 말에 속아 넘어가고 말았습니다. 사실 유대인들에게 그런 칭찬을 듣고 싶어서 요한의 형제 야고보를 참수하고 베드로까지 죽이려 했던 헤롯이었습니다. 예루살렘에서는 자기 계획대로 진행되지 않았지만, 두로와 시돈에서 온 이방인들에게 그런 이야기를 들으니까 괜히 우쭐해졌을 것입니다.

본문은 헤롯이 "영광을 하나님께 돌리지 않았다"(Herod did not give praise to God. NIV)라고 합니다. 두로와 시돈의 대표단이 '신의 소리'라고 했을 때, 그 영광을 당연히 하나님께 돌려야 했었습니다. 다시 말해서 자신이 '신'이 아니라고 대답했어야 합니다. 그러나 헤롯은 그렇지 않았던 것입니다. 그는 여느 유대인처럼 예루살렘 성전에서 꼬박꼬박 제사를 드리기는 했습니다. 그렇지만 단 한 번도 하나님을 찬양한 적이 없었습니다. 그는 오히려 사람들에게 찬양받기를 좋아하고 또한 기대했습니다. 그런 헤롯에게 하나님의 심판이 임하는 것은 지극히 자연스러운 일입니다.

아무튼 그것이 결정타가 되었습니다. 하나님은 헤롯의 오만함을 더 이상 인내할 수 없으셨습니다. 그래서 천사를 보내어 그를 치셨고, 헤롯은 벌레에 먹혀 죽고 말았습니다. 유대인 역사가 요세푸스는, 헤롯 아그립바 1세가 연설 도중에 갑작스럽게 복부에 극심한 통증을 느끼면서 쓰러졌고 5일 후에 죽었다고 기록합니다. 그때 그의 배는 이미 부패한 상태였다고 합니다. 아직 살아있는 채로 내장이 썩어들어갔으니 얼마나 고통스러웠을까요.

그는 할아버지 헤롯 대왕 이후에 처음으로 팔레스타인 전 지역을 다스리는 권세를 누리게 되었지만, 그것도 잠시였을 뿐 결국 벌레의 밥이 되고 말았던 것입니다. 바로 그것이 하나님께 돌려야 할 영광을 가로채는 교만한 사람이 맞이하게 될 비극적인 최후입니다.

하나님 말씀의 흥왕

한편 헤롯에 의해서 박해당하던 예루살렘교회는 어떻게 되었을까요?

하나님의 말씀은 흥왕하여 더하더라(행 12:24).

이 부분을 메시지성경은 다음과 같이 표현합니다. "한편, 하나님의 말씀 사역은 하루가 다르게 크게 성장했다"(Meanwhile, the ministry of God's Word grew by leaps and bounds. MSG). 교회를 박해하던 헤롯이 벌레에 먹혀 죽어가는 동안, 하나님의 말씀 사역은 오히려 급속도로 성장했던 것입니다. 정말 아이러니한 일이 아닐 수 없습니다.

그렇습니다. 세상의 최고 권력자가 아무리 박해한다고 해도 기독교 신앙은 계속해서 성장하게 되어 있습니다. 왜냐하면 그것은 '하나님의 말씀'이기 때문입니다. 그러고 보면 누가는 사도행전을 기록하면서 결정적인 순간마다 "하나님의 말씀이 흥왕했다"라는 표현을 사용합니다. 가장 먼저 등장하는 곳은 바로 과부 구제의 문제로 일어난 내부적인 갈등을 극복하는 장면입니다.

하나님의 말씀이 점점 왕성하여 예루살렘에 있는 제자의 수가 더 심히 많아지고 허다한 제사장의 무리도 이 도에 복종하니라(행 6:7).

예루살렘교회 안에 과부 구제의 문제가 불거졌을 때, 사도들은 매우 중요한 결단을 내립니다. 구제 사역은 평신도 지도자에게 맡기고, 사도들은 '말씀 사역'과 '기도 사역'에 집중하기로 한 것입니다. 그랬더니 불공평의 문제가 깔끔하게 해소되었을 뿐 아니라 하나님의 말씀이 점점 왕성해졌습니다. 사도들이 다른 사역에 사용하던 시간과 열정을 오직 말씀을 가르치고 선포하는 일에 집중했기 때문입니다.

그렇게 말씀이 왕성해지니까 그와 더불어 제자의 숫자가 급격히 증가했고, 더 나아가서 유대교의 제사장들이 단체로 개종하는 일까지 나타났습니다. 이 일을 통해서 교회의 생명력은 전적으로 '하나님의 말씀'에 달려 있다는 사실을 우리는 확인하게 됩니다. 말씀이 왕성하게 퍼져 나가는 것이 곧 교회가 살아있다는 증거입니다. 그럴 때 기존의 신자들이 제자가 되는 질적인 변화가 나타나고, 하나님을 껍데기로 믿고 있던 사람들이 진짜 하나님을 만나게 되는 충격적인 사건이 일어나게 되는 것입니다.

물론 유대교 제사장들의 개종에 충격받은 산헤드린의 박해로 인해서 교회는 또다시 위기에 직면하게 되었습니다. 그러나 박해는 오히려 하나님의 말씀이 땅끝으로 흩어지는 기회가 되었습니다. 유대 지역과 갈릴리 지역과 사마리아 지역에 신앙 공동체가 세워지게 했고, 룻다와 욥바와 가이사랴에도 교회가 세워지게 했습니다. 그리고 저 멀리 베니게와 구브로와 안디옥까지 복음이 전해지게 했습니다. 교회의 생명력은 바로 하나님의 말씀이기 때문입니다.

그러다가 이번에 헤롯 아그립바 1세의 등장으로 교회는 또다시 위기를 맞이했습니다. 요한의 형제 야고보가 참수당했고, 베드로도 같은 운명이 될 뻔했습니다. 그러나 하나님의 개입으로 베드로는 탈옥할 수 있었고, 오히려 헤롯은 하나님의 심판을 받아 벌레에 먹혀 죽고 말았습니다. 바로 이 대목에서 누가는 "하나님의 말씀은 흥왕했다"(행 12:24)라고 기록하고 있습니다. 누가의 의도는 분명합니다. 사람을 죽일 수는 있지만, 그 누구도 하나님의 말씀을 죽일 수는 없다는 진리를 선포하려는 것입니다.

여기에서 우리는 매우 중요한 신앙적인 교훈을 얻습니다. '하나님 말씀'은 기본적으로 세상 권력의 도움을 받지 않아도 쑥쑥 자라게 되어 있습니다. 그런데 지난 2천 년의 기독교 역사를 살펴보면 교회가 세상 권력의 도움에 의지하던 때가 참 많았습니다. 그때에는 오히려 말씀 사역이 줄어들었고, 교회가 부패했습니다. 세상을 변화시키는 신앙 공동체의 영향력은 돈이나 권력이나 사람의 숫자가 아니라 예수 그리스도의 복음, 하나님 나라 메시지의 힘에 달려 있습니다. 패역한 세상은 오직 하나님의 말씀으로만 변화시킬 수 있습니다. 교회의 생명력은 오로지 하나님의 말씀에 있는 것입니다.

공교회의 연대

이때 하나님의 말씀만 흥왕했던 것이 아니었습니다. 증인 공동체 사이의 연대가 더욱 두터워졌습니다. 바로 이 대목에서 안디옥교회가 흉년으로 고통받는 유대에 사는 형제들을 돕기 위해서 모은 연보를 전달하고 돌아오는 이야기를 의도적으로 언급하는 이유입니다.

바나바와 사울이 부조하는 일을 마치고 마가라 하는 요한을 데리고 예루살렘에서 돌아오니라(행 12:25).

이미 살펴본 것처럼 아가보의 예언에 따라 안디옥교회는 예루살렘교회를 위한 연보를 모으기 시작했습니다. 그리고 실제로 흉년이 들었을 때 바나바와 사울이 안디옥교회를 대표하여 전달하러 올라갔습니다(행 11:30). 그다음에 사도행전 12장에 들어와서 누가는 야고보의 순교와 베드로의 투옥을 기록합니다. 그러다가 예루살렘에 갔던 바나바와 사울이 안디옥교회로 다시 돌아오는 이야기로 마무리하는 것입니다.

이와 같은 이야기의 전개 과정으로 비추어볼 때, 바나바와 사울이 예루살렘을 방문하는 동안 헤롯의 박해와 베드로의 탈옥 사건이 일어났다는 사실을 추정해 볼 수 있습니다. 밖으로는 신앙적인 박해를 감내하면서, 안으로는 경제적인 궁핍함으로 고통받고 있던 바로 그 시점에, 안디옥교회의 정성스러운 연보가 전달되었던 것입니다. 그것은 예루살렘교회 성도들에게 큰 위로와 격려가 되었을 것이 틀림없습니다.

앞에서 교회의 생명력은 '하나님의 말씀'에 있다고 했습니다. 그와 더불어 증인 공동체로서 정체성을 지켜나가는 든든한 버팀목이 있습니다. 바로 공교회(公教會)의 연대입니다. 우리는 한 '지역 교회'가 아니라 주님의 몸 된 '공교회'를 섬기고 있습니다. 비록 사는 지역과 구성원은 다를지 모르지만, 주님의 몸으로서 우리는 '하나의 교회'입니다. 그렇기에 고통과 아픔을 함께 나누어야 합니다. 그럴 때 교회는 절대로 무너지지 않습니다. 그런 의미에서 안디옥교회의 연보는 공교회의 연대를 드러내는 가장 좋은 모범입니다.

바나바와 사울이 연보를 전달하는 일을 마치고 안디옥으로 돌아올 때, 이번에는 마가라 하는 요한을 데리고 왔습니다. 그 일을 주도한 사람은 바나바였을 것입니다. 그러나 바나바와 마가가 단지 외삼촌과 조카 사이였기 때문만은 아니었습니다. 오히려 품어서 세워주는 바나바의 성품 때문이었습니다. 다소로 낙향해 있던 사울과 동반 사역했듯이, 바나바는 젊은 마가를 데리고 안디옥으로 내려갔던 것입니다. 그 또한 공교회의 인적인 연대의 좋은 예라 하겠습니다.

이렇게 해서 예루살렘교회와 베드로의 사역을 중심으로 전개되었던 사도행전의 전반부, '하나님 나라의 증인'(행 1-12장) 묵상의 끝자락에 다다르게 되었습니다. 지난 40일 동안 우리가 살펴본 내용을 한번 정리해 보겠습니다. 모두 3막으로 나누어 묵상했습니다.

제1막(1-4장)은 증인 공동체가 탄생하는 이야기였습니다. 오순절 성령강림 사건으로 '제자 공동체'가 '증인 공동체'로 탄생하게 되었고, 삶을 진동하게 하는 두 번째 성령강림 사건으로 '증인 공동체'가 '생활 공동체'로 변화되는 모습을 살펴보았습니다.

제2막(5-8장)은 증인 공동체가 직면하게 된 여러 가지 위기를 극복하는 이야기였습니다. 과부 구제 문제로 불거진 공동체 내부적인 위기가 있었지만, 평신도 지도자에게 역할 분담을 함으로써 지혜롭게 잘 극복했습니다. 스데반의 순교로 촉발된 박해의 외부적인 위기가 있었지만, 오히려 그 박해는 성도들이 유대와 사마리아로 흩어져서 복음을 전하는 전화위복의 기회가 되었습니다.

제3막(9-12장)은 증인 공동체가 본격적으로 확장되어 가는 이야기였습니다. 박해자 사울이 전도자 바울로 바뀌는 장면과 베드로가 유대인의 한계를 넘어 이방인 선교로 나아가는 장면을 살펴보았습니다. 그러면서 우리는 두 가지의 결론에 다다르게 되었습니다. 더욱 흥왕해진 '하나님의 말씀'과 더욱 두터워진 '공교회의 연대'가 바로 그것입니다.

이와 같은 중간 결론은 안디옥교회가 파송한 바울의 선교 사역을 중심으로 전개되는 사도행전의 후반부, '하나님 나라의 사명'(행 13-28장) 묵상을 통해서도 거듭 확인하게 될 것입니다. 아니, 주님이 다시 오실 때까지 하나님 나라의 증인 공동체가 이 땅에 존재하는 한 그 결론은 변함없이 계속 이어질 것입니다.

묵상 질문: 나는 하나님 나라의 증인으로 살고 있는가?

오늘의 기도: 하나님 아버지, 세상의 권세가 주님의 몸 된 교회를 흔들려고 하지만 하나님의 말씀은 언제나 흥왕함을 믿습니다. 우리 교회가 하나님의 영광을 온전히 드러내며 말씀에 깊이 뿌리내리는 하나님 나라의 증인 공동체가 되게 하옵소서. 또한 고난 중에도 서로의 버팀목이 되어 주면서 복음을 땅끝으로 흘려보내는 공교회의 사명을 잘 감당하게 하옵소서. 예수님의 이름으로 기도합니다. 아멘.

부활의 증인 공동체

주 안에서 사랑하는 성도님들에게!

기독교는 전도하는 종교입니다. 이 점에서 유대교와 가장 뚜렷한 차이를 보입니다. 전도(傳道)란 말 그대로 도(道)를 전(傳)하는 것입니다. 기독교가 전하는 도는 예수님이 선포하신 하나님 나라의 복음입니다. 그리고 보면 예수님 자신이 전도에 아주 진심이었습니다. 예수님은 공생애 초창기부터 갈릴리 여러 마을을 두루 다니면서 열심히 '전도'하셨습니다(눅 4:44). 제자를 훈련하신 이유도 전도를 위해서였습니다. 처음에는 열두 제자를 전도 실습의 현장으로 보내시더니(눅 9:1-2), 나중에는 70명의 제자를 파송하셨지요(눅 10:1).

특히 예수님이 승천하신 후에 전도는 제자들의 가장 중요한 임무가 되었습니다. 그들은 성전에 있든지 집에 있든지 예수는 그리스도라고 가르치기와 '전도'하기를 그치지 않았다고 합니다(행 5:42). 스데반의 순교로 인해서 예루살렘교회에 박해가 일어났을 때, 그들은 사방으로 흩어져서 전도했습니다. 빌립 집사는 사마리아로 가서 '전도'했고, 많은 사람들이 예수님을 믿고 세례를 받았습니다(행 8:12).

그런데 처음부터 제자들이 그렇게 전도에 열심을 낸 것은 아니었습니다. 그들은 부활하신 주님을 직접 목격했습니다. 주님이 승천하시기 전까지 함께 밥도 먹고 많은 대화도 나누었습니다. 그럼에도 주님이 부활하셨다는 사실을 담대히 전하지는 못했습니다. 그들이 부활의 증인이 된 것은 오순절 성령강림 사건 후였습니다.

"오직 성령이 임하시면 너희가 권능을 받고 땅 끝까지 이르러 내 증인이 되리라"(행 1:8) 말씀하신 것처럼, 그들은 성령강림을 통해서 권능을 받고 성령이 말하게 하심을 따라 예수님의 죽으심과 부활을 담대하게 증언하기 시작했던 것입니다. 그랬더니 그날 하루에만 3천 명이 회개하고 주님께 돌아오는 놀라운 역사가 나타났습니다(행 2:41). 그래서 신약의 하나님 백성인 '교회'가 탄생한 것입니다.

그 이후로 제자들은 기회가 있을 때마다 전도했습니다. 성전 미문에서 구걸하던 지체장애인을 예수 그리스도의 이름으로 고쳐준 사건을 보고 몰려든 사람에게 베드로는 담대히 증언합니다. "여러분이 예수님을 죽였지만, 하나님이 그를 살리셨습니다! 우리가 바로 그 증인들입니다! 예수의 이름을 믿는 믿음이 여러분 눈앞에서 이 사람을 일으켜 세운 것입니다"(행 3:15-16). 그날 베드로의 설교를 듣고 믿는 사람이 폭발적으로 늘어났습니다. 그래서 남자만 5천 명이 되었다고 합니다(행 4:4).

'전도'는 오래전에 하나님께서 정해 놓으신 구원의 방법입니다(고전 1:21). '전도'는 교회가 존재하는 이유요, 교회가 생존하는 방식입니다. 교회는 부활의 증인 공동체입니다. 예수님의 부활을 증언하기 위해서 교회는 이 땅에 존재합니다. 그리고 부활을 증언할 때만 교회는 부흥하게 되어 있습니다. 지금까지도 그래왔고, 앞으로도 계속 그럴 것입니다. 전도는 아주 단순합니다. 예수님의 부활을 증언하기만 하면 됩니다. 다른 좋은 말을 아무리 많이 해주어도, 만일 주님의 죽으심과 부활을 이야기하지 않는다면, 그것은 전도가 아닙니다.

문제는 그게 말처럼 쉽지 않다는 사실입니다. 우리의 의지나 결심으로는 말문이 잘 열리지 않습니다. 그래서 우리에게 성령이 임하셔야 합니다. 성령의 권능이 우리에게 필요합니다. 성령이 충만하여 성령이 우리를 온전히 다스려

주셔야 우리가 입술을 벌려 예수 그리스도의 부활을 담대히 증언할 수 있게 되는 것입니다.

감사하게도 이번 사순절 특새를 통해서 하나님은 우리 교회에 공동체적인 성령강림의 은혜를 부어 주셨습니다. 그것은 우리에게 부활의 증인이 되라고 주신 선물입니다. '예루살렘'과 '온 유대와 사마리아'와 '땅끝'까지 이르러서 부활의 소식을 전하는 일에 그 선물을 사용해야 합니다. 주님이 다시 오실 그때까지 이 땅에 하나님의 나라가 확장되는 일에 귀하게 쓰임 받기를 간절히 소망합니다.

이번에도 저와 함께 말씀 묵상의 길을 걸어주신 성도님이 참 많이 계십니다. 깨알 같은 글씨로 가득 채워진 설교 노트를 보면서 큰 감동과 함께 무한 책임을 느낍니다. 이번 특새를 완주하고 남겨주신 성도님들의 소감 중에 일부를 여기에 실어봅니다.

두 번째 성령강림을 통해서 증인 공동체에서 생활 공동체로 변화되는 모습을 묵상하며 큰 은혜를 받았다. 자기 것을 자기 것이라 주장하지 않고 서로 나누는 모습…. 이번 특새 기간에 우리 교회에 그와 같은 새로운 문화가 생겨났다. 직접 음식을 하면서 준비해 주는 손길, 때마다 필요한 물품을 채워주는 손길, 아침 먹고 뒷정리해 주는 손길…. 많은 분의 자발적인 도움이 없었다면 40일 내내 풍성한 아침 식탁이 차려지지 않았을 것이다. 이것이 바로 초대교회 생활 공동체의 모습이 아닐까. _ 이OO 장로

매일 말씀을 묵상하면서 내게 성령의 충만함이 없음을 알게 되었습니다. 성령 충만함이 없으니 늘 마음이 답답했고, 담대하지 못했고, 옹졸함을 넘어서지 못했고, 온전히 순종하지도 못했음을 깨닫게 되었습니다. 나이가 들어감에 따라 예전과는 다르게 살아야 하지 않을까 생각은 하지만, 생각

처럼 살아지지 않았습니다. 모두 성령의 충만함이 없었기 때문입니다. 이제 다시 결단하며 나아가려고 합니다. 날 구원하여 주신 은혜에 감사하며 다른 것에 나의 시선과 마음을 빼앗기지 않고 오직 성령의 다스림 속에서만 살아가기를 기도합니다. _ 남궁OO 권사

"I am Somebody in Jesus Christ." 예수 안에서 살고 있는 사람이 진정으로 가치 있고 의미 있는 존재라는 말씀이 나에게 큰 위로가 되었습니다. 아무것도 아니었던 나를 부르셔서 하나님의 자녀 삼아주신 것도, 세상에서 맛볼 수 없었던 기쁨과 평안을 누리면서 이렇게 예수 안에서 살아가는 것도 모두 나를 향한 하나님의 특별한 은혜입니다. _ 범OO 권사

올해 특새에 참여하면서 나의 '사명'이 무엇인지 생각하게 되었다. 그러면서 문득 내가 품어야 할 사마리아는 바로 남편과 아이들이라는 깨달음이 생겼다. 성도들이 예배의 자리에 늦게 오더라도 그렇게 오는 것만으로 감사한다는 목사님의 말씀에, 나도 깨닫게 되었다. 강요하지 말고 기다리자 그리고 하나님께 맡기고 기도하자…. 나의 사마리아를 품고 열심히 기도하며 예배 자리에 나오다 보면 나도 언젠가는 믿음의 엄마, 믿음의 아내가 되고, 우리 가정이 믿음의 가정이 될 수 있을 것이라 확신한다. _ 정OO 집사

이번 사도행전 묵상을 통해 지난 10년간의 삶을 돌이켜보면서, 내가 잘해서 잘 된 게 아니라 오직 은혜였다는 깨달음에 큰 감동과 회개가 밀려왔다. 그러면서 그 은혜를 갚기 위해서 내가 해야 할 일들을 생각해 보았다. CM 모임에서 하나님의 은혜 나누기, 어려운 지체들을 위해 중보하기, 하나님이 주시는 물질의 복을 십일조는 물론 땅끝 헌금으로 갚기, 주님의 제자로 살기 위해서 먼저 제자 훈련에 참여하기…. 이런 마음이 들게 해주신 분도

주님이시고, 실천할 힘을 주시는 분도 주님이시니, 이제부터 나를 통해 일하실 주님만 바라보며 살아야겠다. _ 이OO 성도

이번 특새의 말씀 중에서, 믿음은 문제가 없어지는 것이 아니라 문제와 상관없어지는 것이라는 말씀이 나에게는 큰 뽕망치였습니다. 더욱이 사마리아를 땅끝으로 품으라는 말씀에 '내가 사마리아인데 내가 누구를, 어디를 품지'라는 먹먹함과 함께, 하나님 없는 Somebody가 아닌 하나님께서 인정하는 Somebody에 대한 새로운 고민이 시작되었습니다. _ 정OO 권사

올해 특별히 나에게 주신 말씀입니다. "믿음의 공동체 안에서 함께 예배하고 함께 성령 받고 함께 경험하는 것이 중요하다. 나는 구걸하는 신자인가? 찬양하는 신자인가? 우연은 없다. 하나님의 준비하심이 있을 뿐이다. 병의 치유와 회복은 하나님이 하시는 일이다! 먼저 믿는 것은 특권이 아니라 책임이다!" 그동안 습관처럼 믿음 없이 간구만 하였던 내 기도에도 응답해 주셨던 하나님의 은혜에 감사하며, 지난 40일간 주신 말씀들을 하나하나 나의 삶에 적용하며 실천하겠노라 다짐해 봅니다. _ 임OO 권사

그 외에도 많은 분이 소감을 남겨주셨습니다. 임종을 앞둔 어느 언니에게 복음을 전하지 못했던 아쉬움을 반복하지 않겠노라 다짐하는 성도님, 함께 경험했던 공동체적인 성령강림에 대한 감동을 적으신 성도님, CM 멤버의 믿음이 자라는 모습에 감사하는 성도님, 시어머니가 자신의 땅끝이라고 고백하는 성도님도 있었습니다. 우리 교회에 아직 등록하지는 않았지만, 늘 사순절 특새에 참여하는 성도님의 감사도 있었습니다. 여기에 모두 싣지 못하는 것이 참으로 아쉽습니다.

　　쉽지 않은 40일 말씀 묵상의 길이었지만 믿음의 동반자들이 있어서 여기까지 올 수 있었습니다. 계속 이어질 사도행전의 후반부(행 13-28장) "하나님 나라의 사명"(The Mission for the Kingdom of God: The Ends of the Earth) 묵상의 길에도 함께해 주실 것을 기대합니다.

2025년 4월 20일
"하나님 나라의 증인" 묵상을 마치며
그리스도의 종
한강중앙교회 담임목사 유요한